宮本武蔵正伝

定説の誤りを正す

鬼日向と武蔵義軽

森田　栄

体育とスポーツ出版社

目次

第三章　吉岡一門との試合、そして大坂の陣参戦——武蔵西軍説の否定

第四章　島原の乱における宮本武蔵

第五章　宮本武蔵、熊本へ

第六章　「三十五箇条」そして「五輪書」

第七章　巖流について考察

第八章　宮本武蔵関連流派の諸史料（その1）

第九章　宮本武蔵関連流派の諸史料（その2）

第十章　宮本武蔵関連流派の諸史料（その3）

第一章　序にかえて

宮本武蔵玄信の処女作伝書兵道鏡発見について。真実は枉《ま》げられぬ。

読者の皆様、また武蔵伝かと、読まぬ前からうんざりしないで下さい。しかし実はそういう筆者自身も、これまで次から次へと出版される武蔵伝には、ほとほと食傷気味で、武蔵伝と聞いただけで、もう読む気がしなくなっている始末である。それというのは、もともと武蔵については確実な資料の発見もなく、作者かわれど品かわらずで、武蔵伝は、明治四十二年に刊行された宮本武蔵遺蹟顕彰会編纂による『宮本武蔵』一本に資料面は充分尽くされており、それ以後のものでは、昭和五十八年に新人物往来社刊の『宮本武蔵のすべて』一冊に手際よく纏められてあり、武蔵研究には大変貴重な手引書となっているからである。しかし両者共に矢張り間違いもあり全面的に鵜呑みにできない点もある。

そもそも宮本武蔵は、昭和十年ごろから吉川英治氏の新聞連載小説から武蔵ブームが起こり、筆者も少年時代に胸を躍らせて武蔵の世界に熱中したことを覚えている。そして剣一筋に道を求めて苦悩する若き武蔵の真《しん》摯《し》な姿に心をうたれ、それが筆者自身の将来の生き方を何となく暗示しているように思え、すっかり吉川武蔵の虜《とりこ》となった。

昭和二十年八月十五日、未曾有《みぞう》の敗戦の結果、難波《なにわ》の街が一望の焼野原となっているのを見たとき、「いかが成行《なりゆ》くやらん」と、そのときも、ふと吉川武蔵の一節が頭を過《よ》ぎった。これが筆者二十歳のときである。

昭和三十二年ごろ、新潮社から五味康祐氏の『二人の武蔵』が出版された。これまで吉川武蔵の求道《ぐどう》的武蔵のイメージしか頭になかった筆者に、この五味康祐氏は武蔵再検討の意欲を与えてくれたのである。それから筆者は研究編纂誌として『日本剣道史』の発行を計画し、空襲で焼け残った剣道資料を全国所蔵者の協力を得て、これを誌上保存することを一念発起し、昭和三十九年の東京オリンピックを契機《けいき》として、それまでになんとかして第一号を発刊すべく資料収集に努力した。もちろん武蔵特集号も念頭にあり、資料所蔵者の心あたりに照会協力を求めたのである。

ちょうどその頃、武蔵の地元岡山県に福原浄泉氏という、それは熱心な武蔵研究家がおられ、『五輪』という研究冊子を発行され、地元の武蔵資料所蔵者を隈無《くまな》く探訪調査されては『五輪』に発表しておられた。また綿谷雪《わたたにきよし》氏という武道史研究の大家も『武芸帖』という小冊子を発行されはじめ、筆者も愛読するうちに、知らず知らず両氏の熱心な研究に引きずられ、いままで誰もが注目しなかった広島藩の圓水流師範役多田源左衛門祐久に着目し、武蔵資料の所蔵の有無を照会すべく、その子孫の所在を探すことにした。

その間、岡山市立中央図書館に、寛政二庚戌《かのえいぬ》年（一七九〇）十二月、三上左大夫元龍編輯の『撃剣叢談』が所蔵されていることを知り、いままで源徳修の天保十四癸卯《みずのとう》年（一八四三）とばかり思いこんでいた筆者は奇異の感に打たれた。

三上徳は、『備作人名大辞典』によると、安政五戊午《つちのえうま》（一八五八）九月十三日没、年七十五。三上左大夫元龍は、寛政六甲寅《きのえとら》年（一七九四）二月十日没と見えるが残念ながら年齢の記載がないので推測ながら、源徳《みなもとのとく》は元龍の『撃剣叢談』の原稿を筐底《きょうてい》から発見し、序文の不都合な箇所を適当に書きかえて、源徳修として発表したのではないかと思われる。この源徳修の『撃剣叢談』の方が、大正十二年、山田次朗吉氏が『剣道集義』に収められ、昭和十八年、廣谷雄太郎氏が『日本剣道史料集』に編集されて出版されたため、原本の三上元龍の名は忘れられてしまったという次第である。このことは以前武道史のなかでも槍術史の熱心な研究家であった船橋市立図書館長島田貞一氏に教えていただいたもので、昭和三十八年発行の研究誌『日本剣道史』三号にも発表し、昭和六十二年刊行の拙著『東軍流兵法史』にも掲載しておいた。このように推測すると、源徳修の修は、名前ではなく編集の修であるかも知れぬ。

さて、なぜここに『撃剣叢談』を持ち出したのかというと、その巻之四に、武蔵流【注・・圓明流とも言う】として、左記の記述がなされているからである。

「一、武蔵流は宮本武蔵守義恒【注：諸書に皆政名に作る今古免状に依て改也】が流也、武蔵守は美作国吉野郡宮本村の産也、父は新免無二斎と號して十手の達人也、武蔵守此術に鍛錬し、後熟々《つくづく》思ひ　けるは、十手は常用の器にあらず我腰を放さゞる刀を以て人に勝つ術こそ肝要なれとて、改て新《あらた》に工夫し二刀の一流を立たり、（中略）此流の免許状等に天下一の印を押し、又天下一宮本武蔵守義恒と書たり、武蔵夢想の歌とて、

中々に人里近く成にけり餘りに山の奥をたづねて

此歌は世に遍《あまね》くしれる所にして、此流の兵道鏡といふ傳書の奥にも書載たり、

一、武蔵流は遍く稱る所にして、此家にては流名を圓明流と稱するにや、宮本角平【注：武蔵子にして一家をなせしや、もしくは弟子にて異姓なれども名字を傳へて、流儀にては宮本と稱するにや未詳。武蔵嫡子は伊織とて豊前小倉の小笠原家に仕へたり、代々家老の列に入也、いま主馬と云、此家にも流を傳ふる

にや未詳。此角平武蔵子ならんには庶子たるべし】が慶長十二年に出せる免許状に、すべて圓明流と見へたり、此流遣ひ方表は差合切り、轉變はづす位、同打落さる、位、陰位、□《（唱）》咄、陽位、同はづす位、定可當等也、裏は眼見色現、耳聞聲出、鼻入香顯、舌鶯《（嘗）》味分、心思觸行、意悟法學等有り、秘奥は眞位、有無二劔、手裡劔打様、多敵の位、實手取り、是極一刀、相太刀、不相太刀、直道位など云傳有、又印秘傳《（可）》の句に、春風桃李花開日、秋露悟桐葉落時、此一聯を以悟道の妙境とする也（後略）」

この宮本武蔵守義恆《よしつね》は巌流島で、佐々木小次郎を倒した武蔵玄信のことであるのだが、山田次朗吉氏編纂の『剣道集義』の中に収められたものには、義恆が義祖と書かれているし、先掲の昭和十八年刊の廣谷雄太郎氏編纂の『日本剣道資料集』の中の『撃剣叢談』は、天保十四年序の源徳修のものであるが、（内容は三上元龍のものと同様で、）いずれも、義恆となっている。なおこの廣谷雄太郎氏の剣道資料集には、「圓明流剣法書」も編纂されてあり、その巻末の名前の個所は、

「圓明流天下一宮本武蔵守
藤原義□」

と伏字になっている。また筆者の手もとには『剣道五百年史』の著者富永堅吾氏のご子息文男氏が提供してくださった同書二二七頁の問題の個所、すなわち、

「天下一宮本武蔵守義経
天下第一宮本角平政経花押」

とあり、そしてその後ろに円明流一巻書というものがあり、その裏に春風桃李花開日　秋露梧桐葉落時の聯

句を記し、

「天下第一宮本角平政経花押

村嶋久八殿

慶長十三年八月吉日」

とある。これは写本であり富永堅吾氏が、義経、政経と判読された名前の所を写真にして頂いたが、筆者はこれを、義軽、政軽と判読した。『撃剣叢談』の著者三上元龍や三上徳は、義恆（恆は恒の旧字体）と読み、山田次朗吉氏は、義祖と読み、富永堅吾氏は、義経と読み、廣谷雄太郎氏は、判読しかねて義□と、伏せ字にされたということになる。だからといって筆者が最初からすんなり義軽と判読できたということではなく、ある日、偶然古書店から入手した伝書に、兵道鏡の古写本一冊と、圓明流伝書三巻があり、そのうちの一巻は、寛政十二年庚申《かのえさる》年（一八〇〇）十二月二十八日、脇坂彦兵衛から脇坂覚兵衛に宛てたもので、その内容は、「圓明流兵法序目録」とあって、心持の事、付《つけたり》座之次第。目付の事。太刀取様之事。積太刀合之事。足遣之事。身懸之事。陰乃位之事。陽之位之事。多敵乃位之事。無二剱之事。是極一刀之位事。真之位之事。直通位之事。とある。いわゆる兵道鏡に見られる個条である。そして他の二巻は題目はなく、同年同月日に脇坂彦兵衛から三宅源左衛門に宛てたものであり、そのうちの一巻に、次のような圓明流の相傳系図が記してあり、流祖は、宮本武蔵守藤原義軽と明記されてある。

「圓明流二刀者宮本姓武州先生参学修練之妙術也、然多田祐甫者武州先生直伝之門葉也、祐甫伝於三浦延貞、延貞伝於多田東助、東助伝吾曽祖父脇坂一成、一成伝於祖父一倫、一倫伝之於父一昌、予亦自父伝受之暇

年效之修之、自爾以還試用之得勝利甚超餘流也、然処貴殿累歳執心深依被勤修、予所伝授之蘊奥不残令相
伝畢、向来於有深志之輩者以神文可致相伝者也、圓明流免許之旨趣依如件

宮本武蔵守
藤原義軽
多田祐甫
三浦源七郎
延貞
多田東助
祐延
脇坂彌五右衛門
一成
脇坂彌五右衛門
一倫
脇坂彌五右衛門
一昌
脇坂彦兵衛
花押

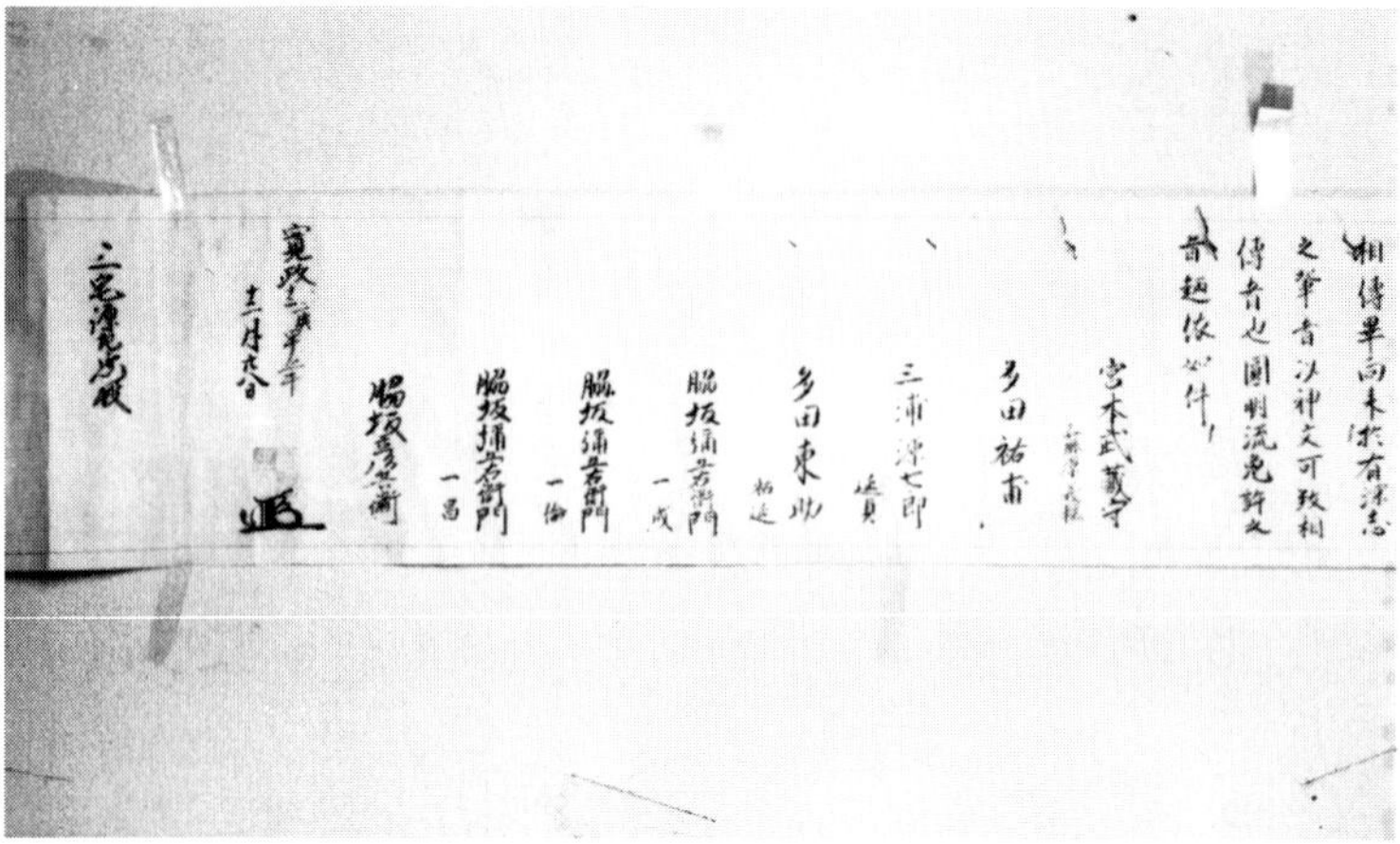

寛政十二庚申年
十二月廿八日
三宅源左衛門殿」

この伝書は流祖を宮本武蔵守藤原義軽と明確に記してある。この伝系者達は、武蔵の名前を義軽と伝承してきたのである。

この前に掲載した圓明流伝書の書名義軽もくずし字（草書体）で書かれていたので誰も確実に読めず、義軽という名前は、武士たる者が義を軽んずるという莫迦《ばか》な名前をつける筈がないと先生方は、義経、義恆、義祖、義□と判読に迷いながらも義経、義恆《よし●●》（恒の旧字）説を有力視され、綿谷雪氏は玄信の偽物と見做《みな》される始末《しまつ》であった。筆者自身も義軽という名前など聞いたこともなかったし、しかし作為的《さくいてき》伝書とも思われず、ともかく脇坂姓の連名から察して、もしや播州龍野《ばんしゅうたつの》藩脇坂家中ではないかと直感し、その方面の調査を始める一方、多田姓が二名みえるところから、これも広島藩浅野家圓水流師範多田源左衛門祐久に関係ありと思い、菩提寺を調べて広島の専勝寺に辿り着き照会したのである。かくして筆者は専勝寺の照会で、幸いにも北海道江別市に在住の多田源左衛門の子孫多田登一氏を知ることができ、思いがけぬ筆者の武蔵編纂を喜んでいただき、所蔵資料の全面的提供をいただいた次第である。昭和三十八年のことである。

資料の内容は、多田家資料目録として、研究誌十一号に発表した通りで、その中に慶長十乙巳《きのとみ》年（一六〇五）

極月《ごくげつ》、宮本武蔵守藤原義軽から落合忠右衛門尉宛ての兵道鏡と、同十一丙午《ひのえうま》年（一六〇六）四月、同人宛ての印可状があり、義軽の一字が前掲の脇坂伝書に見た義軽と断定してよいかどうか、武道史研究家の青柳武明氏や、綿谷雪氏と共に『武芸流派事典（昭和三十八年三月、人物往来社刊）』に資料を提供されている山田忠史氏等にも見せ、また義軽と署名されたこの兵道鏡が、武蔵の直筆か否かの判断もあり、素人の筆者の独断もならず、心あたりへ持ち歩いたりしたのだが、結局要領を得ず、一方多田登一氏も伝書解読を北海道の大学の先生にお願いされたようだが、判読困難とのことで、同年七月二十日付のお手紙を頂戴した。話が前後するが、同年五月、綿谷雪氏が『武芸流派事典』の増補訂正のために発行されている『武芸帖』六号に、山田忠史氏が「宮本武蔵と尾張三河」と題し、初めて筆者宅から筆写して帰られた先掲の脇坂彦兵衛から三宅源左衛門に宛てた伝系を掲載され、広島藩の圓明流と思われるとして、宮本武蔵守義軽以下の伝系を記載された。これが義軽という名前が活字として発表された最初であった。ただし、この伝系は広島藩ではなく、播州龍野藩系であることが判明した。というのは、北海道多田家の先祖多田源左衛門祐久は、播州龍野圓光寺七代多田祐甫（俗名多田半三郎頼祐）の養子八代祐山の三男で、圓明流を祖父祐甫相伝の弟子三浦源七延貞より伝え、さらに水野流居合を大矢木又左衛門正次の免許を受け、後に宮本武蔵印可の弟子柴任重矩らと議し、圓明流に水野流居合を交え、圓水流と号して龍野藩脇坂中務少輔安政に仕え、目付役を務めたが、病身に付き暇《いとま》を乞い浪人となり、そのまま龍野に居住した。祐久二十三歳の頃から芸州広島に移住する五十五歳までの間と思われる。この間に脇坂家中に圓明流を指南したのである。もともと圓光寺は摂津多田満仲の子孫で、開基祐全は蓮如上人《れんにょしょうにん》の弟子となり播州英賀《あか》圓光寺の開基となったが、四代祐恵の時、織田信長と大坂石山本願寺に籠城して戦ったいわゆる僧兵で、元来《がんらい》が武門の後裔《こうえい》であり兵法剣術射御《しゃぎょ》の術に達し豪勇であったという。天正六戊寅《つちのえとら》年（一五七八）羽柴秀吉の中国攻めに対抗したため譴責《けんせき》され、揖西郡龍野に寺を移したのが龍野圓光寺の始めである。宮本武蔵は、この圓光寺に滞在し、圓明流を教授し、その直伝を得たのが七代住職多田祐甫である。

さて、この昭和三十八年は筆者にとって、念願の研究誌『日本剣道史』創刊号を発刊した思い出深い年で、筆者三十八歳のときである。いわばこの年に筆者のライフワークが発足したのである。それにしても八十九歳の現在、この創刊号を見ると、B５版五十頁のタイプ印刷で、編纂意欲ばかり先走って内容が伴わず赤面のほかはない稚拙さである。

当時筆者は戦後混乱期の明日をも知れぬ倒産解雇の不安な会社勤めを転々としながら、辛《から》くもその日暮らしの生活を維持している有様で、そこに剣道史編纂という重荷を背負ったものだから、昼間は会社勤め、夜は編纂という無理な日々であった。まして古文書《こもんじょ》など全くの素人が難解な伝書を解読せねばならぬ立場に追い込まれたのであるから、いわば泥縄式の勉強で、古文書解読本を片手に、武蔵独得のくねくねした難解な筆跡を少しずつ読み下していったのである。こんな毎日の積み重ねというか、虚仮《こけ》の一念というか、いつか曲りなりにも文意が通じる程度に解読することができ、疑問の一字も義軽が正しいと思えてきたのである。これはもちろん脇坂伝書に楷書で義軽とあった先入観《せんにゅうかん》も否《いな》めない事実であったし、多田氏から提供された写本の中にも楷書《かいしょ》で、宮本武蔵守藤原義軽花押、慶長拾一年八月吉日と明確に書かれたものが見付かったからである。筆者はなんとかして武蔵特集号を早く出したいと焦《あせ》りながら、研究誌の編纂にも追われ、会社勤めと夜間の原稿整理という過労がたたり身体をこわし、細々《ほそぼそ》と続けてきた研究誌も八号をもって行き詰まってしまった。昭和四十一年十二月のことである。筆者四十一歳のときで、たちまち八方塞《ふさ》がり疲労困憊《こんぱい》どん底の毎日で、人間はこんなときに自殺を考えるのだろうと痛感させられた。

このときも吉川武蔵の「いかが成り行くやらん」という一節が頭をよぎった。武蔵を早く編纂しなくては、せっかく資料全面協力していただいた多田氏にも申し訳がなく、多田氏も埒《らち》のあかぬ筆者に焦慮《しょうりょ》されているのは充分察せられたし、いまにして思えば筆者を再起せしめたのは、この責任感であった。結局自力で道を切り開き問題を解明するしかないことを自覚した。

翌昭和四十二年、龍野藩主脇坂家のご子孫脇坂研之氏が兵庫県下に居住され、家中諸士の系譜をご所蔵と知り、ご了承を得て先掲の伝書に見える脇坂彌五右衛門一成をはじめ、圓明流関係の諸家の系図も、ご自宅を訪問しコピーさせて頂いた。

さてそれから数年間、研究誌を休刊したお陰で過重労働の無茶な生活を免れ、この間に兵道鏡の読み下しに没頭した。そのころ新人物往来社刊の『歴史研究』という月刊誌に、昭和四十六年八月より笹目蔵之助氏が「古文書解説講座」を掲載されはじめた。この講座にヒントを得て、筆者は古文書の解説入門書を探すことにして、河出書房新社刊の高橋磌《てん》一氏編『新編古文書入門』を入手した。昭和四十七年四月のことである。そしてこの書は筆者に決定的な判断を与えてくれたのである。すなわちその付表に、木村博一氏（奈良教育大学教授）が、常用崩し字および紛らわしい文字の比較を掲載しておられ、その三八八頁に「足軽」、四〇一頁に「軽―経」の比較崩し字が添えてあり、それは筆者の疑問を偶然にも解決してくださったのである。筆者は喜びのあまり勇気百倍の思いで、編者の高橋磌一氏に問題の写真を送って意見をお伺いすることにした。「おたずねの件、直接文書に接しませんので、墨色その他なおたしかめたい気持ちもございますが、写真で拝見するかぎり、筆順からして、あなたさまの御判断で、まちがいないものと考えます。しかしこれはあくまで文字解読の上からで、文書には筆癖、慣用誤字などというおとし穴もありますので、文献的にもおたしかめになることを、おすすめいたします。申すまでもなく文書そのものの考証がたいせつです」（傍点筆者）高橋磌一氏は当時歴史教育者協議会委員長をされており、武蔵が義軽と署名したこの文書が本物かどうか疑念を持たれているように察せられる。しかし、この伝書は多田家で武蔵直筆と伝承されたもので、筆者自身も真筆として疑わない。ましてこの伝書こそ武蔵の処女作伝書（兵道鏡）という世にも稀な貴重品であるからである。

しかし高橋氏のご注意どおり、筆癖の特長から筆者は、伝書中に見える「道」の一字に武蔵独得のくずし癖があることを発見したのである。道の字を「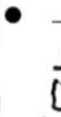」このように崩す癖は兵道鏡をはじめ、武蔵真筆とされる「五方の太刀道の序文（兵法序論）」や、「独行道」「戦気寒流帯月澄如鏡」の二天道楽の署名、殊に先掲の五方の太刀道には、十六文字も道のくずし字「」が書かれている。

高橋磌一氏のご注意どおり筆癖というものは、二十歳代の義軽と晩年肥後時代の玄信も道の崩し筆癖は少しも変りないことを発見しこれこそ義軽＝玄信を何より立証するものではないかと結論を得た次第である。

道の字のくずしを見ればすぐわかる
義軽《ぎけい》玄信同じ人なり

さらに筆者は、高橋磌一氏のご親切なご教示に力を得て、同書付表の編者木村博一氏にも同様の照会をし、ご教示を乞うた。同氏からも「文字は軽としか読めませんが、義軽は名前としてちよつとおかしい気がします。『古文書入門』の著者の一人である永島福太郎先生に念のため、いっぺんたずねてみることにします」と、お返事いただき、折り返し左のお手紙を頂戴した。

「永島福太郎先生（関西学院大学教授）を訪ねておうかがいしてきました。軽という字に最も近いが、義軽では名前として通らないと思う。人名は読めないのが普通と考えるのがよいので、字はどうとでも読めるし、くずしが十分できていない場合が多い。写真の文字とはなれて、武蔵の名前を武道全集などによって調べ、それに近いものを採用するのがよいだろう。（たとえば古田織部などは十余りも名前を持っているよし）武蔵の名前はよくわかっていないが、義恆と称したことがあるので、或は恆のくずしの不十分なものとも認めることができないわけではない。種と読むことも無理すれば、できないこともない。本人の書でなく田舎の書家が書いたものと思われるので、これだけでは断定のしようがない。以上が永島先生のご意見でございます。」（傍点筆者）

高橋磌一氏の思いもよらぬご親切は、ひとり悶々としていた筆者には一筋の光明で、筆者のゆく道に決断を与えてくださったのである。

永島福太郎氏のご意見は、学者として文献尊重、既成概念による慎重なご忠告ではあるが、筆者は、その文献の『撃剣叢談』の義恆とか、山田次朗吉氏著『剣道集義』収録の『撃剣叢談』には、義祖、その他広谷雄太郎氏編纂の『日本剣道資料集』には、義恆とあるも、同資料集中の円明流剣法書では、義□と伏せ字になっているのです。また富永堅吾氏の『剣道五百年史』では、義経となっており、その相伝者宮本角平の名も政経となっており、義軽の一字が様々に判読されている。

この義軽については、青柳武明氏より、丹治峰均の『兵法先師伝記』に、「先師若き時我武勇源義経に比すと云われしが、直に義経と号せられしと云伝う。彼の世間にある巻物を見れば、是は偽説ならずと聞く」とあり、史実としては問題の書ですが、峰均が円明流五代の伝統であるだけに、一寸《ちょっと》ひっかかるし、又儒教イズム旺盛の当時、武を以て正業とする身が、「義を軽んずる」なんていう諱《いみな》をつけたのは反逆でしょうか、そうした意味でも興味深いですとのお葉書を頂きました。

このように文献は様々であり、文献尊重も大切ですが、筆者はこのような文献の誤りを一つ一つ訂正して正しい剣道史を後世に伝えたいのです。義恆（恒）、義祖、義経、これらは皆義軽の誤りです。また永島福太郎氏が、田舎の書家が書いたものと思われると判断されたが、武蔵義軽こと後年の武蔵玄信の真筆処女作伝書兵道鏡であったのです。義恆（義恒）、義祖、義経などは皆義軽のくずし字の誤読であることを断言しておきます。以後誤った文献に盲従し右顧左眄《うこさべん》することなく筆者の剣道史編纂を信じて下さい。

源義経は成程名将であり、武芸の達人であるからとて、武蔵たる者が安易《あんい》に自分に名付けるとは筆者には思えないのです。彼の自負《じふ》が許さないからです。彼は「我獨我兵法之知識也」また「兵法大智の我なれば、尋ね探るに奇特なし、我にまさりて積者、前々後々にあるべからず」また「天上天下《てんじょうてんげ》唯我獨《ただわれひとりわが》兵法《へいほう》之《の》知識也《ちしきなり》」こんな自信家が、名将武芸の達人とはいえ、源義経の名前を安易《あんい》に自分の名前とするだろうか、ちょっと考えても疑問が湧く筈である。

なお青柳武明氏から戦前に慶長十何年かに義□より水野日向守に与えられた伝書を見た記憶がある由、お知らせいただいたが、この伝書を百方手を尽くして探求していたところ、幸いにも小田原市立図書館に所蔵されていることが判明し、天の祐《たす》けと早速写真撮影させていただいた。この伝書は慶長十三年戊申《つちのえさる》年（一六〇八）十二月吉日、宮本武蔵守藤原義軽より水野日向守《ひゅうがのかみ》に宛てたもので、武蔵の処女作伝書として紹介した慶長十乙《きの》巳《とみ》年（一六〇五）極月、落合忠右衛門宛ての兵道鏡と同種のものと判明した。水野日向守というのは、勝成のことで、鬼日向《おにひゅうが》と恐れられた猛将で、元和元乙卯《きのとう》年（一六一五）大坂夏の陣では、大和口の東軍先鋒を命じられ、大和の諸将を率いて国分に陣し、五月六日、片山道明寺方面で大坂方と激戦を展開し、城方の勇将後藤又兵衛基次や薄田《すすきだ》隼人正兼相《はやとのしょうかねすけ》を討ち取っている。五月七日には、大坂城を攻め勝成は嫡子美作守勝重（18歳）には宮本武蔵を付き添わせ、大坂城桜門に一番乗りの旗を立てさせた。（しかし後日越前勢が一番乗りであることが判明した）

吉川英治氏著『随筆宮本武蔵』をはじめ、顕彰会本以下諸書皆武蔵西軍説で、殊に顕彰会本は「大阪陣の時、武蔵は武者修行の身なれども、城下に馳せつき、豊臣方に加はり、徳川方を悩まし〻こと少なからざりきといへれど、その詳なること知るべからず。元和元年、大阪落城し、天下全く徳川氏に帰してよりは、武蔵は更に世を思ひ放ちけむ、居處暖まるに暇あらず、或は東に或は北に、さては南し西せしを思はる〻ことは、こ〻かしこにその事跡を傳へたるにて押測るべし云々」（第五章諸國漫遊五一頁〜五二頁）と記してあるが、何を根拠に書かれたものか、これでは徳川方の大坂城残党狩りの捜索の目を逃れ居所を転々としたように思わせる。武蔵の顕彰会本が以上のような記述だから、右へ倣《なら》えで何時の間にか武蔵西軍説が浸透《しんとう》してしまったようだ。

武蔵義軽を武蔵玄信の偽物視する武道史家の先生方にも、武蔵が東軍水野日向守勝成の旗下《きか》に属し、大坂方と戦った事実を知っていただきたく、延《ひ》いては先生方が偽物視する武蔵義軽が後年の武蔵玄信と同一人であることを立証したく、今回は平井隆夫氏のご提供による『水野様御一代記』によって、武蔵東軍説を立証することにした。武蔵東軍説は、すでに昭和九年、堀正平氏がその著『大日本剣道史』七六三頁に、「元和元年の大坂夏の陣には三十二歳で大和口の東軍先陣水野勝成の麾下に属して出陣した。水野家記録。」と書かれており、このことは、昭和四十七年八月十三日発行の筆者編纂誌『日本剣道史第九号』十一頁に紹介したとおりである。今回は、幸いにも平井隆夫氏のご協力を得て、水野勝成の大坂夏の陣の御供惣人数の名簿を得たが、その中に宮本武蔵の名前を確認することができたのです。

なお綿谷雪氏は『積翠雑話』巻三を引いて、武蔵の養子となった造酒之助《みきのすけ》は、備後福山城主水野勝成の武者奉行中川志摩之助の孫、すなわち志摩之助に二男あり、兄の刑部大阪陣で薄田隼人を討ちとった。弟の主馬（後に父の名をつぎ志摩之助）の子が造酒之助であるということを『増補・武芸小伝』昭和四十六年、歴史図書社刊、二一三頁に書かれているが、このたびの調査で判明した事実は、平井隆夫氏の先祖平井弥吉正則（夏の陣で討死）の子の同弥吉正直の妻が、中川志摩之助の娘で、三木之助（造酒之助のこと）というのは、志摩之助の三男で、孫ではないことになる。『積翠雑話』を入手し得ないので、綿谷氏引用の記事を確認できぬまま記述したが、詳細は第二章年譜、寛永三丙寅《ひのえとら》年（一六二六）の付記。武蔵の養子三木之助、五月七日、旧主本多中務少輔忠刻の死亡を知り、五月十三日殉死するの項をお読みいただきたい。

さて圓明流兵道鏡の成立時期について、富永堅吾氏は、『剣道五百年史』二二七頁において、先掲の『撃剣叢談』の宮本武蔵守義恆や、慶長十三年八月吉日、宮本武蔵守義経の弟子宮本角平政経から村嶋久八に授けた圓明流伝書につき、「この年は武蔵が年齢廿四五歳のときで、巌流島の試合四五年前のことである。そうすると武蔵は名古屋で圓明流の指導をなしたのは廿四五のころであり、彼はこの若い時分にはや二刀の圓明流を組織し同流の兵道鏡を著して伝授したということになる」とすこし疑問視されているが、すでに皆様に紹介したとおり、兵道鏡は慶長九甲辰《きのえたつ》年（一六〇四）初冬忽然《こつぜん》として的伝の秘術を積り明鏡の書を作り兵道鏡と名付けたと武蔵自身が書いている。二十一歳の時であり、翌十乙巳《きのとみ》年（一六〇五）極月吉日、紀州和歌山藩士落合忠右衛門に授けたもので、これが筆者が多田源左衛門祐久の子孫多田登一氏より提供された武蔵の処女作伝書で、伝書の署名が宮本武蔵守義軽とあったが為に、武道史家の先生方に武蔵玄信の偽物扱いをされてしまったという次第である。筆者編纂誌「日本剣道史九号」昭和四十七年八月刊、「同十一号」昭和四十九年八月刊参照。先生方には、この義軽の署名が読めず、義恆とか義祖とか又義経と誤読し、義軽では名乗りとしておかしいと事実を無視して義軽を玄信の偽者扱いされてしまったという次第です。

真実を己が虚説で否定して ミスリードする罪ぞ恐ろし

誤説は一刻も早く是正しなくてはならぬと焦燥《しょうそう》しつゝ平成十七年に出版事故にあい伝書資料掲載予定の写真等も失い頓挫《とんざ》してしまったのです。

今ここに残存資料を集め、視点を改め、水野日向守勝成と宮本武蔵と題し執筆した次第です。この著をお読み頂き、宮本武蔵に関して、諸先生方によってこれまで如何にミスリードされてきたかを判断していただければ幸いです。

誤説をば後に伝える罪深し 早く目覚めよ真実《まこと》の説に

もし筆者の結論に納得できない方は、反論の確証を添えてご連絡いただければ幸甚《こうじん》です。天保十四癸《みずのと》卯《う》年(一八四三)序のある源徳修の『撃剣叢談』より百七十年にてここに義軽＝玄信問題の結論をつけておきます。

なお圓明流の由来については、圓明流兵法免許の巻に、「夫渾々沌々循環無端可謂圓也、赫々奕々虚霊不昧可

謂明也、於是取両字之義号吾兵法曰《いわく》圓明矣、蓋圓則無形象也、明則察危微、凡以無形撃形、以実衝虚則無不勝焉」とある。

読み下すと、（夫《そ》れ渾々沌々《こんこんとんとん》循環《じゅんかん》端無《はしな》きを圓《えん》と謂《い》うべきなり。赫々奕々《かくかくえきえき》虚霊《きょれい》不昧《ふまい》を明《めい》と謂《い》うべきなり。明《めい》は則《すなわ》ち危微《きび》を察《さっ》す。凡《およ》そ無形《むけい》を以《もっ》て形《かたち》を撃《う》ち、実《じつ》を以《もっ》て虚《きょ》を衝《つ》くときは勝たざること無し）。

註解すると「渾々沌々」は、天地が未だ開けず陰陽の未だ分かれぬ以前の状態。転じて錯雑《さくざつ》して分別なきかたち。「循環無端」は、事が循環して極まるところを知らぬこと。以上の語句は、『孫子・兵勢』の引用で、「奇正相生如循環之端無、孰能窮之哉」（奇正相生《きせいあいしょう》じ循環《じゅんかん》の端無《はしな》きが如《ごと》し、孰《たれ》か能《よ》くこれを窮《きわ》めんや）、また『李衛公問対』にも、「如循環之無端」の語が見える。なお『孫子・兵勢』には、前句を受けて、「紛々紜々闘乱而不可乱也。渾々沌々形圓而不可敗也」（紛々紜々《ふんぷんうんうん》闘乱《とうらん》して乱《みだ》るべからざるなり。渾々沌々《こんこんとんとん》形圓《かたちえん》にして敗《やぶ》るべからざるなり）とある。「赫々奕々虚霊不昧可謂明也」の赫々は、あきらかなさま。盛んなさま。「奕々《えきえき》」は、次々とかさなるさま。次々と続いて尽きないさま。また光かがやくさまともある。「虚霊不昧」は、心にわだかりもなく霊妙（虚霊）で曇りなき鏡を見るごとく、一瞬にすべての物事の真実の姿を映し出すこと。『大学・朱熹章句注』に、「明徳者、人之処得乎天、而虚霊不昧、以具衆理、而応万事者也」（明徳は人の天に得る所にして虚霊《きょれい》不昧《ふまい》、以て衆《しゅう》理《り》を具《そな》えて万事に応ずる者なり）明徳すなわち心の本体は目に見えずとも鏡が万物を写すごとき働きを持つということである。なお圓明流捕手の序文には、「無極也謂之圓、不昧也謂之明、是先徳之所呼名也」（無極《むきょく》やこれを圓と謂《い》う。不昧《ふまい》やこれを明と謂《い》う。是先徳《これせんとく》の呼ぶ所の名なり）と見える。武蔵の読書の範囲を知る興味もあり、圓明流の号の引用原点を探って見た次第です。

次に義軽が何故に義経と誤読されたのか、その原因を探ってみます。それは、次の写真御覧いただければ、納得していただけると思うのです。糸へんと車へんのくずし字は、本当によく似ている場合があります。殊に懐素のくずし方は、車と糸の区別がつきかねる程に判別困難です。それ故に写本する人が常識的判断で、実際は義軽と書かれていたものを、義軽は名前として訝《いぶか》しいと思い、義経と書き写したと思うのです。これで御納得して頂けたでしょうか。

「くずし字辞典」監修波多野幸彦氏　編集東京手紙の会　思文館出版刊より引用（A～E）

A 糸へんのくずし

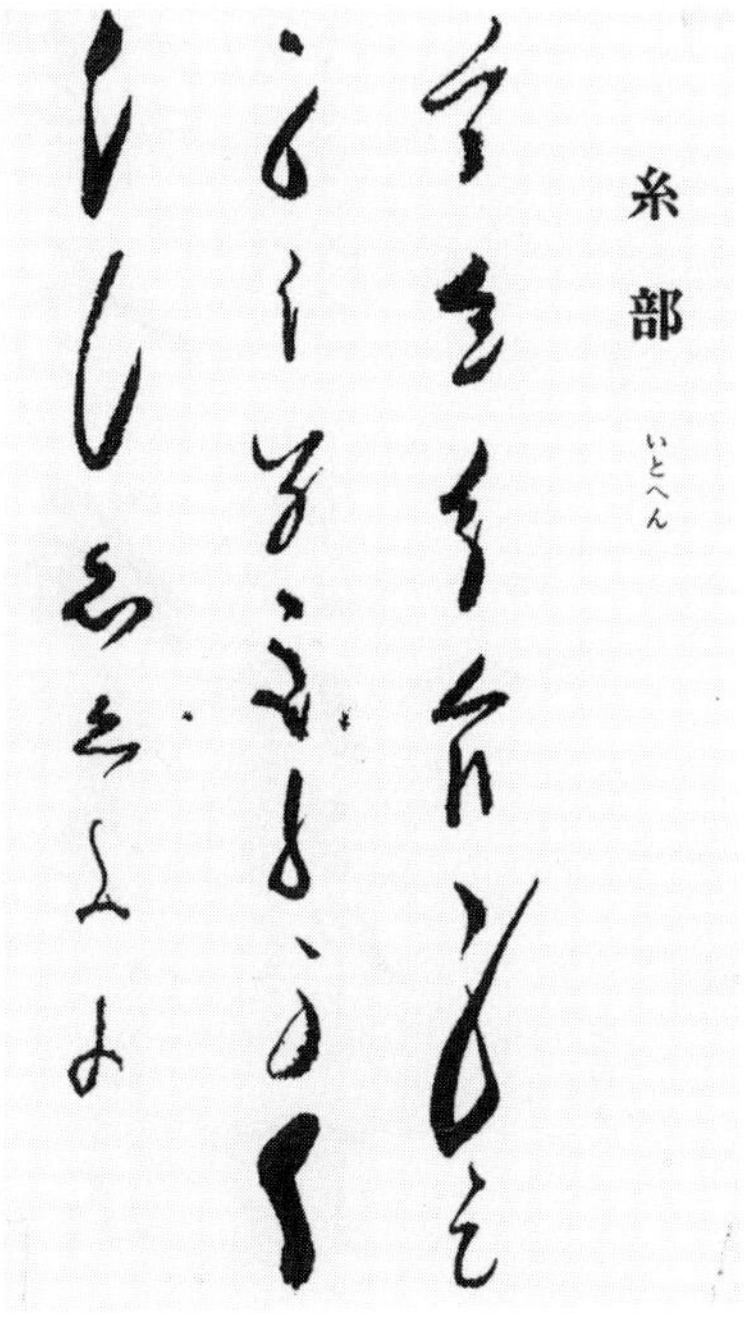

B 車へんのくずし

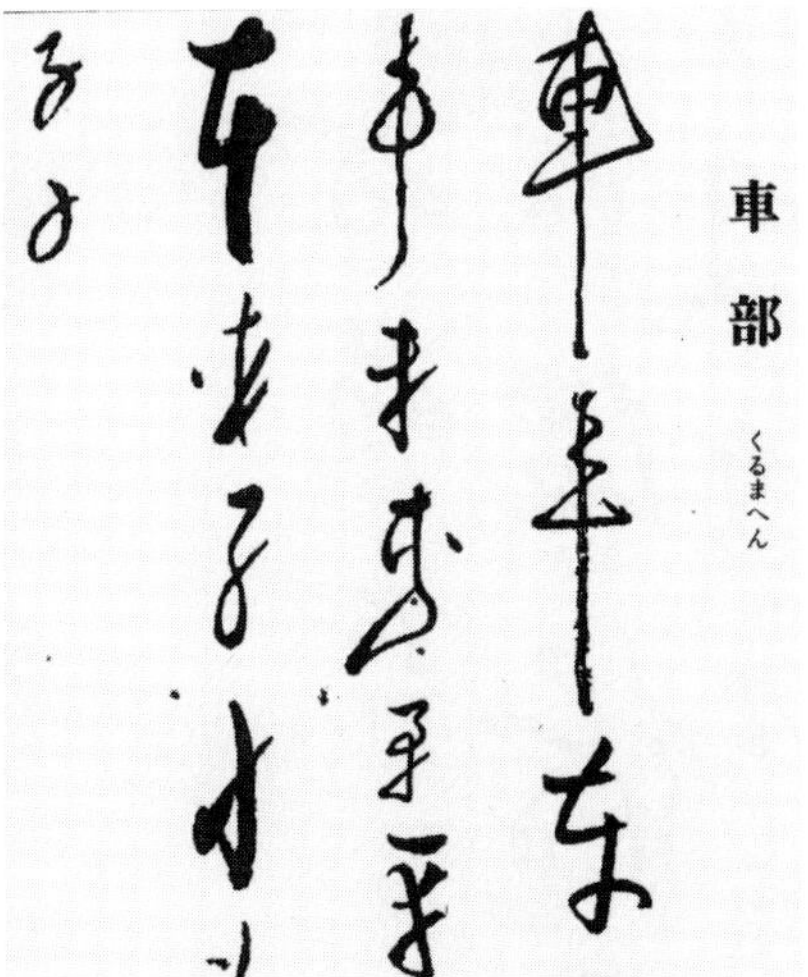

C 糸へん

紡
文徴明
智永
懐素
紋
蘇軾
経
懐良
良成
後村上
道澄
正成
後奈良
昭乗
佐理
日蓮
日蓮
経言
輝元
絃
杜牧
懐素
懐素
智永
祝允明

D 車へん

軒
ケン
のき
転（轉）
テン
めぐる
うつる
ころぶ
ころがる
うたた
軟（輭）
ナン
やわらか
軽
ケイ
キョウ
かるい
かろやか

E 車へん

軸
ジク
しんぎ
まきもの
載
サイ
のせる
しるす
はじめる
とし
軾
ショク
しきみ
輒（輙）
チョウ
わきぎ
すなわち
輔
ホ
フ
たすける
すけ

「江戸版本解読大字典」
監修根岸茂夫氏　柏書房刊　引用（F）

F

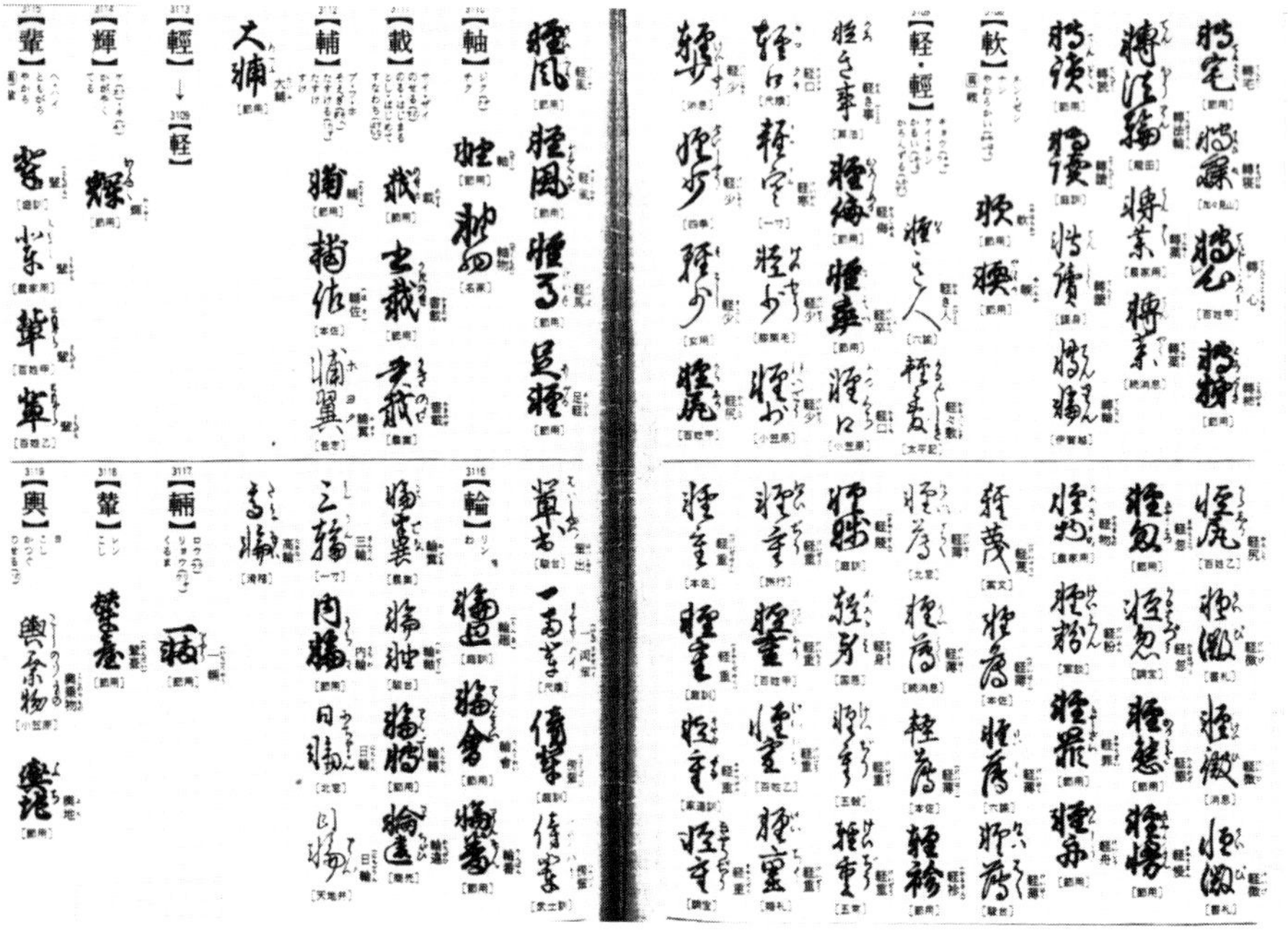

写真でご覧のように、糸へんと、車へんのくずしは似たようにくずすことがあり間違いやすいのです。

例えば、B表車部の三行目は、A表糸部の二行目とよく似ており間違われやすいと思われます。殊に懐素【注・・懐素は、唐の書家。字は蔵真。僧で、俗姓は銭氏。唐代草書の大家と称せられた。作「自叙帖」「草書千字文」など（七二五　七八五以後　一説に七三七　七九九以後）と広辞苑に見える】のくずしは、糸へんと車へんの区別は判断に苦しみます。C表終行二字目と、D表三行三字目を見比べて下さい。糸へんか車へんか、ちょっと判断がつきません。況して写本する人は、まさか義軽とは思わず常識的に義経と書き写すのは無理からぬことと思われます。

次にB表車部の三行目四字目と六字目をご覧下さい。これは、りつしんべん忄と間違われやすいくずしです。E表一行五字目と六字目の軽のくずしは、車へんよりも、忄に間違われやすいではありませんか、これが義軽と読まれず義恆と誤読されてきた原因です。

要するに、誰もが義軽という名前に疑問を感じた結果常識的に判断を下したもので、判断に苦しんだ人は、良心的に義□と空白にしたという次第だろうと思われます。

第二章　『水野記』による関ヶ原戦闘の経緯

水野勝成生誕より

水野勝成（國松　藤十郎　六左衛門　日向守　従五位下　致仕号宗休）

年譜

永禄七甲子《きのえね》年（一五六四）八月一五日

三河国刈谷《かりや》に誕生。父は忠重（藤十郎　惣兵衛　和泉守従五位下）母は都築右京進吉豊女。

前大徳江雪叟宗立撰の勝成寿碑に、永禄九年丙寅《ひのえとら》秋八月一五日生とあるは不審。

天正七己卯《つちのとう》（一五七九）三月二五日（勝成16歳）

武田勝頼来りて遠江国安《くにやす》に屯《とん》す。よって東照宮（徳川家康）同国馬伏塚《まふしづか》に出張す。勝成これに従う。この年三河国高天神の城攻めに父忠重と共に戦功を励む。攻囲凡そ三年。

天正八庚辰《かのえたつ》年（一五八〇）九月二三日（勝成17歳）

忠重織田右府（信長）より旧領刈谷城を与えられる。この刈谷城はもと忠重の兄信元が城主であったが、佐久間信盛の譏言《ざんげん》により右府信長の憤りを被り、家康もやむを得ず信元を家臣に命じ害せしめた。天正三乙亥《きのとい》年（一五七五）十二月二十七日のことである。そして信長は刈谷城を佐久間信盛に与えた。しかし、のちに信元の冤罪《えんざい》が判明し、信盛は追放された。信長はこれを悔い忠重をして兄信元の家をつがしめ、忠重は水野家棟梁《とうりょう》となった。

天正九辛巳《かのとみ》年（一五八一）（勝成18歳）

高天神落城。勝成自ら首二級をうちとり、手の者十八級をうちとる。織田右府より若年にして類無《たぐいな》き働きを賞され、感状ならびに左文字の刀を与えられる。寿碑に勝成幼にして聡明俊敏《そうめいしゅんびん》、長じて仁義の源《みなもと》を窺《うかが》い、射御《しゃぎょ》の道に倦《う》まずと見える。

天正十壬午《みずのえうま》年（一五八二）六月二日（勝成19歳）

織田信長（49歳）京都本能寺に、信忠（26歳）二条城に明智光秀（57歳）の襲撃を受け自殺す。家康（41歳）泉州堺に在り、変を聞き伊賀路を経て三州に帰る。惣兵衛忠重（42歳）京都に在り。東福寺林中に匿《かく》れ、霊源院に入り、出家《しゅっけ》に偽装《ぎそう》して京極高次（20歳）の江州《ごうしゅう》大津城に入り後刈谷《かりや》に帰る。この時勝成の記録見えず不明。忠重は信長死後家康に仕う。

北条氏直（21歳）信長の死亡を聞き、上野《こうずけ》国厩橋《うまやばし》（前橋）の滝川一益（58歳）を攻めて上野を収め、信濃国小県《ちいさがた》・佐久《さく》に進出、無主の甲斐国の制圧を図る、八月家康甲斐国に発向《はっこう》対陣す。古府中より新府中に移陣に及び、勝成は鳥居彦右衛門元忠（44歳）らと共に跡に止まり古府中に屯《たむろ》す。時に北条氏勝（24歳）一万余人を率いて三坂《みさか》より黒駒に赴き、姨口《うばくち》に陣し、古府中並びに善光寺の辺を放火し、家康本陣の新府を襲わんとす。鳥居元忠注進《ちゅうしん》を受け、勝成に示し合わさず密《ひそ》かに先登《せんとう》す。勝成善光寺辺にて元忠に追い付き、大いに怒って曰《いわ》く。拙者父忠重もかねて、若年の倅故《せがれゆえ》、何事も頼み申すと托せしに、だしぬきされる事、あまりにも曲《きょく》のなき儀なり。この上は若輩者《じゃくはいもの》ながら勝手次第に働き申すべしと、言い捨てて先へ馬を進め、鳥居も共に急に　姨口の北条の陣を討ち、善光寺へ引く所を押し詰め、黒駒へ押し込む。その時北条勢一度盛《も》り返し来る時、勝成の手の者太田仁蔵一番に首をとる。それより追い詰め當木《とうのき》の町にて競《せ》り合い二度、遂に三坂の坂下まで追い詰め、与力茂野善十郎、落合左平次、軍功を励む。勝成自身も内藤某を討つ。北条氏勝敗走し大いに勝利を獲《え》る。獲首《かくしゅ》数百、新府に献じ敵の陣前に梟首《きょうしゅ》す。

十月二十九日、北条氏直和議を乞い、大道寺孫九郎を人質《ひとじち》に出す。寿碑に豈《あに》これ勝成の勇功にあらずやと称《たた》えている。

天正十二甲申《きのえさる》年（一五八四）（勝成21歳）

三月六日、織田信雄《のぶかつ》（27歳）は家康（43歳）と手を結び羽柴秀吉（49歳）を滅ぼさんと志し、家臣勢州松嶋城主津川玄蕃允義冬、尾州星崎城主岡田長門守重孝、尾州刈安城主浅井田宮丸を勢州長嶋城に招き天守において殺す。この三人ともに勇名あって秀吉の眷遇《けんぐう》頗る厚く、秀吉に通ずるかと信雄疑心暗鬼《ぎしんあんき》してこれを殺す。これを聞き星崎城中大いに騒ぎ、長門守弟岡田将監善同《よしあつ》（27歳）及び家臣天野五右衛門等兵を集めて尾州本治城に籠もる。（本治は鳴海の北七、八町にあり、刈谷より三里）

信雄は水野惣兵衛忠重、藤十郎勝成に命じ本治城を攻めしむ。忠重父子兵を分けて城外小屋を焼かしめ、進んで二の丸に到り火を放つ。将監防ぐこと能わず降を乞う。忠重父子これを許す。次いで常滑《とこなめ》城を囲みこれを降す。

長久手《ながくて》合戦の事（四月九日）

勝成この時、疼目《うずきめ》をわずらい、兜《かぶと》をかぶらず出陣す。父忠重これを見て、こんな時に兜をかぶらず、どんな時にかぶるのだ。かぶらぬ兜なら尿桶《にょうおけ》にでもせよ、とさんざん口汚く叱り付く。勝成も腹を立て、たとえ父でもそこまで言われる筋はない。この上は今日の戦いに拙者頭を破《わ》られるか、一番首をとるか、今日の勝負を見るべしと、怒りにまかせて真っ先に馬を乗り出す。これを見て忠重軍法に背《そむ》き先駆《さきが》けすべからずと家来を追いかけさせ、引き止めんとすれど勝成きかず、接戦の機逸すべからずと、そのまゝ三好秀次当時孫七郎信吉（17歳）率ゆる白井備後の陣を急襲し一番首を取りて本陣に献ず。家康甚だこれを感じたまう。さて進軍するに当り家康、勝成が従兵無きを御覧あり、御馬に付くべしと御諚《ごじょう》あるにより井伊直政（24歳）と共にあるところ、直政敵を追崩す時、勝成は直政に先を越されたると思い、十五、六間も先へ乗込み、黒母衣《くろほろ》かけたる士を一人討ち取り、また二人の首を獲《え》る。以て逸《はや》り雄《お》の戦場のかせぎぶりを察すべし。

尾州蟹江合戦の事（六月）

滝川左近将監一益《かずます》は北条氏直に上野厩橋《こうずけうまやばし》を追われ伊勢国長島に帰り、柴田勝家（62歳）と結び、秀吉に対抗したが、賤ケ岳《しずかたけ》合戦に敗れ降伏後は越前大野に潜居《せんきょ》す。秀吉は一益の武名を惜しみ招きて伊勢神戸《かんべ》に居らしむ。一益秀吉と信雄が兵を交うるを聞き、尾州蟹江城主前田与十郎を味方につけ、九鬼右馬允嘉隆（43歳）と船に乗り蟹江城に入らんとす。

家康、信雄らはこれを聞き、兵を率いてこれを攻む。水野忠重も丹羽勘助氏次と共に一方を囲む。勝成は父忠重の勘気《かんき》を得し身なれども駆けつけ、六月十七日滝川三九郎一忠（一益の子）が東の大手より押込む所を横合いより突っ込み、黒母衣をさしたる士と鑓《やり》を合わし、疵《きず》二ヶ所を被るも敢えてこれを屑《もののかず》ともせず意気壮《さか》んなり。家康、英雄なる哉と嘆美すと寿碑に見える。一益力つき前田与十郎を斬り降伏す。十月、秀吉勢州に赴く。信雄もまた長島桑名に屯す。忠重町屋川を挟《はさ》んで秀吉の大軍と対峙《たいじ》す。陣堅く秀吉桑名に入ることを得ず。後秀吉この対陣を感じ、忠重も故あって秀吉に仕う。秀吉、石川数正と同じく武者奉行たらしむ。忠重に豊臣の姓を賜い、和泉守に叙任す。（十五丁亥《ひのとい》年［一五八七］七月晦日）

勝成出奔《しゅっぽん》の事

忠重の寵臣《ちょうしん》富永半兵衛という者、父忠重と勝成の仲を裂く。勝成無念我慢ならず遂に意を決し、桑名に於て半兵衛を手打ちにす。それより信雄公長島に居られし故、奉公せんと思いしに、父忠重の怒りにあい、もし忰《せがれ》を召し出さるれば在所へ引き取り申すべしと、殊の外に強く構えられ奉公ならず。そのころ家康公は小牧山《こまきやま》に居られし故、勝成参上して本多佐渡守、高木筑後を以て奉公を願いしに、これまた忠重の構えに合い成らず。後々《のちのち》忠重を宥《なだ》め召し返すべし、それまでは忍び居るべしとの内意を賜る。十月二十日、秀吉と信雄矢田河原に於て謁見し単独講和す。この時水野藤十郎勝成桑名を出奔し列国に遊仕すと『水野記三』に見ゆ。それから慶長四己《つちのと》亥《い》年（一五九九）迄十五年間勘当《かんどう》のまま襲名《しゅうめい》藤十郎を名乗る事を憚《はば》り、六左衛門と改名して諸国流浪《るろう》することになる。

○付記（武蔵誕生の諸説）

通説によれば、この年、天正十二甲申年（一五八四）宮本武蔵誕生となっている。

突然武蔵の記事で不思議に思われるかも知れぬが、武蔵は慶長十乙巳《きのとみ》年（一六〇五）十二月及び翌年十月の圓明流印可に義輕と署名しており、この事はすでに筆者編纂誌9号11号に於て説明ずみだが、それ以外で現在発見されている武蔵の伝書で、義輕の署名が認められるのは、慶長十三戊申《つちのえさる》年（一六〇八）十二月吉日、宮本武蔵守藤原義輕より水野日向守殿とある圓明流兵道鏡（小田原市立図書館蔵）である。この他にも播州龍野圓光寺住職多田祐甫（武蔵直弟子）に引継がれた圓明流伝書も義輕とある。それを義經とか義恒とか研究者が誤読されておられるようだ。昭和四十七年および昭和四十九年に筆者編纂研究誌「日本剣道史」9号および11号において義輕＝玄信同一人物であることを発表した。しかしそれから四十年を経た現在においてもなお武蔵研究の諸先生方のご納得をいただけぬようなので、もう一度9号・11号の説明不充分の部分を見直し、今度こそどなたにも納得がゆくように、くずし字の解説を含め後進研究者の迷いを払拭し誤説に歯止めをかけたく決心したのである。諸先生方も今度こそ武蔵義輕＝玄信を充分ご納得していただき、それが後進を導く何よりの義務と思うからである。よって旧来の大坂夏の陣における武蔵西軍説に対し、筆者の武蔵東軍説を立証する必要から大和口東軍先鋒水野日向守勝成を採りあげ、勝成の事跡（じせき）を知ることにより、武蔵の実像も自然と読者の胸に融けこむように、以後水野勝成の年譜に武蔵事績を付記した次第である。

武蔵生年の通説は、五輪書の序文に見える「寛永二十年《（一六四三）》十月上旬の比。（中略）生国播磨の武士新免武蔵守藤原の玄信、年つもりて六十」より逆算し、天正十二年（一五八四）と割り出したもので、武蔵自記とはいえ、現代的感覚（戸籍法）で六十歳と断定することも躊躇《ちゅうちょ》が無いわけではない。宮本伊織家の系図書では、武蔵は天正十壬午《みずのえうま》年（一五八二）生とある。しかし伊織家の系図による父の田原甚右衛門家貞（法名慈性院宗円日久）の没年は、天正五丁丑《ひのとうし》年（一五七七）三月六日で、室清光院妙永日寿の没年は、天正元癸酉《みずのとり》年（一五七三）

五月十日となっている。これを分析してみると不合理が生じる。というのは、天正十年（一五八二）武蔵誕生五年前に父甚右衛門家貞が死亡しているし、母清光院妙永日寿（俗名不明）は、武蔵誕生九年前に死亡しているではないか、であるからこの系図書は、いくら子孫所蔵とはいえ、この疑問を解決できない限り鵜呑みに信じることはできかねるのである。また家貞の長男田原甚兵衛久光（武蔵玄信の兄にあたるという）の没年を見ても、寛永十六己卯《つちのとう》年（一六三九）十二月十九日卒、享年六十二歳。法名正法院道円日受とあり、久光の生年を没年から逆算すると、一五七八年（天正六戊寅《つちのえとら》）頃の生まれとなる。ということは、武蔵玄信は勿論兄にあたるという甚兵衛久光さえも記録分析の上からは両親死後の誕生であり、家貞と清光院夫婦の生んだ子ということは成り立たない。武蔵玄信の養子伊織貞次以降の記録は正しいかも知れないが、それ以前の系図記録は何処か伝承の誤りか、作為《さくい》があるのか、このように辻褄《つじつま》が合わない。

　武蔵作州出生説にしても、武蔵の父という平田武仁少輔正家（真源院一如道仁居士）天正八庚辰《かのえたつ》年（一五八〇）四月二十八日卒、五十三歳（イ五十歳或六十三歳）。母於政《おまさ》（宇野新次郎宗貞の女）天正十二甲申《きのえさる》年（一五八四）三月四日没、四十八歳。光徳院覚月樹心大姉。右の記事でも分かるように、武蔵誕生の四年前に死亡している平田武仁少輔正家が武蔵の父である筈がない。それで墓碑の天正八年は、十八年の誤刻ではないかと郷土史家が書かれている。このように播州出生説（伊織家系図）も作州説（平田系図）も武蔵出生の記録に関しては矛盾《むじゅん》があり信じられない。

　しかしこの矛盾は作州説に関しては、研究者が誰もが採り上げて周知の事実だが、伊織家の田原系図の矛盾は、これまであまり問題とした記述を見ないのは、筆者の寡聞《かぶん》の所為《せい》であろうか。この他にも武蔵出生に関しては説があるが周知の事実故省略する。要するに以上の疑問を解明できる新資料の発見がない限り、武蔵研究は暗中模索のくりかえしである。この年譜も整理の都合上、通説天正十二年誕生として記述してゆくが、天正十二年出生説を肯定したわけでなく、筆者にとって武蔵の出自は不明としか言わざるを得ないことを明記しておく。

勝成、佐々成政に仕える

天正十三乙酉《きのととり》年（一五八五）（勝成22歳）

『水野記』には見えないが、『新訂寛政重修諸家譜』（第六）三十八頁に、「豊臣太閤に仕え、摂津国豊嶋郡の内にして七百石餘の地を扶助せらる」とある。現在の大阪府池田市の辺りが昔の豊嶋《てしま》郡に属していると思われる。

天正十五丁亥《ひのとい》年（一五八七）（勝成24歳）

太閤秀吉九州島津征伐のため薩摩に下る。五月八日、島津義久（55歳）川内《せんだい》泰平寺の本営に赴き降伏し領国を安堵《あんど》され、同二十三日肥後国中の地侍も隈本《くまもと》城に集められ本領安堵の国士《くにざむらい》五十数人なり。秀吉は無事九州平定の目的を達し、治国困難な肥後国主として名ある猛将佐々成政を任ぜられる。六左衛門勝成この時成政に仕う。

七月朔日、隈部《くまべ》但馬守親永、隈本へ出府の時、成政は隈部の持分八百町の太閤御朱印を検地すべき旨申し渡すところ、親永《ちかなが》は菊池、山鹿、山本三郡にて八百町は先規の通り秀吉公より拝領せし所、然るに当国侍多き中に、殊更隈部領地を第一に検地せらること、外聞《がいぶん》も悪くお断り申すと承引せず隈府《わいふ》（現菊池市隈府）居城に引き籠る。成政大いに怒り殺意を懐《いだ》き、隈本入城の賀に日吉大夫の能《のう》会を興行するに事寄せ、隈部親永を招いて刺殺せんと謀《はか》る。城久基《じょうひさもと》（16歳）これを探り親永に内通す。よって親永病と称して能会に来たらず。成政遂に兵を率いて七月十日、隈本城を攻むるも、反撃強く討死多し。成政いよいよ怒り国侍を多数催し六千余を率いて、八月《イ七月》

二十六日《二十四日》、隈府城に圧力をかけ、奇謀をめぐらし扱いを入れる。親永も小勢では打開策もなく人質を出す。しかし成政囲みを解かず。親永長臣一の家老富田安芸守氏続、二の家老多久大和守宗員、小場常陸守重実と合議し、親永嫡子式部大輔親安かねて父子不和にして義絶し、成政に催され寄手として隈府守山城の向側、玉祥寺原にあるを、彼の老臣《ろうしん》有働《うどう》大隈守兼元は富田安芸守の聟《むこ》なるにより、密使を送り共に成政に当たらんことを打ち合わす。しかるに二の家老《かろう》多久大和守宗員、勝ち目なしとて成政に内通す。成政使者を式部大輔に遣し、本陣に招かんとす。使者三度に及ぶ。式部大輔不審に思い謀《はかりごと》洩れたるを察知して使者を斬らしむ。多久大和守これを知り成政の陣に馳せ入り、とって返し大手門より城中へ攻め入り火をかける。寄せ手水野六左衛門勝成、小谷又右衛門、松下弥兵衛（『水野記』には弥平次）高名す。親永多久の裏切りに最早《もはや》これまでと降らんと思いしが、二男犬房丸（11歳）を伴い、必死に斬り抜け、玉祥寺原（現・菊池市玉祥寺）の式部大輔に合体し、山鹿郡城山城（現・山鹿市城）に帰り籠城す。（隈府より凡そ五里）八月七日、成政隈本を発し城村を攻む。後藤是山氏著『肥後国誌』上巻、菊池郡（四〇八頁～四一〇頁）山鹿郡（五一一頁～五一三頁）に戦記は詳しいので省略するが、勝成の記事は次の如《の》く載せている。

「寄手討ルル者甚タ多シ、城中ヨリ小場太郎左ヱ門ト名乗リテ出シヲ寄手《よせて》モ水野六左ヱ門勝成ト名乗テ蒐《かけ》合《あわ》セ小場ヲ討テ首級ヲ上ク之ヲ見テ城中ヨリ三人一同ニ切テ出水野ヲ中ニ韜《つつ》ミケレトモ勝成 屑《もののかず》トモセス三人トモニ切臥《きりふせ》ル」

この城険阻《けんそ》にして速《すみ》やかに抜くことを得ず、よって東西に付城《つけじろ》を二ヶ所国士《くにざむらい》に構築させ、未だ完成を見ぬに、八月一八日、成政の留守中防備手薄を見込み、かねて成政の暴政を憎む国中の諸士謀議を運《めぐ》らし、隈部に応じて成政の居城隈本城を一揆《いっき》して包囲す。隈部の老臣有働大隈守兼元も密書を多く認《したた》め、城の村を囲む国士に、「今日は隈部が身の上、明日は各々《おのおの》の身の上なるべし」と、共に成政を討つべき策を示し離反《りはん》を促《うなが》す。よって国士も隈部に同意する者多く、一揆の人数三万五千人にふくれあがるという。報《しら》せを得て成政急遽《きゅうきょ》隈本に引き返し、勝成も先鋒として戦う。また『寛政重修譜』に毛利輝元三田村が守りし付城に兵糧を納めんとせしに、城兵道を遮《さえぎ》りしを、水野勝成は立花宗茂と共にこれをふせぎ軍功抜群なりと見え、由計《ゆげ》城を攻めし時にも、勝成一番に川を渡り首二級を討ちとり、竹宮の城攻めにも軍功ありと見える。

結局この騒動は、筑前の小早川隆景、筑後の立花宗茂らの援助で漸く鎮圧したのだが、成政は秀吉より失政を責められ、翌年摂津国尼崎で切腹させられ、隈部親永親子も柳河の立花左近館《やかた》にて切腹させられて両成敗で落着《らくちゃく》を見るのだが、戦場一途《いちず》の武者働きに逸《はや》る二十四歳の勝成にとっては武勇一点ばりの佐々成政の領国治政の失敗ぶりを身にしみて体験できたわけである。この苦い経験が後年大名として勝成の領地支配に役立ったのはいうまでもない。

天正十六戊子《つちのえね》年（一五八八）（勝成25歳）

閏《うるう》五月十四日、秀吉、肥後一揆の責により佐々成政を摂津国尼崎で自刃させる。同十五日、秀吉肥前国を二分し、加藤清正（27歳）に隈本《くまもと》城、小西行長に宇土《うと》城を夫々《それぞれ》に与える。勝成は宇土に赴き小西行長に属す。勝成は行長の弟隈庄《くまのしょう》城の小西主殿助《とのものすけ》を寄親《よりおや》としたと『水野記』に見える。

天正十七己丑《つちのとうし》年（一五八九）（勝成26歳）

九月、志岐天草に賊起こる。小西行長口津に陣し、加藤清正と牒《しめ》し合わせ、二十四日壱岐の海を渡り山上に陣す。志岐城中の兵、これを防がんとして騒擾《そうじょう》す。勝成この衆乱に乗じて撃つべしと進言し、行長の弟小西主殿助を将とし、自らは先登して鑓下《やりした》の高名す。敵城中に引くを追い外郭門を破ってまた首を獲《え》る。二十五日、清正も志岐本戸《（渡）》に渡り陣す。賊首民部太輔志岐東山に陣す。清正は先手山岡道阿弥（加藤肥前と名を賜う。48歳）、岡田将監、南部無右衛門、小野木織部、滝野三位をしてこれを撃たしむるも賊の為に味方の兵うち崩さる。清正は必死に敗兵を留めて自ら敵数十人を撃殺す。清正の旗本庄林隼人、森本儀太夫、飯田角兵衛ら奮戦し、二、三里追討つ。清正の持つ十文字鑓《やり》折れて片鎌《かたかま》になるは、この時の事で比類《ひるい》なき働きであったという。小西行長も清正と志岐を囲み賊を降《くだ》し、行長城を請取《うけと》る。

十月朔日、本戸《（渡）》城を囲み、二十三日、これを破る。勝成また先登して首一級を取る。進んで本城の下に至る。敵十余人突き出るを、勝成郎従山本左太夫、林茂之助、近藤弥之助ら奮戦し六人を討ち取る。

山岡道阿弥はのち伏見において家康に、この志岐天草表の勝成の働きぶりを披露した所、家康は殊の外に感心され、勘当《かんどう》の身である勝成と、父忠重との和解の仲介をこの道阿弥に命じられたのである。

さて『水野記』（三）に吉田秀元曰《いわ》くとして、「又黒田長政ニ仕エ、後殿仕《しんがりし》モノ等ノ働キ比類無キ事多ク候、長政ノ家ハ小児姓ヲ切リ殺シ立ノカレ候、其時後ヨリ追手ノ者モ是アルベキト存ゼラレ川渡船ヲ渡リ、船并《ならび》ニ船具等残ラズ流シ捨テ立退レ候、夫ヨリ備中成羽《なりは》へ参ラレ三村紀伊守ニカカリ居ラレ候、是ニ於テ嫡子美作守勝俊出生也」と見える。また『水野記』（四）に、貞享元年（一六八四）三月十六日、水野勝種記録曰《いわく》として、「豊前国《ぶぜんのくに》ニ一揆《いっき》起リ候刻《とき》、秀吉公ヨリ黒田如水同筑前守ニ城井《きい》ノ城ヲ御攻サセ候、日向守《（勝成ノコト）》モ寄手ニ相加リ罷越候、引口《ひきぐち》難儀ノ処後殿《しんがり》ヲ致人数引取セ候、道に猩々緋《しょうじょうひ》ノキレ落候テ有之《これあり》候ヲ、後殿ノ印《しんがりのしるし》ニモ成可《なるべき》トヒロイ帰候、其日ノ後殿ハ後藤又兵衛致候由承リ候故、右ノ猩々緋ノキレヲ取出シ見セ候ヘハ、又兵衛鑓《やり》ヲ致候時分具足羽織《ぐそくはおり》ノスソヲ突切ラレ候ニテ、取合セ見申候ヘハ紛レ無之《これなく》候ニ付、又兵衛申分無之、日向守ハ惣後殿《そうしんがり》、又兵衛ハ鑓ト僉議究《せんぎきわま》リ申候、其後城井ノ赤尾ヲ筑前守所ヘタハカリ寄盃ノ上ニテ討セ申候、供ノ者共モ悉打留申候、如水筑前守モ褒美ニテ御座候」と見え、やはり黒田家に仕えたような記述である。しかし、記録に見える城井というのは、豊後国築城《ついき》郡の内、城井谷に城を構えた城井中務少輔鎮房《しげふさ》という剛強の士で、下野国《しもつけのくに》宇都宮氏の子孫である。城井谷の内、寒田村《さわだむら》の奥四方岩石の堅固な鬼が城に立て籠り黒田氏に反抗した。長政二十歳血気にはやり、京都《みやこ》郡馬が嶽の居城より、十月九日、二千余人を率いて、寒田の上まで押し寄せたが、要害堅固の城は後に高山、左右の山も高く、谷深くして細道一つ、殊に岩石多き難所なり。なお道の左右に深田《ふけだ》あり。城井方はわざと一支《ひとささ》えもせず黒田方を難所に引き寄せ討ち取らんとす。長政深か入りを悔いて兵を引かんとすれど進退自由ならず。旗奉行竹森新右衛門（38歳）は、もしここで旗を引けば、敵はかさにかかって突きおろすべし。低き所より防戦なり難しと躊躇《ちゅうちょ》す。長政は苛立《いらだ》ち後藤又兵衛に早く旗を引かすべしと厳命す。竹森も主命に背けず旗を引く。城井方、これを見て敵退くぞと一気呵成《かせい》に高所より突いて出る。長政馬を深田《ふけだ》に乗り入れ既に危うき所を家来に助けられ、無念の敗戦なり。

後藤又兵衛は馬が嶽に帰り、今日の後殿《しんがり》は拙者なりと高言す。原弥左衛門これを聞いて、我こそ今日の後駈けをつとめしと互いに功を争いて止まず。されば証拠を見せんとて、原田は後藤が途中にて脱ぎ捨てし猩々緋《しょうじょうひ》の羽織を取り出し、貴殿が脱がれし羽織を拾ひ帰りたるこそ貴殿の跡より後殿をして帰りたる証拠なりと詰めよる云々。この話は『新訂黒田家譜』第一巻、文献出版（昭和五十八年刊）、一六八頁に載せる所であるが、前記『水野記』（四）の記録では猩々緋の一件は、水野勝成の事になっている。昔咄はこのように何処か伝承が食い違ってしまう。いずれにしろ長政の城井城攻めの惨敗は、天正十五丁亥年（一五八七）十月九日のことで、このころ勝成は佐々成政に属し、隈部一族の肥後一揆と戦いの最中で、黒田長政に属し城井攻めに従ったとは思われぬのだが……。

竹森新右衛門次貞は後石見《いわみ》と改む。初名新次郎、旗奉行。元和七辛酉《かのととり》年（一六二一）十一月三日（イ九日）死、七十二歳。法名禅空。妙楽寺に葬る。妻は長政の嫡子忠之の乳付《ちつ》けとなる。二五〇〇石。嫡子清左衛門貞幸相続す。

原弥左衛門種良は後伊豫と改む。初め宝珠山左近太夫という。大蔵姓にて原田氏の一族。黒田孝高その長い姓名を縮めて原弥左衛門と改めらる。寛永十六己卯《つちのとう》年（一六三九）十月二十六日死。八十三歳。法名水岩元山居士。聖福寺内順心庵に葬る。二千石。

後藤又兵衛基次は有名の豪傑で軍功多く、長政筑前移封のとき、大隈城一万六千石を与えられたが、謀反《むほん》の疑いをかけられ、慶長十一丙午《ひのえうま》（一六〇六）筑前を立ち退き、長政の構《かまえ》を受けて浪々す。同十九甲寅《きのえとら》年（一六一四）大坂城の秀頼に招かれ入城、翌元和元乙卯《きのとう》年（一六一五）五月六日、東軍大和口先鋒水野勝成軍と藤井寺、道明寺付近で戦い、伊達政宗、松平忠明らの軍勢に退路を断たれ、死闘の末に流れ弾を受けて戦死した。（五十六歳という。）

薄田《すすきだ》隼人も後藤又兵衛基次を救援せんとしたが、力およばず勝成の兵に討たれた。貝原益軒は後藤又兵衛を評して、「平生戦功多しといえども、心術正しからず。戦場にても只仕やすき高名をのみ心がけ、仕《し》にくき場に臨んでは、則《すなわち》はずして人に難をさずくる事多し。故に其勇名高しとはいえども、君命に背き、終には敵にくみして終をたもたず。これ人の戒《いましめ》とすべき事にぞ侍《はべ》る。」と後藤又兵衛伝を結んでいる。評価はその立場にもより十人十色であるのは止むを得ない。基次の法名西照院夏安道蓮禅定門（鳥取市景福寺）。

　さて城井鎮房も次々と国中を攻め滅ぼされ、遂に敵しがたく、小早川隆景、毛利壱岐守、安国寺恵瓊《えけい》を頼り降参す。かくて領内平定す。そして翌天正十六戊子《つちのえね》年（一五八八）二月、鎮房手勢二百人ばかりを伴い、長政の下毛郡中津川城に一礼の為と称し、前ぶれも無く参上す。長政疑心を抱き、酒宴に事寄せ、油断を見すまし鎮房を誅殺し、城井が住居の寒田《さわだ》へ押し寄せ館に火をかける。鎮房の父も殺され城井父子一族十三人、中津川で磔《はりつけ》にかけられた。鎮房の子弥三郎はこのとき長政の父孝高に従って肥後にあったが、長政の注進により誅せられ、ここにさしも勇猛を誇った城井一族も滅亡した。謀略殺戮《さつりく》は戦国の習いとはいえ後味の悪い事件である。

『水野記』（三）吉田秀元の註記によると、勝成が黒田長政に仕え、後殿、仕《し》もの等の働き比類無かったが、小児姓を斬り殺して黒田家を立ち退き、それより備中国成羽へ赴き、三村紀伊守にかかるとあるが、年次を明確にできない。勝成寿碑でも天正十七己丑《つちのとうし》年（一五八九）の天草本戸城攻めから慶長三戊戌《つちのえいぬ》年（一五九八）秀吉死まで、記録が空白となっている。勝成二十六歳から三十五歳の間である。平井隆夫氏は、勝成、黒田家中にあり、長政大坂に向かう瀬戸内海の船上で、帆綱《ほづな》の緩《ゆる》みを締《し》めるよう命ぜられ、武士を船子同様に扱う家には居られぬと、鞆《とも》の地より備後に上陸すとの伝承がある。勝成二十六歳で血気盛んな年齢であると「支干祭と水野勝成」に記しておられる。平井隆夫氏については後述するが、勝成の臣平井弥吉正則の子孫で、弥吉正則は大坂夏陣に、片山にて随分の働きあり、広田図書、荻野新右衛門、平井弥吉此三人劣らず振舞と聞べしと『水野様御一代記』に見え、一番鑓討死とある。名誉の家で、子の弥吉正直も肥前島原の乱に柵一番乗し首取ると系図に記されている。この弥吉正直の妻は、勝成の武者奉行中川志摩之助の娘である。志摩之助嫡男は刑部《ぎょうぶ》左衛門《ざえもん》といい薄田《すすきだ》隼人討ちとるとき組討したという。次男主馬《しゅめ》は島原一揆のとき、日向守御備のへの門一番乗り、のち志摩之助と改めたが、美作守のとき子細《しさい》あって浪人となる。三男三木之助、この人が宮本武蔵の養子となり、播州姫路の本多中務忠刻《なかつかさただとき》に仕え、三十三歳の寛永三丙寅《ひのえとら》年（一六二六）五月十三日、忠刻に殉死した。詳細は年譜その項で述べるが、ここでは平井隆夫氏先祖の紹介をかね、中川志摩之助を通じて宮本武蔵との関係を知っていただければ幸いである。

○付記（無二斎のこと）

この年、新免宗貫の命により、武蔵の父無二斎、本位田外記之助を討つ。一家中の妬《ねた》みを受け家に籠居、のち宮本村に移住、この地に歿すと顕彰会本にあるも不審もあり。無二斎は無二助の誤りと思わる。

天正十八庚寅《かのえとら》年（一五九〇）（勝成27歳）

三月、秀吉小田原北条氏征伐のため京都出陣。七月、北条氏降る。水野忠重家人竹本助平某は家康の麾下《きか》にあり敵二人をうち取り、浅黄地鈍子《どんす》の御羽織を賞賜せらる。勝成備中三村方にあり記録無し。『新訂寛政重修諸家譜』（第六）三十九頁に、「のち備中におもむき、三村紀伊守家親が許に寓す。」とあるが、家親は元成羽《なりは》の鶴《かく》首《しゅ》城主であったが、毛利元就の力を得て備中一円を攻略し、松山城主となり、永禄七甲子《きのえね》年（一五六四）備前に攻め入り、翌八乙丑《きのとうし》年（一五六五）美作に入り、三星城を攻め、高田城を抜く。翌九丙寅《ひのえとら》年（一五六六）再び美作に出陣、久米郡の興禅寺に陣した時、宇喜多直家の命により遠藤又二郎（後浮田河内守）が弟喜三郎（後浮田修理亮）と共に鉄砲で三村家親を暗殺した。（二・五トモ　三・一八トモ）勝成が三村氏を頼る約三十年前の出来事であるから、家親は誤りで、その弟の親成《しげちか》（越前守）の子親宣《ちかのぶ》（孫太郎、紀伊守）のことであろうと思われる。成羽は現岡山県川上郡成羽町である。勝成が鞆《とも》より備後に上陸したのは二十七歳の頃として、以後三村紀伊守に寄寓する三十四歳まで備後、備中と放浪苦難の生活を続けたと思われるが記録が見当らぬ。

武蔵はじめて試合して打ち勝つ

慶長元 丙申《ひのえさる》年（一五九六）（勝成33歳）（武蔵13歳）

宮本辨助（武蔵）十三歳で初めて新当流有馬喜兵衛という兵法者と試合して打ち勝つ。（五輪書）。

『佐用郡誌』に、「其時平福に博徒を以て暴行至らざるなき有馬喜兵衛なるものあり。新当流の達人といえども、村内の平和を破り蛇蝎《だかつ》の如く忌嫌《いみきら》われしかば、平田伝（田住家では武蔵幼名を伝という。）幼にして之を憎み、ある時これと口論し、この松原において立合い、彼れ喜兵衛を一刀のもとに伐《き》り伏せ、その身は処定《ところさだ》めず行衛をくらましたり。この時、伝十三歳なりという。」とある。顕彰会本、十六頁にも、「播磨佐用郡平福村々長田住貞氏方傳来の系図を得たるによれば、武蔵の母は別所林治《しげはる》といひし人の女《むすめ》にして、初め美作《みまさか》の平田武仁に嫁して、武蔵を生み、後離別して播磨に帰り、田住政久に再嫁せり、この時武蔵は幼少なりしが故に、いはゆる率子《つれこ》となりて、田住家に養はれ、こゝにて人と為れるよし云々」とあり、また同書十八頁に『丹治峰均筆記』を引いて、武蔵幼年より父の兵法を見こなし常に誹謗《ひぼう》す。或時無二が楊枝《ようじ》を削《けず》っているのを一間を隔て武蔵が誹謗《ひぼう》するので腹に据えかね小刀を手裏剣に投げ打った所、武蔵顔をそむければ、小刀は後の柱に立つ。無二いよいよ怒り家を追い出す。武蔵播州の母方の叔父某の僧となれる庵《いおり》に行く。九歳の時のことで、武蔵はここで養育されたのだという意味の事が記されている。庵は現兵庫県佐用郡佐用町庵である。以上を綜合して考えると、武蔵の生母を別所林治《しげはる》の女《むすめ》とする説も捨てがたい。武蔵の最初の試合も播州平福村であり、平福村の庵は、武蔵の生母とは親族関係にある僧（道林坊）が住職をしている正蓮庵があり、少年時代の武蔵の学問の師ともいわれてもいる。詳細は周知の事実であるから省略するが、ただ諸書には、この林治の娘を率子《よしこ》としており、顕彰会本では、率子は連れ子の意味で書かれている。いつの間にか人名と錯覚されたものであろうか。本当のところを知りたく思う。武蔵はこの試合後無二が引き取ったのだろうか詳細不明である。無二というのは、武蔵の養父當理流宮本無二助藤原一真のことである。

慶長三　戊 戌年《つちのえいぬ》（一五九八）（勝成35歳）

八月十八日、太閤秀吉伏見城に於いて薨ず。63歳。去る文禄元壬 辰年《みずのえたつ》（一五九二）に始まった朝鮮出兵、所謂《いわゆる》文禄の役に加藤清正、小西行長を先鋒として十五万余を出兵させた。翌二癸 巳年《みずのとみ》（一五九三）明《みん》の和平使節沈惟敬ら来日し和を講じたが、慶長元丙 申年《ひのえさる》（一五九六）明使《みんし》の表文《ひょうぶん》に「爾《なんじ》を封じて日本国王となす」とあるのを見て、秀吉はその無礼を怒り、翌二丁 酉年《ひのととり》（一五九七）一月朝鮮再征となる。所謂慶長の役である。しかし今度は諸軍の士気揚がらず苦戦に終始した。明と朝鮮の大軍に囲まれ蔚山《うるさん》に籠城苦戦した加藤清正らの話は有名である。秀吉はこの不利の内朝鮮撤兵を遺言して没したのである。秀吉は死の一か月前、諸大名に秀頼（6歳）に忠節の誓紙を出させ、八月五日、さらに秀頼を五大老に託し、五奉行と誓紙を交《か》わさせたり、特に五大老の筆頭徳川家康には秀頼の補佐を懇請《こんせい》している。

五大老というのは江戸内府徳川家康（57歳）、加賀大納言前田利家（61歳）、備前中納言宇喜多秀家（26歳）、会津中納言上杉景勝（44歳）、安芸中納言毛利輝元（46歳）らで、五奉行は、前田玄以（60歳）、浅野長政（55

歳)、増田長盛《ました》（54歳)、石田三成（39歳)、長束正家《なつかまさいえ》（?歳）らである。なお中村一氏（?歳)、生駒親正《いこまちかまさ》（73歳)、堀尾吉晴《よしはる》（56歳）の三人を中老として、大老、奉行間の調停和解に任ぜしめた。さて秀吉の死は秘されたまま在鮮諸将に撤兵《てっぺい》が命じられたが、帰還するや加藤清正（37歳）や浅野幸長《よしなが》（23歳）らは三成とはかねて不仲で、殊に清正は前の文禄の役では小西行長と先陣争いを演じ、行長は結局平壌《へいじょう》で明軍《みんぐん》に大敗し、三成、行長らによって講和交渉が進められる中、清正はなお攻撃の手をゆるめず晋州城を攻略した。これがため講和を妨害したと三成に讒訴《ざんそ》され、慶長元丙申《ひのえさる》年（一五九六）正月伏見蟄居《ちっきょ》の身となった。その後同年閏七月十三日、大地震があり、清正は謹慎の身を忘れ一番に伏見城にかけつけ、秀吉の安否を尋ねたので勘気がとけたという。地震加藤の歌舞伎脚本の種となり人口に膾炙《かいしゃ》しているのは、この時の話という。三成を敵視する清正らに対抗し、行長は三成を扶《たす》けたので両者の確執《かくしつ》はますます深刻になった。自然豊臣旧臣らは清正に与《くみ》する武功派と、三成ら文治派に分裂しはじめ、しらずしらず豊臣武将を秀頼から乖離《かいり》せんとする家康の老獪《ろうかい》な術中におちてゆくのである。

（※以下『水野記』は、慶長三年の項に載せるも慶長四年と思われる。）

『水野記』（四）に「二月四老及ビ五奉行等家康公ヲ弑《ころ》サント謀リ奉ル、家康公殆ド危ウシ。諸将之ヲ聞キ、家康公之亭ヲ警備ス。時ニ家康公水野忠重ヲ感ジテ曰《いわ》ク、忠重常ニ左右ニ侍ス。急難之時ニ当リ来リ守ラザルトイウコト無シ」また「石田三成等相共ニ徒党ヲ結ビ家康公ヲ図《はか》ラント欲《ほっ》ス。家康公伏見向嶋ニ在ルノ時ニ当リ、勝成（時ニ水野六左衛門勝成三十六歳）変ヲ聞テ、難ニ臨ンデ命ヲ致サント欲《ほっ》シテ竊カニ西国ヲ発シテ伏見ニ赴ク。而シテ日夜ニ及ンデ向嶋ニ行ク。然リト雖モ家康公ニ見《まみ》エ奉ルコトヲ得ズ。是《これ》ヨリ先ニ、勝成故有《ゆえあ》リ父忠重ノ勘気ヲ蒙ル。（勝成二十一歳ヨリ三十六歳ニ至リ浪人）忠重勝成ヲ絶《ぜっ》シ、誓シテ曰《いわ》ク、黄泉《こうせん》ニ及バズンバ相見スルコト無シト。且ツ家康公ニ言テ曰ク、君若シ勝成ヲ見ハ吾必ズ骸骨《がいこつ》ヲ請ワント、既ニシテ茲ニ年有リ。此ノ時ニ及ンデ家康公、勝成伏見ニ在ツテ君ノ難ニ死ナント欲スルヲ聞キ、感悦シテ勝成ヲ見ント欲スルノ志有リト雖モ、忠重ノ言ヲ以テノ故ニ未ダ果タサズ。家康公、勝成ノ才ヲ用ウベキヲ知ッテ、山岡道阿弥ヲシテ忠重ニ命ゼシメテ曰ク、父子ノ間、善ヲ責メズ早ク須《すべから》ク和睦《わぼく》スベシト。忠重貴命ヲ以テ拒《こば》ムベカラズ。乃《すなわ》チ勝成ヲ召シテ之ヲ見ル。爾後《しかるのち》勝成、家康公ヲ拝スルコトヲ得タリ。家康公勝成ノ志有ルヲ感ジタマイテ、其ノ後家康公故有リ大坂ニ行ク（三月十一日）益《ますます》殆《ほとん》ド危ウキ事有リ。忠重勝成家康公ノ傍ラニ侍《じ》スルコト恰《あたか》モ形影ノ如ク相伴ウナリ。其ノ功頗《すこぶ》ル著《あらわ》ル。」（以上『水野記』慶長三年の記載なるも慶長四年にかけての事と思われる。）

慶長三年には、備中国成羽に於いて勝成の嫡子勝重が誕生している。『新訂寛政重修諸家譜』では、母は某氏と伏せてあるが、『水野記』では、母は小坂信濃守利直女《むすめ》とある。利直はもと美作国と備中国境の一城の主であったが、雲州《うんしゅう》の尼子や、備前の宇喜多らに攻め落とされて浪人となり、備中国成羽城主三村方へ頼り藤井道齋と改名した。たまたま勝成が九州を引きあげて、天正十八庚寅《かのえとら》年（一五九〇）備後国鞆へ上陸、二十七歳より三十四歳の慶長二丁酉《ひのととり》年（一五九七）迄備後備中と浪々の末、漸く備中国成羽城の三村紀伊守の許に寄食する時に、この道齋の女が勝成の身の廻りの世話をしたが、勝重はその女との間に生まれた。月日は不明であるが、慶長三年生まれで勝成の嫡子であることは間違いない。童名長吉後の美作守勝俊のことで、成長して大坂夏の陣の時は十八歳で、宮本武蔵（32歳）に守《も》り立てられ勇戦し、大坂城に突入している。詳細は元和元乙卯《きのとう》（一六一五）の項参照のこと。今にして思えば、勝成と武蔵は現在の岡山県内に居住していた一時期があったということになる。年齢は勝成が二十年長である。しかし両者は未だ接触の機会が無い。

慶長四 己亥《つちのとい》年（一五九九）（勝成36歳）

水野忠重家康の命によって勝成と父子和睦の事。前項参照。山岡道阿弥は、名は景友。はじめ三井寺光浄院の僧で暹慶《せんけい》という。還俗《げんぞく》して八郎左衛門、備前守、剃髪後道阿弥と称す。父は江州勢多城主美作守景之。法躰《ほったい》のまま足利義昭に仕え山城半国の守護に補せられたという。天正元 癸酉《みずのととり》年（一五七三）義昭が信長に追放された時、還俗して山岡八郎左衛門景友と称し、信長に仕えた。天正十壬午《みずのえうま》年（一五八二）光秀反逆の時は光秀の安土城に入らんとするのを防いだ。のち秀吉に仕え御咄衆《おはなししゅう》となり再び剃髪《ていはつ》して道阿弥と号し、所々の役にしたがい常に側を離れず恩遇多し。長兄景隆、次兄景佐、三兄景猶。年齢は『新訂寛政重修諸家譜』に、慶長八 癸卯《みずのとう》年（一六〇三）十二月二十日死す。六十四歳と見え、逆算すると、一五四〇年頃の生まれとなるが、一五四一、一五四二年生と諸書区々《まちまち》である。秀吉死後は家康に親昵《しんじつ》し、石田三成らの襲撃の危険から家康を警護した。この間、家康の命を受け、水野忠重を口説《くど》き落とし勝成の勘気《かんき》を許さしめ、実に十五年ぶりに父子和睦の仲介を成功させたのである。勝成寿碑には、「一日山岡道阿弥ヲ使《つかわ》シテ忠重ニ命ジテ曰《いわ》ク、夫レ汝《なんじ》ノ子ヲ警《いまし》ムルは是汝ノ道ナリ、孰《たれ》カ敢《あえ》テ之ヲ是《ぜ》トセザランヤ、古《いにしえ》云《いわ》ク、教エズシテ善ナル是聖《これせい》ナリ、教エテ後善ナル是賢《これけん》ナリ、子《し》能《よ》ク仕ルハ父之ニ忠ヲ教エバナリ、今ヤ勝成身ヲ顧ミズシテ吾ガ難ニ臨マント欲《ほっ》ス、忠重教誨《きょうかい》スル所ノ忠心ヲ遺忘《いぼう》セザルモノト謂《い》ウベキカ、タトイ失《しつ》一朝ニ在ルモ、得《とく》終身ニ在リ、汝夫レ之ヲ奈何《いかん》、忠重台命ノ相拒《あいこば》ムベカラザルヲ以テ乃《すなわ》チ勝成ヲ見テ青眼《せいがん》(相手を喜び迎える目つき)ヲ開ク、然シテ後勝成東照宮ニ拝謁ス、於戯《ああ》君君タレハ臣又臣タリ、父父タレハ子又子タリ」と見える。死ぬ迄勘当《かんどう》、もし勝成を召される事あらば直に致仕《ちし》せんと奉公構《ほうこうがまえ》までして十五年、頑固一徹《がんこいってつ》を通し続けた忠重であったが、主君家康にこれほど懇諭《こんゆ》されては、さすがに拒《こば》むことができなかったと思われる。ちなみに、この時家康年齢（58歳）忠重（59歳）勝成（36歳）道阿弥（58〜60歳）である。以後忠重勝成の父子、家康の傍を離れず忠節をつくすことになるのだが、翌五庚子《かのえね》年（一六〇〇）忠重は七月十九日、関ヶ原の決戦を前にし石田三成の刺客、加賀井弥八郎秀望に殺害されてしまうのである。誰がこの運命を予測できたであろうか。思えば秀吉の遺命を受けて幼少六歳の秀頼を擁護《ようご》し、豊臣政権を支える筈の五大老五奉行であったが、家康の本心こそは徳川政権の樹立であり、豊臣秀頼よりの政権奪取であった。これに対抗したのが前田利家、石田三成らで、家康が伊達政宗、福島正則、蜂須賀家政らと婚姻関係を結び、また水野忠重の女《むすめ》（勝成の妹）を養女として加藤清正の子忠広に嫁せしめる約をする等、徳川勢力の拡充を図った。

前田利家や石田三成ら豊臣方の大老奉行らは、太閤遺命に違背《いはい》するものと家康を問責し、返答如何と両者の間は一触即発の危機に瀕《ひん》した。三成はこれまでも密《ひそ》かに刺客を放って家康を殺害せんとして果たさなかったが、今や　加藤清正、浅野幸長、福島正則、黒田如水父子、蜂須賀家政、長岡忠興、池田輝政、加藤嘉明、藤堂高虎らは、石田三成を憎むあまり家康側に立った。家康の豊臣旧臣の分裂政策の成功である。結局この事件は家康の一時の遺忘《いぼう》で以後戒慎《かいしん》するとの弁明で有耶無耶《うやむや》に誤魔化《ごまか》されてしまったのであるが、三成はその後も家康の襲撃を謀《はか》った。しかし決行するまでに至らず、閏三月三日、大老前田利家が六十二歳で病死すると、頼りを失った三成は、豊臣秀次事件や朝鮮出兵を通じ、三成の讒言《ざんげん》にあって彼を目の仇とする在坂の七将等、すなわち加藤清正（38歳）、黒田長政（32歳）、浅野幸長（24歳）、福島正則（39歳）、池田輝政（36歳）、長岡忠興（37歳）、加藤嘉明（37歳）らが共謀し、三成の大坂城を退出する機会を窺い殺害せんと密謀する事を佐竹義宣（30歳）より通報され、進退に窮した三成は義宣の計らいで伏見の家康に頼るという皮肉な運命の巡り合わせとなった。家康は殺害を迫る七将を宥《なだ》め諭《さと》し、三成には職を離れて本領近江佐和山に隠居することを勧《すす》め、窮地においつめられた三成はやむを得ず家康の扱いに従った。閏三月四日から十日の出来事であった。

かくて家康の威望は大いにあがり、次第に大坂諸将を威圧した。しかし一方に家康に反発する動きもあり、家康が九月の重陽《ちょうよう》の賀に大坂の秀頼に謁した時、増田長盛はひそかに家康に前田利長（利家嫡子、38歳）や細川忠興らも異心を抱き密々に戦備を整えるの風評があり、また浅野長政、土方雄久、大野治長らをして家康を刺殺せしめんとの計画ある旨を告ぐ。十月、家康は前田利長征伐を議し、丹羽長重（29歳）を先鋒に命じた。また浅野長政を領地の甲斐に蟄居《ちっきょ》せしめ、土方雄久は常陸《ひたち》に、大野治長は下野《しもつけ》に流した。十一月、忠興は誓書と共に子の忠利（14歳）を江戸に質として差し出し、利長も生母高畠氏（お松）を質として江戸に送ることを承諾して事なきを得た。これが諸大名が江戸に質を送る嚆矢《こうし》となった。一方石田三成は居城佐和山にあって憤《ふん》懣《まん》やる方なく、打倒家康を目指し上杉景勝（45歳）の重臣直江兼続（40歳）らと密謀し、景勝が会津で兵を挙げ、この陽動策戦に誘われて会津征伐に誘いだし様子を見て大坂でも挙兵し、家康を挟みうちにせんと必勝の策戦と準備に怠りなかったのである。

○付記（秋山との試合に勝つ）

宮本武蔵十六歳にして但馬国秋山という強力の兵法者に打ち勝つ。（五輪書）
宮本村の庄屋甚右衛門が元禄二己巳《つちのとみ》年（一六八九）三月、備前美作城主森長成時代に書き上げた「古事御改書上」によると、当村に三十間四方ほどの構屋敷があり、宮本武仁子武蔵まで天正慶長までの間居住したが、九十年以前に当村を出て行き、その時、分家の道具系図証文等与右衛門に渡し云々と見える。九十年以前というと、慶長四、五年頃に当たるから、秋山某とは武蔵出郷して最初の試合であったのだろう。なお武蔵が出村の時、与右衛門に預けた系図類は、寛文十庚戌年《かのえいぬ》（一六七〇）火災で焼失してしまったという。このため武蔵の出自を証明する確実な資料は無く、諸説紛々として今に極め手がない所以《ゆえん》である。

京都伏見城の戦い

慶長五庚子年《かのえね》（一六〇〇）（勝成37歳）

家康は鳥居彦右衛門尉元忠（62歳）に伏見城を留守番させ、水野和泉守忠重に三州刈屋城を守らせ、細川幽斎（67歳）に丹州田辺城を守らせ、六月十六日伏見を発し、七月二日江戸に帰る。やがて家康は豊臣武功派の諸大名を率いて会津上杉景勝を遠征する為に江戸を発し、下野《しもつけ》小山《おやま》に到着（七・二四）。ここで石田三成らの大坂方挙兵を聞いた。併《あわ》せて去る七月一九日、勝成の父水野和泉守忠重（60歳）が石田三成の刺客加賀井弥八郎秀望の為に池離鮒《ちりふ》で殺害されたとの報を受け、翌二十五日、家康は急遽《きゅうきょ》軍議を開き、一旦《いったん》、上杉征伐を中止して江戸に軍を返すことに決定す。そして勝成には忠重の遺領をたまい、自ら忠重の重臣宛ての親書を認《したた》めて、勝成を居城三州刈谷《かりや》に帰らせたのである。親書は左の通り。（『水野記』より）

「和泉殿不慮之仕合ニテ被相果《あいはてられ》不是非《ぜひなく》候、然者《されは》六左衛門指越候、和泉殿不相替《あいかわらず》馳走肝要候、謹言　七月廿五日　家康判
上田清兵衛殿
鈴木治兵衛殿

同久兵衛殿」

　堀尾帯刀吉晴（58歳）は、子の信濃守忠氏（24歳）の居城遠州浜松城に家康休息せられし時、奥州下向《げこう》の御供を願いしに、まず越前国に帰り、石田三成が佐和山にての様子、および北国上方《かみがた》の事どもを注進《ちゅうしん》あるべしとて、御供には子の忠氏を命じられる。よって吉晴は浜松を発し越前国へ赴かんと三河池鯉鮒《ちりふ》に至る。吉晴はかねて水野和泉守忠重とは昵懇《じっこん》で、忠重は吉晴を饗応《きょうおう》せんとして刈屋の城を出て池鯉鮒の旅館にて待つ。然る処、吉晴途中にて加賀井弥八郎秀望《かがのいやはちろうひでもち》と出合う。加賀井と吉晴は知人なれば雑談の末、われも忠重に密議の事あり、幸いに同道せんと願うにより吉晴は加賀井を伴い忠重を訪《おとな》う。忠重は両人を饗応して酒宴に及ぶ。夜も更け吉晴は大いに沈酔し傍らの柱にもたれ睡眠す。時に弥八郎密談あればとて忠重に家臣を座敷より退かしめ、矢庭《やにわ》に忠重を脇指にて斬り、返す刀で吉晴の面を切る。吉晴驚き弥八郎を組み伏せ脇指を抜き刺し殺す。物音に驚き忠重家来座敷に駈け入れば、主人忠重と客人加賀井の両人倒れ居る。忠重家来さては吉晴が両者をば切り殺したると早合点《はやがてん》し、家来共必死になって吉晴に討ちかかる。吉晴これを制し事実を弁明すれどきかず。よって咄《とっ》嗟《さ》に燭《しょく》を倒し闇に紛れて庭に下り、辛《から》くも塀を伝って逃《のが》れ出で、ようやく家臣に扶《たす》けられて浜松へ帰る。水野忠重の家臣ら吉晴逆心して忠重、秀望両人を殺害する由を家康、秀忠両公へ言上す。秀忠公驚きたまい、忠重、吉晴両人共逆意を企《くわだ》つべき者にあらずと仰せあり。一日置いて水野の早馬来り、秀望の死骸を見聞するに懐中に一通の属託状《しょくたくじょう》ありとて献上す。その内容は左の如し。

「今度徳川殿為景勝退治在下向奥州《かげかつたいじのためおうしゅうげこうあり》重望事偽而属彼手窺時節於家康方可然《いつわりてかのてにぞくしじせつをうかがいいえやすかたにおいてしかるべき》大将一両輩於令誅戮者《ちゅうりくせしめるにおいては》為

忠賞領知被宛行之旨《ちゅうしょうとしてりょうちあてがわるのむね》秀頼公依仰属託如件《おおせによりしょくたくくだんのごとし》

慶長五庚子《かのえね》六月二日　石田治部少輔

三成判

加賀井弥八郎殿」

かくして加賀井弥八郎秀望が、石田三成の刺客となり水野和泉守忠重を殺害し、堀尾帯刀吉晴が即座に秀望を討ちとめしこと判明す。よって吉晴が男信濃守忠氏のもとへ使者を遣わし、功を賞せられ八月二日、家康公よりも吉晴へ御書をたまわり創《きず》を問わせらる。堀尾が手疵は四ヶ所、その内、額《ひたい》の疵一ヵ所は、加賀井秀望が斬る所なり。残り三ヶ所は水野家人斬る所という。

加賀井弥八郎秀望《かがのいやはちろうひでもち》（一五六一～一六〇〇）美濃の人で、父は重宗（一五三二～一五九四）。秀望の名は明智光秀が一字を授けたともいう。この他に重茂、秀重、重望ともある。天正十二甲申《きのえさる》年（一五八四）小牧の役には織田信雄に加担し、加賀井城で秀吉に抗戦、五月三日、長岡越中守忠興に攻められ落城に瀕し同七日、父重宗と突撃して脱走した。戦後、秀吉はその猛勇を愛し使番に起用した。一万石とも八千石ともいう。慶長元丙申《ひのえさる》年（一五九六）単身近江伊吹山の集団凶賊を皆殺しにし勇名を馳せた（校合雑記）。これによって石田三成と親交すという。同三戊戌《つちのえいぬ》年（一五九八）秀吉の遺物村正の名刀を受領。子の某は美濃大垣城に居たが落城とともに死んだらしい。重望を三成の放った家康刺客としているのは創作に近いと。以上『戦国人名事典』高柳光壽氏、松平年一氏共著、吉川弘文館（昭和四十一年刊）に見える。

『水野記』には、吉田秀元が註記して、加賀江《ママ》弥八郎は濃州加賀江の城主なり。一万石を領す。加賀江駿河守が子なり。弥八郎その先織田信雄に属す。信雄は天正十八年（一五九〇）小田原の役ののち、旧領尾張・伊勢を望んで秀吉の怒りにふれ、下野国《しもつけのくに》烏山《からすやま》に流され、ついで出羽の秋田に移さる。これにより弥八郎浪人となる。故に石田三成に属し秀頼の使者として浜松に到り、家康公に謁せんことを請う。家康公その不実を慮《おもんばか》って敢えて謁せず。終にその計《はかりごと》ならずして帰る。のち三州二川辺に於いて堀尾吉晴に逢い、相共に池鯉鮒《ちりふ》旅館に至る云々と。また『新訂寛政重修諸家譜』第六。（三十七頁）には、「寛永の譜に、忠重弥八郎を撃て相ともに死すといい、貞享《じょうきょう》の呈譜《ていふ》もこれにおなじく、家臣竹本左門吉久、鈴木與八郎重親忠重をたすけて、秀望をうちとめしかば、吉久が御前に出《いで》しついで、賞誉せられて、白地鈍子《どんす》の御羽織をたまうとみえたり。今の呈譜に、吉久重親二人にて秀望を討って、讐《あだ》を報ずという。諸書及び堀尾の譜伝とおなじからざれば、今あらためて記す。」とある。家譜はそれぞれ立場上体裁《ていさい》を繕《つくろ》った結果であろうが、この不慮《ふりょ》の凶変により、勝成は三河国刈屋《谷》三万石の城主をつぎ水野家棟梁となった。勝成の才能を認めながらも長年にわたる忠重の構《かまえ》を憚ってきた家康が、昨年忠重父子の和解を道阿弥に仲介せしめたのも、今にして思えば運命の予兆であったかも知れぬ。家康は勝成に父の遺領を継がしめるに当り、七月二十五日付で、上田清兵衛、鈴木治兵衛、同久兵衛宛に、忠重にかわらず勝成に仕えよと親書を遣わされているのをみても、家康の勝成に対する真情と期待がこめられているのがわかる。

以上関ヶ原決戦前の話で、以後勝成は戦場稼ぎの独り武者でなく、一城の主として活躍することになる。

八月一日、京都伏見城陥落し、鳥居元忠は戦死。首は雑賀《さいが》重明が獲《え》た。伏見城は家康政務の重要據点で、家康が会津上杉景勝征伐に出発するに当り、特に信任深い鳥居元忠を司令とし、内藤家長、元長父子、松平家忠、松平近正等を副司令として留守を命じている。大坂奉行からは、毛利輝元（七月十六日、大坂城に入り、西軍の盟主となる）の命として城の明け渡しを迫ったが、元忠は頑《がん》として拒絶し続けたので、門出《かどで》の血祭をかね、西軍諸将の去就《きょしゅう》判別《はんべつ》のため総力を挙げて攻撃せしめた。東方は宇喜多秀家、東北方は小早川秀秋、西北方は島津義弘、西方は毛利秀元が攻囲し、南方の追手は殊更に明けた。攻撃は二十六日に開始され、二十九日には石田三成軍も佐和山から加わり、凄まじい攻防戦がくりひろげられたが、衆寡《しゅうか》敵せず伏見城は陥落《かんらく》した。午後三時頃という。伏見方は千数百人殆ど全滅で大坂方も三千人の死傷者を出したという。

○付記（「小倉碑文」のこと）

「小倉碑文」に「石田治部少輔謀反《むほん》の時、あるいは摂州《せっしゅう》大坂において秀頼公兵乱の時、武蔵勇功佳名云々、」また『二天記』にも「慶長五庚子《かのえね》、関ヶ原合戦、武蔵働き群を抜きんず。諸士知る所なり。」と見える。この年武蔵十七歳。昨年但馬国で秋山某を破って以後消息は不明だが、京都に上ったことは考えられる。武蔵が後年肥後の細川忠利に仕える時に、坂崎内膳に差し出した「口上書」に、「一、若年より軍場に出候事、都合六度にて候、其内四度は、其場に於いて拙者より先を駈《かげ》候者一人も無之《これなく》候、其段はあまねく何れも存ずる事にて、尤《もっとも》証據《しょうこ》も有之《これあり》候。乍去《さりながら》此儀も全く身上を申立て致し候にては無是《これなく》候」とあり、この六度の戦が不明瞭《ふめいりょう》だが、富永堅吾氏著『剣道五百年史』二一六頁に、二天流の『武公伝』や『菅天一笑』の記事を引いて、

一、慶長五年七月伏見城の戦

一、同年八月濃州岐阜の城攻

一、同年九月関ヶ原合戦
一、同十九年十月大坂陣
一、翌元和元年五月大阪落城

それに、寛永十四年島原陣を加え六度とし、これに間違いないものと信じて居る旨、記しておられる。『武公伝』は、豊田正剛の武蔵に関する聞書で、忘備《ぼうび》の為に雑然と書き留めたものを、子の正修が少しばかり加筆し、孫の景英が安永五丙申《ひのえさる》年（一七七六）仲冬、二天記と改めて、宇野惟貞の序を乞うて全書としたものである。正剛は通称又四郎、号卜川《ぼくせん》、武蔵流兵法を道家平蔵に学び、その奥旨を極め師範を命ぜらる。寛延二年（一七四九）戊辰《つちのえたつ》八月廿日歿。七十八歳。正修は通称彦兵衛、景英は左近右衛門といい相継いで師範を命ぜられた旨、『肥後文献叢書』第二巻例言に見える。『肥後人名辞書』角田政治氏著にも、八代《やつしろ》郡の部（二一七頁）に、豊田卜《ぼく》川《せん》の伝を『八代郡誌』を引いて掲載しているが、新免武蔵の高弟としているのは年代違いで、卜川は武蔵没後二十七年後の誕生で、武蔵の高弟寺尾求馬助信行の四男新免弁助の高弟の道家平蔵の弟子である。武蔵の事実をどれ程正確に聞書きしたか疑問がある。「二天師の事を説くを以ては、当時すでに紛然として真を取るに由なし、是を以て故老の証話を得て則ち、これを筆にす」と、『二天記』のあとがきに豊田景英も書いている通り、鵜呑みは禁物である。『菅天一笑』は、寛政八年（一七九六）岩崎矩忠著と註に見える。筆者は未読の書であるが、『二天記』よりも後のものである。富永堅吾氏は、『史実宮本武蔵』（五六頁～五七頁）にも同様の記述があり、武蔵が慶長五年の伏見城の戦以下西軍に参加したと認めておられる。諸書も武蔵の父無二が竹山城主新免伊賀守に属し、伊賀守は宇喜多家に与《くみ》して出陣し、敗戦後は伊賀守と共に九州黒田家に仕えたという。

成程、「慶長六年正月、中津より筑前へ御打入の節諸給人分限帳」に、林太郎右衛門組に、「弐千石　新目《但新免カ》伊賀」

と見え、組遁に「百石新免無二《武州師父》」と明記されている。「新免系図」の新免宗貫の項に、時に慶長五年濃州関ヶ原に宇喜多旗下に属し防戦し打負る故により竹山城没落して宗貫父子一族共筑前国に下向《げこう》して、黒田甲斐守城下に居住し、領知扶持、伊賀守筑前にて卒去すと見えるから、新免伊賀守宗貫は西軍に属した事は確認されるが、武蔵および父の無二が西軍に属したという確実な記録を筆者は未だ目にしていない。ちなみに黒田長政は関ヶ原では東軍に属していることを記憶に留めておきたい。

『兵法先師伝記』によると、豊後国の旧領主大友義統《よしむね》（宗麟長男、43歳）が石田三成より秀頼公の命として、ふたたび旧領を賜る故、九州へ下り統一せよとの事にて、大いに喜び旧臣を集めて豊後に下る。黒田如水は三成の奸計なるを知り、豊前中津に居ながら大友の下向《げこう》を待ち受け、豊後国石垣原で大友方の大将吉弘加兵衛統《むね》幸《ゆき》と対戦し、豪勇の統幸を討ち取って大勝した（九月十三日）。義統は立石の古城に逃げ、黒田方はこの城を取り巻いた。その夜、如水の隊長母里《もり》太兵衛が義統に縁あるを以て降参を勧告する。十五日早天、義統は密かに太兵衛の陣所に降《くだ》る。それより安芸《あき》城（城主熊谷内蔵允が一族熊谷外記留守として籠る）を攻め十九日陥《おと》す。二十三日富来《とみく》城（城主筧《(垣見)》和泉守の兄筧《ママ》利右衛門ならびに和泉守妻の弟藤井九左衛門留守として籠る）を攻む。十月二日夜、関ヶ原の敗報と共に城主和泉守が大垣城に於いて、すでに九月十六日討死を遂げたことを知り開城す。黒田如水は、その外数城を降し九州を治むるに至る。（適宜《てきぎ》『黒田家記』により補う。筆者）。又「先師（武蔵）の父無二之助所々にて武功あり。先師は主君に仕うる身に非ず。我が志すところは兵法至極に達せんことのみと今度の戦に出られず。慶長十九年までは諸国も平静なる故ますます兵法を鍛錬せられけり。（小澤正夫氏著『宮本武蔵』吉川弘文館、昭和六十一年刊行）（傍点筆者）と書いておられるが、当時諸国流浪の食い詰め浪人にとっては、戦場こそが就職の絶好機であり、僅かの伝手《つて》を求めて陣場借りをして戦場働きで売り込もうとしたり、武術修行者にとっても実地に日頃の鍛錬の成果を発揮できる絶好の機会でもあり、彼等にとっては西も東も関係なく、只管《ひたすら》功名手柄に直走《ひたはし》るのである。

『黒田家記』を見るに、石垣原の戦いでは吉弘統幸を井上九郎右衛門が討ち取り、その他功名の士を挙げているが、宮本無二《（新免）》の名は見当らぬ。顕彰会本の一二九頁に、「ある城乗の時（富来城攻めとするもあり）武蔵先登しけるに、敵の矢狭間《やはざま》より鎗を出しつ《突》かんとするものあり、武蔵あの鎗取って見すべしとて、わざと股を矢狭間に当てて待てり、案のごとく、敵中より鎗にてその股を突けり、武蔵つかれながら、その鎗を取りて奪はむとす、敵も取られじと引合ふ、かかるほどに、武蔵、股の骨にあてゝ、ゑいと云ひて引ければ、鎗の鵜首《うくび》より、一尺餘の處にて折れたり、武蔵、即ちこれを持出でて、人に示す、人々おどろきて、疵《きず》の事をいひたれど、武蔵は、何ともいはず、傍なる馬糞《ばふん》を取て、疵口《きずぐち》にさし入れ、少しも病むけしきなくて、城に乗り上れりといふ」

黒田如水は、天正一五丁亥《ひのとい》年（一五八七）七月三日、太閤朱印宛行状《あてがいじょう》をもって、豊前国京都《みやこ》、築城《ついき》、中津、上毛、下毛、宇佐六郡を宛行《あてが》われ、初めは京都郡馬が嶽城に居たが、後に下毛郡中津川に城を築いてこれに移り居城とした。そして慶長六辛丑《かのとうし》年（一六〇一）筑前入国、警固村の近く福崎に城地を見立て福岡城を築いた。福岡の名は如水の曽祖父高政、祖父重隆が共に備前国邑久《おく》郡福岡に居住したに因《よ》る。

関ヶ原敗戦後、新免宗貫らが黒田氏を頼ったのは明らかであるが、武蔵の父の無二は関ヶ原戦よりもずっと以前から、もっとつき詰めていえば、顕彰会本では、新免宗貫の命により本位田外記之助を平田無二齋が武術相伝に事寄せて殺害したのは、天正十七己丑《つちのとうし》年（一五八七）の事としているが、『本位田家系図』では、外記之助天正十六年宮本村にて新免殿横死仰付、武仁小寺兄弟にて討死、二十七歳とあり、年代も一年の相違がある。

このように古記録というものは齟齬《そご》することが多いのだが、すでに天正十二年の武蔵誕生の項に述べたように、天正八年に死亡した筈の平田武仁少輔正家こと無二齋が、実は生存していて外記之助を主命により殺害したことになり、首をかしげざるを得ない。顕彰会本は、この疑問の説明として、無二齋の天正八年死亡と墓石に記せるは、恐らくは天正十八年の誤りならんかという津山の矢吹金一郎氏の説を掲載してお茶を濁した感じだが、成程と素直に納得《なっとく》される人と、それはおかしいと首を傾《かし》げる人があるのは当然である。また主命とはいえ、無実の弟子を討ったことから外記之助に同情が集り、無二の非常を憎む声が次第に募り居辛くなって故郷を去ったのではないかという。他にも城主を見限って黒田家に走った者もあったと、軍記物の『美作太平記』にも記されている。

無二に手を貸した小守兄弟というのは、兄を勘右衛門といい新免伊賀守に仕え、上石井村知行す。弟は何助といい当時因州で浪人のまま兵法指南するを呼び戻し、いずれも宮本武仁の弟子たるにより、三人力を合わせ、武仁宅に於いて印可相伝と欺《あざむ》き剛強の外記之助を漸く討ち取ったという。外にも異説様々あり。

閑話休題《かんわきゅうだい》。（それはさておき）

家康は七月二十五日、下野国小山に於いて、従軍諸将を招集し軍議を開いて上方に逆徒蜂起《ほうき》を告げ、諸将の妻子は大坂に在り、もし石田三成に一味せられんにおいては　遠慮なく立ち去るべきと申し渡す。諸将愕然《がくぜん》として去就《きょしゅう》に迷う。この時福島正則進み出て、家康公が秀頼公に対する故太閤《こたいこう》の遺命を奉ずる如くんば、正則先駈けして三成を討たん。大坂城に抑留《よくりゅう》せらるる妻子は顧みる所にあらずと決意を述べ、速やかに西上せんと乞う。並み居る豊臣恩顧の諸将も秀頼公に背くにあらず、かねて仇敵視する三成征伐の目的をもって賛同す。山内一豊は率先《そっせん》して居城掛川城を家康に提供することを告げ、沿道諸将もこれに倣《なら》う。ここにおいて家康は従軍諸将に先鋒として、二十六日、東海道を西上せしむ。『大日本戦史』第五巻（三教書院、昭和十七年刊）には、その当時の豊臣諸将の人名を次の如く列挙している。（括弧内の年齢は筆者補記。以下同じ）。福島正則（40歳）、池田輝政（37歳）、浅野幸長（25歳）、長岡忠興（38歳）、黒田長政（33歳）、加藤嘉明（38歳）、中村一栄（？）、京極高知（29歳）、田中吉政（52歳）、藤堂高虎（45歳）、堀尾忠氏（24歳）、筒井定次（39歳）、山内一豊（55歳）、金森長近（77歳）、一柳直盛（37歳）、有馬豊氏（32歳）、有馬則頼（68歳）以上十七名。（従来の歴史記述は登場人物について、年齢には無関心であるので、興味を持って頂きたく、なるべく年齢を添えた。）

そして家康自身は、会津上杉景勝の動向を見極めた上で西上する事を約し、小山より一旦引きかえし、八月五日、江戸城に入ったのである。

一方、東海道を西上した福島正則は、八月十四日、居城尾張国清洲《きよす》城に帰着し、諸将も次第に清洲に集結し、家康の西上を待った。江戸に帰った家康は専ら情報の収集分析に時を過ごし、疑心暗鬼《ぎしんあんき》に陥って動けなくなっていた。それというのも会津上杉景勝の豪勇に加えて直江兼続の策謀、迂闊《うかつ》に動けば忽ち追撃《おいう》ちをかけられ、三成の西軍に挟撃されるのは火を見るより明らかで、その上に先鋒を命じた福島正則以下の豊臣恩顧の諸将たちの心理状態である。小山会議では三成憎しの一念で、打倒三成と、時の勢いで奮起したものの、さて大坂攻めとなると、旧恩ある太閤秀吉の遺児秀頼に刃向かいかねて鋒先も鈍り、戦場離脱あるいは寝返り等々は戦場の慣《ならい》でもあるし、経験豊富なだけに家康は、あらゆる場面を想定して動けなかったのである。

家康が漸く西上を決意したのは、八月二十二日、村越直吉（39歳）が清洲の福島正則らの二心無きを確認して復命したからで、二十四日、秀忠（22歳）をして榊原康政（53歳）、大久保忠隣《ただちか》（48歳）、本多正信（63歳）、本多忠政（26歳）、酒井忠重ら旗本、石川康長（？·歳）、真田信幸（35歳）、森忠政（31歳）、仙石秀久（49歳）

ら外様《とざま》信濃衆三万八千名を率い宇都宮を発し、中山道《なかせんどう》を美濃に向い西進せしめた。そして二十七日、岐阜城陥落（二十三日）の報に接するや、東北の伊達政宗（34歳）、最上義光（55歳）らに、上杉景勝（46歳）に対し軽挙を戒め、九月一日、江戸発向と定めたのである。

○付記（武蔵参戦の可能性）

先述の富永堅吾氏が挙げられた宮本武蔵六度の参戦の二番目に、慶長五年八月濃州岐阜の城攻めとあるのが、この戦で、城主は織田秀信（21歳）である。秀信は幼名三法師、織田信忠の長男で、本能寺の変後、豊臣秀吉により僅か三歳で信長の後継者となった人物である。前田玄以に保護されて清洲城内に成長し、秀吉から偏諱《へんき》を賜い秀信と名乗った。いわば秀吉の後見によって成人したわけである。よって、この戦いでは西軍に与《くみ》して岐阜城を守った。そして東軍の将福島正則、池田輝政、加藤嘉明、細川忠興らの猛攻を受ける破目《はめ》となり、八月二十三日陥落せしめられた。秀信は自刃を止められ、のち高野山に入り出家したが、慶長十乙巳《きのとみ》年（一六〇五）五月八日没した。二十六歳であった。

西軍の宇喜多秀家（28歳）が西軍の本拠大垣城に入ったのは、同じ二十三日の午後のことで、すでに岐阜城は落とされていたのである。であるから、先述の伏見城の戦と同様に、宮本武蔵が父無二と共に、竹山城主新免伊賀守に従い、宇喜多秀家に属し云々は確証の無い事と認められる。況《ま》して岐阜の城攻めという見出しでは、攻める側の東軍に与したと思わせるではないか。いずれにしても武蔵がこの戦いに加わっていたという確実な記録は見当らぬ。

関ヶ原決戦

東海道を西上した家康は、九月十一日清洲城に到着し、十三日に岐阜城に入った。これより先、井伊直政（40歳）、本多忠勝（53歳）ら赤坂に陣どり、家康の着陣を待った。松下石見守重綱（22歳）は、大垣の方の曽根古塁を守っていたが、西軍の島津義弘（66歳）は、その近辺の楽田《がくでん》に陣し、しばしば軽卒を出して曽根を襲わせた。そこで直政、忠勝の両者が相談し、水野勝成をもって曽根古塁を守らしめんとす。しかし勝成は承知せず。今度の合戦は大事なる一戦なれば、分限《ぶげん》よりも人数多く率いて軍忠を励まんと、かねて期《き》したり。しかるに、もし曽根を守る間に合戦となれば、戦の間に合わずと固辞す。直政、忠勝の両者家康公赤坂へ着陣あれば速やかに招くべしと固く約束し、強《し》いて勝成を曽根に赴かしむ。その日、未《ひつじ》の刻（午後二時頃）果たして島津方鉄砲足軽を以て曽根を襲う。勝成の兵反撃を加う。その働きぶりを見て島津方兵を引かしむ。

九月十四日、家康赤坂到着、勝成六《（呂久）》の渡に出迎える。家康楽田は大垣城に近きを以て敵の形勢を尋ねらる。勝成具《つぶさ》に敵状を言上し、直政、忠勝両者の指揮により、只今曽根を守るといえども、明日の合戦には御馬前にて忠戦を励む旨言上するに、曽根の要害について尋ねられ、城は形《かたち》ばかりにて塀堀も引均《ひきなら》し竹垣ばかり、一日も用に立たぬ城と申し上げる。惣人数をかけ三日か四日で普請し、当座の足掛かりに出来ぬかとの仰せに、なかなか、それ位の日数で普請も出来かね無駄に思う由、申し上げれば、曽根は輜重《しちょう》運送の要路にして、大垣より兵を出し曽根の通路を押えられれば、勝利も覚束《おぼつか》なく、明日関ヶ原に戦うも曽根を守るも同然なりと少し立腹さる。よって勝成は是非に及ばず曽根へ帰る。

この夜、西軍は大垣城に一部留守部隊を残し、主力は関ヶ原へ移動す。

東軍は大垣城を差し置き、ただちに三成の居城佐和山を屠《ほふ》り、大坂に向うという情報を入手したからで、三成はまんまと城攻めが苦手で野戦の得意な家康の陽動作戦にはまったのである。

さて、曽根に戻った勝成は、関ヶ原決戦を目前にして空しく手を拱《こまね》いて曽根に在らんこと本意にあらず、この上は決戦に先駆け手薄になった大垣城に攻め入り必死の戦いをすべしと決意し、十五日未明に弟市正忠胤《いちのかみただたね》を伴い、不意に楽田の陣を突破し直ちに大垣城二の丸へ乗り込み、自ら槍をもって敵を刺し、郎従岡田弥源太某に首を取らしむ。河村縫殿助、河村新八、鈴木与八郎、同小右衛門、中山将監、神谷久右衛門、近藤弥之助、上田清兵衛、松浦六兵衛ら、よく戦い多くの首級を得て町口に火を放ち兵を林（現大垣市林）という所の寺に引き入れ、勝報を関ヶ原の家康に注進する所、さてさて六左衛門比類なき手柄を仕る、幸先《さいさき》よしと限りなく喜ばれ、使者蟹江又左衛門に大判一枚下さる。

関ヶ原決戦は、十五日午前七時すぎ、家康の四男松平忠吉（21歳）が井伊直政と共に騎士三十人を率いて、先鋒福島正則隊の側面より不意に宇喜多秀家隊に銃撃を加え、天下分け目の火蓋《ひぶた》を切った。出し抜かれた福島隊も遅れじと宇喜多隊に銃弾を浴びせ、宇喜多隊も応射して関ヶ原決戦の幕が切って落とされた。この戦いは延々と一進一退を繰りかえしたが、小早川《こばやかわ》秀秋（19歳）が家康に内応し、松尾山より西軍左翼の大谷吉継の陣を急襲し、東軍を勝利に導いたのである。石田三成隊も遂に潰滅敗走したのは午後二時頃であったという。

話かわって、八月二十四日、家康より先発して中山道《なかせんどう》を美濃に向った秀忠軍は、九月六日信州上田城真田昌幸（56歳）、同信繁（幸村のこと）（34歳）父子に阻止され、十日城攻めを中止して美濃に急いだが、結局肝心の関ヶ原合戦に間に合わず、十七日妻籠で関ヶ原の戦勝を聞き、二十日漸く三万八千人は近江の草津に到着したという。関ヶ原戦況は歴史に明らか故省略したが、勝成関連記事を続ける。

九月十六日夜、大垣三丸にありし相良左兵衛長毎《ながつね》（27歳）、秋月長門守種長（34歳）、高橋右近元種《（種長弟）右近大夫忠光》（30歳）等、書を勝成ならびに松平《（戸田）》丹波守康長（39歳）、におくり、三人を助けて本領安堵の書を賜らば、本丸の守将に福原右馬直高《（イ直堯）》、二丸の熊谷内蔵允直陳《（直盛）》、木村惣右衛門勝正《（木村宗左衛門由信の誤り）》（惣右衛門勝正と『新訂寛政重修諸家譜』第六の四〇頁、「水野譜」および、同所第十八の一六七頁「秋月譜」にも同様惣右衛門勝正とあるが、木村宗左衛門由信の誤りで、似通った名前でもあり同時代の人物であるので、混同したらしい。木村勝正の譜は、同書第七の二九五頁に見え、石田三成が伏見城を攻める時、長束正家が許《もと》より寄手に加わるべき旨下知《げち》を伝うるも応ぜず云々とあり、没年も慶長十三戊申《つちのえさる》年〔一六〇八〕十二月二十九日、淀に於いて死すとあり、その子は木村惣右衛門勝清といい家康に仕うとある。木村宗左衛門由信の子は、木村伝蔵豊統《とよむね》、また重統、重嘉とも。宗左衛門由信は、木村常陸介の老臣で六千石。剣法の達人であったという。この父子《（由信　豊統）》が大垣城で相良長毎の裏切りによって殺害されたのである。諸書誤記があるので付記しておく。）垣見和泉守一直《（イ家純）》（覓《かけい》とした書もあるが、カキミの誤聞か）らが首を斬って降らん。この事成らば采配をふるべし。これを合図に各旗を城中に入れらるべしという。両将承知し合図を待つ。城内より相良兵部某をして、木村父子、熊谷、垣見などの首をくくり約のごとく采配をふる。勝成家臣鈴木弥八郎重親をして旗三本を城中に入れしむ。この時、松平康長十五日の合戦に後《おく》れしことを残念に思い、諸将を欺き兵を出して急に本丸を攻む。福原直高よく防ぎ寄せ手を退ける。勝成が手勢も同時に鉄の門まで押し入りしかど、この本丸は四方水掘《みずぼり》にして、大手の門ばかり橋をかけ、只一口、二丸は眼下に見下ろし高櫓《やぐら》の上より雨霰《あめあられ》と鉄砲を浴びせうつ。この為寄せ手、打ちしらまされ死傷多く軍を収む。

時に家康より使者度々あり。大垣城を曖《あつか》いにして請取るべしと仰せあるに付、勝成城中に使を遣わし、加賀井弥八郎秀望が子を出さば汝等を安堵せしむべしという。

本丸守将福原直高も遂に気勢くじけ、加賀井の子某を出し、九月二十三日降参す。勝成、西尾豊後守光教（57歳）と共に城を請取り、松平周防守康重（33歳）をして守らしむ。

福原直高（石田三成の女婿ともいう）は、伊勢朝熊《あさま》に幽閉され、十月二日切腹した。結果は彼もまた和議を口実に騙されたことになる。加賀井某は、勝成の父和泉守忠重を石田三成の密命を受けて殺害した弥八郎秀望の子であるが、名前も結末も記録が無い。恐らく敵の片割れとして殺害されたのであろう。

○付記（『二天記』記述の影響）

『二天記』に、「関ヶ原合戦武蔵働き群を抜《ぬき》んず、諸軍士知る所也」と載せているが、これは小倉碑文の石田治部少輔謀叛之時（中略）武蔵勇功佳名云々とあるのを引用したものらしく、したがってその活躍の内容も全く不明で、西軍か東軍かの記述も無い。顕彰会本が二十三頁に、「関ヶ原の役には、軍功をあらはせること世の知る處なりと二天記に記したれど、未だ傍證を見當らず、思ふに主家新免氏は宇喜多家に属したれば、武蔵も必ず之に属して矢石の間を奔走せしなるべく、不幸にして主家悲運に陥りし為、その傳を失ひたるものならむ、かくて後新免氏は黒田家に仕へて遂に筑前にゆきたれば、武蔵もまづこれに赴き、更に諸国遍歴武者修行を行ひにしや」と傍證見當らずとしているのが正しい見解と思う。ただ吉川英治氏の『宮本武蔵』が十七歳で西軍に属したと記したため、一世を風靡した名作であっただけに、武蔵は西軍という固定観念が強く根付いてしまったようである。

第三章　吉岡一門との試合、そして大坂の陣参戦――武蔵西軍説の否定

勝成、日向守となる

慶長六辛丑《かのとうし》年（一六〇一）五月十一日（勝成38歳）

水野六左衛門勝成従五位下に叙し日向守《ひゅうがのかみ》に任ぜらる。『新訂寛政重修諸家譜』『徳川実紀』『寿蔵碑』や人名辞典類の多くは叙任を慶長十五庚戌《かのえいぬ》年（一六一〇）五月十一日とす。宮本武蔵が慶長十三戊《つちのえ》申《さる》年（一六〇八）勝成に伝授した兵道鏡の宛名は、すでに水野日向守殿とあり、『水野記』にも慶長六年五月十一日とあるので、この方が正しいと認め訂正しておきたく付記す、

慶長九甲辰《きのえたつ》年（一六〇四）（勝成41歳）（武蔵21歳）

『水野記』『寿蔵碑』『寛政重修譜』勝成の記事は以後慶長十九甲寅《きのえとら》（一六一四）まで無し。

○付記（吉岡家との試合）

武蔵京都に上り、父無二齋が試合した将軍家兵法師範役吉岡家に試合を望む。父憲法すでに没し子清十郎が家を継ぎ剣名あり。洛外蓮台寺野において勝負を決す。武蔵木刀を以て一撃の下に清十郎を倒す。『二天記』には、清十郎は真剣、武蔵は木刀とあるも碑文には真剣の記載は無い。清十郎は門弟に板に乗せられ帰宅し、手当を受けて回復したが、面目を失い以後剣をすて剃髪したという。清十郎の弟に傳七郎という強豪があり、兄

の恥を雪《すす》がんと、また洛外に出て勝負を決す。傳七郎五尺余の木刀（『二天記』では大刀とある）を以てす。武蔵その木刀を奪い取り立ち所に撃殺す。吉岡門生等うらみを含み、武蔵を謀殺せんとし、清十郎の子又七郎を押し立て、洛外一乗寺下り松辺において試合せんと申し込み、門生等多数を以て武蔵を殺害せんとす。（碑文には、門生数百人兵仗弓箭《へいじょうきゅうせん》を以て忽ち之を害せんと欲すとあり、『二天記』では数十人とある。碑文は武蔵を顕彰する余り美辞麗句をつらね誇張は避けられぬ。）

　武蔵は門弟の同行を退け、只一人下り松へ赴き、吉岡方の不意をつき大勢の中に割って入り、忽ち名義人の吉岡又七郎を斬殺し、多勢の中を斬り抜けて京都に帰る。『二天記』では吉岡家断絶すとある。

『吉岡伝』という吉岡側で書かれた記録では、洛陽に吉岡兄弟とて古今未曾有の妙術を得た兵法者あり。兄を源左衛門直綱、弟を又市直重という。宮本武蔵は無敵流と号し北越奥羽に鳴る。越前少将忠直君の家士にして二刀の良手なり。忠直武蔵を師として日々習熟す。聚楽第《じゅらくだい》に在る時、武蔵に問いて曰く。吉岡は兵法の名誉あり、若し汝と対するや如何と。武蔵慎みて曰く。彼の兄弟一時に競い来るも不肖の一刀に較せずと。忠直君大いに悦び、板倉伊賀守勝重に報じ、兄弟を召し武蔵と勝負を決せしむ。直綱先ず出て相互に心力を竭《つく》し暫く時移る。武蔵眉間を撃たれ出血甚し。よって直綱却く。皆直綱の勝也という。武蔵他を撃つという（相うちという意味か？筆者）。直綱怒りて然らば明日一決せんと。武蔵いう。直綱とは既に勝負決せり。願くは直重と試合せんと。ここに於て日を定め直重これを待つ。武蔵忽ち迹《あと》を晦《くら》まし行衛《ゆくえ》を知らず。ここを以て世を挙げていう。直重は座して勝を得たりと。如之《しかのみならず》世に兵術を以て世に鳴る者は悉く下風に立たざる者無し。

　武蔵側の碑文の内容とは全く正反対の記述で『吉岡伝』では武蔵が吉岡直綱に眉間を割られ負けた事になっている。武蔵顕彰碑では、武蔵定めて云うには、敵の眉八字の間を打たずんば勝を取らずとあるように、眉間を打つのは武蔵の得意手としている。『吉岡伝』では、これを逆手にとって直綱が武蔵の眉間を打っての勝利と皮肉っているようだ。立場立場で見方も違うし、まして『吉岡伝』は、貞享元甲子《きのえね》年（一六八四）五月上旬、福住道祐源喜代義天和尚作と見えるから、慶長九甲辰《きのえたつ》年（一六〇四）より八十年後の作であるから、伝承内容にどれ程真実を求められようか。（以上吉岡伝摘記）。

『兵法先師伝記』には、吉岡兼房もと紺屋なりしが、兵法を好み一流を立つ。武蔵試合を望みしが、その日は生憎《あいにく》風邪にて行く事なり難しと言いやる。兼房承知せず再三使を寄越す故、断り難く駕籠に乗り布団《ふとん》にくるまれて行く。兼房待ちかね駕籠の戸を外より開け、如何様の容体やと問う処を、武蔵飛び降りざまに小太刀をもって兼房の頭をしたたかに打ち続けざまに忽ち殺す。兼房弟子大勢武蔵を取囲み討ってかかるを、二刀を抜いて大勢を切り抜け、塀を越えてその場を退く。その時の勢い大いに振うより多敵の位を工夫したという。（以上摘記）。以上は武蔵の奇謀を思わせるが、筋書きに余りにも作為《さくい》が目立ち過ぎ信用できない。

吉岡家の件に関しては、筆者もかねて興味があり、拙著『源流剣法平法史考』第一章剣法の源流を探るの項で、名古屋蓬左文庫の協力を得て、その家伝書を掲載したが、その伝書が塚原卜伝の新当流に類似するもので、寛永九年正月七日、兄源左衛門、弟又市直重の記名がある。京流とか鞍馬流、また陰流との繋《つな》がりを探求したく思い、時の足利将軍家の兵法所として多くの門人を取り立てた事であるから、伝書も何処かに埋もれた侭になっていると思う。殊に将監鞍馬流の祖という大野将監という人物について知りたく思う。ご協力お願いする次第である。

この年と思われる試合に、南都宝蔵院胤栄の高弟奥蔵院の槍に対し、短い木刀を以て立ち合い、両度試みるに僧はついに利を得ることなく、武蔵の技量に感じ、院に留めて饗応すと『二天記』にあり、また同書に、伊賀国にて宍戸《ししど》某という鎖鎌《くさりがま》の上手と野外に出て勝負を決す。宍戸鎌を振り出す所を短刀を抜き宍戸の胸を打ち貫き、倒れし所を打ち果たす。宍戸の門弟大勢抜き連れ斬ってかかるを直に追い崩せば四方に逃走す云々と見える。

この年は、武蔵にとっては兵法者として画期的な年であった。即ち自己鍛錬の兵法を以て、只管《ひたすら》他流兵法者に打ち勝つ事に精進してきた武蔵であったが、顧みれば誰も武蔵の剣名を知らず、いわば野望に燃ゆる諸国修行の浪人の一人にすぎないではないか。戦国武将が天下統一の主導権を掌握する為に、まず京都へ志すのと同様に父平田武仁が、足利将軍義昭に召され、吉岡憲法と試合して勝利を得、日下無双兵術者の称号を賜った例に倣《なら》い、剣を以ては今も室町兵法所と吉岡憲法を襲称し、天下第一と自他共に誇る吉岡家に挑戦し、これに打ち勝てば自然と自己の剣名も京中に喧伝し天下一の兵法者たることを実証することになる。道はこれあるのみと決心し、そしてこれを見事に実行し、名家吉岡およびその一門を完膚《かんぷ》無き迄に叩き伏せ、一躍宮本武蔵という兵法者の存在を天下に知らしめたのである。さらに余勢を駆《か》って、槍を以ては天下に名立たる宝蔵院流の名手奥蔵院にも勝利を得、伊賀の鎖鎌達人宍戸某をも、咄嗟に小刀を手裏剣打ちにして、特殊武器を駆使する難敵をも倒すことができたのである。

武蔵はこれまでの生死を賭して勝ち抜いてきた試合の跡を省《かえり》みるとき、自己鍛錬の兵法が他流の兵法よりも優れたる所があったからで、その所以《ゆえん》を逐一《ちくいち》書き留めて置こうという衝動に駆られた。それは胸の奥からふつふつと湧き出るような執筆意欲であったに違いない。ここに於て、初冬頃（旧暦十月）武蔵の伝書としての処女作というべき「兵道鏡」が作成されたのである。この貴重な武蔵直筆伝書は、北海道在住の多田家より発見され、筆者に提供されたもので、昭和四十七年、私の編纂していた研究誌『日本剣道史』九号および四十九年の同十一号に、多田家資料として編纂させていただいた。それには、圓明流天下一宮本武蔵守藤原義輕と署名し花押および印判が押されていた。その頃は私も古文書解読には全く素人で、義輕という名前には随分苦労した。その経緯《いきさつ》を正直に述べたわけだが、誰も武蔵が義輕と名乗った事実を認めなかった。それから四十数年経った現在でも、義輕武蔵＝玄信武蔵を誰一人認めようとしないのである。主張すればする程、玄信武蔵の詐称者偽者と極めつけられ、殊に武道史研究の大家が主張を曲げないので、皆右へ倣えで筆者の主張は信用して頂けないのである。真実が通らない、これ程不条理な事はない。近年の郵政裁判ではないが、無実を主張し続けて無罪の判決を勝ち取った例もある。私も真実は枉《ま》げられないのです。

圓明流伝書兵道鏡および印可の授与

慶長十乙巳《きのとみ》年（一六〇五）（勝成42歳）（武蔵22歳）

武蔵、弟子落合忠右衛門尉に圓明流伝書兵道鏡を授与す。前述の通り、圓明流天下一宮本武蔵守藤原義輕花押印とある。日付は同年極月《ごくげつ》吉日とある。

二十八箇条から成り、一、心持之事 付《つけたり》 座之次第に始まり、廿八、直通位之事で終っている。そして、右六、七、々、八之条々

慶長九年初冬頃 忽然審積的伝之秘術《こつぜんとしてこまやかにてきでんのひじゅつをつもり》、作明鏡之書《めいけいのしょをつくり》、名兵道鏡伝《ひょうどうけいとなづけ》、妙術弟子印免之者《みょうじゅつをつたえていしいんめんのものに》、授之《これをさずく》、今古無双之兵法後々末々迄《きんこむそうのひょうほうこうこうまつまつまで》、不可失絶《しつぜつすべからず》、先跡無類之秘事等書付令置也《せんせきむるいのひじとうかきつけおかしむるなり》。（以下略す。伝書編参照のこと。ふりかなは武蔵原書通り）

落合忠右衛門尉は詳伝不明ながら紀州和歌山藩主浅野長晟《ながあきら》に仕えた。長晟は浅野幸長《よしなが》の弟で、幸長は関ケ原合戦後、軍功により桑山一晴が大和布施へ転封後、甲斐府中より三十七万六千五百六十余石で和歌山に入り、慶長十八癸丑《みずのとうし》年（一六一三）八月二十五日、三十八歳で没し、弟の長晟が遺領を継いだ。長晟は元和五己《つちのと》未《ひつじ》年（一六一九）七月十八日加増転封され安芸広島四十二万六千五百石余で、八月八日広島に入城している。この時も落合忠右衛門は長晟に従っている。恐らくこの落合が武蔵最初の印免の弟子であったと思われるが、落合の年齢は不明である。しかし武蔵が紀州和歌山にも居住し弟子を取り立てた事がわかり、消息不明の武蔵の足跡が推察される資料でもある。

この他にも、『日本柔術の源流竹内流』同編纂委員会編（昭和五十四年、株式会社日貿出版社刊）三二九頁のこの年の年表中に、「宮本武蔵、竹内道場を訪れる。武蔵は父無二齋に伴われ少年頃に垪和郷石丸を訪れたことがあり、縁あって竹内道場を訪れ、久勝の教えを受けたとの伝承あり。」と見える。伝承とはいえ武蔵足跡の参考までに掲載させていただく。ちなみに竹内久勝はこの年三十九歳で武蔵よりは十七年長である。（無二斎は天正八年死亡しているから、無二助の誤りと思われる。弟子無二助が師の無二齋を襲名したという記録はない。）

慶長十一丙午《ひのえうま》年（一六〇六）勝成（43歳）（武蔵23歳）

四月吉日。武蔵は落合忠右衛門尉に、昨年の兵道鏡に引き続き印可の巻を伝授している。

圓明一流《えんめいいちりゅう》之《の》兵法御執心《ひょうほうごしゅうしん》不浅《あさからず、》依為器用《きようたるにより、》予《よ》若年以来《じゃくねんいらい》相積《あいつむ》奥儀《おくぎ》之《の》秘術《ひじゅつ》不残一手《いってのこらず、》令傳授《でんじゅせしめ》畢《おわんぬ》殊《ことに》兵道鏡者《ひょうどうけいは》雖為一国一人一子相傳之極秘《いっこくいちにんいっしそうでんのごくひたりといえども》云々《うんぬん》。

（以下略す。伝書編参照）

そして、天下一宮本武蔵守藤原義輕花押　落合忠衛門尉殿参とある。やはり署名は義輕である。これを義經とか義恒と諸先生方が読んでおられるが、明らかに誤読であることは、すでに序段で、くずし字について解説したとおりである。

武蔵「義軽」の名の由来

慶長十二丁《ひのと》未《ひつじ》年（一六〇七）（勝成44歳）（武蔵24歳）

八月二十六日、宝蔵院覚禅房法印胤栄没す。八十七歳。同流秘書胤栄講武創業には、同年正月二日とあり、『本朝武芸小伝』もこれによっているが、昭和五十六年奈良市発行、渡辺一郎氏著『宝蔵院流槍術』には同年八月七日遷化すとあるが、その典拠確認できずにいる。

『撃剣叢談』には、武蔵流は宮本武蔵守義恆が流也とし、この家にては流名を圓明流と号し、宮本角平がこの年出せる免許ありという。読者の皆様は筆者のくずし字の説明により既にご理解いただけたかと思うが、義輕を義恆と誤読したらしい。恒と恆は同字。忄と車のくずしは、くずし方によって誤りやすいが、つくりの巠と亘はくずしが区別できるから判読は慎重にしてほしいものである。

慶長十三 戊申《つちのえさる》年（一六〇八）（勝成45歳）（武蔵25歳）

八月吉日。宮本角平政輕が、兵道鏡二十一ヶ条を村島久八に伝授している。二十一ヶ条は、落合忠右衛門伝授の兵道鏡の内、奥の八ヶ条を除き、勝味位に一、春心持之事の一ヶ条を加えたもので、奥付に、天下一 宮本武蔵守義輕 天下第一宮本角平政輕花押とあり、圓明流一巻書が添付され、その末に、「春風桃李花開日 秋露梧桐葉落時」と記し、天下第一宮本角平政輕花押 村島久八殿参 慶長十三年八月吉日とある。これは『剣道五百年史』の著者富永堅吾氏蔵の写本を、ご子息文男氏が署名の部分を撮影提供下さったもので、富永堅吾氏は、同書二二七頁では、義輕を義経、政輕を政経と記されている。富永氏が常識的に輕のくずし字を経と読まれるのは仕方ないとしても、武蔵真筆兵道鏡を見ると、武蔵署名はいずれも義輕とあり、義經とは書かれていない。繰りかえし諄《くど》いようだが、車へんのくずしは、糸へん（）のようにくずすこともあるが、糸へんは車へん（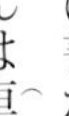）のようにくずすことは無いのである。であるから、武蔵が義と、このくずし一本で署名しているならば、当然誰もが義經と読むが富永氏所蔵の写本は、角平政と角平政●と両様に書かれてあるのです。車へんは糸へんのようにくずすことはあっても、糸へんは車へん（）このようにはくずさないのであるから、政は政輕と判読しなければならない。これが伝書を解読するのに判断を要する所である。まして直筆でなく、写本の場合は筆写する者の既成概念に左右され、義経と思い込み筆写すれば、義と書くだろうし、後世の者は武蔵の真筆伝書を見ぬかぎり写本の義經を信じざるを得ないことになる。写本の危なさである。この理屈をよく呑み込んでいただかぬ限り、義經、義恒、義輕問題は永久に歯止めがきかないのである。

それはさておき、武蔵と水野勝成の関係を調べているうちに、偶然に市立小田原図書館に武蔵から水野日向守宛の伝書が所蔵されている事を知り、出版社に依頼し、図書館の許可をいただいて写真に収めることができ

た　署名はどうなっているのか、最も心配であったが、何と、それは落合忠右衛門宛の圓明流伝書と同様、宮本武蔵守藤原義輕（義逕）花押印　水野日向守殿参　慶長十三年十二月吉日良辰とあった。

　この伝書によって筆者の義輕＝玄信が裏付けされたわけで武蔵自筆であることは間違いない貴重な発見であった。

　昔に遡《さかのぼ》るが、筆者が昭和四十七年、宮本武蔵守義軽と兵道鏡（この一字のために）と題して、研究編纂誌に発表する為に、諸先生のご意見を伺った時、武蔵真筆と認められず、中には田舎の書家が書いたものと思われると武蔵真筆を否定され、義輕という名前も認められなかった。それで昭和四十九年に、圓明流宮本武蔵守藤原義軽と兵道鏡と題し、（芸藩多田家譜及其資料）を副題とし、京都の大野久磨夫氏所蔵の武蔵真筆五方之太刀道序（もと熊本二天一流師範寺尾宗家に代々所蔵され、寺尾雲起氏より大野氏が譲り受けられた武蔵真筆）の写真をも掲載し、義輕伝書の筆蹟比較に供したが、義輕という名前が災《わざわ》いしてか、頑固なまでに認められなかった。真実を伝えることの如何に難しいかを痛感させられ、以来四十年、筆者も八十九歳になってしまった。此の儘義輕武蔵を偽者扱いで終らせたくなく、誰が何と言おうと、真実は枉《ま》げられず、後世に誤説を引きずらぬよう、ここで歯止めをかけたく思うのです。そこで問題視される義軽の名前の由来を諸橋轍次氏著『大漢和辭典』を引いて考えてみることにしました。

「命縁義輕」（めいはぎによりてかろし）生命も正義と比較しては軽いものである。義の為には生命を捨てるべき故にいう。

〔後漢書《ごかんじょ》、朱穆伝《しゅぼくでん》〕情為ㇾ恩使、命縁ㇾ義輕。

「命輕㆓鴻毛㆒」（いのちはこうもうよりもかるし）場合によっては命は鴻の毛よりもかるい。
〔燕丹子《えんたんし》〕荊軻《けいか》謂㆓太子㆒曰、烈士之節、死有㆑重㆓於太山㆒、有㆑輕㆓於鴻毛㆒者、但問㆓用㆑之所㆒在耳。荊軻は中国戦国末期の刺客。衛の人、燕《えん》の太子丹《たん》の客となり、丹のために秦王政（始皇帝）を刺そうとして失敗し殺された。壮途《そうと》に上るに際して「易水送別の歌」を作った。（前二二七）（『広辞苑』）
〔司馬遷、報㆓任少卿㆒書〕人間固有㆓一死㆒。或重㆓於泰山㆒、或輕㆓於鴻毛㆒、用㆑之所㆑趣異也。

　義軽を義を軽んずると読まれるから、先生方は名前としておかしいとか通らないとかのご意見だが、命《いのち》も義のためには軽いものであると「命縁義輕」に因《ちな》んで名乗ったと考えれば青年武蔵の覇気《はき》が身に迫って感じらる。上杉家の客将前田ひよっと齋（慶次郎利太）という変物《へんぶつ》が「大ふへん者」という旗指物をなびかせて戦場に向わんとしたのを、上杉家中が「大武辺者《だいぶへんもの》」とは余りにも人もなげな振舞と立腹、ひょっと齋、妻もなく大不便者にて候と呵々大笑《かかたいしょう》したという話や、近衛篤麿《あつまろ》氏が常陸山《ひたちやま》に「力抜㆑山《ちからやまをぬく》」の三字を贈ったところ、弟子の力士達が、「力抜け山」と読んで冗談にも程があると憤慨した話を9号に紹介したが、知恵分別は十人十色で、まして人の名前など一面だけを見ておかしいと極めつけるのもどうかと思う。なお諸橋轍次氏の『大漢和辭典』の輕の字を引くと、名のりは「トシ」とある。だから「ヨシカル」と読むより「ヨシトシ」と読む方が名前らしくなる。編纂九号刊行の時は、軽の名乗りが「トシ」とは知らず、「ヨシカル」とばかり思い込んでいた。念の為、手許にある他の漢和辞典や名乗辞典を引いてみたが、名乗りは「カル」とあるのみで、「トシ」とは無かった。さすが諸橋大漢和《もろはしだいかんわ》と称せらる権威ある辞典だと感激したが、果たして本人の武蔵がどう名乗っていたのかは知るよしもない。そもそも筆者が北海道多田氏より真筆武蔵義輕の兵道鏡その他資料の提供を受けたのは、昭和三十八年、日本剣道史編纂を志し、全国多方面に資料収集の照会に懸命になっていた三十七、八歳の頃で、それから早や四十数年、八十九歳になった現在、9号11号編纂誌を読み返し、その稚拙さに顔を赤らめながらも、依然とし武蔵研究は新資料の発見もなく誤説が真実めかしく踏襲《とうしゅう》されている。この儘放置すれば誤説が真実と思い込まれてしまう。義輕真筆の伝書は、水野日向守宛のもの以後発見されていない。『兵法先師伝記』に、先師二十五歳の頃より一流を立てられる。この時すでに空の意を得られ直通の位を立てられしがまだ壮年の事故、不易の道に至らず云々と見える。『五輪書』にも武蔵は、「其後国々所々に至り、諸流の兵法者に行合《ゆきあ》ひ、六十余度迄勝負すといへども、一度も其利をうしなはず、其程、年十三より廿八、九迄の事也。」と記しているが、その六十余度の試合相手も明らかでなく、また慶長十七壬子《みずのえね》年（一六一二）四月、佐々木小次郎と舟島の試合まで、その足跡を年次順に辿ることはできない。『二天記』にいう江戸での夢想権之助や柳生流の大瀬戸、辻風という二人の剣士、一伝流の波多野二郎左衛門の試合もこの間の出来事であったと思われるし、下総行徳の開墾の話もあるが、この項は水野日向守勝成との係りを主題としている。

次に武蔵義輕の水野日向守宛伝書を掲載する。ただし原文のままでは読みづらいので、濁点を付し、括弧内に漢字を添え、またふりがなを付した。青年義輕時代の武蔵と後年玄信時代の筆癖の一致をご確認下さい。

宮本武蔵守義輕より水野日向守宛伝書（小田原市立図書館蔵）を次に掲ぐ。

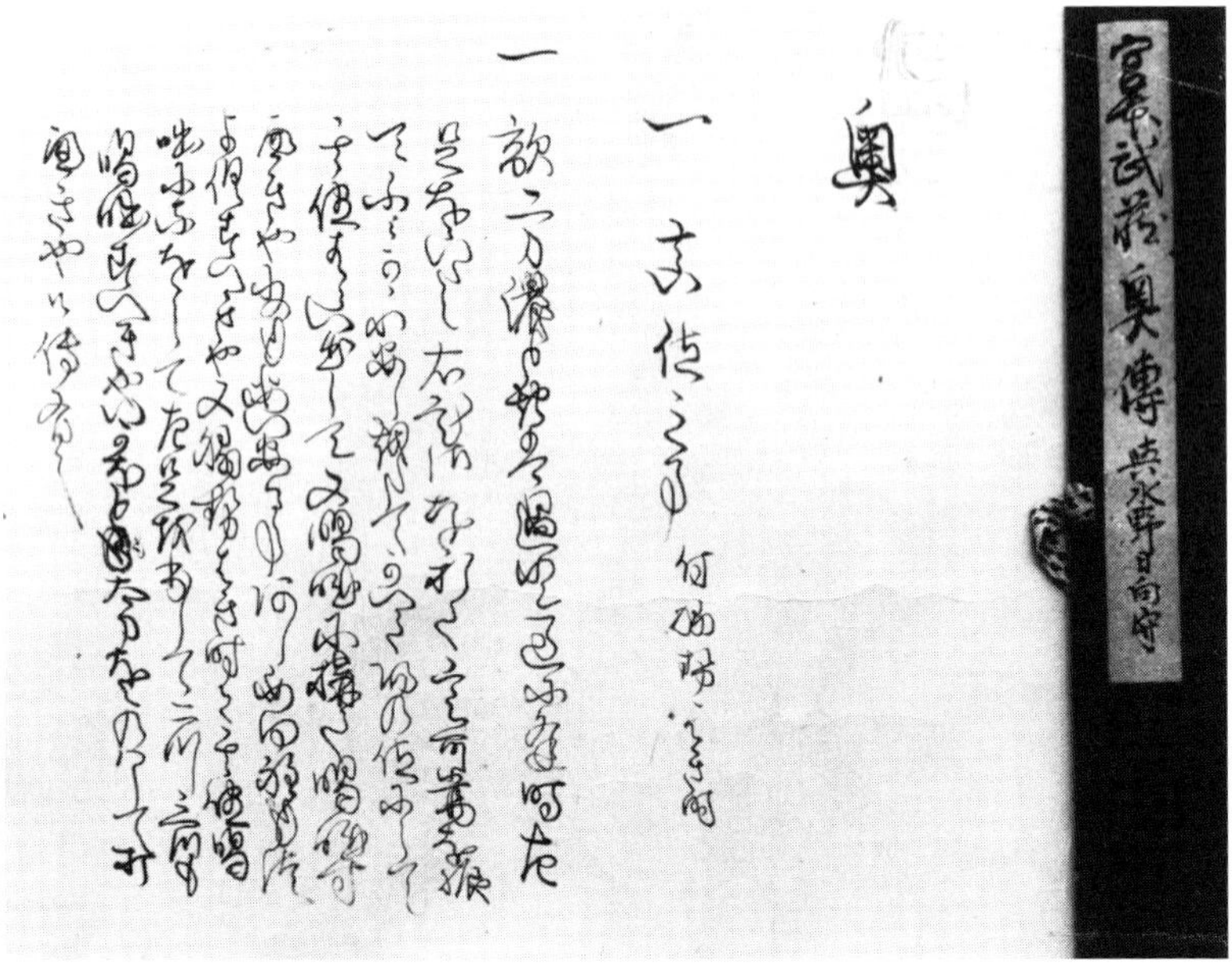

奥

一　真位之事《しんのくらいのこと》 付《つけたり》 場せば《(狭)》き時

一、敵二刀のときは、過《か》と過《か》に逢時《あうとき》、左
足をいだし《(出)》、右ひざ《(膝)》を折て定可當《じょうかとう》を振
てふみ《(踏)》かゝり《(懸)》、あし《(足)》を上《あげ》たがへ《(違)》て陽《よう》の位にして、
其侭はらい《(払)》出して、又喝咄《かつとつ》に構て喝咄す
べき也、少もあい《(間)》ある事あし《(悪)》、如何程《いかほど》もつ《(強)》
よくすべき也、又場せば《(狭)》き時は其侭《そのまま》喝
咄になをして、左足を出して、二つ三つも
喝咄すべき也、いかほども太刀をのばして打
べき也、口伝有之《くでんこれあり》

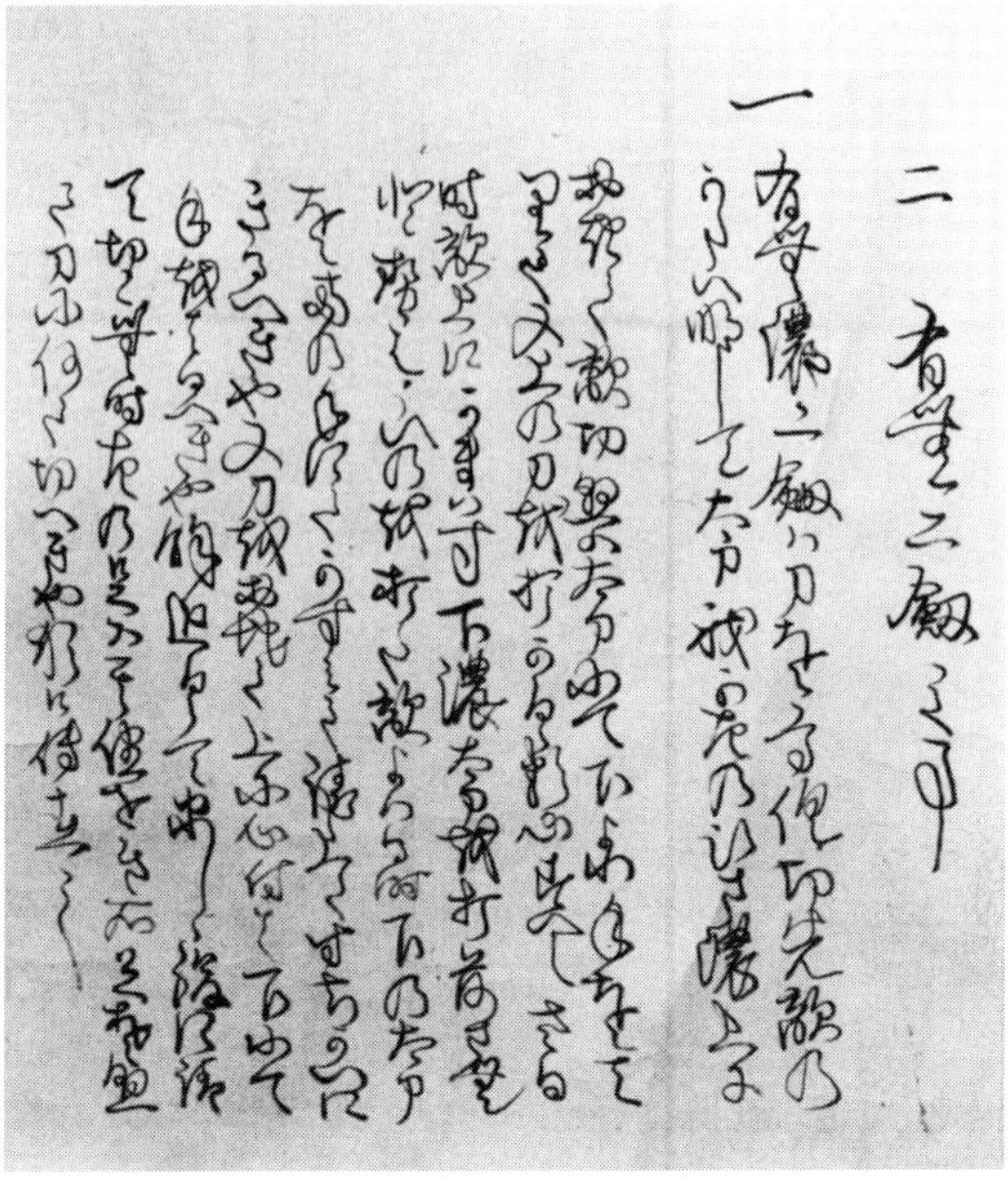

二　有無《うむ》二《に》剱《けん》之事《のこと》

一、有無の二剱は、刀を高く切先敵のかた《（方）》へなして、太刀我が左のひざの上におきて、敵切懸は太刀にて下より手をはりて、又上の刀を打かくる心すへし、さる《（然）》時敵上　にかまはず下の太刀を打落さむとせば、うへ《（上）》のを打て敵よはる時、下の太刀を両の手にて、かすみて請上《うけあげ》て、すぢかへ《（筋違）》にきるべき也、又刀をお地《（怖じ）》て上に心付ば、下にて手をはるべき也、餘《あまり》近くてあしく《（悪）》、腹に請て切こむ時、左の足は其侭をき、右足を懸て刀【註・・落合忠右衛門宛伝書で刀か力か悩んだがこの伝書は写真の通り、刀とある】に任《まかせ》て切べき也、猶《なお》口伝《くでん》在之《これあり》

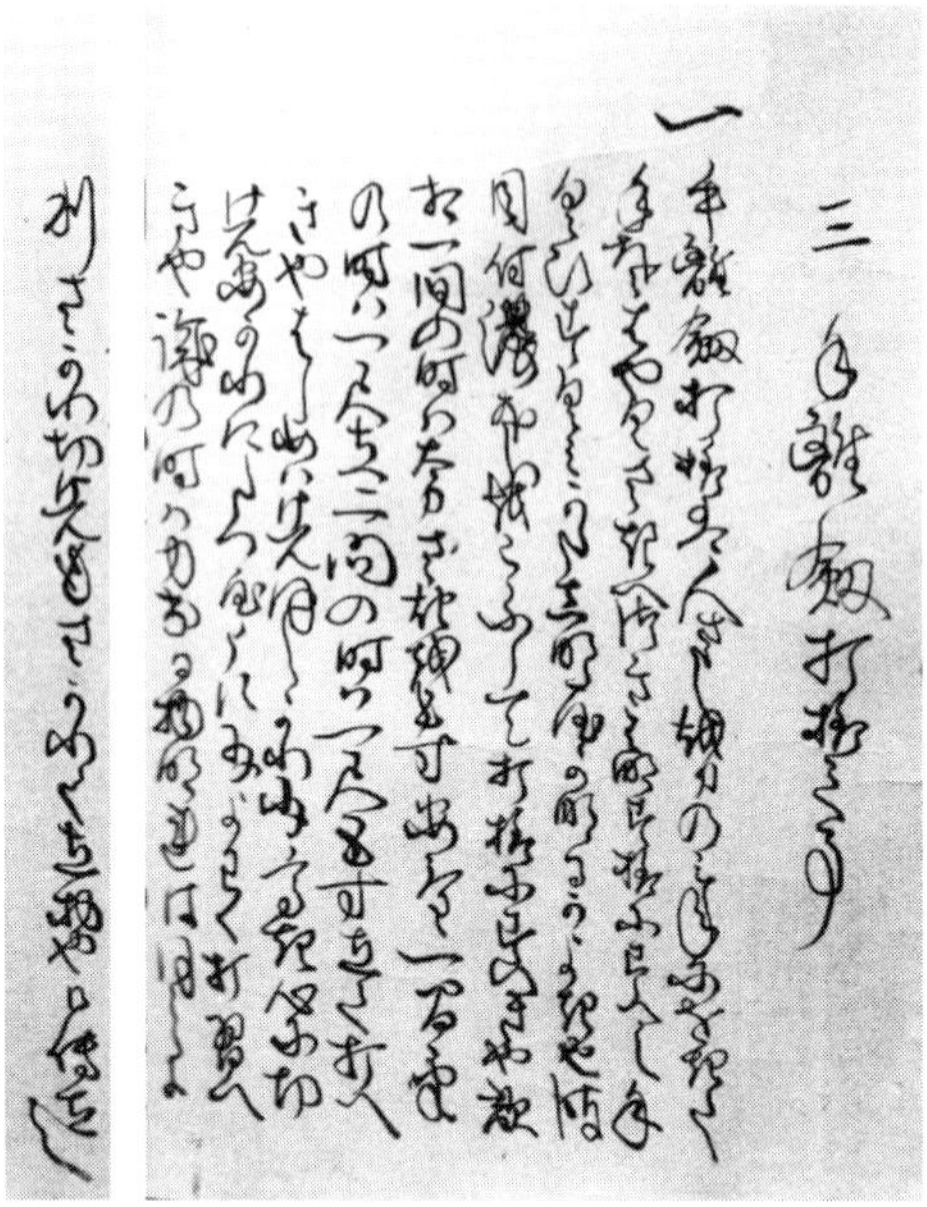

三　手離剱打様《しゆりけんうちよう》之事《のこと》

一、手離剱打様は、人さし《（差）》を刀のみねにをきて、手をはや《（早）》くさきへつき《（突）》はな《（放）》す様にすべし、手くびすくみ、かた《（肩）》しなやかなるがよ《（良）》き也、彼目付のほし《（星）》をこぶし《（拳）》で打様にすべき也、敵《てき》相《あい》一間の時は、太刀さきを五寸あげ、一間半の時は、一尺立《たて》、二間の時は、一尺五寸立て打べき也、はじめは、先ほしより少高き心に切先あがりにたつやうに、少よわく打習べき也、誠の時は、力出る物なれば、ほし《（星）》よりさ《（下）》がり切先もさがりて立物也、口伝在之《くでんこれあり》

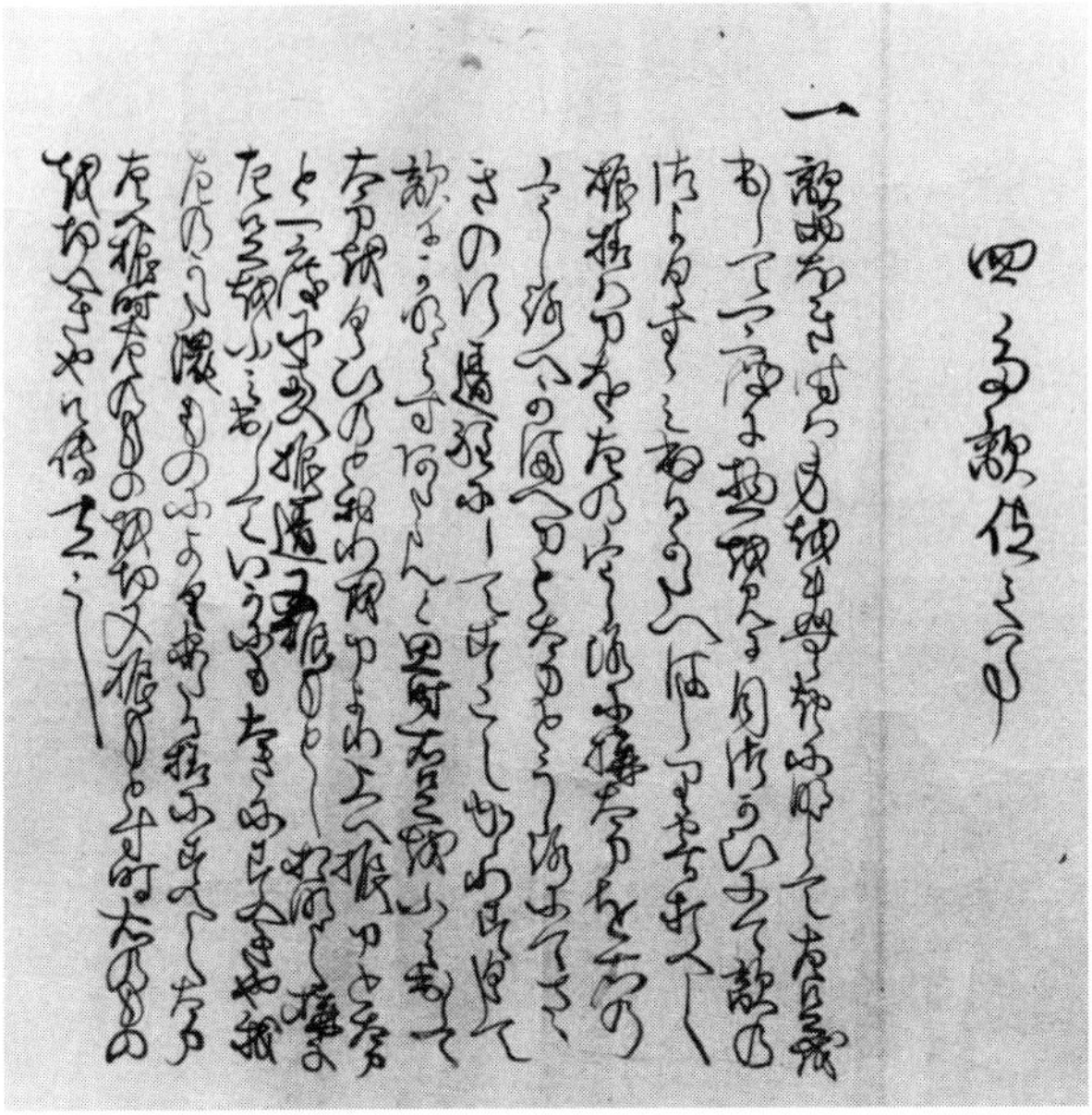

四　多敵位《たてきのくらい》之《の》事《こと》
一、敵おほき《（多）》時は身をまむき《（真向）》になして、左足を出して一度に惣《すべて》を見る目つかひ《（遣）》にて、敵のつよく《（強）》すすみ出るかたへはしり《（走）》寄打べし、振様は、刀を左のうしろ《（後）》に構、太刀を右のうしろ《（後）》へかまへ、刀と太刀をうしろにて、さ《（先）》きの行違程にして、すこしかかりすぐして、敵にかならずあたらんと思時、右足をふみ出して、太刀をくびのとおりを刀より上へ振、刀と太刀と、一度に両へ振違、又振もどし、おなじ構に左足をふみ出して、いかにも大きにすべき也、我左のかたのものに、よくあたる様にすべし、太刀左へ振時、左のものを切、又振もどす時、右のものを切べき也、口伝《くでん》在之《これあり》

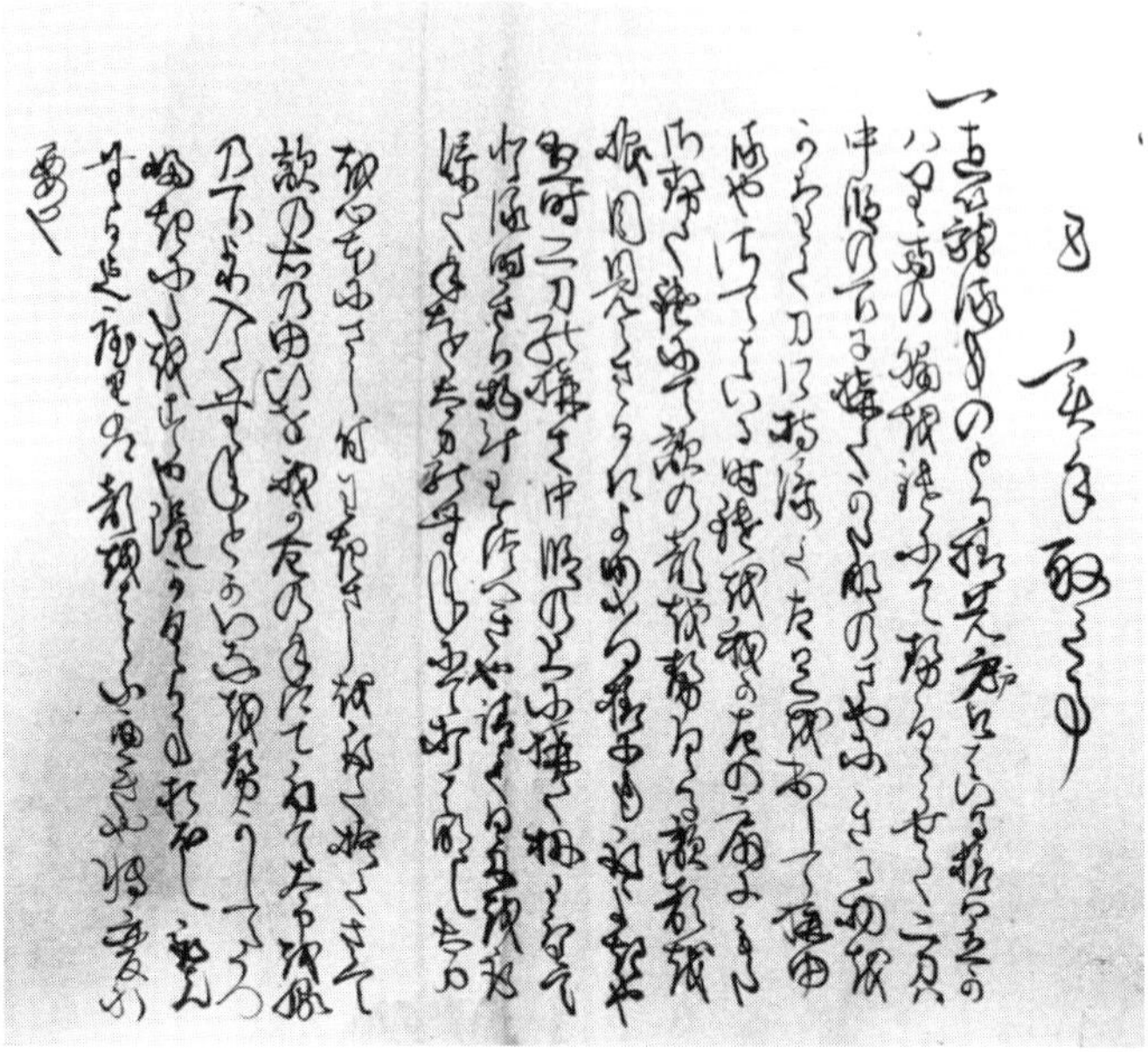

五　実手取之事《じってとりのこと》

一、立籠《たてこも》るものとる様、先戸口《まずとぐち》はいる（入）様は、立かはり両の脇を鑓《やり》にてせぐらせて、二刀は中段の下に構て、かたな（刀）のさや（鞘）にきる（着）物をかけて、刀に持添て、左足を出して構ゆる也、さてはいる（入）時、鑓《やり》を我が左の肩にもたさせて、鑓にて敵の顔をせぐる、敵顔を振、目見えざるにより如何様《いかよう》にも取よき也、懸時《かかるとき》、二刀の構は、中段の上に構て、扨《さて》うけてとる時、きる物斗《ばかり》すつべき也、請て白刃を取添て、手を太刀のむねにて打はなし、太刀を心本《こころもと》にさし付、わきざし（脇差）を取て捨て、さて敵の右のゆびを我が左の手にて取て、太刀を脇の下より入て、むね（胸）とかいな（腕）をせかしてうつぶきにたをす也、縄かくる事おほし（多）、取しむる迄、やり（鑓）は顔をはらふ（払）べき也、転変肝《てんぺんかん》要《よう》也

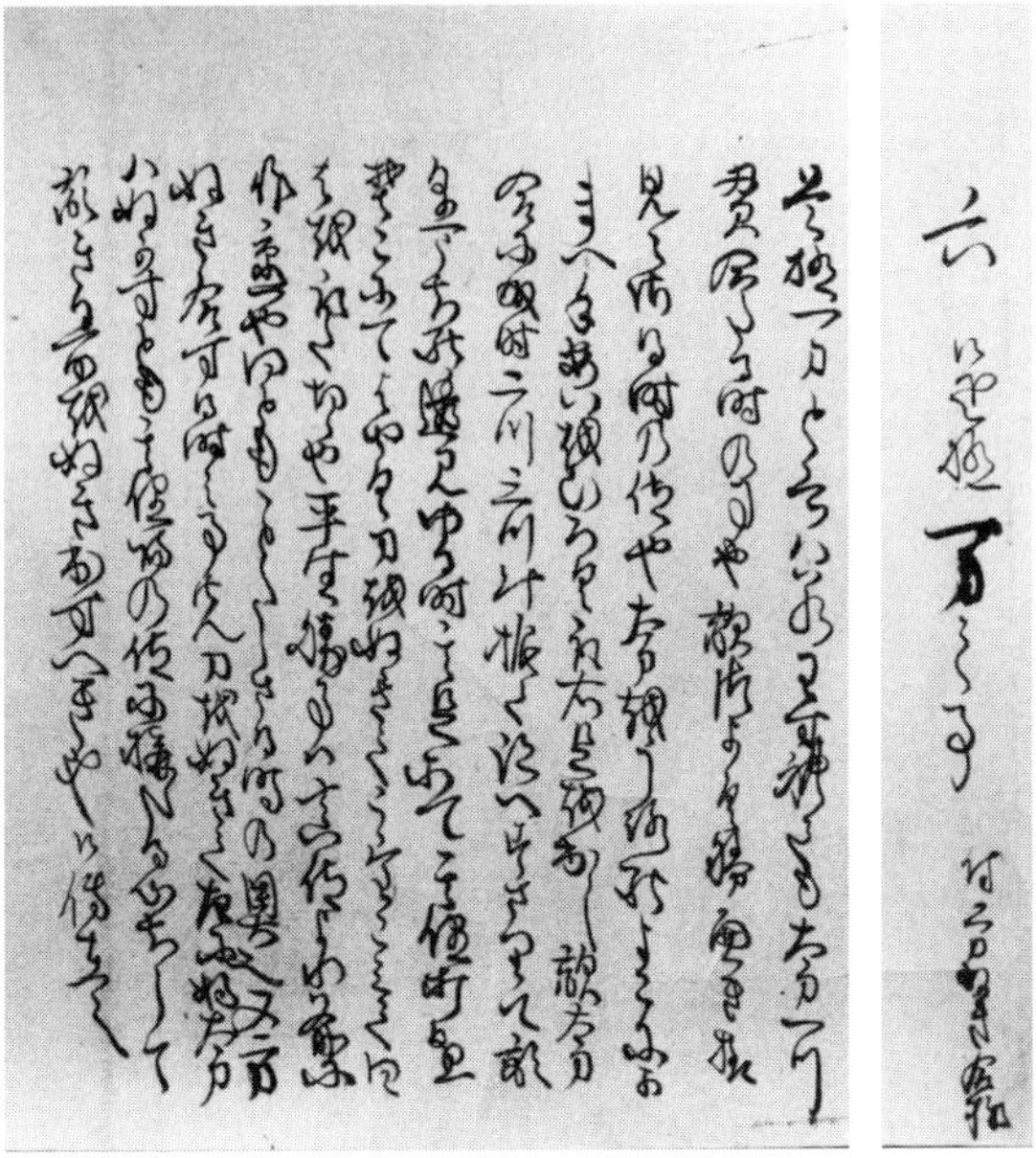

六　是極一刀之事《ぜごくいっとうのこと》　付《つけたり》二刀ぬき合様《あいよう》

是極一刀と云は、若わすれても太刀一つ貫合《ぬきあい》たる時の事也、敵つよく（強）勝べき様見えざる時の位《くらい》也、太刀をうしろ（後）のよこ（横）にかまへ、手あいをひろく取、右足を出し、敵太刀合に成時、二つ三つ計《ばかり》振て、跡へすさり（退）て敵懸《かかる》うちの透《すき》見ゆる時、其足にて其侭打懸そこにてはやく刀をぬきてうけこみて、白は取て切候也、平生勝事は真位より前に作置也、何ともことたらざる時の奥也、又二刀ぬき合する時之事、先刀をぬきて左に持、太刀はぬかずとも、其侭陽の位に構たる心（ここ）ちして、敵きる所をぬき出すべき也、口伝在之《これあり》

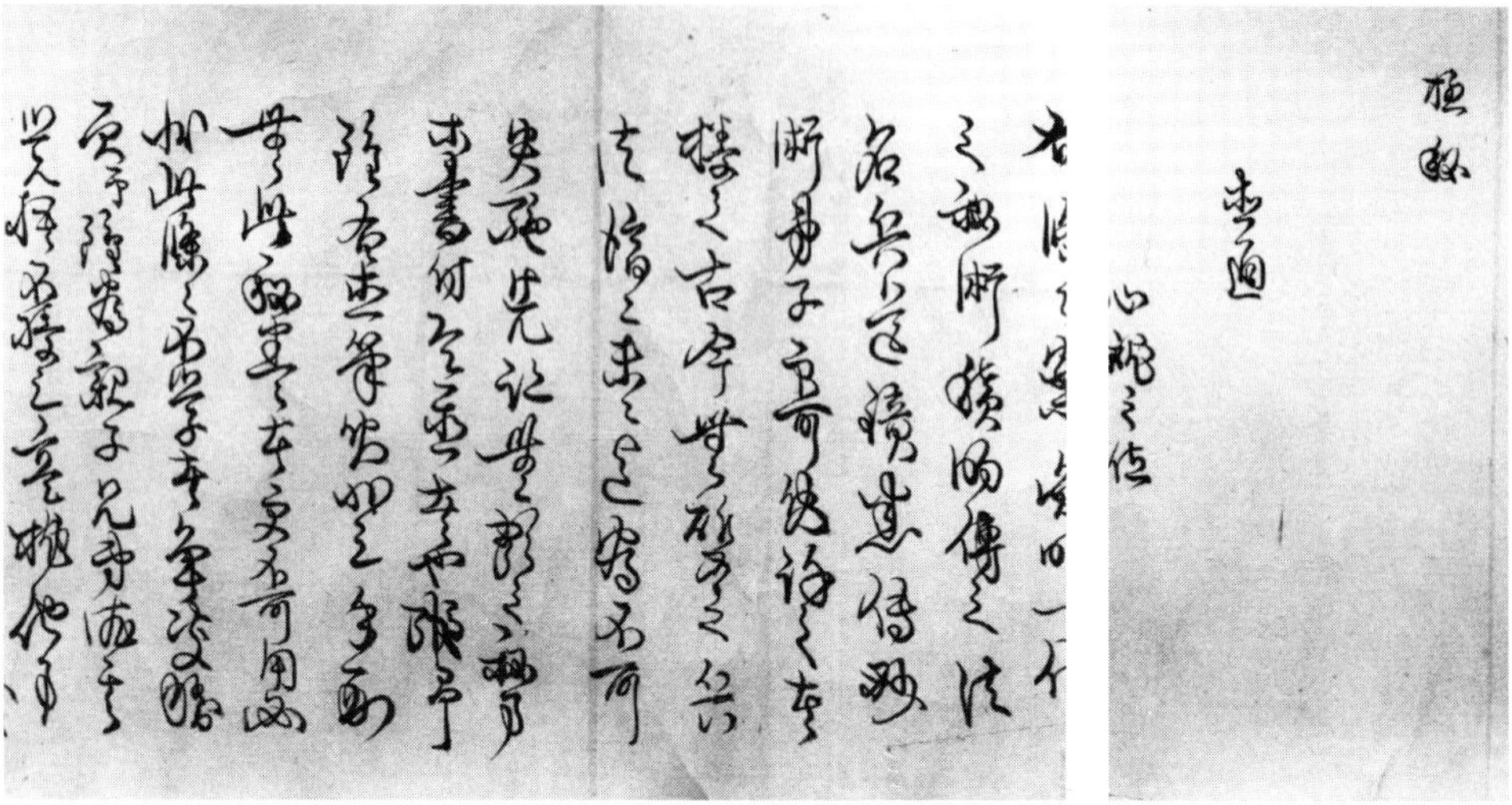

極秘

直通《じきつう》

心魂《しんこん》之《の》位《くらい》

右條々《みぎじょうじょう》案圓明一代《えんめいいちだい》

之秘術積的傳之法《のひじゅつをあんじてきでんのほうをつもり》

名兵道鏡悉傳妙《ひょうどうけいとなづけことごとくみょう》

術弟子印可免許之者《じゅつをつたえ、でしいんかめんきょのものに》

授之古今無雙之兵《これをさずく、ここんむそうのひょう》

法後々末々迄為不可《ほう、こうこうまつまつまで、しつぜつな》

失絶先跡無類之秘事《すべからざるため、せんせきむるいのひじ》

等書付令置者也縦予《とうかきつけおかしむるものなり、たとえ、よが》

雖有直筆免状之手形《じきひつめんじょうのしゅぎょうありといえども》

無此秘巻者更不可用必《このひかんなくんば、さらにひつじょうと、もちうべからず》

【註・・必状は必定の誤記と思わる】

状此條々不学者争決勝《このじょうじょうまなばざるものいかでかしょう》

負乎雖為親子兄弟依其《ぶをけつせんや、おやこきょうだいたりといえどもその》

覚悟不授之寔抛他事《かくごにより、これをさずけず、まことにたじをなげうって》

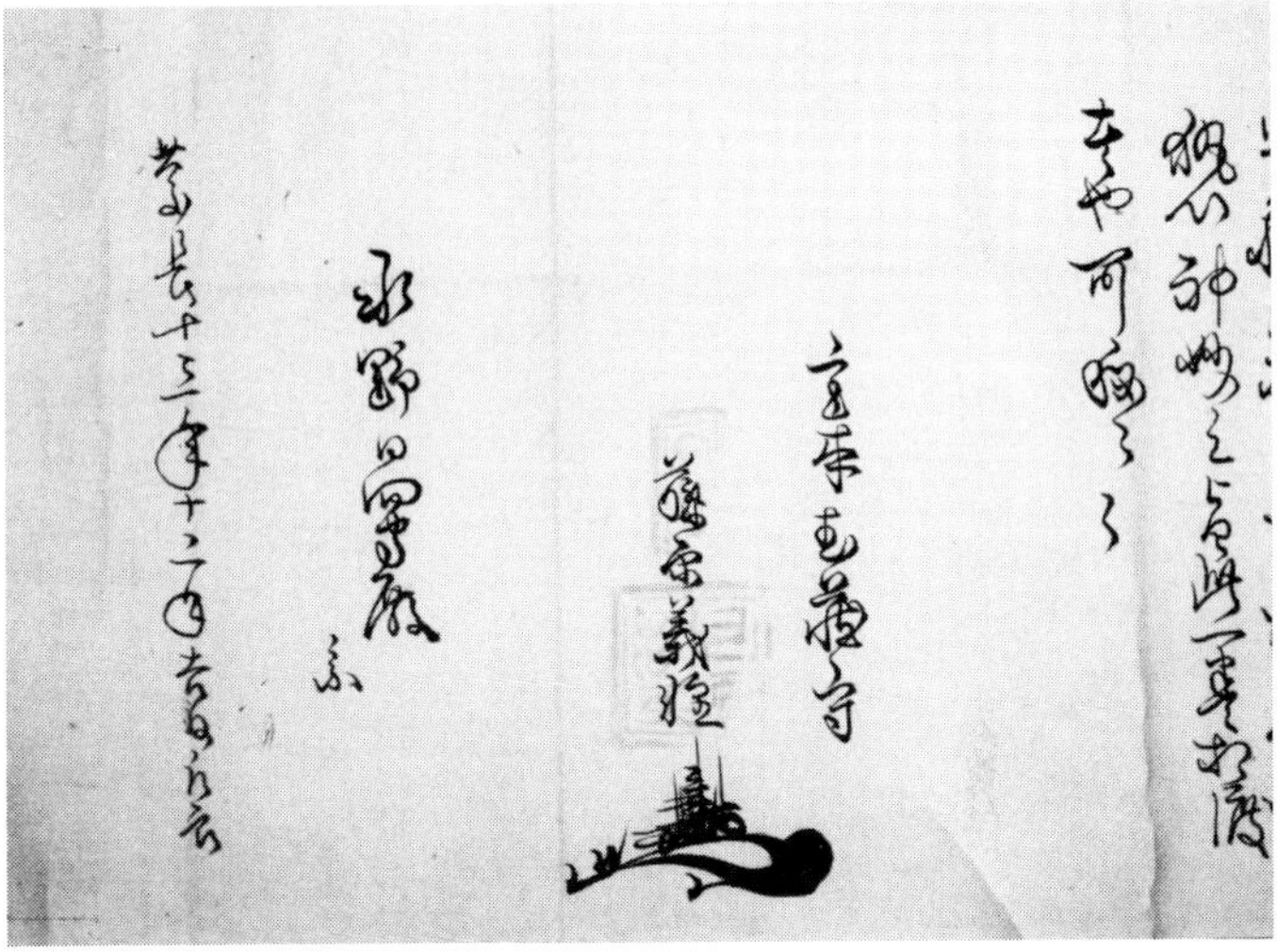

執心《しゅうしん》神妙《しんみょう》之旨《のむね》、此一巻《このいっかん》相渡《あいわたす》
者也《ものなり》可秘《ひすべし》々々《ひすべし》
宮本武蔵守
藤原義軽　花押
水野日向守殿
参
慶長十三年十二月吉日良辰

これは武蔵の真筆であり、慶長十乙巳《きのとみ》年（一六〇五）や翌十一丙午《ひのえうま》年（一六〇六）に紀州藩士の落合忠右衛門に授けた兵道鏡伝書と文字を比較してみて下さい。いずれも写本でなく義輕武蔵の真筆です。また筆者が編纂誌十一号に掲載した「兵法序論」（五方之太刀道の序）と、先生方も認められている「独行道」の武蔵玄信の筆蹟を比較して慎重な判断を下していただきたい。なおそれでも義輕武蔵＝玄信武蔵を認めていただけないでしょうか。中国の諺に、「百年河清を俟《ま》つ」とあるように、大家の意見に盲従するだけでは百年待っても真偽の判別はできないでしょう。そこで筆者が真偽判別の一つとしている武蔵の癖字「道」のくずし方に注目して下さい。「道」このくずし方は処女伝書の「兵道鏡」から晩年の「独行道」に至るまで一貫していることを皆様ご自身の目で確認して下さい。そして義経や義恒は義輕の誤写か誤読であることを納得して頂きたく思います。

冬の陣における勝成の動向

慶長十九甲寅《きのえとら》年（一六一四）（勝成51歳）（武蔵31歳）　十月、大坂冬の陣

家康住吉に陣す。水野勝成鈞命《きんめい》により大和の兵および堀丹後守直寄、丹羽勘助氏信等を率いて家康の後陣に屯す。

（十月六日駿府より刈屋へ陣触れ、十四日勝成、勝重出馬、勝重十七歳の初陣なり。二十九日住吉着。）

十一月十九日暁《あかつき》、蜂須賀阿波守至鎮《よししげ》、敵将大野主馬治房、明石丹後守全延の楯籠る穢多崎《えつたさき》の旧城を攻め、敵の番船を追い払い、陸より大軍を進め、また船をうかべ葦島に押し渡り、水陸より攻む。城兵守りかねて城を焼いて船場の町に逃げ入る。この砦《とりで》は船場の南にあり、東に大坂城、西は葦原《あしはら》、北は博労淵《ばくろうぶち》に連なり、大坂城

から海上への出口に当る要地（現大坂市西区北堀江一～四丁目から南堀江一～四丁目の地域で、真田幸村が兵を隠し、家康を待ち伏せしたという伝説がある）で、大船二十余艘を繋《つな》ぎ、淀川尼崎の通船を侵し掠《かす》めたので、戦の手初めに急襲したのである。浅野長晟は蜂須賀勢に先を越され、急に川を渡らんとして船を沈め、多数の溺死者《できししゃ》を出した間に、砦《とりで》は陥されていたという。冬の陣に於ける至鎮の初手柄である。

この時勝成は永井右近大夫直勝と共に、命をうけ葦島より新家までの道路を検し、城兵博労淵の堤に、井楼《せいろう》を造りし旨報告する所、両人直にその河辺に仕寄《しよせ》を構え、大筒にて打ち崩すべしとのことにて、勝成、直勝急ぎ立ち帰り、士卒を督励《とくれい》し竹木《ちくぼく》を連《つら》ね以て鳥銃を防ぐ仕寄を構築す。勝成この仕寄を敵に取られんことをおそれ、拙者はここに止《とど》まる故、直勝一人住吉へ帰り仕寄成る旨報告されたいと言いし所、直勝きかずやむなく共に帰る。

蜂須賀至鎮の臣中村右近重勝これを見て思うには、勝成明日は早々に博労淵を攻め取るべし。さすれば主君阿波守が先日の大手柄も薄くなるべしと、その夜俄に仕寄をつけ、翌朝二十九日、博労淵に手勢を率い押し寄せ、船手森甚五兵衛村重、同甚太夫氏純、同藤兵衛村近らと水陸一斉《いっせい》に攻め寄せ、激戦の末敵を追い払う。

この砦は豪勇の誉高い薄田隼人兼相《すすきだはやとかねすけ》が守っていたが、兼相は前夜から神崎の妓楼《ぎろう》に遊び泊り、砦を留守にしており、平子主膳が防いだが敗死した。このため兼相は、平素の武勇も役に立たぬ、正月の鏡餅に飾る橙《だいだい》だ、橙武者《むしゃ》と城中で嘲《わら》われたという。

同二十九日夜、城中より天満、船場、備前島に放火し、天満橋を焼き落とせりとの聞えあり。よって御使番を遣わされ実状偵察を命じらる。しかるに敵方の銃撃きびしく近寄ること叶わず、確《しか》と見きわめずに立ち帰る。故に御使番殊の外お叱りある所、本多上野介正純お側より、この事勝成に命じらるべしと申しあぐ。即ち勝成をして天満の諸隊に命を待たずして進むべからず、幸いこの地には堆積《たいせき》の木材沢山あり、これを楯《たて》として銃卒を備えしめ、他は退くべしと伝えしむ。また備前島の形勢を見てかえり、天満の橋は、城の方三分の一を残して、三分の二は毀《こぼ》つ。然《さ》れども側に焼木《やけぎ》を積む故に、遠くよりこれを見れば、残りなく焼け落ちたる如く見ゆと、具《つぶさ》に偵察の次第を言上す。

秀忠、十二月四日、岡山に営を構え、六日、家康本営を茶臼山《ちゃうすやま》に移す。

十二月十二日、家康天満を巡視す。将軍秀忠も従う。有馬玄蕃頭豊氏の陣営に来り、井楼《せいろう》に登り大坂城中を窺う。将軍の馬印を見て城より火矢を射懸け鉄砲を打つ。甚だ危く近臣井楼をお下りなさるよう勧めれども将軍家聴《き》かず。時に水野勝成来りて、物見は一口《ひとくち》の見切《みきり》、巡見《じゅんけん》は惣陣の御見積りの事にて、一所ばかりに止まるは宜《よろ》しからず、鴫野《しぎの》の方へもお廻りなさるべき旨申しあぐ。将軍家これに応じて井楼をおりらる。人みな勝成の言う所に感服す。

十二月十六日、夜深更におよび、城兵大野主馬治房が配下の士、塙団右衛門直之（48歳）、長岡（米田）監物貞安、御宿勘兵衛正倫（51歳）等、蜂須賀至鎮の南御堂の陣所に夜襲をかける。部将中村右近重勝をはじめ百余人討たれたが、稲田修理亮示植《しげたね》（38歳）その男九郎兵衛植次《たねつぐ》（15歳）、岩田七左衛門政長、長谷川小右衛門貞元（伊豆守貞安弟）、四宮與兵衛某、鵜飼七郎左衛門安長ら奮戦し、辛くも敵を退けたが、これは穢多崎、博労淵に敗戦した大野主馬治房の報復であった。

以上冬の陣は勝成関連のみ摘記したが、家康としては、この難攻不落の大坂城攻めで兵力の損傷を極力さけ、威嚇《いかく》と懐柔《かいじゅう》、老獪《ろうかい》ぶりを発揮して講和に持ち込み、外濠《そとぼり》のみを埋めると約束しながら、十二月二十一日、松平忠明、本多忠政、本多康紀らを城隍壊平《じょうこうかいへい》の奉行とし、先手の諸大名をして昼夜兼行、忽ち総構《そうがまえ》は勿論二の丸、三の丸、堀矢倉迄悉く破却し、城方の抗議も無視し傍若無人《ぼうじゃくぶじん》、全く家康の思惑通り壊平工事を迅速《じんそく》にやってのけたのである（二十五日）。勝成も青屋口《あおやぐち》の堀を受け持ち、その以後黒門（桜の門とも云）の御番を勤めたと、『水野記』に見える。

○付記（冬の陣における武蔵）

顕彰会本に、「大阪陣の時、武蔵は武者修行の身なれども、城下に馳せつき、豊臣方に加はり、徳川方を悩まし〻こと少からざりきといへれど、その詳なること知るべからず。」と記してあり、諸書もみなこれに倣《なら》っているが、これは小倉の碑文に、「攝津大坂方秀頼公兵亂時、武蔵勇功佳名云々」とあるのを豊臣方に加わったと早合点《はやがてん》したもので、『二天記』も、「慶長十九年、大阪陣武蔵軍功證據あり、三十一歳　翌元和元年落城なり。」と記しているものの、豊臣方とも徳川方とも明記していない。筆者も西軍か東軍か判断に迷い、資料を探求したが発見できず、ただ唯一の手がかりは、この冬の陣の六年前の慶長十三戊申《つちのえさる》年（一六〇八）八月、武蔵二十五歳の時に、水野日向守勝成に兵道鏡を授与していることである。武蔵が水野勝成に初会《しょかい》の時期は詳かにできないが、関ヶ原合戦以後勝成は三州刈屋の城主となっているから、諸国修行の武蔵が偶々《たまたま》足を留めたのか、勝成は父忠重の勘当《かんどう》を受け二十一歳より三十六歳まで浪人として諸国遍歴しているから、武蔵が但馬で秋山某との試合以後出会いの可能性も否定できないが、武蔵より二十歳年長の勝成のことであるから、やはり紀州和歌山で落合忠右衛門に兵道鏡を授けた以後の勝成との出会いと思われる。落合忠右衛門の藩主浅野長晟も東軍の家康方であるし、それに勝成は、二十歳も年下の武蔵に圓明流極秘兵道鏡の伝授を受けている。勝成は若年の武蔵に自身の勘当放浪時代の俤《おもかげ》を見たのか、信頼深く翌年の夏の陣には、嫡子美作守《みまさかのかみ》勝重付とし大坂城桜門より攻め入っている。この桜門こそ昨冬勝成が青屋口の堀を埋めた後、守備を固めた勝手知った門でもある。冬の陣は不明だが、夏の陣の武蔵は東軍水野軍にあったことは事実であり、誰も否定できない。詳細は次項に述べよう。【文慶長十七壬子《みずのえね》〔一六一二〕四月十三日巌流佐々木小次郎との試合は水野勝成とは関係がないので別項を設ける。】

勝成、一番合戦にて勝利

元和元乙卯《きのとう》年（一六一五）（勝成52歳）（武蔵32歳）　大坂夏の陣

四月二十六日、二条城にて勝成大和口先鋒を命じらる。譜第《ふだい》多き中に勝成に優る者なし。大和の諸士松倉豊後守重政、神保長三郎相茂、別所孫次郎某、桑山伊賀守元晴、同左衛門佐一直、同左近大夫貞晴、本多左京某、秋山右近某、藤堂将監嘉以、山岡主計頭景以、多賀左近常久、村越三十郎正重、甲斐庄喜右衛門正房等を率い、丹羽勘助氏信も伴いて出陣し、大和口を経て、須奈口（大阪府四条畷市砂）先鋒藤堂和泉守高虎、井伊掃部頭直孝と諜し合わせ、その期に違うことなかれと。勝成は冥加至極《みょうがしごく》とお請《う》けはしたものの、去年藤堂高虎大和衆を率いしに、我儘《わがまま》を申しその令に従わざる者ありと聞く。況《ま》して勝成小禄なれば、もし下知《げち》に従わざる者あれば御旨に違《たが》う恐れありと、本多上野介正純、安藤帯刀直次に、このこと一通り申し上げられたしとて退出す。

その日の暮れ、再び二条城に参上す。家康親《みずか》ら先の命を仰せ示さる。勝成畏《かしこ》まりて前《さき》に老臣に請《こ》いしごとく申し上げれば御気色《きしょく》を損じ、藤堂と日向《ひゅうが》と一口《ひとくち》に比すべけんや。もし我儘申す者あらば、一人も二人も踏殺《ふみころ》し申すべしと御諚《ごじょう》さる。勝成斯様《かよう》の御意《ぎょい》承りたきため申し上げ奉るなり。この上は御意の趣に申し付くべしと申し上げれば御気色を直《なお》さる。御側の本多上野介よりも上様の御名代《ごみょうだい》に遣わされるにつき、日向守儀藤堂と一様に存ずべからず。もし我儘申さば成敗《せいばい》仕るべしとの上意なり。なお今度は将帥《しょうすい》の任たり。以前のごとく身を軽んじ一本鑓の戦場稼《いくさばかせ》ぎすることなかれ、これに背《そむ》かば曲事《きょくじ》たるべき旨厳命をこうむる。この時請いて堀丹後守直寄（39歳）、同弟三右衛門直之（31歳）を添えられ、翌日打ち立って山城国長池に至るところ、大坂の兵、大和《やまと》郡山《こおりやま》に放火し、般若坂《はんにゃざか》に入り、すでに奈良を焼かんとするとの急報に接す。直ぐ馬を馳せ奈良に赴き酉《とり》の刻（午後六時ごろ）、松倉十左衛門重次（重政弟）、奥田三郎右衛門忠次らと共に守備を固む。故に敵兵奈良を侵《おか》すことを得ず、驚破《すわ》鬼日向守《おにひゅうがのかみ》着陣せりと、鳥毛《とりげ》の傘の馬印《うまじるし》を見るや大坂勢は怖れをなし、南都の輩は勝成の来援に勇気付きしという。松倉豊後守重政は宇智郡二見八千石を領したが、二見より郡山まで十一里あるを、大坂方の焼き働きを聞くや一騎駆《いっきが》けに急ぎ、途中郎従《ろうじゅう》の追い付くのを待って、高取城主三万石の本多因幡守政武、御所《ごせ》城主一万石の桑山伊賀守元晴らに出馬を促《うなが》すも、両者共大坂方の来襲を恐れ、守備を固めて兵を出さず。豊後守大いに怒り、龍田、法隆寺の村落を焼いて河内に退く大坂勢を追い、国府（分）境にて三、四人討ち取り、生け捕り一両人を水野日向守へ送り届け、それより伏見へ献ず。これ大坂夏の陣の一番首とて、戦後松倉豊後守重政に肥前島原四万石を賜りたるも、この時の功によるという。

一方郡山の守将《しゅしょう》筒井主殿助定慶《とのものすけさだよし》は、一戦にも及ばず福住《ふくずみ》に逃げ去りたること、両御所の思召《おぼしめ》し快《こころよ》からざる由を聞き、五月十日自殺す。

四月二十八日、勝成奈良より押し出し法隆寺に陣す。五月四日、伏見城に召され金子《きんす》五拾両拝領し、伏見を酉の刻（午後六時ごろ）に発し卯の刻（午前六時ごろ）に帰る。五月五日、河州国府（『水野記』『寛政重修譜』には国府とあり、『日本戦史』には、国分《こくぶ》とあり、以下国分に改めることにする）に陣を取る。二陣本多美濃守忠政、松平下総守忠明その日の晩に着く。伊達政宗の家臣片倉小十郎は政宗に先立ち下総守陣所の前、少し南の際《きわ》に陣取る。勝成の跡備《あとぞなえ》本多美濃守、次に松平下総守、丹羽勘助氏信（後式部と改む）其外段々陣取る。堀丹後守は勝成と同時に国分に着き、松倉豊後守は申の刻に国分に着く。かくて大和の諸将も着到《ちゃくとう》するにより、諸将を呼び監軍中山勘解由照守、村瀬左馬助重治等と共に国分の向い片山にいたり陣所に適した地を巡覧するところ、本多美濃守より使あり、我は国分に陣を張る故、勝成は片山に陣を取らるべしという。別所孫次郎、堀丹後守、村瀬左馬助も同様意見なり。勝成ここに於て、もし我が儘を申す者あらば、一人も二人も踏みつぶし申すべしとの御意なれば、面々《めんめん》の我が儘《まま》気随《きずい》に致させまじくと申し渡す。

もしこの片山に陣せば、大坂より押し出す人数、平野より藤井寺誉田《こんだ》の八幡道明寺を経て小松山へ押し上って、嵩《かさ》より追い下さば、片山は足がかりも無く、支えること叶《かな》い難《がた》し。国分は片山より僅か隔《へだた》り、その間に河と田ありて足掛かりよければ、今宵《こよい》は国分に陣し、若《も》し敵小松山に来らば、本道より廻り玉手、圓明《えんみょう》方面に出て前後挟撃して殲滅《せんめつ》すべしと主張す。監軍中山照守、これに賛同《さんどう》し諸将も竟《つい》に勝成の命に服した。この日、大坂では、真田幸村、毛利勝永ら天王寺に在り、夜平野《ひらの》に後藤基次を訪ね、今宵鶏鳴《けいめい》（午前二時頃）道明寺に合流し、黎明《れいめい》前に国分の山を越え、前後隊を合わし東軍を狭隘部《きょうあいぶ》に迎撃し、我等三人討死するか、家康秀忠両将軍の首を取るか、二つに一つと決意を堅め訣別《けつべつ》の酒杯《しゅはい》を酌み交わして別れた。

六日午前零時、約束通り後藤基次は、二千八百の兵を率い、炬火《たいまつ》数百を列《つら》ねて平野を発し大和街道を進み拂《ふつ》暁《ぎょう》藤井寺に到着して真田幸村、毛利勝永らの後隊を待つ。しかるに後隊来たらず。基次は機を失するを憂い、やむなく藤井寺を発し誉田を過ぎ道明寺にでて斥候《せっこう》に前路を偵察せしむるに、敵兵二、三千人国分に屯《たむろ》すと報ず。よって基次は先鋒《せんぽう》山田外記、古澤満興に各銃卒五十人を率いて速やかに小松山の占拠を命じ、自らも石川を渡って兵を進めた。

一方東軍水野勝成は、夜半《（午前二時ごろ）》藤井寺方面に松火《たいまつ》夥《おびただ》しく連《つら》なるを見て、敵の襲来するを察し、諸隊に警報を発し、斥候の銃兵（聞張《ききはり》）を出さしむ。早朝松倉重政、奥田忠次は後藤隊が小松山より鉄砲打ちかけるや、先を争い山上の敵に攻め上らんとす。桑山元晴は水野隊を待たんと引き止めたが、岡本加助という牢人何とて水野隊を待たんやと、真先に山を登るに一番に鉄砲に中《あた》り討死する。これを見て奥田忠次《ただつぐ》、加助を討たせてはもはやこれまでと、遮二無二《しゃにむに》攻め上る。しかし地勢を利して山上より攻め下る後藤隊の抵抗激しく、槍を以て接戦の末、奥田忠次（42歳）他牢人数名討死す。松倉重政は山の北より進み、藤堂高久、天野可古らと共に後藤隊左翼の銃火を冒《おか》し、南に進み子重能も奮戦し銃隊長平尾久左衛門ら二百余名を討ち敵軍の後《うしろ》を絶った。

しかし後藤隊の抵抗凄まじく、松倉隊危ぶく潰滅《かいめつ》せんとす。この時水野勝成隊駆けつけ、後藤隊と激戦数合遂にこれを追い崩す。この時、水野勝成家臣、杉野数馬一番首高名、小場兵左衛門、広田儀太夫、中川志摩之助、同刑部左衛門、荻濃新右衛門、平井弥吉等鑓を合わし随分働きしという。平井弥吉が討死したのは恐らくこの戦いと思われるが戦死場所は不明である。平井弥吉については別記す。

伊達政宗の先鋒片倉小十郎重綱も後藤隊に銃撃を加え、松平忠明隊は小松山の東より進み、遂に後藤隊の抵抗を退け山上を占拠した。後藤基次は山を西に下り、平地に於て再び態勢を整えて東軍を迎え撃ち、反撃すること数合に及んだが、丹羽勘助氏信がこれを側撃し、伊達政宗の本隊も山麓より進み来り、一斉射撃を加え、遂に大坂方の闘将豪勇の後藤基次も流れ弾に胸板を貫かれ戦死した。正午前であったという。時に五十六歳。

水野勝成は西軍を追撃し反戦する敵と激闘すること二、三合、敵も遂に支えること能わず道明寺方面に退却す。堀丹後守及び伊達政宗の先手片倉小十郎も押し立てかかる。此処に大沼深田あって小さな石橋一つを通路とす。勝成一番にこれを越え、中山照守、勝成嫡子美作守勝重（18歳）、村瀬重次これに続く。時にこの石橋の三町余の地に大和組本多左京が備を立てていたが、後藤隊に備《そなえ》を突破され、家老山澄某敗走し来る。勝成これを見て、

「潰《きたな》し見知り候」と厳しく詞《ことば》を掛け、勝成以下中山照守、美作守、村瀬重治四人は馬より飛び下り槍を振って敵兵を撃退し本多隊もようやく踏み止まる。

正午過ぎる頃、西軍薄田兼相、山川賢信、北川宣勝、井上時利、明石全登、槙島重利、長岡興秋、小倉行春、山本公雄等の諸隊道明寺磧《かわら》に来り、後藤隊の残兵も山川、北川隊に合流し、追撃の東軍と、ここに一大血戦を繰り広げたのである。殊に薄田兼相は昨年博労淵《ばくろうぶち》の失敗に橙武者《だいだいむしゃ》と嘲《わら》われたのを恥じ、この一戦に汚名を雪《すす》がんとし縦横無盡《じゅうおうむじん》に太刀を振るい忽ち七、八騎を斬り落とし奮戦したが、水野勝成の家臣河村新八重長が組み打ちして討ち取った。新八異名を狸皮新八という。狸皮を具足羽織に用いたるによる。異説に中川志摩之助、寺嶋助九郎が折り合わせ助勢したとも云う。『難波戦記』には、「薄田ハ大力ナレバ、三尺三寸ノ太刀帯ビ、軍勢ノ先ニ進出《すすみいで》、アタリ払ッテ駈ケタリケレバ、東国勢モ自余ノ者ニ目ヲカケズ、薄田一人ヲ討タントシケレド、鎧ヨケレバ裏カク矢モナシ、打物達者ナレバ、近ヅク敵切ッテ落トス、力強ケレバ組ツク者ヲバ綿噛《わたがみ》ツカンデ、鞍ノ前輪《まえわ》ニ引ツケ首カキ落トス」と講談調子にその豪勇ぶりを記している。

この戦いで西軍井上時利のため勝成旗本大和組の秋山右近は殺され、時利もまた死すと『日本戦史』に見える。西軍は道明寺を捨て退却し、勝成はじめ東軍は勝ちに乗って誉田八幡《はちまん》へ追い詰めた。西軍の毛利勝永は三千の兵を率いて真田幸村との約束通り六日払暁に天王寺を出発し、藤井寺に到着すれば、刻《とき》すでに遅く、先鋒の後藤、薄田両隊は敗れ、残兵頻《しき》りに退き来る。勝永切歯扼腕《せっしやくわん》するも、約に従い真田幸村の到着を苛《いら》立ち待つ。正午前（十一時過ぎか）漸く真田幸村兵三千を率い住吉街道羽曳野《はびきの》より来り、福島正守、渡辺糺（内蔵助）、大谷吉久（大学）、伊木遠雄も到着す。真田隊は渡辺隊と合流し、毛利隊の右方より誉田に進んだが、北川宣勝の苦戦するを見るや、単騎駆けつけ救援し、共に三町ばかり軍を引かせて隊伍を整え、敵の追撃に備えた。

東軍伊達隊の片倉重綱は、名にし負う真田の赤備えが隊伍を整えるのを望見し、銃撃を加えると共に吶喊《とっかん》の声を挙げて突入した。幸村は兵を折敷かせ、槍を並べて迎撃し、激戦数合一歩も退かず、片倉隊は損傷多く誉田村に兵を収めた。幸村の嫡子大助幸綱（16歳）は股に傷を受けながら敵と組みうち首を揚げ、渡辺内蔵助糺（内蔵助流槍術祖）も傷ついた。

かくて東軍水野勝成隊等は道明寺村に、伊達隊等は誉田村の西にそれぞれ連繋《れんけい》して守備を固め、西軍は藤井寺より誉田の西野中村に陣を張り、相対峙《あいたいじ》して、互に兵を息《やす》めつゝ戦機を窺《うかが》った。

幸村は毛利勝永の隊に至り、勝永の手を執《と》って、霧のため夜明けを取り違え、約束の刻限に間に合わず、むざと後藤又兵衛や薄田隼人までも討死させたこと面目無しと男泣きし、共に明日こそは秀頼公のおん前に一戦仕り討死せんと誓ったという。

一方東軍水野勝成は、伊達政宗の陣に使を馳《は》せ、今藤井寺に屯《たむろ》する毛利勝永を討たんと思えど、もし南の野中村にある真田幸村の横鑓《よこやり》あれば甚だ危うし、よって伊達方の銃隊をもって援護されたしと謀《はか》る。政宗その謀《はかりごと》よしと雖も、幸村と三度の戦いに、はや玉薬の数も尽き、家人の討死負傷も多く戦力を欠くと、使者再三に及べども肯《き》かず。よって勝成は中山照守をして松平下総守忠明、本多美濃守忠政を説かしむるに逡巡《しゅんじゅん》して決せず可惜刻《あたらとき》を過ごす。

午後二時半頃に及び豊臣方の大野修理治長の伝令八尾若江方面の敗報を告げ退却を命ず。よって真田幸村は自ら殿《しんがり》を引き受け、毛利勝永も銃隊をして追撃に備え、付近の民家を焼いて退却した。午後四時過ぎという。『日本戦史』によれば、東軍戦死者百八十人、負傷二三〇余人、西軍戦死者二一〇余人、俘虜《ふりょ》せられしもの五人と見える。

勝成はこの戦いに大和組を率い一番合戦に勝利し、首級多く得て首帳に記し、須奈《（砂）》の陣営に献ず。使者松田金兵衛、竹本広助御前に召され、各黄金一枚賜う。

以上が片山、道明寺方面の戦いで、勝成関係を摘記した。濃霧のためとはいえ、戦略縦横、軍師を以て自他共に許す幸村とは思えぬ時刻誤認で、堅約の毛利勝永、後藤基次との合流刻限に遅れて、可惜《あたら》勇将後藤基次、薄田兼相を戦死せしめた。しかのみならずこの日、若江方面に於て、木村重成が井伊直孝の大軍と闘い壮烈な戦死を遂げたとの報が伝えられた。既に四月二十九日には豪勇の塙団右衛門直之（49歳）が、紀州浅野長晟の部将亀田高綱、上田宗古らと闘い、泉州樫井《かしい》で討死したばかりで、またまた後藤、薄田、木村という大坂の秀頼が力と頼む勇士たちが次々と消えてゆく。

真田幸村の討死

五月七日の朝、勝成は大和組《やまとぐみ》の人数を率《ひき》い大坂城へ押し出さんとする所へ、家康より豊嶋主膳、間宮権左衛門を以て、日向守は昨日道明寺表に於て骨折り死傷も少なからず、よって本日は住吉にて台駕《たいが》を待ち、旗本の先備《さきぞなえ》をすべしと上意を伝う。勝成これは思いも寄らず、住吉へ参らば大坂より程遠くなり合戦の間に合い難しと反論すれど、御諚《ごじょう》なれば是非にと言われ、仕方なく旗本の堀丹後守直寄、桑山左衛門佐一直、神保長三郎相茂等大和組と共に住吉へ向かわんとせし所、越前少将忠直勢の先駈けせんとの体《てい》を察知し、戦いに遅れては成るまじと、越前勢と同じく阿倍野に押し出し、天王寺茶臼山の南に備えを立つ。

越前少将忠直（21歳）は七月五日の夜、河内の四條畷に宿陣したが、終夜酒盛りして、翌六日の朝、近くに居りながら道明寺表や八尾若江の合戦に会せざりしを家康に叱責《しっせき》さる。『水野記』によれば、「七日ノ未明ニ家老本多伊豆守《（富正）》、水野大蔵ヲ以テ千塚（現八尾市、秀忠本営）へ被遣《つかわされ》、今日ハ野合《のあい》ノ御合戦ニテ候、先番後番ハ昨日ノ次第ヲ以テ越前勢モ備可申哉《そなえもうすべきや》ト御伺候ヘハ、家康公聞召《きこしめし》モ不肯《がえんせず》打込ノ大合戦ニテ候、先番後番ト云事可有《あるべき》カ敵出合候所ニテ仕ルベシ、次第ヲ守ルニ能《よき》トテ敵ノ仕掛ルニ辞退斟酌《しんしゃく》ガナルモノカ、昨日ハ朝フセリ仕リ又タワケ《（戯）》ヲ申候ト事々鋪《ことごとしく》御叱リ被成《なされ》候ニ付、両人早々罷帰リ其段ヲ少将殿ヘ申上ルニ付、越前勢皆々打上道明寺海道《（街）》ヘハ不掛《かからず》シテ久宝寺ヲ西ヘ横筋違《よこすじかい》ニ天王寺ヘ押ツキ候、加賀筑前守《（前田利常）》ハ岡山筋ノ御先手ニテ数万《（一万五千）》ノ人数押立岡山ヘ向テ押被申《もうされ》候、其行列ノ真中ヲ越前勢横合ニ押破リ理不尽《りふじん》ニ突通リ候、加賀衆ハ狼藉也《ろうぜきなり》ト云ヘ共越前勢聞モ不入《いれず》押行候ニ付、加賀勢無為方《なすかたなく》其内ハ備ヲ控テ通シ申シ候、越前勢ハヤ過半《かはん》馬ヨリ下リ立テ手ニ手ニ鑓を持天王寺ヘ掛リ候、コノ体ヲ水野日向守勝成見テ早合戦始シト存、旗本ノ堀丹後守、丹羽勘助其外大和組ノ諸勢ニ下知《げち》シテ、住吉ヘハ不押《おさず》シテ備ヲ小頭ニナシ、越前勢ノ左ニ押立天王寺ノ茶臼山ノ南ヘ押立備ヲ立候、日向守守備ニ押続キ本多美濃守、松平下総守段々ニ備申候」とある。『越前人物志』には、「六日公《（忠直）》先鋒の将本多富正《とみまさ》（43歳）成重（44歳）本営に詣り明日の軍令を受く、家康召見して曰《いわ》く、昨日井伊藤堂等の戦（八尾・若江の戦をいう）越州の将士昼寝して知らざるか、明日の先鋒は既に之を加州（前田利常）に命ぜりと、富正等帰って公に告ぐ、公之を聞て曰く何が故に吾を辱《はずか》しむること此《かく》の如く甚だしきや、吾今豊臣氏に與《くみ》して憤《いきどおり》を発せんか、加州の営を屠《ほふ》りて自頸《みずからくび》はねんか、抑又《そもそも》印綬《いんじゅ（官職）》を解て高野山に入んかと且怒り且泣く、富正曰く公の志実《まこと》に此《かく》の如くならば明日の戦為《なさ》んと欲する所をなして台命《たいめい》を待てと、公之を可とす、即特命して吉田好寛に旗幟《きし》を賜ふ云々」両書記述に多少の相違はあるが、このような経緯があったればこそ、越前勢の殺気立った様子は充分察せられる。

前方茶臼山には、真田幸村の赤旗に伊木遠雄、その東、天王寺庚申堂《こうしんどう》の前には毛利勝永が備えを立てる。かく東西両軍戦機を窺い睨み合う所に、本多三弥正重、米倉丹後守信継使者として惣軍に下知あり。すなわち尾張宰相義直殿（16歳）、駿河宰相頼宣殿（14歳）に戦闘の実地教育を授けられんとの思召《おぼしめ》しにつき、猥《みだ》りに開戦すること勿《なか》れ。馬を一、二町（一町は六十間、一〇九メートル強）も後方に下げ、自身おりたち鑓を以て徐《おもむろ》に敵に向うべしと振れ廻る。勝成茶臼山の敵次第に人数を増しつつあり、時刻を移すべからざる旨申しあげられたしという。二度目に久世三四郎広宣、坂部三十郎広勝、小栗又市（忠政・政信か不明）、佐久間河内守政実を使とし惣軍合戦待つべしと触れらる。勝成戦機を逸《いっ》するを恐れ再び合戦急がるべく言上されたしという。三度目に佐久間将監実勝、安藤対馬守重信、安藤次右衛門正次使者にて、敵は日暮れを待つ体なり。よって早く合戦始むべしとの触れを出す。（指示のちぐはぐ思うべし）。

一方、岡山口は前田筑前守利常が先鋒となり大野主馬治房と対す。勝成の異母弟（忠重四男）水野隼人正忠清（34歳）、秀忠の御書院番をつとめ、上州甘楽《かんら》郡小幡藩一万石を領したが、御旗本の先備となり阿倍野にある所、先手前田利常備を東へ移すを見て、その跡へ繰り出し、隊士を指揮し敵と鑓を合わせ首一級を得る。この時青山伯耆守忠俊、高木主水正正成三隊の士、競いて槍を合わせ、忠清は忠俊と軍功を争い過言《かげん》あり、帰陣の後共に閉門《へいもん》せしめらる。それはさておき、勝成隊の前方にあった越前勢は果敢《かかん》に真田隊に戦いを挑み、天王寺口の先鋒本多忠朝は冬の陣に陣場の不平を言い「親平八郎（忠勝）に似ぬ」と家康に叱責されたことを恥じ、討死と覚悟をきわめ、馬を馳せて毛利勝永隊の奥深く突入し、馬より下りて二十人ばかりの敵と鑓をふるって縦横無尽に奮戦し、遂に二十余の傷を負い壮烈な戦死を遂げた。忠朝相備えの小笠原兵部大輔秀政も、六日若江の戦いに会しなかったのを無念に思い忠朝同様、子の忠脩《ただなか》（信濃守）と共に毛利隊に突入す。忠脩弟忠真（大学頭）

も死闘し、父秀政は重傷六ヶ所を蒙り家士に助けられて久宝寺に運ばれ、その夜死す（47歳）。忠脩は敵の鑓に囲まれ、馬より突き落とさる。助けんとする忠真も鑓を打ち折られ、刀をもって戦ったが、隍中《こうちゅう（ほりのなか）》に突き落とされ、七ヶ所の手傷を負う。しかしなお奮戦をつづけ幸いに命を全うす。しかし兄忠脩は戦死す（22歳）。忠真は二十歳にして父と兄を一時に失ってしまったのである。しかしこの功により父の遺領信州松本八万石をつぎ、元和三丁巳《ひのとみ》年（一六一七）明石十万石へ転封となる。この忠真がのちに宮本武蔵の養子伊織が仕えた小笠原忠真である。

松平忠直の越前勢は、伊予守忠昌（忠直弟19歳）を中央に、左先手本多伊豆守富正、右先手本多丹下成重の二手に分け、左先手は真田幸村隊に、右先手は毛利勝永隊に戦いを挑む。

毛利勝永も隊を二分し、本多隊の左右を攻撃し、毛利の右隊は秋田実季、植村泰勝、松下重綱、六郷政乗、浅野長重等の東軍諸隊を撃退し、越前勢の右翼に突入す。

一方毛利の左隊は、本多隊と闘い本多忠朝を討ち取り（前述の通り）、天王寺口の西軍竹田永翁隊を破って進撃する東軍小笠原秀政が、西軍の大野治長隊と戦うを見て、横槍を入れ、激戦の末、小笠原隊を撃破し（前述の通り）秀政、忠脩父子を討ち取ったのである。

家康は平野より桑津の西に出て越前勢の後方を進み茶臼山へ、秀忠は岡山へ向ったが、本多、小笠原の東軍の両隊を破った勢いに乗る毛利勝永は越前勢をも突破し、家康の本陣に肉薄《にくはく》せんとす。

丁度その頃、浅野但馬守長晟の一隊が越前勢の西を通って今宮に出んとするや、驚破《すわ》浅野が西軍に寝返ったと流言《りゅうげん》が飛び、たださえ頽勢《たいせい》の東軍を浮足立たせ混乱せしめた。真田幸村は、これ絶好の好機なり、逸すべからずと、混乱に乗じて家康の本陣目掛けて突入し、縦横無尽に家康の本陣を攪乱《かくらん》せしめた。家康は路傍で馬より下り、旗下みな競い進み、傍らに小栗正忠（忠左衛門久次67歳）一人あるのみにて、旗奉行保坂金右衛門、庄田三太夫安信も麾下を離れ先頭にあり、鑓奉行大久保彦左衛門忠教《ただたか》（56歳）旌旗《せいき》を守衛した。

永井直勝、板倉重昌、駒井親直等は挺進《ていしん》を制し、本多正信、植村家政、松平正久、秋元泰朝など麾下《きか》を護衛した。

眞田幸村はここを死に場所と定め、あらかじめ嫡子大助幸綱を城中へ帰し、秀頼の出馬を乞わせ、縦横馳駆《じゅうおうちく》、家康の心胆《しんたん》を寒からしめたが、戦い疲れ安居天神《やすいてんじん》の境内で息を休めている所を越前の士　西尾仁左衛門宗次（初久作）に首を授けた。四十九歳であった。

『大日本戦史』は、薩藩旧記所収の六月十一日の書状を引いて、「五月七日に御所様之御陣へ眞田左衛門佐仕かゝり候て、御陣衆追ちらし討捕申候、御陣衆三里ほどづゝにげ候衆は皆々いきのこ《（生残）》られ候、三度めにさなた《（眞田）》もうち死にて候、眞田日本一の兵、いにしへよりの物語にも無之由《これなきよし》、惣別これのみ申事に候」と記している。

また徳富蘇峰氏著『近代日本国民史』の家康時代中巻大坂役五〇三頁にも、

「眞田は五月七日の合戦にも、家康卿の御旗本さして、一文字に打ち込む。家康卿御馬印臥さする事、異国は不知《しらず》、日本にはためし少なき勇士也。ふしぎなる弓取也。眞田備居る侍を一人も不残《のこらず》討死させる也。合戦終りて後に、眞田下知を守りたる者、天下に是なし。一所に討死させる也。」（山下秘録）と見える。

『慶長見聞書』には、「眞田を打候者には五萬石も十萬石も可被下《くださるべく》候様に兼て御意被成《ぎょいなされ》候云々」と見え、もって眞田幸村の凄まじい奮戦ぶりも察せられるし、家康の幸村に対する畏怖《いふ》の程度も推量される。関ヶ原合戦の際にも秀忠の大軍が、信州上田城に眞田昌幸、幸村父子に翻弄《ほんろう》されて足止めを食い、肝心の関ヶ原合戦に間に合わなかった苦《にが》い経験もあり、家康にとって、眞田幸村は大坂方に於ける難敵中の第一であったと思われる。

一方、岡山口の秀忠の前備《まえぞなえ》藤堂高虎、井伊直孝、細川忠興の諸隊は眞田幸村隊の潰滅《かいめつ》を知るや忽ち頽勢《たいせい》を盛り返し、大坂城へ引き揚げんとする毛利勝永隊に襲いかかったが、勝永は大坂七組の諸将と共に決死の反撃を加えて藤堂勢を打ち破り、追撃してきた越前勢とも果敢に戦った。しかし井伊、細川両隊の攻撃に遂に支えきれず城の黒門口へ退却した。

『堀剣道史』四〇四頁、柳生宗矩の項に、「城方が討って出て、秀忠の営を囲み、なお眞田の設けた地雷火を以て陣を焚かれ人馬共に傷付き、東軍はそれが為めに騒擾して甚だ危なくなった。此機に乗じて城兵木村主計が素肌の兵三十五人を以て秀忠に迫った。之を宗矩が七人を斬り更に進んで戦ふた。猶木村は安藤治右衛門が負傷して討取り、後安藤も死んだ。」とあるのは、この時のことであろう。

西軍では、大谷大学吉久は乱軍中に戦死し、勇将御宿勘兵衛政友も越前の士、野本右近に討たれた（拙著『源流剣法平法史考』一六五頁参照）。

岡山口、天王寺口の東軍は共に退却する西軍を追って大坂城へ迫る。越前勢に続いて勝成は、混雑を避けるため嫡子美作守勝重に宮本武蔵らを付け、士卒を率いて黒門口より討ち入らせ、自身は天王寺の西を通り船場の道より大坂城へ入らんと思い、ここで二手に分かれたのである。しかし船場にはかねて策戦どおり、城方の勇将明石掃部全登が精兵三百人を率いて備を立て、機を見て兵を南に迂回させ、東軍の側背に出て不意を衝かんと待機していたのである。ところが天王寺方面の西軍すでに敗れ、策戦齟齬《そご》したるを知るや最早討死《もはやうちじに》と覚悟を決し、矢庭《やにわ》に鉄砲を乱射し怯《ひる》む所に馬を入れ奮戦す。これが為に味方伍を乱す。『大日本戦史』には、忠直隊（越前勢）の左翼を破ったが次いで水野勝成隊が来り迫り云々、『日本戦史』には、越前兵崩れて水野隊に混入す云々。『近世日本国民史』にも同様に記す。『新訂寛政重修諸家譜』第六巻四二頁には、越前兵と明記せずに味方これがために伍を乱すとある。勝成馬より飛んで下り、采《さい》を採《と》って「比興者《ひきょうもの》何方へ逃げ候ぞ、日向守是に在り見知りたるぞ返し候え」と激しく下知し盛り返さんとせしかど能《あた》わず、あわや共崩《ともくず》れせんとす。この時勝成家士広田儀太夫正家（後図書）、尾関佐次右衛門某等立ち堪《こら》えて追い来る明石勢と鑓を合わす。村瀬作左衛門（本多出雲守の手につく浪人）、菅沼織部正定芳（本多美濃守忠政に属す。29歳）も衆に先だち来り戦う。広田儀太夫は勝成より十四、五間も先に進み鑓を揮《ふる》って戦ったが、敵に突き倒され危うく首を掻《か》かれんとす。勝成走り寄り、その敵を突き伏せ、鑓下《やりした》の首とはこれなりと言い、郎従《ろうじゅう》岸文左衛門某に首を取らしむ。また敵二人（この二人については後述する）勝成にかかり来るを追い散らし、右の脇を突かんとする敵を突き伏せ、成瀬久太夫某に首を取らしむ。

一説に明石掃部《あかしかもん》を汀《みぎわ》三右衛門討ち取るという。しかし疑問あり。三右衛門この時十八歳で勝成の陣場借りして掃部と鑓を合わせ首を取り、これを手柄として方々へ渡り歩き、京極刑部少輔にて知行三百石、後戸田左門、又本多大内記に五百石賜うも不足に思い暇を取り、不届の所行して拾ヶ年も奉公構いを受け、漸く武州岩槻藩主阿部伊予守正春に召し出さる。万治三庚子年（一六六〇）六十三歳（原文に、子ノ夏、行年七拾余にてとあり、年齢十歳ほど相違あり不審）で知行千弐百石下され、嫡子庄右衛門三百石。猶子《ゆうし》堀江藤兵衛弐百石にて召し出されたが、またまた不満を抱き所行不届きとて、寛文二壬寅《みずのえとら》年（一六六二）十二月二十六日、親子三人共に成敗されたという話が『御当家諸士皆事録』に見える。（歴史図書社『続備後叢書』下巻昭和四十六年刊）。

明石掃部の死亡は諸書共に判然としない。

かくして大坂城兵ようやく敗走す。水野勢追撃し桜門に入って一番に旗を立つ。この日家臣等首九十七級と、『新訂寛政諸家重修譜』に見える。『水野記』にも、「秀頼公天王寺に向わんと欲し桜門に到る。時に速水甲斐守時之これを諌《いさ》め止《とど》む。秀頼公城中に復帰す。ここに於て水野美作守勝重の士卒城中に乱れ入り火を放ち且つ一番に旗を立つ。この時勝成の家人神谷久右衛門諸士に先だち桜門に入る。久右衛門組足軽六右衛門競い進み則ち一番に旗を立つる也。故に大坂陣後勝成これを美《よみ》し禄百石を賜う也。久右衛門これを感じ、己の姓を授け名を神谷六兵衛と号せしむ。と註記を添え、また越前一伯様（忠直のこと）旗一本立つ。この二本より外は御座あるまじく候と記されている。

『越前人物志』を見ると、九日、二条城に於て戦功論あり。水野勝成自ら先登と称す。家康、越前家の本多富正、本多成重と（勝成を）対決せしむ。成重詰《なじ》り問いて、公の先鋒に吾が旗幟《きし》を見たる者ありやと。勝成ありと答う。成重然らば吾が公の先たるや必せり。吾が先鋒の士未だ曽《かつ》て公の旌旗《せいき》を見たる者あらざればなりと。

当時の状況を説明すると、忠直の弟松平忠昌（秀康二男、伊予守、19歳）八町目口に於て手づから一士を斬るに佩刀《はいとう》の刃欠く。栗原作兵衛（草履取り）己が佩刀を進上す。先鋒将《まさ》に桜門（城の南門）に入らんとし、本多富正の臣佐久間権三郎先登し刺され倒る。富正花圃《はなぞの》より墻《かき》を越えて入る。井上内匠先だち富正の手を取り、大貫吉右衛門正勝肩で富正の足を受く。小島権太夫並んで入らんとし指物が邪魔になる。伯父與五衛門側にあって叱る。よって指物を折って入る。富正の旗奉行平野清兵衛、纏奉行大貫土佐ついで入り、関根治右衛門、丹羽八兵衛、丹羽角兵衛、梶川助三郎、酒入佐五右衛門等その他続き登り入る。旗奉行上三川《かみのかわ》左衛門實基、槍奉行原新兵衛を招き相談して一旗を立て四旗を巻いて入る。

この時千貫橋より旗をすすめ来る者あり。實基等何侯の旗ぞ、越前公の兵すでに城に入ると言う。これ水野日向侯旗奉行神谷久右衛門也と答う。實基、然らばこの地を任すとて進んで城に入る。妨《さまたぐ》る者なし。成重の臣小笠原忠兵衛は、大野主馬の宅に火を放つ。これより以内は旗奉行上三川《かみのかわ》實基旗を奉じて先登す。

以上を以て見れば、越前勢が一番乗り、二番乗りが水野勢となる。そもそも今度の先陣争いは、越前忠直が家康に叱責されたのが事のはじまりで、明日の合戦に抜け駆《が》けせんとし、本多富正は家臣吉田修理好寛に命じて軍勢を押し出させ、台命と偽って前備《まえぞなえ》藤堂和泉守高虎の陣所を押し越えて天王寺へ行かんとし、今日の先手加賀の前田筑前守利常の陣で差し留められる。吉田修理悠然と馬を乗りだし、筑前守殿は岡山筋の御先手、三河守（忠直）は天王寺表の御先手を承る。右の趣、筑前守殿より御申渡しこれ無きか、大切の御軍令粗略《そりゃく》に存ぜられ候やと言い捨て強引に押し通る。

名誉挽回の為とはいえ、大名の我が儘、無理を承知で主君の為に尽くさねばならぬ臣下の苦衷《くちゅう》も哀れである。吉田修理は大坂城一番乗りを果たした上、軍令違反は自分の一存である旨、家来大館備前に申し含め、一身に責を取り天満川に入水《じゅすい》して果てた。忠昌家老岡部豊後守長起も吉田修理と共に軍令違反の罪が、主君忠昌に及ばさぬため、修理と同じく天満川に入水して果てたのである。

家康より罪を問われた時、本多富正は吉田修理の遺言通り軍令違背の罪を吉田修理の一身にかぶせ、家康も忠直の今度の功績に免じ、有耶無耶《うやむや》のうちに富正の弁明を黙認せざるを得なかったのである。

大名の強引な武功争いには、現代のわれわれには、ちょっと理解しがたいものがあるが、何時《いつ》の時代においても弱肉強食、表と裏の顔は違うことに変わりはない。その一例として、水野勝成の旗本大和組の神保長三郎相茂《すけしげ》は、船場口で敵を追撃し斬獲《ざんかく》多くして暫く兵馬を休めている所に、伊達政宗の隊兵が進撃し来り、神保隊を目がけて矢庭《やにわ》に銃撃す。神保隊は味方打ちするなと大声で連呼《れんこ》するも伊達隊は聞き入れず連射を浴びせかけ、神保隊神保相茂（34歳）主従三十三人、雑兵二百九十三人を全滅せしめてしまった。政宗は先手の同勢へ逃げかかる故、味方共に討たざれば共崩《ともくず》れに成る。敗軍するを防止するため軍法を守り討ち留めたと弁明したという。

しかし諸大名はかねて政宗の梟雄《きょうゆう》ぶりを憎み、味方打ちを笑い物にし比興《ひきょう》と語ったという。『新訂寛政重修諸譜』第十八巻、一二三頁、神保家譜には、「天王寺表に於てふたたびたゝかひをまじへ、相茂が手勢騎馬の士三十二人雑兵二百九十三人一時に討死し、相茂も奮戦し死す。」と見え、伊達隊の味方打ちとは記していない。立場々々により家譜は体裁を繕《つくろ》わねばならぬ事情があるのだろうが、真実は表面の記述だけではわからぬものである。

○付記（「大坂御人数付」記録の中にある宮本武蔵の名）

『水野記』註記に、船場口で勝成と鑓を合わせた者は、明石掃部の兵柳瀬又右衛門荒木権右衛門であった。この両人は世間静まった後、日向守勝成に目見《めみ》えに来たと古老が語ったという。

荒木権右衛門の素性は不明だが、寛永十七庚辰《かのえたつ》（一六四〇）三月、宮本武蔵玄信が兵法序論を授けた荒木権右衛門と同一人物ではないかと思う。一書に両人の名を塩川信濃、荒木権之丞とあり、これは当時大坂方の残党狩りを逃れるための変名かも知れない。『水野様御一代記』には、荒木権左衛門とあり、これは右と左の誤記とも考えられる。伝書は寛永十七年の項に掲載す。さて、夏の陣五月六日、片山道明寺、七日大坂城攻略の両合戦に宮本武蔵の具体的な活動記録はこれまで発見されず、顕彰会本五一頁第五章諸國漫遊の章に、「大阪陣の時、武蔵は武者修行の身なれども、城下に馳せつき、豊臣方に加はり、徳川方を悩しゝこと少なからざりきといへれど、その詳なること知るべからず。元和元年、大阪落城し、天下全く徳川家に歸してよりは、武蔵は更に世を思ひ放ちけむ、居處暖まるに暇あらず、或は東に或は北に、さては南し西せしと思はるゝことは、こゝかしこにその事跡を傳へたるにて推測るべし」と、恰《あたか》も夏の陣でも西軍に加担し落城後は東西南北姿をくらましたとも受けとれる文章でもある。どうして諸先生方はこのような顕彰会の武蔵西軍説に右へ倣えされるのか不思議でならない。

筆者は武蔵東軍説で、圓明流極秘兵道鏡を授けられた武蔵義輕を信頼し、夏の陣では勝成嫡子美作守勝重付きとして、経験豊富な武蔵に指導を依頼したのであろう。勝重は昨年冬の陣に十七歳で初陣したとはいえ、戦闘経験の無いうちに和平交渉成立し、この夏の陣こそ実地戦場体験であったればこそ武蔵に守護と指導を依頼したのであろう。『水野記』には、桜門一番乗りとあるが、前述のように、越前勢は台命と偽って抜け駈けを敢《かん》行《こう》し、水野勢は昨日の片山・道明寺戦の疲労回復のため、その日は住吉で家康の到着を待って旗本の前備えを命じられていたが、越前勢の攻撃態勢を見ては、軍功一途《いちず》に逸《はや》る勝成の勇猛心は制止がきかず、直ちに住吉行を中止して天王寺に向い越前勢に続いて戦闘を開始したのである。さきに、家康が城攻めに先だち、九男の義直（16歳）と、十男の頼宣（14歳）に、戦闘の実地教育を経験せしめんとして、勝成を苛立《いらだ》たせたことを記したが親の気持ちは家康も勝成も変わりはない。まして勝成自身も武蔵から圓明流の極秘兵道鏡を授与されている間柄である。このことから考えても勝成の武蔵に対する信頼ぶりは充分推察されるのである。この大坂城攻めでも、いわば初陣ともいふべき嫡子勝重を信頼する武蔵に任せ、道狭く混雑することを恐れて軍勢を二手に別け、勝成自身は船場道より大坂城へ入らんとしたのである。

偶然というか必然というか、この船場に待機していた大坂方勇将明石掃部勢という強敵に遭遇して激戦を繰り広げたという次第で、二手に別れて桜門へ乗り込むまでの勝重の詳細な行動は見届けていないのである。だからこそ勝重に付き添った宮本武蔵の行動も記録が無いというのは当然であり、そもそも『水野記』は、勝成が寛永十八辛巳《かのとみ》年（一六四一）五月、七十八歳の隠居三年目の頃に将軍家光の命によって自身の武功を書き上げたもので、自身の行動範囲の記録に限定されていることをよく知っておく必要がある。しかし幸いにも、大坂夏の陣に於ける出陣の人数の名簿が残されており、作州様（美作守勝重のこと）附の中に宮本武蔵の名前が明記されている。また平井隆夫氏所蔵「水野様御一代記」の大坂御陣御供の中に、宮本武蔵の名前があり、これをもって宮本武蔵が夏の陣に西軍に属したという俗説を訂正していただきたいのである。ただし冬の陣については何の記録も見当らないが、慶長十三戊申《つちのえさる》年（一六〇八）十二月吉日、宮本武蔵守藤原義軽花押　水野日向守殿参とした兵道鏡伝書が存在することより推察して、武蔵は大坂陣の六年前から水野勝成とは兵法を通じて関係が成り立っているし、その三年前、慶長十年と翌十一年圓明流兵道鏡の印可を授けた落合忠右衛門も浅野藩士であり、浅野藩も東軍であることからも察して、もし冬の陣に武蔵が参戦したとすれば西軍よりも東軍参加の可能性が高いと推察される。

次に、平井隆夫氏提供による「大坂御人数付」を掲載させていただく。宮本武蔵の名前は、作州様付の四番目に見える。

大坂御人数付

一、大阪冬御陳　大和衆

丹羽勘助様

堀丹後守様

右御方様御支配被仰付《おおせつけられ》候

一、夏御陳御旗下覚

五万石　堀丹後守様
一万石　松倉豊後守様
一万石　丹羽勘助様
二万石　桑山伊賀守様
二万七千石　本多左京様
一万石　山岡図書様
七千石　神保長三郎様　七日討死
一万三千石　桑山左衛門佐様
二千石　桑山左近様
三千石　別所孫次郎様
三千石　奥田三郎右衛門様六日討死
四千石　秋山右近様
三千石　多賀左近様
三千石　藤堂将監様
村越三十郎様
堀三右衛門様
大和口案内

公儀御目付
　　甲斐庄喜右衛門様
　　中山勘解由様
　　村瀬左馬助様
以上

大坂御出陳御役人
士大将
　　上田掃部
　　中山外記
　　鈴木与八郎
　　与八郎依煩《わずらいにより》為陳代《じんだいとして》家来出陳也
持筒頭　竹本左門
旗奉行　神谷久右衛門
　　河村太郎左衛門
先鉄砲頭　安井長兵衛
是は作州様御守也
　　近藤弥之助
　　河村新八

塚本弥次兵衛
黒川三郎左衛門
御陳中にて三郎左衛門、新八与供に四十人御預候由

御供惣人数
次第不同

上田掃部
同清兵衛
同十郎右衛門
同藤兵衛
同源兵衛
中山将監
同外記
同又吉
同小源　与惣兵衛事
河村太郎左衛門
同新八
同喜右衛門　縫殿事新八弟 後二信解院様江御付

後太郎左衛門父　同小兵衛
親一郎左衛門祖父　同二郎八
頼母事　同間右衛門
中川志摩之助
同求女
同刑部左衛門
神谷久右衛門
同半弥
イニ助七ト有　同新五左衛門
子源左衛門代ニ御暇被遣　同長右衛門
同左太夫
御暇申上浪人仕候　勝成公度々御尋被遊候由　安井喜兵衛
塚本弥次兵衛
同左平
小場兵左衛門
覚右衛門事　廣田庄三郎
同義太夫
黒川三郎左衛門

蟎江刑部 イ二、五左衛門
鳥居甚兵衛
丹羽忠太夫 後上田八郎右衛門ト云
米山次郎右衛門
津田半助
山本権兵衛
沢田佐五右衛門
伊藤左兵衛
手嶋十左衛門
光岡九郎左衛門 イ二、兵太夫ト有 兵太夫祖父
長坂三太夫 イ二、二郎兵衛ト有
鈴木久兵衛
瀧彦右衛門 祖父右衛門祖父
竹本左門
同九郎太郎 左兵衛父
永田源太左衛門
同五郎兵衛
竹本市左衛門 或本曽左衛門ト有 三郎右衛門父

	鈴木与八郎
八郎右衛門父	同郷右衛門
	荒木新九郎
次兵衛名代	鈴木権右衛門
御暇被遣	竹内孫兵衛
	相知加助
伝左衛門兄	沢六郎左衛門
平兵衛兄	近藤左助
	同平兵衛
角之《ママ》右衛門祖父	同九左衛門
	同弥之助
入江事	同亀之助
安左衛門祖父	同市左衛門
	杉野又六
久右衛門父	茂野利右衛門
八左衛門祖父	同惣左衛門
半左衛門父	大矢権太夫
	同牛之助

磯谷角左衛門

松山与右衛門

甚五右衛門祖父（イニ八郎右衛門ト有誤也）

野間八郎左衛門

稲生茂右衛門

神谷才兵衛

中野久太夫

丹羽三郎右衛門

同主水

御暇申候（嫡子与惣左衛門代）

三宅清四郎

同武兵衛

イニ、左伝太ト有誤也

清水左源太

イニ、今井ト有誤也

平井弥吉

三村五郎兵衛

同孫吉

近藤角太夫

有安庄三郎

杉野数馬

村瀬新助

小野田半左衛門

渡辺吉兵衛

助左衛門祖父
矢田半右衛門

福山御打入之時立退申候
同惣助

八郎左衛門父也八郎左衛門代
二水野主殿江御付以後有故牢人仕候
榊原五郎右衛門

井上甚五兵衛　イニ甚十郎

服部喜左衛門

岡本忠兵衛

左次兵衛祖父
船井又七

左次兵衛父
同左次兵衛

左次衛門曽祖父子助左衛門ト申
御暇被遣候左次衛門儀別二御奉公申候
尾関四郎右衛門

酒井浅之助

水野又右衛門子也
水野太兵衛

作右衛門事
今五郎左衛門祖父
同甚平

森田伝右衛門

岸文左衛門

森田九右衛門

原田権之丞又伯父
原田助兵衛

原田四郎兵衛弟
佐次権左衛門

浅井水之助

加藤市之丞（市兵衛カ）

イニ、馬之助ト有可然
牧野奥《ママ》右衛門

加藤勘左衛門

高井庄右衛門

酒井九郎右衛門

主税事
磯村忠右衛門

与次右衛門父
市村吉右衛門

忠右衛門父
浅沼作兵衛

同舎人

清水佐左衛門

忠太夫父
堀太郎右衛門

市右衛門事
中村庄兵衛

生原甚五左衛門

同勘弥

弥惣左衛門兄
寺嶋助九郎

荻濃新右衛門

又右衛門子也
水野六兵衛
中川善右衛門
冨田与兵衛
横山七蔵
五郎左衛門養父也五郎左衛門代御暇
被遣伏見御屋敷ニ御付置被成候
神田与惣右衛門
丹羽猪右衛門
寺沢（郷カ）門左衛門
イニ佐左衛門
伊藤作左衛門
岩室尉右衛門
中村次左衛門
丸井三太夫
イニ、神谷又八新谷ト有誤歟
新呑本字也ト云新見九八郎歟
新海九八郎
岡田善右衛門
木村権吉
都々覚右衛門
加藤文左衛門
生田助右衛門
加藤作蔵

神谷次郎助
山崎左平太
加藤小左衛門
佐久間三郎兵衛
竹本廣助
近藤葛右衛門
中野庄三郎
半沢武兵衛
山本清九郎
加藤久兵衛
石河又助
森　万吉
丹羽勘兵衛
神谷五太夫
原田善太郎
沢五郎八
藤村左平太
尾関左次右衛門

松田金兵衛
八木八右衛門
沢田久《（久兵衛カ）》之丞
廣瀬太郎八
日比金太夫
後ニ戸田改　戸田四郎三郎文四郎父　藤村伊兵衛
本知ノ　山本善太郎

作州様付

都筑右京
近藤左太夫
次郎右衛門事　藤井八郎兵衛
宮本武蔵
牧馬之助
丸井三太夫
御馬の口とり　森源太郎
牢人にて出陣　伊織事　水野勘兵衛
牢人にて御手より大坂へ参申候　今は稲葉丹後守様に罷在候　牛抱平次兵衛
芦田十郎右衛門

惣御供騎馬弐百三拾騎
惣御人数三千弐百人之由

以上

武蔵西軍説が先生方の主流となってしまった為、これを覆《くつがえ》すには、武蔵の名が広島県史所収、大坂御陣御供の中に見えるので次に引用転載させていただくことにした。

大坂御陣御供
上田掃部　同清兵衛　同十郎右衛門　中山将監　中山外記　同又吉　同与三兵衛　河村太郎左衛門
同新八　同喜右衛門　安部井喜兵衛　河村小兵衛　同市郎左衛門　中川志摩之助　同求馬　神谷久右衛門
塚本弥次兵衛　同左兵衛　神谷新五右衛門　小場兵左衛門　黒川三郎左衛門　蠏江刑部　鳥井甚兵衛
丹羽忠太夫　米山次郎右衛門　津田半助　山本権兵衛　伊藤左兵衛　手嶋十左衛門　光岡兵太夫
長坂治郎兵衛　鈴木久兵衛　滝彦右衛門　脇坂清左衛門　竹本市左衛門　鈴木郷右衛門　荒木新九郎
鈴木（治兵衛名代）権右衛門　鈴木与八郎　竹田孫兵衛　古知嘉助　沢六郎左衛門　近藤左助　近藤平兵衛
茂野理右衛門　近藤九左衛門　大矢権太夫　同牛之丞　磯谷角左衛門　松山与右衛門　磯谷左伝次
野間八左衛門　稲生茂右衛門　神谷才兵衛　中野久太夫　丹羽三郎左衛門　三宅信四郎　同武兵衛
清水左源太　平井弥吉　有安庄三郎　杉野数馬　村瀬新助　小野田半左衛門　矢田半右衛門　矢田惣助
榊原五郎右衛門　井上甚五兵衛　服部喜左衛門　岡本忠兵衛　船井佐次兵衛　尾関四郎右衛門

酒井浅之助　本知善太郎　水野太兵衛　森田伝右衛門　同九右衛門　原田助兵衛　佐野権左衛門
浅井水之助　加藤市之丞　杉野馬之助　加藤勘左衛門　酒井九郎左衛門　磯村主税之助　市村吉右衛門
浅沼作兵衛　同舎人　清水佐左衛門　堀太郎左衛門　水野甚平　中村庄兵衛　生原甚五左衛門
寺嶋助九郎　竹本左門　荻野新右衛門　水野六兵衛　三村五郎兵衛　神谷七右衛門　中川善右衛門
近藤弥之助　近藤亀之助　富田与兵衛　宮本武蔵　横山七兵衛　神田与惣右衛門　広田儀太夫
丹羽猪左衛門　岩室尉右衛門　中村治左衛門　丸井三太夫　新海九八郎　茂野惣左衛門

同陣討死

一番鑓平井弥吉　二番鑓竹本左門　三番鑓塚本弥次兵衛　寺嶋助九郎　竹本左門と塚本弥次兵衛両人ハ討死場所同所也、寺嶋助九郎ハ薄田隼人河村新八組合之節勝《すぐ》れたる働有之由《これあるよし》、平井弥吉片山にて随分之働有之《これあり》とそ、広田図書　荻野新衛門　平井弥吉　此三人不劣振舞《おとらずふるまう》と聞へし

（以上水野様御一代記「広島県史近世資料編Ⅰ所収）

平井隆夫氏提供による大坂御人数付と多少相違する点はあるものの武蔵西軍説を主張される先生方の疑念を晴らす為、水野様御一代記より転載させていただいた。いくら筆者が武蔵東軍説を主張しても、確証がなければ納得されないと思い煩雑を顧みずに記した次第です。

●

閑話休題

圓明流竹村与右衛門弟子林市郎右衛門資龍の父四郎兵衛資輝の譜を見ると、「忠吉卿に奉仕、御扈従と為る。

故有り去りて、水野日向守に仕う。大坂冬夏の役、軍に従う。其後尾州に来り、敬公に奉仕し、采地二百石を賜い、寺尾土佐守同心と為る。慶安三年寅（一六五〇庚寅）二月卒。」（士林泝洄《しりんそかい》）とある。竹村与右衛門名は頼角。宮本武蔵の高弟（養子とも）で、尾州方面で圓明流を弘めた人物で名ある門人が多い。延宝六戊午《つちのえうま》年（一六七八）八月十日没、七十六歳。明鑑宗円信士。林資龍は流をつぎ尾州に弘めた。吉川英治氏著『随筆宮本武蔵』講談社刊（昭和四十四年）四十四頁に、宮本武蔵より寺尾左馬宛の与右衛門を紹介する手紙を載せてあるが、その中で、（「此与右衛門ト申者、我等數年、兵法などをしへ如在《ある》なき儀ニ御座候間、御見知り被成候て」）吉川英治氏は右の如在なき儀を誤読されており、「兵法など教へあるが如く無きが如く」と奇妙な云回《いいまわ》しをされており言わば弟子でもあり弟子でもないといったふうに読みとれるような飛んでもない解説をしておられる。「如在なき」は、じょさいなきと読み、如才《じょさい》なきとも書く。『論語』の、「祭レ神如レ在」より転じ、手抜かりがない、気が利く、愛想がよいという意味で、竹村与右衛門の人格にも拘ることなので訂正しておく。

五月八日、大坂落城。午刻という。
秀頼（23歳）　自刃　毛利勝永が介錯《かいしゃく》す。
淀君（49歳）　自刃　荻野道喜が介錯す。
千姫（19歳）　脱出して、家康と共に午後九時ごろ京都二条城に入る。

冬夏の大坂両陣の詳細は、徳富蘇峰氏著『近世日本国民史』家康時代中巻大坂役（民友社刊、昭和十五年改版）、参謀本部編『日本戦史大坂役』（村田書店刊昭和五十二年）、高柳光壽氏編『大日本戦史』第五巻（三教書

院刊、昭和十七年）、『新訂寛政重修諸家譜』続群書類従完成会刊（昭和三十九年）『水野記』『水野様御一代記』（『広島県史』近世資料編一）、（広島県刊、昭和六十二年）に尽くされているので、水野勝成に関する部分を摘記させていただき考察を加えた。老獪《ろうかい》家康に翻弄《ほんろう》されて薄幸《はっこう》の運命を辿《たど》った秀頼に同情し、家康憎しと悲《ひ》憤《ふん》慷《こう》慨《がい》した少年時代を思い出しつゝこの項を終る。

さて水野勝成は、越前松平忠直に次いで、大功があったが、家康は、はじめ二条城に於て今度は諸軍を引き廻すべき為に遣わす故、若き時の独り働きの心を止めるべしとて、大和口先鋒を命じたにかかわらず、生まれつきの勝ちたる気性故に、またまた自身敵を突き殺すなど不届きなりとて、御機嫌を損じ、帰陣以後手柄を立てし家士共々に御誉めに預からなかったとも伝う。

七月二十一日

勝成大坂陣の軍功により、三州刈谷三万石を改め、大和郡山へ移され、三万石を加えられ、添下、平群《へぐり》、式下、広瀬、添上の五郡の内に於て六万石を領す。

○付記（宮本武蔵と関わりのある大名）

宮本武蔵と関わりのある大名としては、夏の陣で五月七日、本多出雲守忠朝等と同じく、阿倍野に於て大野修理亮治長、毛利豊前守勝永、武田永翁等の城方と戦い壮烈な戦死を遂げた小笠原秀政、忠脩と共に奮戦し七ケ所の傷を負った忠眞《ただざね》は、七月一七日父秀政の遺領信州松本八万石を賜い、十一月二十四日、右近大夫と改む。また兄忠脩戦死により、兄の室であった本多美濃守忠政の女《むすめ》を家康の命により室とす。そして翌元和三丁巳《ひのとみ》年（一六一七）信州松本から播州明石《あかし》、美嚢《みのう》両郡に移され、十万石を領することになる。九月十一日領地の判物を下され、元和四戊午《つちのえうま》年（一六一八）明石に新しく城を築くことになり、翌元和五己未《つちのとひつじ》年（一六一九）八月、竣功《しゅんこう》し明石城と号し忠眞はここに住した。一方、忠眞の岳父《がくふ》本多美濃守忠政（忠政の父は、言わずもがな、酒井忠次、榊原康政、井伊直政と共に歴戦の勇者として徳川の四天王と称せられた本多平八郎忠勝である。）は、忠眞と同じく夏の陣の功により、元和三丁巳《ひのとみ》年（一六一七）七月十四日、五万石を加えられ、封地を桑名より播磨国姫路に移され、加古、飾東《しきとう》、飾西《しきさい》、印南《いなみ》、多可、加東、揖西《いっさい》、揖東《いっとう》八郡のうちに於て十五万石を領し、翌四戊午《つちのえうま》年（一六一八）命を受けてその居城を築いたのが姫路城である。旧藩主池田幸隆《よしたか》（のち新太郎光政）九歳は幼少のため因幡国伯耆《いなばのくにほうき》両国三十二万石に減封《げんぽう》され鳥取城へ移された。光政は寛永五戊辰《つちのえたつ》年（一六二八）二十歳にして、台徳院秀忠の孫娘にあたる本多忠刻と千姫の間に生まれた勝姫を妻とす。この本多忠政の嫡子忠刻《ただとき》（２０歳）も元和元年大坂陣に父に従って出陣し、天王寺に於て首級を得たが、翌二年に家康が病床に臥した時に、忠刻は母と共に駿府《すんぷ》に病気を見舞った時、千姫（大坂城を脱出した、もと秀頼の室で、徳川秀忠の女《むすめ》）と婚約の台命を蒙り、七月千姫は入輿《じゅよ》した。

家康はこの年元和二年四月一七日、七十五歳で薨《こう》ず。忠刻は翌元和三丁巳《ひのとみ》年（一六一七）播磨国に於て十万石（俗に千姫の化粧料という）を賜い、父忠政の居城姫路に住んだ。この忠刻に仕えたのが宮本武蔵の養子三木之助である。

また元和三年には忠刻の弟甲斐守政朝（19歳）が九月十八日、上総国大多喜《かずさのくにおおたき》五万石から播磨国龍野《はりまのくにたつの》に移り、城を築いて龍野藩が創立された。大多喜というのは、天正十八庚寅《かのえとら》年（一五九〇）八月、小田原北条氏没落して家康関東入国に際し、譜代《ふだい》の武功ある本多平八郎忠勝（43歳）が十万石で封《ほう》ぜられたが、慶長六辛丑《かのとうし》年（一六〇一）正月一日、所領を伊勢国桑名、員辨《いんべ》、朝明《あさけ》、三重四郡のうちに移され桑名城を賜った。この時、忠勝の軍功を賞せられ五万石の加増の仰せがあったが、忠勝が固辞《こじ》するによって、二男の忠朝（20歳）に上総国大多喜城五万石を賜い、従五位下出雲守に叙任《じょにん》した。忠勝（平八郎）（中務大輔）は慶長十五庚戌《かのえいぬ》年（一六一〇）十月十八日、六十三歳で桑名で没し、嫡子忠政が継いだ。そして姫路十五万石へ加封されたのは前記の通りで、整理すると左記の如くである。

信州松本（八万石）——→十万石明石城に小笠原右近大夫忠眞

勢州桑名（十万石）——→十五万石姫路城に本多美濃守忠政。忠刻（忠政嫡男）十万石。

上総大多喜（五万石）——→五万石龍野城に本多甲斐守政朝（忠政二男）。

そして宮本武蔵は、これら徳川親藩の諸大名家に出入し、圓明流兵法を指南したり、或は明石築城の際城下町の町割りを依頼されたり、養子三木之助を仕官させたりしているのである。もし武蔵が西軍に属していたら、このように堂々と徳川家に関る大名家に姿を現《あらわ》さぬ筈である。これは水野勝成が武蔵とは圓明流兵道鏡伝授の間柄でもあり信頼深かった故、嫡子美作守勝重の初陣ともいえる夏の陣の護衛指導を依頼されたのである。頑固に武蔵西軍説を固執《こしゅう》される先生はじめ、曖昧《あいまい》な記述でお茶を濁している先生方も以後は、自信をもって武蔵は東軍であったと断言《だんげん》なさるべきである。

それにしても困るのは、綿谷雪氏が義輕＝玄信を認めぬまま亡くなってしまわれたことで、死者に鞭うつようで気が重いのだが武道史研究の大家の説とはいえ、誤説は誤説として訂正しなくてはならない。でないと読者は永久に誤説を正説と信じ込み語り継いでゆくわけで、私が見直し剣道史を目指して、『東軍流兵法史』『丹石流剣法史』『源流剣法平法史考』『堤寶山流秘書』『一刀流兵法史考』を刊行したのも、誤説を何とか後世に引き摺らないように読者に正しい判断をして頂きたかったからです。天保十四癸卯《みずのとう》年（一八四三）源徳修の『撃剣叢談』で義輕を義恒と誤読してからでも百七十年、喧々囂囂《けんけんごうごう》筆者が真実を提示しても、義輕＝玄信を認めようとしない。全く困った先生方が多い。誤説を訂《ただ》し後世に正しい剣道史を伝えたい筆者には我慢も限界で今回の執筆を決意したのだが、例えば、綿谷氏著『日本剣豪100選』昭和四十六年二月、秋田書店刊。一三七頁を見ると、「約十年ばかりの明石時代に編成した剣法が、いわゆる円明流である。円明は、もと仏教語であるとは云へ、武蔵はその仏意をとって流名としたのではなかった。謡曲・琴曲などの慣用雅語に、〝四智円明の明石の海〟ということばがあって、四智円明という地名の枕言葉にしか過ぎない。円明流とは、明石で創案した流儀という意味の名称なのである。」と説明されている。

これは作家的な綿谷氏の空想で何の実もない虚説です。圓明流は、慶長十年（一六〇五）同十一年（一六〇六）落合忠右衛門宛伝書、同十三年（一六〇八）水野日向守宛の伝書にも見えます。元和元年（一六一五）大坂夏の陣後、小笠原忠真の明石時代というのは、元和三年（一六一七）―寛永九年（一六三二）の約十五年間で、この明石滞在時代に武蔵が円明流を創案したとは、とんでもない誤説です。綿谷氏は、義輕が玄信と改名する以前の名前だとご存知ないから筆者の説を否定されたのだが、武蔵が寛永十七年（一六四〇）三月、荒木権右衛門に与えた兵法序論には、宮本武蔵守玄信と署名している。この荒木権右衛門は大坂夏の陣で船場で水野勝成と槍を合わせた人物と思われる。この伝書は、武蔵守義輕ではなく武蔵守玄信と署名しているから、推察するに武蔵が肥後熊本城主細川越中守忠利の知遇を受けた時、心気一転安住の地を得て、名乗りも玄信と改めたものと思われる。

元和五 己未《つちのとひつじ》年（一六一九）（勝成56歳）（武蔵36歳）八月四日。

勝成、備後国深津、沼隈《ぬまくま》、安那《やすな》、品地《ほんち》、蘆田《あしだ》、神石《じんせき》、甲奴《こうぬ》、備中国小田、後月《しつき》、九郡のうちに移され、四万石を加増、都《すべ》て十万石を領す。
深津郡野上村の常興寺山に城郭を築き、元和八壬戌《みずのえいぬ》年（一六二二）八月二十八日竣功し、地名を福山と改め、西国の鎮衛となる。築城に際しては、伏見城の御殿、三階櫓、月見櫓、大手門、銕門等を賜うと『寛政重修譜』に見える。

○付記（武蔵東軍説）

平井隆夫氏のご研究によると、『穴生方秘伝』を挙げて、宮本武蔵が福山城の縄張にも関与したのではないかと、石壁秘伝の一部分を『文化財ふくやま21号』に発表されておられる。平井氏は前にも紹介した通り、大坂夏の陣に討死した平井弥吉のご子孫で、郷土史研究家である。今回福山関係の資料も同氏のご協力提供によるもので、心より感謝申しあげる次第である。

是年六月二日、幕府は、芸備両国四十九万八千石の福島正則（59歳）を改易し、七月二日、信濃国川中島四万五千石に移し、高野井村に蟄居《ちっきょ》させた。正則は賤ヶ嶽《しずがたけ》七本槍の一人で、秀吉子飼いの武将であったが、石田三成と敵対したが為に、徳川家康に籠絡《ろうらく》され、天下分け目の関ヶ原にも一番に徳川家康に従うことを表明し、率先《そっせん》岐阜城攻略等々数々の軍功を励んだ。しかし大坂陣には江戸留守居を命じられているのは、家康の心中に豊臣恩顧の大名という警戒心が絶えず、その武勇を恐れていたと思われる。元和偃武《げんなえんぶ》の時代には相応《ふさわ》しくない存在で、広島城の石垣を無断で修築したことが武家諸法度《ぶけしょはっと》に抵触《ていしょく》するという理由で改易《かいえき》されたのである。所謂《いわゆる》『史記越王勾践世家《こうせんせいか》』の、狡兎《こうと》死して走狗煮《そうくに》らるるの諺《ことわざ》どおりとなった。敵国が滅《ほろ》びた後は武勇を誇るのみの功臣は邪魔者となり殺されるのである。

福島正則改易のあとは、安芸一円と備後国半分を併わせて四十二万六千五百石を賜り、紀州和歌山より浅野長晟《ながあきら》（34歳）が広島城に入った。そして備後の残り九郡を水野勝成が領したわけである。浅野長晟のあとの紀州和歌山へは、徳川家康の十男頼宣（18歳）が入国し、紀州三十七万六千五百石に加えて伊勢、大和の一部を併《あわ》せ、五十五万五千石を領し、付家老安藤帯刀直次（66歳）を田辺に、水野対馬守重央《しげなか》（勝成の父忠重の兄忠分《ただちか》の三男）（50歳）を新宮に於て支城を構えさせ、徳川御三家として地位を固めた。また地士制度を設け土豪層を支配下に入れ、諸国名ある浪人を招き武道奨励をしたことから遂に幕府の誤解を受けたことは周知の事実である。（『東軍流兵法史』第三章参照）この頼宣の簾中《れんちゅう》（室）は、加藤清正の女《むすめ》で、その母は水野勝成の妹を家康が自分の養女として清正に嫁《とつ》がせたのである。清正は勝成より二歳上である。ちなみに浅野長晟の室は振姫といって、家康の女である。豊臣秀吉が媒《なかだち》して慶長三戊戌《つちのえいぬ》年（一五九八）十一月五日、奥州會津城主百二十万石蒲生飛騨守秀行に入輿《にゅうよ》したが、同十七壬子《みずのえね》年（一六一二）五月十四日《（イ十三日）》、秀行三十歳で没したため、元和元乙卯《きのとう》年（一六一五）十一月、浅野長晟に再嫁したのである。（振姫36歳、長晟30歳）。

すなわち、幕府は徳川家と縁の深い水野勝成、浅野長晟をもって中国筋を固めたのである。ここで読者の皆様思い出して下さい。浅野長晟の家臣に、宮本武蔵が紀州在住時代に圓明流を伝授した落合忠右衛門が有ったことを。そしてこの落合も藩主長晟に従って広島に入ったのである。

こうして考えてみると、武蔵の地元に夏の陣以後、水野勝成をはじめ知己《ちき》大名が中国筋に寄り集まったといえる。

宮本武蔵は吉川英治氏著『随筆宮本武蔵』講談社刊（昭和四十四年）十八頁に「元和元年の大坂陣の折には、西軍について実戦もしている。」と明記されたり、新人物往来社の『宮本武蔵のすべて』昭和五十八年刊の二六〇頁の宮本武蔵年譜（一六一四）を見ると、「武蔵、西軍に加担して大坂冬の陣に参戦。（二天記）」また（一六一五）の項には、「再び西軍に加担して夏の陣に参戦。大坂落城し、徳川の探索を逃れて地下に潜行。以後、諸国を回って足跡不明。（二天記）」と余りにも明確に武蔵西軍説を採《と》っておられる。武蔵東軍説の筆者とは全く正反対であるが、この本はこれまでの武蔵研究の総括《そうかつ》で、これ程親切に編纂され重宝《ちょうほう》便利な本は無く筆者も参考にさせていただいたが、反面鵜呑みした読者の皆様が武蔵西軍説を盲信されては堪《たま》らない。武蔵東軍説を主張する筆者のこれ迄の記述を、もう一度じっくり読み返し、見直し剣道史を標榜《ひょうぼう》する筆者の説にご納得いただければ、これに過ぎる喜びはありません。そもそも武蔵西軍説は、明治四十二年四月、宮本武蔵顕彰会が当時の知識を結集して編纂された「宮本武蔵」に「豊臣方に加はり云々」と、西軍と断定記述された為、吉川英治氏も鵜呑みされ、昭和十年八月から朝日新聞に掲載された『宮本武蔵』にも武蔵西軍と書かれたようだ。小説上なら許せても、学者先生方までが、真実を追求せず読者大衆をミスリードされた罪は重い。浸透《しんとう》してしまった誤説をいかに訂正するかである。

第四章　島原の乱における宮本武蔵

三代将軍家光の治世に

寛永元甲子《きのえね》年（一六二四）（勝成61歳）（武蔵41歳）

勝成父和泉守忠重の菩提《ぼだい》を弔《とむら》うため、山城国愛宕郡紫野龍宝山大徳禅寺に瑞源院を建立する。牌面《はいめん》瑞源院唯心賢忠。江月宗玩禅師（51歳）を開基とす。

寛永三丙寅《ひのえとら》年（一六二六）（勝成63歳）（武蔵43歳）

八月十八日、将軍家光（23歳）参内。勝成上洛に供奉《ぐぶ》し、八月十九日従四位下に昇る。是年相模国愛甲郡に於て千石を加賜される。

○付記（宮本三木之助の殉死）

宮本武蔵養子三木之助、五月七日旧主本多中務大輔忠刻姫路に卒す（31歳）を知り、五月十三日殉死す。享年二十三。

『吉備温故秘録』巻之八十一によると、宮本三木之助は中川志摩之助三男とある。父の中川志摩之助は、水野勝成に仕え、大坂夏の陣にも出陣したことは、先掲の「御供惣人数」の中に見える。この資料提供者平井隆夫氏は、中川志摩之助の娘を妻とした平井弥吉正直の子孫で、正直の父の弥吉正則は中川志摩之助と共に大坂夏の陣に出陣し、五月六日討死したことは、元和元年の項にも記した通りである。なお筆者は、昭和四十七年『日本剣道史』第九号に、宮本武蔵守義軽と兵道鏡（この一字のために）と題し、十一頁に、「青柳武明氏のお手紙では、戦前に慶長十何年かに義□より水野日向守に与えた伝書を見た記憶がある由、今となっては確認のしようもありません。水野日向守といえば勝成で、吉川英治氏は随筆宮本武蔵で元和元乙卯《きのとう》年（一六一五）の大坂陣の折には西軍について実戦していると書かれているが、堀正平氏の大日本剣道史には大和口の東軍先陣水野勝成の麾下に属して出陣した（水野家記録）とある。

綿谷雪氏所蔵の積翠雑話巻三に、宮本造酒之助は備後福山城主水野勝成の武者奉行中川志摩之助の孫、即ち志摩之助に二男あり、兄の刑部は大坂陣で薄田隼人を討ちとった。弟の主馬（後に父の名をつぎ志摩之助）の子が造酒之助とある由、これをみればどうも東軍に軍配があがりそうです。」というご親切なお手紙を頂いたが、これは筆者が宮本武蔵の義経とか義恒とか、或は義□と伏せ字にした名前のこの一字を義輕と判読するまでの経緯を述べた一節で、あれから四十年も経った現在でも、なお依然として武蔵研究の先生方は義輕と認めず、義経とか義恒とか読んでおられる。その当時は義□より水野日向守に与えられたという青柳氏の伝書の話も戦前の事で、まさか現存するとは思わなかったが、偶然小田原市立図書館に所蔵されていることを知り、夢かとばかり胸が躍った。

また広谷雄太郎氏編『日本剣道史料』上崎書店刊（昭和十八年刊）の中に、「圓明流剱法書」の巻末の圓明流天下一　宮本武蔵守藤原義□と伏せ字にした文字も、国立国会図書館のご協力を得て、義輕のくずし字であることを確認することができ、もう一度義輕問題を提起すると共に、武蔵は大坂夏の陣では東軍に属したことを証明するために、水野勝成公の事績顕彰と同時併行の形で武蔵関連事項を付記しつゝ、その見直しをしようと決意したのである。さて綿谷雪氏所蔵の『積翠雑話』なる本を見たく思いながら、その所在がわからず、記事も確認できずにいたのだが、平井隆夫氏によると、中川志摩之助と宮本家および平井家との関係は左記の如くである。

中川志摩之助
- 長男 刑部左衛門―善右衛門
- 二男 主馬　後志摩之助と改む。美作守の代に子細あり浪人となる。
- 女　津田平助妻
- 女　平井弥吉正直妻
- 三男 三木之助　宮本武蔵養子　本多忠刻に殉死
- 四男 九郎太夫　兄三木之助殉死の跡目相続。

宮本武蔵
- 三木之助―九郎太夫―辨之助―小兵衛（三木之助と改む）
- 伊織
- 九郎三郎

参考までに同氏より提供された「平井家略」および「宮本先祖」と題する『吉備温故秘録』の記事を左記に転載させていただくことにする。

平井家略譜　平井隆夫氏提供（初代弥次右衛門より十六代の子孫）

○初代 平井彌次右衛門
三州に於て家康公に仕う

同五左衛門　右に同じ討死

同彌次作　右に同じ討死同月

女子　中島加右衛門妻　嫡孫澤彦左衛門尉浅野内匠頭に仕う。

同作右衛門尉
松平隠岐守に仕う。平井次郎五郎父。

○二代 同彌吉正則
水野勝成に仕う。元和元乙卯《きのとう》年（一六一五）大坂に於て五月六日討死、四十四歳。
智光正則居士。戦場へ召連る若党清蔵、正則首を揚げ敵に渡さず。
妻は横山源助娘、慶長十四己酉《つちのととり》年（一六〇九）□月九日、三十五歳、妙栄信女。

女子　左右田次郎右衛門妻　三州嫡子惣兵衛尉

○三代 同彌吉正直
肥前島原に於て、柵一番乗りし首を取る。召連る若党新蔵、九郎太夫
延宝四丙辰《ひのえたつ》年（一六七六）十二月十九日没、七十四歳、寂光一華居士。妙政寺に葬る。
妻は中川志摩之助の娘、春貞信女。寛文元辛丑《かのとうし》年（一六六一）六月十三日没、五十五歳。

同廣助　別腹行末不知

宮本先祖

伊勢国中川原（現三重県津市中河原）と申所に小城持居申由。

祖父中川志摩之助　世倅《せがれ》之時浪々仕、仙石権兵衛殿讃州（※1）に御座候節、御奉公に罷出、武辺之走廻り数度御座候て、鉄砲頭に成知行千石餘被下《くだされ》候。或時手柄仕、為褒美《ほうびとして》権兵衛御紋永楽之上字を被下、永の字を紋に付来《きたり》申候。其節水野日向守殿、其比《そのころ》六左衛門殿と申《もうし》御父和泉守殿不和に付、権兵衛どのに御座候、其時分より御心易《おこころやすく》、別て入魂《じっこん》仕、其馴《そのなれ(なじみ)》により、其後日向守殿被仰付《おおせつけられ》候は、彼方此方と可申《もうすべき》よりは、心安《こころやすき》此方可参《まいるべく》候、武者奉行御頼被成度《なされたく》、御呼被成《なされ》、鼻紙と被仰《おおせられ》六百石被下《くだされ》候。其前上杉景勝会津（※2）に御座候時分、其比《そのころ》は赤堀源太と申、三千石取罷在、度々走廻仕、源太が鑓《やり》にて跪《ひざまずき》て合名《なをあわす》と申ならし候旨承伝候。然処に御家老直江山城と申分《もうしぶん》出来、立退申候、景勝御悪《おにくし》み強、世間狭罷成候故、右日向守殿へ何の構なく罷在、日向守殿御家にて病死。大坂御陣之節も、日向守殿御手にて鑓《やり》を仕候。惣て志摩之助武功之義、只今も水野美作守殿御家来古き者は、伝承之旨可有之《これあるべく》候。

嫡子中川刑部左衛門、若き時分より日向守殿　士《さむらい》御成敗《ごせいばい》之刻、仕手被仰付《しておおせつけられ》、数度仕手仕候。大坂御陣之時分、五月六日、於道明寺口傍輩河村新八《どうみょうじぐちにおいてほうばいかわむらしんばち》と申者、薄田隼人《すすきだはやと》と出合、隼人大の男、黒具足にて一文字に截懸《きりかか》り、新八も如形之者《かたのごときのもの》に御座候へ共、厳く被切立《きりたてられ》、跡退《あとずさり》仕、既危《すでにあやうく》見へ申候処、刑部左衛門走参、新八助るぞと詞《ことば》を懸《かけ》、隼人に截懸り、首を打落し申所、新八甥寺島助九郎跡より懸着、隼人頭を盗取、其場を立去申候。但此首尾今一説御座候。刑部左衛門腹立仕、堪忍仕間敷由《かんにんつかまつりまじきよし》申候へば、日向守殿へ御附被成《なされ》候御検使御證被成、新八鑓《やり》、刑部左衛門組打、助九郎高名、か様に上段に仕候へば、日向守殿御家来に能士《よきさむらい》三人御持之間、堪忍致候へと

被仰《おおせられ》候に付、心外に被存《ぞんぜられ》、其通に仕候由伝承候、刑部左衛門病死之時分、日向守殿、美作守殿、刑部左衛門宅へ御見廻被成候由。

二男中川主馬、志摩之助跡無相違《そういなく》被下、鉄砲頭仕、日向守殿に居申、島原一揆之刻《しまばらいっきのとき》、日向守殿御備のへの門の一番乗仕候。此時討死仕候と、外より見へしに付、日向守殿御惜被成《おしみなされ》、父志摩之助方へ御悔御使被下候後、討死不仕由《つかまつらざるよし》相聞候。御両殿ご満足被成、重て志摩之助へ御悦《およろこび》之御使被下《くだされ》候。主馬後に志摩之助と改申候。美作守殿御代、子細御座候て浪人仕候。

宮本三木之助。中川志摩之助三男にて、私ため実は伯父にて御座候。宮本武蔵と申者養子に仕、児小姓時分、本多中務《なかつかさ》様へ罷出、七百石被下、御近習《ごきんじゅう》に被召出《めしだされ》候。九曜巴紋被付《つけられ》候へと御意《ぎょい》にて、付来候。御替御紋と承候。圓泰院様（本多忠刻、播州姫路城主十五万石本多美濃守忠政嫡子、播州に於て十萬石を賜い父の居城姫路に住す。千姫の夫。括弧内筆者補記）寛永三年（一六二六丙寅）五月七日御卒去之刻、同十三日、二十三歳にて御供仕候。

宮本九郎大夫。三木之助弟にて御座候。是も圓泰院様児小姓に被召仕《めしつかえられ》候。兄三木之助殉死仕《じゅんしつかまつり》、実子無御座《ござなく》候に付、九郎大夫に跡式無相違《あとしきそういなく》、美作守被仰付、名も三木之助に罷成《まかりなり》候。天樹院（千姫）様播州より江戸へ御下向被成候刻《ごげこうなされそうろうとき》、美濃守様御供被成候時、三木之助も美濃守御供仕候。天樹院様美濃守様へ御意にて、道中御旅館にて御目見被仰付《おめみえおおせつけられ》候。甲斐守（政朝）様御代、番頭《ばんがしら》に被仰付候。内記（入道丸政勝）様御代、寛永十九年（一六四二壬午）九月病死。私兄宮本辨之助と申、跡式被下、内記様に罷在候へ共、若き時病死仕候。

宮本小兵衛。御膳奉行、六十二俵五人扶持、四十四歳。十五歳之時、兄辨之助果《はて》申候。其節より南部（都カ）に罷在《まかりあり》候。寛文二年（一六六二壬寅）十月十二日、二十一歳之時、於江戸《えどにおいて》侍従様へ被召出《めしだされ》、同十一月十日御礼申上、今俵六十二俵五人扶持被下候。天和三年（一六八三癸亥）、御膳奉行被仰付候。

（読み易くする為、ふりがな句読点、括弧内補記筆者が付記した。）

以上は『吉備群書集成』（六）吉備温故秘録巻之八十一（四五三頁）所載。福山市在住、平井隆夫氏よりお教え頂いた。

【註記】

※1、仙石越前守秀久（権兵衛）天正十三乙酉《きのととり》年（一五八五）四国攻めの功により淡路《あわじ》洲本《すもと》城主五万石より、讃岐一国を与えられ、初め宇多津の聖通寺山城を居城とし、のち高松城主となる。翌十四丙戌《ひのえいぬ》年（一五八六）十二月、秀吉の島津義久征伐に長曽我部元親と共に豊後《ぶんご》に入り、戸次川《へつぎがわ》の戦で大敗し、豊前《ぶぜん》に奔《はし》る。翌年秀吉軽挙を責めて封を奪い、高野山に謹慎を命ず。（36歳）

※2、上杉景勝会津在城。慶長三戊戌《つちのえいぬ》年（一五九八）正月、会津百二十万石を賜う。同六辛丑《かのとうし》年（一六〇一）八月二十四日、所領を没収され出羽国米沢三十万石に移さる。（47歳）

宮本三木之助については、顕彰会本の六〇頁～六三頁に、「武蔵、摂津尼ケ崎街道を　乗掛馬にて通りけるに、西の宮驛にて、十四、五歳の童子の、馬の口を取てゆくものあり云々」とあり、その尋常ならぬ面魂《つらだましい》を見込んで養子にして造酒之助《みきのすけ》と名乗らせ姫路の本多中務大輔に推薦した旨の記述がある。所謂《いわゆる》泥鰌《どじょう》伊織《いおり》に対し馬子《まご》三木《き》と称せられる武蔵の養子で美男子であったらしい。故あって主家を離れ江戸に居たが、忠刻の死を知って、その頃大坂に居た養父武蔵を訪れ、酒を酌《く》み交わして姫路に赴き追腹《おいばら》を切ったと伝えられている。

『姓氏家系大辞典』太田亮氏著、角川書店刊（昭和三十八年）中巻二九一一ページを見ると、「新免宗實（貫の誤り）（新免弾正左衛門、後に伊賀守、元亀二年宇喜多直家より眞島大庭二郡の代官を命ず。これに依り笹向の城、高田の城へ新免備後守を指置く。慶長五年、宇喜多秀家に属して関ヶ原へ出て、敗軍して竹山城没落す。筑前に至りて黒田長政に仕ふ）─新免宇右衛門尉（住筑前、三千石）─貞為（三喜之助。當世の美少年也。宮本武蔵政名が外孫たるを以て、二刀の剱術をよくす。播州姫路の城主本多美濃守の世子中務大夫（輔）忠刻に仕へ、禄七百石、宮本三喜之助貞爲と云ふ。寛永三丙寅《ひのえとら》年五月七日、忠刻三十一歳にして卒す。即日殉死す）─家貞（新免貞重の子、實は赤松左馬之介頼則の子也）」と見える。

宮本武蔵政名が外孫とはどういう意味か?外孫とは、自分の娘が他家へ嫁して産んだ子で、そとまごを云う。武蔵に娘があったという事は知らぬ。昔は「系図立」と云って系図自慢をしたり、「系図知り」と云って諸家の系図を偽作したり、「系図買い」もあり、系図類とか古記録の鵜呑《うのみ》は禁物である。何故新免宇右衛門尉─貞為と系を引いてあるのか不審。此の年宮本武蔵の二番目の養子伊織十五歳を播州明石城小笠原忠眞に近習として仕えさせている。『二天記』によれば、伊織十三、四歳の頃、出羽国正法寺ヶ原で、武蔵がこの少年から泥鰌《どじょう》を求めたことが縁になり、養子になったという伝承を載せ、父はもと羽州最上家の浪士とあるが鵜呑みにはできぬ。

伊織の出自は、『宮本家系図』により、慶長十七壬子《みずのえね》年（一六一二）十一月二十一日、播州印南郡米堕邑《よねだむら》に、田原甚兵衛久光の二男として生まれた。母は摂州有馬郡小原城主小原上野守源信利女《むすめ》と明確になっている。武蔵が見込んで養子にしただけに、余程優れた人材であったらしく、二十歳で家老職に取り立てられるという異常な出世ぶりをみせている。

さて姫路は、本多忠刻が病死し実子が無かったので、弟の甲斐守政朝（28歳）が父美濃守忠政（52歳）の嗣子《しし》となり龍野《たつの》より姫路に移る。忠刻の十万石は政朝の弟能登守忠義（25歳）に四万石を賜り、同じく姫路の廓内《かくない》に住し、残り六万石は小笠原幸松丸長次《ながつぐ》（信濃守忠脩《ただなか》の長男、12歳）に分与《ぶんよ》され、長次は龍野に住した。長次は寛永九壬申《みずのえさる》年（一六三二）十月十一日豊前国中津八万石に移り、姫路の忠義は寛永十六己卯《つちのとう》年（一六三九）三月三日、遠江《とおとうみ》国掛川七万石に移る。姫路は忠政が寛永八辛未《かのとひつじ》年（一六三一）八月十日、五十七歳で没し、嫡子《ちゃくし》政朝が閏《うるう》十月十八日遺領をついだが、この時弟能登守忠義に一万石、忠朝が男内記政勝（入道丸、本多出雲守忠朝二男で、18歳）に四万石を分与し、政勝は姫路に住した。ところが政朝寛永十五戊寅《つちのえとら》年（一六三八）十一月二十日、姫路に於て四十歳で没し、翌十六己卯《つちのとう》年（一六三九）三月三日、嫡子政長がわずか七歳の幼年であったので、内記政勝に遺領を継がしめ、姫路より大和国郡山《こおりやま》十五万石に移し、かつて水野勝成が福山へ移封の後を受けて郡山に入封していた松平（奥平）忠明《ただあきら》（57歳）が六万石を加えて十八万石で姫路城主となった。

一方龍野は、小笠原長次が豊前国中津へ移った跡へ美濃国大垣より岡部美濃守宣勝（37歳）が、寛永十癸酉《みずのとのとり》年（一六三三）三月十九日、五万石で龍野に移り、寛永十三丙子《ひのえね》年（一六三六）六月二十三日、摂津国高槻五万石へ転じ、更に寛永十七庚辰《かのえたつ》年（一六四〇）九月十一日、和泉国岸和田へ移り一万石を加え六万石となり、代々相続して明治維新に及んでいる。岡部宣勝が高槻へ転じた跡へ、京極高和（18歳）が入部《にゅうぶ》した。高和は安毛《あも》主馬高政の子で、松江城主京極若狭守忠高が寛永十四丁丑《ひのとうし》年（一六三七）六月十二日、四十五歳で没し、子無く、かねて弟高政の子の高和を養子とし後嗣を約したが、上聞《じょうぶん》に達せぬうちに没し、末期養子《まつごようし》叶わず、出雲隠岐両国二十六万四千二百石余を没収されたが、祖父高次の勲功に免じ、高和に播磨国揖西、揖東、餝西《しきさい》三郡の内に於て六万石を賜い龍野に住したという次第である。忠高の室は台徳院秀忠の女《むすめ》初姫であったことを考慮されたのであろうと思わる。そして高和の跡の松江には信州松本（七万石）から松平出羽守直政《なおまさ》（38歳）が寛永十五戊寅《つちのえとら》年（一六三八）二月十一日、十八万六千石（実高二十五万二千石余）で入封した。直政は越前松平結城《ゆうき》秀康三男である。一方龍野は高和が万治元戊戌《つちのえいぬ》年（一六五八）讃岐丸亀に移ると、龍野領は一時幕府の支配下におかれ、城は破却《はきゃく》された。脇坂中務少輔安政（40歳）が信濃飯田から五万三千石で龍野に入るのは、寛文十二壬子《みずのえね》年（一六七二）五月十四日のことである。そして龍野城を修築するのである。安政は実は堀田加賀守正盛の二男で、初め安吉《やすよし》、甚太郎と称し、八歳の時に脇坂淡路守安元の養子となった。安元は賎ヶ嶽七本槍の一人安治の子である。以後代々相続し、三代目の安清の代で、弟安利に二千石分知し五万一千石となり明治維新まで続いた。

ついでながら、明石は赤松一族の別所氏やキリシタン大名で有名な高山右近が支配したが、慶長五庚子《かのえね》年（一六〇〇）姫路藩主池田輝政の所領に入った。そして嫡子の利隆を経て三代目の光政の時、元和三丁巳《ひのとみ》年（一六一七）因州鳥取へ移封されたので、信州松本より小笠原右近大夫忠眞が二万石を加増され九十万石で入部したことは、すでに元和元年の付記で述べたとおりである。そして小笠原忠眞は寛永九壬申《みずのえさる》年（一六三二）十月十一日、五万石を加恩され、豊前国企救《きく》、田川、中津、京都《みやこ》、築城《ついき》、上毛《かみけ》六郡の内に於て十五万石を賜い小倉城に住す。同時に豊前国は西国枢要《すうよう》の地であるため、忠眞の兄忠脩《（秀政長男）》の子の小笠原信濃守長次に龍野改め豊前国上毛、下毛、宇佐三郡の内に於て二万石加増、八万石を賜い中津に住し、忠眞の弟小笠原壱岐守忠知《（秀政三男）》は、三万五千石加増、上総下総《かずさしもうさ》両国の内の采地を転じ、豊後国に於て四万石を領し、杵築《きつき》城を賜う。忠眞の弟松平《（秀政四男）》丹後守重直（松平丹後守重忠の養子）は七千石を加増され、摂津三田《さんだ》から三万七千石で豊前龍王《りゅうおう》に移され、寛永十六己卯《つちのとう》年（一六三九）豊後高田に築城、龍王は廃藩となった。

以上宮本武蔵が圓明流を弘めるために出入した諸藩として、特に播州明石、姫路、龍野を採りあげ、武蔵が関わったと思われる藩主たちの目まぐるしい交替変遷《へんせん》の状況を一瞥《いちべつ》しておくのも当時を理解する一助にもなるかと思ったからで、中でも龍野円光寺の七代目住職となった多田祐甫（俗名半三郎頼祐）は、宮本武蔵義輕より圓明流を伝授され、寺内に道場を設け、武蔵もこの寺を根拠として盛んに門弟を教授したと寺伝にある。

かくて圓明流免許の祐甫から三浦源七郎延貞に、延貞より多田源左衛門祐久に相伝され、祐久は水野流居合を交《まじ》え圓水流と号したのである。祐久はのち芸州広島に移り、浅野家の剣術指南となった。

また龍野では脇坂氏が入部するに及んで、祐久より脇坂家中へも教授し、藩内に弘められたことは、宝永二乙酉《きのととり》年（一七〇五）四月吉日、多田源左衛門祐久から脇坂覚兵衛宛の伝書が現存することでも証明される。

また、東軍流の達人三宅軍兵衛と武蔵の試合も、三宅が本多入道丸付きの家臣というから姫路に於て行われたのだろう。軍兵衛は本多出雲守忠朝に従い大坂夏の陣の槍前の凄絶《せいぜつ》さより武蔵が二刀を提げて戸口より現われた瞬間、全身に凄味《すごみ》を感じ思わず身が竦《すく》んだと語ったという。

林羅山の武蔵肖像画で知られる石川左京清宣も、もと姫路藩主本多家に仕え、宮本武蔵が江戸在住時に二刀剣術を学んだという。三宅軍兵衛との試合は見たか聞いたか知らぬが、武蔵に師事して魅了されたらしい。羅山は天正十一癸未《みずのとひつじ》年（一五八三）生まれというから武蔵とは一つ年上で、羅山は武蔵とも親交があったと思われる。「先師《（武蔵）》出入する絵師に我が像を写せよとて二刀を抜き放ち形を写させらる。道春先生これを見て直ちに賛をなして其像に書かる」と『兵法先師伝記』に見える。『二天記』にも同様記事があるが、年月が不明である。

多田家所蔵の「圓明流系統之巻」には、石川主税本多出雲守様に仕うと記してある。姫路藩は先述のように忠刻没後嫡子となった政朝（甲斐守）の実子政長（寛永十癸酉《みずのととり》年〔一六三三〕生）が七歳の幼少のため、政勝が本家を相続したが、その政勝の実子政利（寛永十八辛巳《かのとみ》年〔一六四一〕生が十五歳で出雲守となっている。石川主税は結局出雲守忠朝戦死の後、甲斐守政朝か、入道丸こと内記政勝に仕えたか明確に出来ない。本多家は後年政勝の実子出雲守政利と政朝の実子政長との間に本家相続争いが起きる。これを郡山騒動また九六騒動という。これは武蔵とは別の話だから略す。

加藤家改易と棒庵のこと

寛永九壬申《みずのえさる》年（一六三二）（勝成69歳）（武蔵49歳）

一月二十四日、徳川秀忠没す。五十四歳。五月二十九日、加藤肥後守忠広（32歳）肥後国を没収される。勝成、勝重（35歳）父子将軍家光（29歳）の命を受け、肥後国に赴き、七月二十一日諸将と同じく熊本城を請け取る。忠広は出羽庄内に、嫡子光広は飛騨国へ配流さる。

これは将軍家光の日光社参の折りに、老中土井利勝（水野信元の子ともいう。一説に徳川家康の庶子ともいう。天正元（一五七三）癸酉《みずのととり》年の生）を主謀者として家光暗殺の密書を光広が発したというが、外様大名取り潰しの謀略《ぼうりゃく》に嵌《は》められたものか真相は掴《つか》めない。

慶長十六辛亥《かのとい》年（一六一一）六月二十四日、加藤肥後守清正（50歳）が没すると、長男の忠広が十一（イ十歳）歳で五十四万石を就封《しゅうほう》する。元老加藤美作守正次に代り、加藤右馬允正方（32歳）が昇進して筆頭城代家老になった。ここに於て加藤美作一派と右馬允一派と家臣同士の争論が起きる。

慶長十九甲寅《きのえとら》年（一六一四）八月二十日、幕府は阿倍四郎五郎正之（31歳）、朝比奈源六正重（40歳）の両

名に肥後国に赴き国政の監察を命じた。是により翌元和元乙卯《きのとう》年（一六一五）に至り、去年の大坂冬の陣に加藤美作外舅《がいきゅう》玉目丹波らが大船二艘を以て粮米を大坂の秀頼に送ったことが判明したが、この事を忠広知らず。また大坂よりは秀頼の乳母子《めのとご》齊藤采女《うねめ》という者を肥後に下し、さまざまに調略《ちょうりゃく》せしめ、肥後よりは横江清四郎を密かに大坂城中へ使節とし、清四郎帰国して両御所利を失い、京伏見に籠城、滅亡近しと虚報《きょほう》する事等、阿倍正之、朝比奈正重両監察の探知するところとなる。且つ、もし今年忠広が大坂へ発船せば、加藤美作熊本城を守って叛逆《はんぎゃく》せんと、密謀することを察知す。よって忠広が功臣下津棒庵（棒庵のことは後に述べる。）を招き、美作必ず逆意すべきにより彼を熊本の留守居となすべからず。彼を筑後界南《かいなん》関屋城へ移し、妻子を質とし下川又左衛門に預くべし。もし美作従わざれば、監察両名して忠広の継母を携え本丸に移り、美作も同所に置きて城をは他人に命ずべし。美作異議に及べは正之手刃《しゅじん》にすべき旨を強硬に伝う。棒庵了承して美作を関屋城へ移し妻子を質とす。正之、正重ら翌春迄肥後に在って国中の非常を糺《ただ》す。

元和四戊《つちのえうま》午年（一六一八）八月、加藤右馬允、下川又左衛門、並川志摩、森本儀太夫、荘林隼人、加藤与左衛門、中村将監、齊藤伊豆、久我《こが》（下津）棒庵、加藤平左衛門を棟梁として、加藤美作、其子丹後、加藤壽林、中川周防、和田備中、玉目丹波らが罪を訴う。双方三十二人なり。これによって七日、八日の両日、酒井雅楽頭《うたのかみ》忠世が邸に於て阿倍正之、朝比奈正重も列座して双方の争論を詮議し、委細《いさい》を記して台覧《たいらん》に入る。

十日、台徳院秀忠自ら聴断《ちょうだん》せんとて城中大広間に双方を召し、さきに阿倍正之より争論の旨趣を委《くわ》しく聞かれ、後に大広間に臨まる。酒井雅楽頭忠世、本多上野介正純、土井大炊頭《おおいのかみ》利勝、安藤対馬守重信、井伊掃部頭《かもんのかみ》直孝、藤堂和泉守高虎も殊更に召され、肥後守忠広ならびに其家士等を御前に召し出し、儒臣林永喜信澄、閑齊甲乙の訴文を読み双方の申す所を聞かる。双方弁舌をふるい是非決せざる所、棒庵すすみ出て、美作が大坂に内通《ないつう》せしこと、肥後に於て正之が棒庵に語りしことを申し上げるにより、美作も遂に詞《ことば》に詰まる。よって右馬允方の勝訴となる。

十一日、横江清四郎、橋本掃部助、同作太夫三人斬罪、加藤美作方は所々へ配流、加藤右馬允方には、いよいよ国務を沙汰すべき旨命あり。忠広は幼稚にして宥免《ゆうめん》せらる。渡辺図書助宗綱、山田十大夫重利両人熊本に赴き罪ある者を糾明《きゅうめい》し刑を行う。

以上『徳川実紀』『肥後国誌』『寛政重修譜』によって摘記《てっき》した。

なお『肥後国誌』に「(補)古記集覧霜野物語ノ條云、加藤主計頭清正公ハ御慈悲深ク渡《わた》セ給ヘハ靡《なび》カヌ草木モナカリシニ清正逝去マシマシテ忠廣公ノ御代トナリ深ク色ヲ好マセ給フ故御内室嫉妬《しっと》ノ恨ニテ比翼連理《ひよくれんり》ノ御中忽チ不和ニ成リ給ヒ殊ニ御國許ニ御子出生アリケルヲ妬《ねた》マセ給ヒ御嫡子豊後守殿ニ忠廣公謀反《むほん》ノ企アリト自筆ニ三ヶ條ノ目安《めやす》ヲ書認メサセ将軍ヘ捧ケ給フ此ニヨリテ寛永六《ママ》年忠廣公ハ羽州庄内ニ流サレ給ヒ御内室御子達モ同シク流刑トソ聞ヘケル云々」と載せている。

加藤清正の室は、水野勝成の妹で、徳川家康が自分の養女として加藤清正に嫁《とつ》がせたもので一男二女を生んだ。一男が忠広で、二女は紀伊大納言頼宣の室となり大納言光貞の母となる。一女は阿部修理亮政澄の室となった。阿部豊後守忠秋の養子となり、忠秋の家督をついだ播磨守正能《まさよし》の母である。清正卒後は清浄院と号し、忠広所領没収後は、兄勝成が領地福山に住し、明暦二丙申《ひのえさる》年（一六五六）九月十七日、京都で没す。享年七十五。清浄院殿妙忠日壽、京都本圀寺《ほんこくじ》に葬る。

ここでちょっと気にかかる人物がいる。それはさきにも触れた下津棒庵である。筆者は剣道史編纂が主目的であるので棒庵を追求してみる。柳生厳長氏著『正伝新陰流』講談社刊（昭和三十二年）一三七頁～一三九頁を見ると、新當流長刀の伝書が掲載されてあり、その奥書きに、慶長二年（一五九七丁酉）八月吉辰、穴沢【※註1】浄見秀俊花押　棒庵尊老参とあるものと、もう一つ棒庵道紹から慶長十四（一六〇九）己《み》年九月吉辰、柳生兵庫頭殿参としたものが掲載されている。柳生厳長氏は、棒庵を阿多氏とし九州の一豪族とされているが、筆者が気にかかるというのは、この棒庵は下津棒庵のことではないかと思うからである。それというのは下津棒庵も長刀の達人であるから尚更である。柳生兵庫助利厳は慶長八癸卯《みずのとう》年（一六〇三）三月、当時兵介長厳といった二十五、六歳の頃、石舟齋宗厳より新陰流一子相伝を受け、加藤清正の懇望により肥後に赴いている。その夏、高原郷の百姓一揆を鎮圧した際、鎮定に向った大将伊藤長門守光兼が主命に従わぬため、その場で利厳は伊藤長門守を斬り、敵陣に突入し一揆を平定した後、事の次第を清正に言上し暇を取ったという。熊本では五百石、客将の待遇（内分三千石）を受け伊予守《ママ》長厳と改めた。

退去の時期は明確でないが、この間、加藤清正の許《もと》には下津棒庵が居たことは確かである。この時棒庵三十四歳である。下津棒庵は一時故あって清正の許を去る。それは棒庵の女婿《じょせい》で清正に医師として仕えた板坂某が、清正の嫡子主計頭忠正が江戸に於て痘疹《とうしん》を患った時、投薬治療したが、薬石効なく九歳にして死亡してしまった。清正大いに怒り板坂某に切腹を命じ棒庵も居づらくなって加藤家を去ったという。忠正は慶長四己亥《つちのとい》年（一五九九）生まれというから、九歳死亡は慶長十二丁未《ひのとひつじ》年（一六〇七）の頃である。柳生兵庫助利厳が棒庵道紹から新當流長刀伝を受けたのは、慶長十四己酉《つちのととり》年（一六〇九）九月で、この頃棒庵道紹は紀州熊野山中に籠もっていたと『正伝新陰流』に記されている。是は下津棒庵が加藤清正の許を去ったと思われる凡そ二年後の出来事であり、棒庵が熊野に籠もっていた可能性も否定できないのである。ちなみに下津棒庵四十歳、利厳（当時長厳カ）三十一、二歳である。後に下津棒庵は加藤清正と交誼旧《こうぎきゅう》に復し、肥後に下り親交旧に倍せりという。

清正は慶長十六辛亥《かのとい》年（一六一一）六月二十四日、五十歳で死亡しているから、下津棒庵より八つ年長となる。

下津棒庵は寛永八辛未《かのとひつじ》年（一六三一）五月十九日没す。享年六十二。肥後国長流院に葬る。法名智性院棒菴道揮大居士。棒庵三千石（実禄一万石）を受けたという。父は久我《こが》通堅、母は飛鳥井《あすかい》雅綱の女。棒庵初め祖秀と称し、のち棒庵と号す。長じて剃髪して僧となり、山城国葛野《かどの》郡北山鹿苑《ろくおん》院及び相国寺塔頭《たっちゅう》蔭涼軒大僧録小僧録の職を兼務し、天正十六戊子《つちのえね》年（一五八八）十九歳の時、鹿苑院僧録の職を辞す。平生兵法を好み武勇の名あり。加藤清正と親交し、清正熊本城主となるに及んで家臣佐々助左衛門を遣わして棒庵を招く。ここにおいて畜髪し下津氏を称す。

幕末尊王攘夷派の公卿（三条実美らと長州藩に走る所謂七卿落ち）として活躍し、王政復古で帰洛、明治政府の重鎮として知られる東久世通禧《みちとみ》（号竹亭）の始祖通廉《みちかど》は、この棒庵の三男である。以上棒庵という名前は珍しく、確証は無いが状況判断から柳生兵庫助の長刀《なぎなた》の師、棒庵道紹と同一人物と断定した次第である。棒庵の嫡子宗正は棒庵没した翌寛永九壬申《みずのえさる》年（一六三二）加藤氏改易、出羽庄内一万石へ移された後へ入封した細川忠利の子、光尚に仕えた。下津内記がその人である。棒庵の庶子通尹と通廉は上洛した。通廉は棒庵死亡時二歳。細川越中守忠利（47歳）が十月四日、豊前国小倉三十九万石をあらため、十五万石加増され肥後国飽田、詫麻《たくま》、益城《ましき》、宇土《うど》、八代《やつしろ》、蘆北《あしきた》、山本、玉名、山鹿、菊池、合志《ごうし》、阿蘇十二郡及び豊後国直入《なおいり》、大分、海部《あまべ》三郡の内に於て、すべて五十四万石を賜い、肥後国熊本に住す。子孫相続明治維新に至る。そして細川忠利の肥後転封の跡の小倉へ、小笠原右近大夫忠眞（37歳）が明石より移封し来り、十月十一日、五万石加増され播磨国の領地をあらためて豊前国企救《きく》、田川、仲津、京都《みやこ》、築城《ついき》、上毛《かみげ》六郡の内に於て、すべて十五万石を賜い小倉城に住した。子孫相続明治維新に及ぶ。宮本武蔵の養子伊織貞次（21歳）も主君忠眞に従って小倉に下った。武蔵の消息は不明である。

【註1】

穴沢流長刀は、豊臣秀頼の師範といわれる穴沢主殿助盛秀が有名であるが、出自がよくわからない。『増補　大改訂武芸流派大事典』二十二頁の記述を見ても同様である。但しその伝系は、天真正―飯篠長威入道―若狭守盛近―同若狭守盛信―同山城守盛綱―穴沢浄見入道―同主殿助盛秀―香取作兵衛尉―山川十郎左衛門尉から明暦二丙申年（一六五六）八月付、大口左内に伝授した「穴沢流鎗長太刀之図」とある巻物あり、浄見と盛秀と混同同一人物と見做している書もあるが、別人である。浄見は盛秀の父ではないかと思う。ついでながら、盛秀は冬の陣で上杉家の直江山城守兼続の兵と戦い討死した。『上杉家御年譜』三の三六九頁～三七一頁に冬の陣の記事がある。

慶長十九年甲寅《きのえとら》十一月廿六日の項に、

「未明ニ公御下知有テ軍士ヲ出サシム　鴫野表ヲハ井上五郎左衛門ト云者此ヲ守ル　味方ノ兵ハ押寄柵《さく》ヲ破リ攻入　佐竹右京太夫ハ今福表ニ向フ　此地ハ大野修理亮手勢ト　矢野和泉守ト交替シテ相守ル　去ル廿三日ヨリ泉州カ陣番ニテ預ル軍士　新参ノ士五十騎ハカリナリ　今福表ノ堤堀切ノ内ニ柵ヲ付テ相守ル処　佐竹カ先登ノ軍士　戸村十大夫ヲ始トシテ五六人　堤ノ陰ヨリ忍ヒヨリ切掛ル　泉州カ従兵十人余　假橋ヲ渡リ相戦テ五人討死ス　残兵士ハ柵ノ内ヘ引入泉州カ相備ノ飯田左馬允《さまのじょう》ハ父子共ニ力戦ス　佐竹勢攻付息ヲモツカセス打カヽル　敵兵コレニ辟易《へきえき》シテ進ミ兼ル所ヲ　終《つい》ニ飯田父子ヲ討トル　備前嶋ニ備タル大坂勢使ヲ城中ニツカハシ　飯田父子討死シケレハ　加勢ナクハ備前嶋モ危急ナラント申シ送レハ　木村長門守始メ　七組ノ面々馳加

ルニヨリ　佐竹勢モ追立ラレ　町口ノ柵ヲ捨テ引退ク　長門守カ軍士　木戸ヲ開テ突出テ　堤ノ折曲タル処ニテ　七八間ヲ隔テ互ニ鉄炮ノセリ合《あい》ス　後藤又兵衛来リ　横合ニ打セケレハ　佐竹勢騒キ立ツヲ長門守鎗ヲトリ　一文字ニツキ掛ル　従兵ハ是ヲ見テ我先ニト切カヽル　佐竹義宣諸卒ヲ指麾《しき》シ　刃頭《じんとう》ニ火ヲ出シカ戦スレトモ　長門守ニ突立ラレテ　二三ノ柵ヲ攻敗ラレ　佐竹カ本陣既ニ危ク見ヘケル処ニ　景勝公水原常陸介《すいはらひたちのすけ》ニ下《げ》知《ち》シ玉ヒ　鳴野表ニ鉄炮ノ歩卒ヲ入　横合ヨリ木村カ陣ニ打カクルニヨリ　敵兵敢《あえ》テ進ミ得ス　佐竹ハ此ニ勢気ヲ得テ追返セハ　大坂勢モ柵ヲフリ直シ　竹束ヲ付テ備タリ　佐竹勢ノ軍士　渋江内膳ヲ始メ　究竟《くっきょう》ノ士二十五人討ル　其外疵ヲ負者若干ナリ　偖又鳴野表ニモ井上五郎右衛門　山布《やましき》左兵衛《さへえ》ハ軍士ヲ引テ柵ノ外ニ出張シ　鉄炮ヲ打シム　其外竹田兵庫父子　小早川《こばやかわ》左兵衛《さへえ》　谷村百助《たにむらももすけ》等モ此口ノ加勢ナレハ　敵味方大勢矢炮ヲ放ツ　夫ヨリ互ニ入乱相戦フ　此時須田《すだ》大炊助《おおいのすけ》長義《ながよし》鎗ヲ合セ高名ス　水原常陸介《すいばらひたちのすけ》親憲　黒金孫左衛門忠泰《くろがねまござえもんただやす》　安田上総介能元《かずさのすけよしもと》　嶋津玄番利忠等粉骨ヲツクシ軍功ヲ励ス　敵士竹田父子小早川　谷村戦死ス　爰ニ城中ノ兵ニ穴澤主殿助《あなざわとのものすけ》ト云者剃髪而号鉄可長刀《なぎなた》ノ達人ニテ　秀頼公ノ師範ナリ　穴澤長刀ヲ揮《ふるっ》テ敵陣ニ入テ　雑兵七八人薙倒ス　直江山城守カ従軍ヨリ　坂田采女義満《さかたうねめよしみつ》鎗ヲ以テ穴澤ニ向ヘハ　穴澤モ長刀ヲ以テ鎗ヲ合スルト否《いなや》　味方勢折下外記《おりしたげき》　渋谷弥兵衛《しぶややへえ》等穴澤ヲ取クルミ　義満終《つい》ニ穴澤ヲ討留メケリ　直江山城守ハ　鳴野堤芦ノ中ニ歩卒ヲ伏置　時節ヲ伺ヒ　横合ニ鉄炮ヲ放セハ　敵兵進ミ兼タリ　日モ漸ク夕陽ニ傾《かたむ》ケハ　敵兵モ城内ニ引入ハ　味方モ陣ニ入ケル　此一戦ニ於テ　市川左衛門房綱　上泉主水信綱《かみいずみもんどのぶつな》　北条清右衛門　石坂新左衛門　針生市《はりゅういち》之助《のすけ》　足立《あだち》勘右衛門　大俣《おおまた》八左衛門討死ス　鳴野表　今福表ノ斥候トシテ　佐久間河内守　小栗又一罷帰リ　今福表ニテ佐竹カ本陣危カリシ処ニ　景勝ノ将士水原常陸介《すいばらひたちのすけ》カ横合ヨリ鉄炮ヲ打カケ　佐竹勢ヲ救助シ　鳴野表ノ働キ委細ニ言上アリ　夜ニ入テ　今日ノ戦功抜群ノ感賞有テ　軍士ノ粮米或ハ鉄炮ノ玉薬等入用次第合力

シ玉フヘキ由　両将軍ヨリ命セラル旨　本多上野介正純ヨリ内証アリ」

（原文は漢字には全部フリカナを付してあったが読みづらい漢字のみにし他は略した。筆者）

以上お読み頂いた通り穴沢主殿助は大坂夏の陣ではなく、冬の陣に討死したことになる。

『美濃大垣十万石太平記』下巻二二七頁～二三〇頁にかけて、戸田治部左衛門永重の伝がある。これを左記に写させていただくことにする。

「本姓は、藤原氏。もとの姓は、平氏。家紋は、搗羽根《つくばね》。その祖・渋谷六郎基家は、恒武平氏の末孫、秩父十郎武綱の弟という。武蔵国荏原・渋谷郷（現・東京都渋谷区）に住み、渋谷を氏とした。基家二十八代の末裔・渋谷善兵衛基永は渋谷の郷士（長尾家の家臣・千石）。その嫡男が当家初代の永重である。初代・永重は、はじめ弥兵衛・美濃といった。天文十六年（一五四七丁未）の生まれ。上杉輝虎（謙信）に仕え、永禄四年（一五六一辛酉）十五才のとき、川中島の戦いに初陣し功名あらわし、脇差しと感状が与えられる。ついで、上杉景勝の重臣・直江山城守兼続（出羽国米沢城主・三十万石）に従い、慶長五年（一六〇〇庚子）奥羽・最上川の戦いに出陣、徳川方の最上出羽守義光と戦ったが敗れ、米沢に閑居した。そして、主家が減封されたため浪々の身となり母方の姓を称し、折下外記と改めたが同十九（一六一四甲寅）年、大坂冬の陣の際、旧知の直江兼続に望まれて出陣、豊臣秀頼の指南役でその名の高い穴沢主殿助盛秀（穴沢流薙刀の始祖）と格闘、ついにその首級を取った。この武勇を知った加賀の太守・前田利常から　ぜひ、当家に召し抱えたい、と仕官を進められ金沢へ赴く途中、当時膳所城主の戸田氏鉄からも家臣にと強く切望された。永重は思案の結果、新に尼崎城主になった戸田氏鉄のもとに行き仕えることになった。ときに、元和四年のことであった。そうして、氏鉄の弟で戸田四郎左衛門正直の嫡男・源右衛門直永を養子に迎え、末女に配した。また、自らも戸田治部左衛門と名乗り、家老職と知行千石が与えられた。寛永十二年、氏鉄に従い大垣に移り、東大手門内の北側に屋敷が与えられ二百石が加増される。同十四年（一六三七丁丑）島原の乱平定には、養子の源右衛門直永とともに従軍、ときに九十才の高齢であったがその軍功は、目覚ましいものがあったという。百五才まで、長生して慶安四（一六五一）年に没す。船町全昌寺の墓は、高徳院松安唫枯居士・慶安四年（一六五一）辛卯《かのとう》七月十五日卒とある。妻は、上杉家の家臣、藤田民部の娘。」とある。子孫は明治維新に至る。二代目源右衛門直永は、戸田四郎左衛門正直（戸田左門一西の二男。氏鉄の弟）の長子である。右長々引用させて頂き申し訳なく思ったが、一部分断片のみの引用では、ご納得を頂けないと思ったからです。何卒ご諒承下さい。『増補　大改訂武芸流派大事典』二十二頁、穴沢流の項にも、「大坂両度の役に戦功のすえ、上杉景勝の兵の折下外記と渡り合い、折下の従者に斬られて戦死した。」と夏の陣のこととしているのは冬の陣と訂正したい。ただし、穴沢系図は、『上杉家御年譜』二十四の二二一頁に見える。確かに孫右衛門信利の条に「信利男ニ主計ト云後改鉄可大坂ニテ討死ス一子アリ主殿ト云是モ父ト同ニ討死」とあり『武芸流派大事典』はこの主殿が穴山（沢）主殿之助盛秀らしいと記しているが先に引用させていただいた『上杉家御年譜』（三）に主殿助剃髪而号鉄可と見え、系図では信利の男主計が鉄可と記してあり孰《いず》れが正しいのか迷ってしまう。なかなか物事は、すんなり行かないものだ。

寛永十癸酉《みずのととり》年（一六三三）（勝成70歳）（武蔵50歳）

五月十三日、酒井山城守重澄（二十七歳）罪あり勝成に預けらる。重澄は下総国生實《おゆみ》において二万五千石を領す。平常勤務に懈《おこた》り行跡《ぎょうせき》よからざること御聴に達し、死をたまうべしといえども、多病なる事紛《まぎ》れなきにより、一等を宥《なだ》められて改易《かいえき》せしめらる。室は井上主計頭正就が女。嫡男重知16歳父が罪に座し金森出雲守重頼に預けられ、飛騨国に蟄居《ちっきょ》し金森を称す。承応二癸巳《みずのとみ》年（一六五三）六月二十五日許さる。三十六歳。（『寛政重修譜』）。

寛永十一甲戌《きのえいぬ》年（一六三四）（勝成70歳）（武蔵50歳）

八月四日、勝成に領地の御判物を下さる。

○付記（武蔵、小笠原家に滞留）

宮本武蔵小倉に赴き小笠原忠眞の好遇を受け、滞留すること数年に及ぶ。

寛永十四丁丑《ひのとうし》年（一六三七）（勝成74歳）（武蔵54歳）

十月二十五日、島原藩主松倉勝家領内で農民蜂起《ほうき》し、代官を殺し社寺を焼く。（島原の乱）十月二十九日、天草の農民、島原の一揆に呼応《こおう》して蜂起す。肥前国天草富岡城代三宅籐兵衛重利は、唐津の本城に救援を求む。十一月十日、三宅重利は唐津の援軍千五百人を得て富岡城を出撃し本渡《ほんど》に陣す。そして一気呵成《いっきかせい》に天草上島の下津浦にある一揆の本拠《ほんきょ》を衝《つ》かんとして十一月十四日、島原一揆の思いもよらぬ加勢数千の反撃にあい、唐津勢は大敗を喫《きっ》し、大将並河九兵衛以下戦死者多く、本渡に逃げ帰った。そしてなお追撃の一揆を支えきれず三宅重利は戦死した。

十二月初め、肥前国高来《たかく》郡口之津《くちのつ》南方の原の古城を修築して、益田四郎時貞（17歳）を首領に仰ぎ、一揆三万七千百余人が籠城した。幕府は鎮圧のため、上使板倉重昌（50歳）、目付石谷《いしがや》十蔵貞清（44歳）を派遣（十一月九日）し続いて上使松平信綱（42歳）、戸田氏鐵《うじかね》（61歳）を派遣（十一月二十七日）した。

十二月十日、二十日、板倉重昌は、原城攻撃に失敗し死傷者続出す。

寛永十五戊寅《つちのえとら》年（一六三八）（勝成75歳、武蔵55歳）

正月一日、板倉重昌は是が非でも上使松平信綱到着前に原城を落とさんと決意し、元旦を期して総攻撃を命じたのである。しかし耶蘇《やそ》教徒《きょうと》の一揆勢には元旦祝賀の風習なく、剰《あまつさ》え攻撃を事前に探知され、却《かえ》って一揆勢の猛反撃を受けて惨敗し、大将の板倉重昌は戦死し、石谷十蔵も負傷して全軍退却した。

正月四日、上使松平信綱、戸田氏鐵の一行有馬に到着し、諸侯の軍勢も続々集結す。水野勝成も小笠原右近大夫忠眞と同じく、御條目を賜りて島原に向い松平信綱、戸田氏鐵と示し合わせ諸事を計らうべき旨仰せ下さる。勝成嫡子美作守勝俊（勝重改名、41歳）も江戸より福山に至り父勝成と同行す。勝俊嫡子伊織勝貞（14歳）も初陣す。二月八日、父子三人福山を出船し、同二十四日有馬へ下着《げちゃく》す。『水野記』には人数四百三十騎、雑兵都合六千三百四十四人とある。『大日本戦史』には、五千六百人とある）。

さて幕府上使松平信綱、戸田氏鐵等島原に到着するや長崎代官末次平蔵の斡旋《あっせん》により、平戸の和蘭陀船《おらんだせん》を有馬に回航せしめ、十三日から二十七日まで船上から都合四百二十五発の砲撃を加えたが、余り効果は認められず、信綱は大砲を陸上に据えつけんことを交渉す。しかし和蘭陀船は一門だけ陸揚げして、二十八日陣列を離れ平戸へ帰港した。信綱が和蘭陀船まで動員したことは国辱《こくじょく》な仕業《しわざ》だと敵味方からも非難されたという。信綱自身としては、和蘭陀人が宗教的立場から一揆に内通するかと疑い、その有無を確かめる一策であったという。

この原城は松倉氏が島原城を築いた為に廃城となっていたのだが、断崖の上に立ち、三方は海に囲まれて近寄れず、その北側一帯は沼田塩田で足場が悪く、自然のまま要害堅固の構えを成していた。この原城に籠った一揆の男女三万七千人に対して、幕府軍十二万四千人という。百姓一揆とはいえ耶蘇教信者の団結の鞏固《きょうこ》さに、幕府軍は全く手子摺《てこず》り攻めあぐんでしまったのである。そこで以後は仕寄《しよせ》を付け竹束《たけたば》を以て厳しく四面を囲み、兵糧《ひょうりょう》攻《せ》めの策を用いた。二月二十一日、夜半城中より鍋島陣小屋へ火を掛け夜討ちあり、鍋島家人死傷多し。同二十七日、松平信綱の陣所に諸将参会し、明二十八日の惣攻めの相談をする。その頃、城の塀際に備えていた鍋島の先手に対し、城中二の丸より鉄砲を打ち放つにより、鍋島先手もやむなくこれに応戦しつつ、次第に進み戦い所々に火を放ち、一番に二の丸の乗り入れに成功す。鍋島勝茂（59歳）もこれを見て、やむを得ず兵を進め、本丸に迫る。よって諸軍も続いて本丸を囲む。『水野記』に、「時ニ伊豆守《（松平信綱）》陣所ニ集リ被居《おられ》候諸将驚テ取物モ取アヘズ城攻被致《いたされ》候、水野美作守《（勝俊）》ハ諸勢に先達《さきだち》、マトヒ《（纏馬印）》ヲ城内ニ入サセ其身モ多勢ノ中ヲ掛抜ケ鍋嶋信濃守《（勝茂）》人数ヨリ先へ馳越《はせこ》シ、本丸クルスノ丸三本木ヲ乗取ラレ候時ハ申ノ上刻《（午後三時）》ニテ候、本丸惣乗モ右同時ナリ、美作守ニ相続テ有間蔵人（有馬康純26歳）も乗被申《もうされ》一番乗卜高声ニ名乗被申候、其時水野日向守《（勝成）》家人鈴木半之丞ト云者蔵人乗リ被申候時、石垣ノ上ヨリ蔵人ノ具足ノ草摺《くさずり》ヲ扣《ひかえ》テ美作守コソ本城三本木ノ丸一番乗ニテ候、アレ御覧候へマトヒ《（纏）》ヲ城内ニ立候、蔵人様一番乗卜被仰《おおせられ》候義ハ存《ぞんじ》モ不寄《よらず》候、御言葉ヲカヘラレ候イ《（エ）》、左モ御座無《ござなく》候ハ此所ヲバ通シ申間鋪《もうすまじく》トテ引留申候、扨《さて》半之丞ヲ名乗リ已来《いらい》ノ證拠ニ御見覚ノ為トテ自分ニ取リ申首ヲモ見セ蔵人ヲ通シ候、其以後日モクレニ及ニ付諸軍勢鉄炮ヲ打掛終夜攻、翌廿八日申ノ刻《さる（午後四時ごろ）》ニ本丸ノ一揆ヲ悉ク討取リ候、四郎時貞ハ細川越中守手へ討取トモ云ヘリ」と見える。

六月二十九日、鍋嶋先手の者、信綱、氏鐵の下知《げち》に背《そむ》き、卒爾《そつじ》の働きせしにより、逼塞《ひっそく》せしめられ、十二月晦日ゆるさる。

水野日向守家中手負三百八拾二人　討死百六人

○付記（武蔵、伊織と共に島原出陣）

宮本武蔵も養子伊織（26歳）と共に、小笠原右近大夫忠眞の陣中にあり、武蔵は城攻めの際大石を当てられ臑《すね》を負傷したようだ。伊織は一隊の将として、また惣軍奉行をもかね、その統率の見事さを御覧になった黒田筑前守忠之《ただゆき》（37歳）は感心のあまり態々《わざわざ》忠眞の陣所に立ち寄られ、伊織を召して手ずから御指料備前宗吉の刀を賜うという。凱陣《がいじん》の後、伊織は千五百石加増、都合四千石となる。

次に平井隆夫氏より頂いた「宗休様御出語」の島原役に関する部分を掲載しておく。水野家の陣所の右側（原城に向って右側）に小笠原信濃守長次（忠眞甥）、小笠原右近大夫忠眞の陣所があった。

宗休様（水野勝成）御出語より抜粋《ばっすい》（ふりがな筆者）

一、肥前国高来《たかく》一揆発起、有馬の古城に楯籠るに付て、九州の諸将前年より取巻き責給ふといへ共、城強くして不落《おちず》、依之重而為上使《これによりかさねてじょうしとして》松平伊豆守殿、戸田左門殿被仰付、小笠原右近太夫殿（忠眞）、勝成公も為御加勢被仰付《ごかせいおおせつけられ》、勝成公は御在城故奉書を以被仰下《おおせくださる》、其奉書正月十五日（寛永十五戊寅一六三八）、福山え到来す、依之御祐筆石丸久左衛門、於御前読之《ごぜんにおいてこれをよむ》、詰合之諸士不残《のこらず》御前え罷出奉承之《これをうけたまわりたてまつる》、相済て仰には、明後日御出馬可被成旨仰出《なさるべきむねおおせいだされ》、各其心得可致《いたすべく》家中の者共えも早速觸《ふれ》しらすべしと被仰《おおせらる》、藤田図書《ずしょ》申上は、御前には今日にても御出馬可被遊《あそばさるべく》候へ共、御家中之者共は明後日にては余り急に御座候而《て》、支度《したく》難儀仕にて可有御座候《ござあるべくそうろう》、御出馬今少し御延引と申上る、又仰には、汝等よくきけ、我若き時、武者修行而《で》諸国の風俗大方知れり、九州の事は別而《わけて》よく知りたり、筑紫者《つくしもの》は城を持堅め防ぐ時は男子はいふに及《およば》ず、女子迄も強し城働くぞ、寄手十人に城一人に而《て》も尚城強し、城え乗込たる時は、城内十人に寄手壱人に而もかけ合ふ也と、御咄被成御機嫌能御入被成《おはなしなされごきげんよくおいりなされ》候、御出馬は二月八日、御家中は二月三日

四日、何《いずれ》も鞆津《ともつ》より出船なり、篦島《のしま》に御船かかりの時、御戯《おたわむれ》に、

　武士《もののふ》のかとて（門出）にかかる篦島《のしま》は

　　矢種多くて軍勝成《いくさかつなり》

二月廿三日、嶋原え御着船、時に勝俊公より御使有之《これあり》、諸士甲冑を帯し船より上ヶ小屋迄可被遣候哉《やらるべくそうろうや》と御尋なり、仰には小城一ツを筑紫大名《つくしだいみょう》十重廿重《とえはたえ》に取かこみ、鹿垣結廻《ししかきゆいまわ》したるに、何れの用心有て甲冑には及ぶまじ、陣羽織然るべしと被仰遣《おおせつかわさる》、御小屋場諸隊の後なり、黄昏《たそがれ》に及て御着陣故、未《いまだ》陣所も取しづめざるに、雨は頻《しきり》にふり出す、陣中殊之外物騒《ものさわが》しく聞えけれは、前備の小笠原家に而《て》是を聞、凡《およそ》着陣には法あり、さしも日向守殿（水野勝成）当時の良将と社《こそ》聞えし、あの着陣の騒敷《さわがしき》はいかにぞや、今にも夜討など有らは、あの人数は物の用には立べからずと、口々に言ければ、宮本武蔵と言者是を聞、我先年日向守殿に有之《これあり》、彼軍立能知《かのいくさだてよくしれ》り、凡慮《ぼんりょ》の及《およば》ざる大将なり、各評判の及ぶ処にあらず、明日にも城乗《しろのり》せん時、後陣の日向守殿に先せられ給ふなといひけれは、夫は武蔵あまりに贔屓《ひいき》過たり迚《とて》、皆笑ひしとぞ、右近太夫殿（小笠原忠真）にも是を聞、不審なり、人を遣して見せ候へと、使番の侍に口上言含《こうじょういいふく》め遣さる、勝成公直に御対面有て、早速の御使祝着《しゅうちゃく》せしめたり、将又《はたまた》今宵は城中騒敷《さわがしく》夜討なども可有歟《あるべきか》、其心得可致《いたすべき》旨相心得たる儀に候得共《そうらえども》、一揆《いっき》ばらの籠《こも》りたる小城を、九州の諸将稲麻竹葦《とうまちくい》の如く取かこみたるに、たとへ夜討したる迚《とて》、何ほどの㕝《こと》か候べき、され共御志満足せしめたり、罷帰りて能々《よくよく》心得可給《たまうべく》候由、若き者共の具足着たるは水野家の法なりと被仰《おおせられ》し、使立帰りて御返答の趣并《ならびに》陣中諸士悉く甲冑帯し、士大将《さむらいたいしょう》、足軽大将夫々《それぞれ》の組を引付、次第を守て相備へ、何れも折敷罷在《おりしきまかりあり》候、頭々《かしらかしら》は具足櫃《ぐそくびつ》に腰を懸て鑓提《やりさげ》罷在候、今にも敵出候者中々《てきいでそうらえばなかなか》人には先《せん》はさせまじき躰《てい》に相見へ候と申上けれは、案の外なる事哉《ことかな》と感じけるとかや、然共《しかれども》其夜は出ざりし、然《しかる》に同月廿七日惣乗《そうのり》の時、前備の小笠原、黒田家の一党は云《いう》に及《およば》ず、諸勢にぬきんで一

番に城え乗込ければ、初宮本《はじめ》（武蔵）が言葉を後に思ひ合せしとかや、此事後年宮本武蔵江戸にて物語せしとかや、（平井隆夫氏提供）同氏の三代目の先祖平井彌吉正直は、家譜に柵一番乗し首取ると見える。

寛永十六己卯《つちのとう》年（一六三九）（勝成76歳、武蔵56歳）

閏十一月十六日、勝成致仕し一分斎宗休と号す。美作守勝俊（42歳）家督相続し、二代福山城主となる。

第五章　宮本武蔵、熊本へ

細川家の招聘を受ける

寛永十七庚辰年（一六四〇）（勝成77歳、勝俊43歳、武蔵57歳）

八月十一日、勝俊はじめて領地へ行くの暇を給う。

○付記（武蔵の待遇および雲林院彌四郎光成の新當流槍術伝書について）

二月、宮本武蔵肥後熊本城主細川越中守忠利（55歳）の招聘《しょうへい》を受け、その待遇について岩間六兵衛をして問わしめらる。武蔵忠利の好誼《こうぎ》に応じ小笠原忠眞の許を辞し、口上書を以て取次役坂崎内膳まで返答書を差し出す。慶長十四己酉《つちのととり》年（一六〇九）三月、小笠原兵部大輔秀政女（忠眞妹、14歳）が将軍秀忠の養女（千代姫）として細川内記忠利（24歳）に嫁《とつ》いでいるから、両家は親戚関係であったので、細川忠利は武蔵を懇望したようである。

『顕彰会本』も第六章　肥後侯に仕ふの項に、『二天記』を引いて次の如く記す。

「我等身上《しんじょう》の事、岩間六兵衛を以御尋に付、口上《こうじょう》にては難申分《もうしわけがたく》候間、書附懸御目《おめにかけ》申候

一、我等事只今迄奉公人と申候て居候處は一家中も無之《これなく》候、年罷寄《まかりより》其上近年病者に成候へは、何の望も無御座《ござなく》候、若逗留《もしとうりゅう》致候様に被仰付《おおせつけられ》候はゞ、自然御出馬の時、相應《そうおう》の武具をも持せ参り、乗替《のりかえ》の一疋《いっぴき》も牽《ひか》せ参り

候様に有之候得《これありそうらえ》はよく御座候、妻子とても無之《これなく》、老躰に相成候へは、居宅家財等之事思もよらず候。
一、若年より軍場に出候事、都合六度にて候、其内四度は、其場に於て拙者より先を駈《かけ》候者一人も無之《これなく》候、其段はあまねく何《いず》れも存ずる事にて、尤《もっと》も證據《しょうこ》も有之《これあり》候、乍然《さりながら》此儀も全く身上《しんじょう》を申立て致し候にては無之《これなく》候。
一、武具之扱様、軍陣に於て、夫々に應じ便利なる事。
一、時により國の治め様。
右者《みぎは》若年より心に懸、數年致鍛錬候間御尋に於ては可申上《もうしあぐべく》候已上《いじょう》。
寛永十七年二月　宮本武蔵
坂崎内膳殿
内膳即ち事の旨上申しければ、公直に十七人扶持に、現米三百石を賜ひ、客分として、座席は大組頭の格にて、か、へらる、猶居宅を熊本千葉城に賜はりぬ。」

続いて『顕彰会本』に、
「按《あんずる》に熊本奉行所日記に、當時の事を記せるあり、云《いわ》く、
一、宮本武蔵に十七人扶持合力米《ごうりきまい》拾八石被遣《つかわされ》候、寛永十七年八月六日より永可相渡者也《ながくあいわたすべきものなり》。
寛永十七年八月十三日　御印
奉行中」
「一、宮本武蔵に、米三百石被遣《つかわされ》候間、佐渡差圖次第に可相渡《あいわたすべく》候已上。

寛永十七年十二月五日
御印
奉行中」

「宮本武蔵に御米被遣《つかわされ》候時、御合力米と不申《もうさず》、唯堪忍分《ただかんにんぶん》之御合力米《ごごうりきまい》として被遣候間可渡《わたすべき》旨奉
林七郎左衛門」

武蔵の待遇について随分気くばりしている様子がありありと窺《うかが》われる。また武蔵の腕前についても、家中の師範に密《ひそ》かに立ち合わせたらしく『二天記』に、武蔵と氏井彌四郎との立合の記事がある。

「武蔵肥後に来る以前に、氏井彌四郎と云う者、柳生家の頼にて肥後に来る、忠利公も但馬守殿より相傳あり、一流奥儀を極められて、専ら柳生流盛也、彌四郎も必多度御相手に出て御修行あり、武蔵召に應じて小倉より来り御國に留る、或時忠利公命有て、武蔵と彌四郎と密かに御前に於て其手技を比べしむ、尤互いに勝負の批判致すべからずとなり、近習も除けられて、御腰物持一人差置れしなり、扨《さて》両人木刀を以て立相事三度、彌四郎曽て勝利なし、武蔵も御前故強く撃つことなく、唯技を押へて働らかせず、忠利公御工夫を回らされ、御自身にも御立合在しかども、一向御勝利なし、依て甚だ驚玉ひて、如斯《かくのごとく》異なる者とは思し召されざりきと感稱し玉ひ、夫より二天一流を御修行あり、其道に御器用有て追々御相傳を受けらる、なり」

顕彰会本も『二天記』により、右の記事を載せているが、どうした事か、氏井彌四郎を氏井孫四郎と誤記している。だから『武芸流派大事典』八五八頁柳生流の伝系図中に氏井孫四郎（熊本藩）と、顕彰会本を信じて記載している。誤りを後世に引きずらない為に、氏井彌四郎について考察してみる。

氏井彌四郎は雲林院《うじい》彌四郎光成が正しい名前である。柳生流で但馬守宗矩の門弟のように書かれているが、塚原卜傳系の新當流の鑓長刀十文字の伝書を奥田豊氏より提供していただいた。剣術の伝書は見付からぬので目下探求中である。いずれにしても雲林院彌四郎光成の新當流槍術伝書は是れまで公開された事がないので、次に掲載させて頂き、剣術伝書探求の呼び水としたく思う。

鑓之次第
初手太刀合
飛龍　去竜　突留
闇夜　電光　夜鑓
初手鑓合
下構　上構
上構　下構
懸待之鑓
懸上曲勝　懸下曲勢
懸中

十六楊構

陰構　陽構　横構

竪構　天構　地構

上構　下構　天地汎

上前汎　逆手　同逆

立構　同逆　廻構　冠

手縛　乱勝

陰懸　陽懸　三重　六重

七重　九重

極意

長刀之次第

五長刀

蜻蛉　蜘蛛　綱手

草摺流　獅子奮迅

七長刀

柄返　行違　逆手

臑切　籠手切　龍尾返

落甲

奥懸之長刀

違引　薙　虎勢　催車

突　眼勝

三重長刀

先詰　同鑓合

向上長刀

切留　相落　上攻合

下攻合　巻長刀　重切詰

瀧波　諸具足留

向上長刀

雲勢　雲狂　八天

横雲　虫日入　唯授

極意

十文字之次第

初手太刀合

曲衡　柄副　顔衡　必死

夜鑓

初手鑓合

左構　右構　打構　天構
地構
奥
實地　懸待　重鎌　悦眼
水月　鑓　鎌　組
極意
一太刀　諸具足合
天真正

飯篠長威
塚原前土佐守
同新左衛門尉
同卜傳
雲林院松軒
同弥四郎

尾崎才兵衛殿

新當流兵法鑓《しんとうりゅうひょうほうやり》之《の》義《ぎ》數年《すうねん》
就御懇望《ごこんもうにつき》従卜傳公《ぼくでんこうより》松　軒《しょうけんへ》相《そう》

傳ヲ《でんを》請我等ニ《うけわれらに》被傳候通不残傳受《つたえられそうろうとおりのこらずでんじゅ》
仕候即印可可進与申候得共能極《つかまつりそうろう、すなわちいんかすすめべきともうしそうらえどもよくきわめ》
御取可有之由御辞退被成候《おとりこれあるべきよしごじたいをなされそうろう》
其方与別而朝暮就咄申我等《そのほうとべっしてちょうぼはなしもうすにつき、われら》
於方々鑓長刀十文字《ほうぼうにおいてやりなぎなたじゅうもんじ》手筋習《てすじならい》
及聞候通委濃ニ毛頭モ不残《ききおよびそうろうとおりことこまかにもうとうものこらず》
相傳申所實正也次奥書之《そうでんもうすところじっしょうなりつぎにおくがきの》
書物別紙ニ写進候今日迄ハ一人モ《しょもつべっしにうつしすすめそうろうこんにちまではいちにんも》
不相渡候得共餘御執心候故其方《あいわたさずそうらえどもあまりごしゅうしんそうろうゆえそのほう》
御一人ニ進候《ごいちにんにすすめそうろう》　若我等印可取候衆可《もしわれらいんかとりそうろうしゅうご》
有御坐候得共此書物有之間鋪候《ざあるべきそうらえどもこのしょもつこれあるまじくそうろう》
其謂ハ久々御懇望又御鍛錬之《そのいわれはひさびさごこんもうまたはごたんれんの》
故相渡申候日本之神偽無之候《ゆえあいわたしもうしそうろうにっぽんのかみいつわりこれなくそうろう》
御執心之仁候者誓紙之上ヲ以御《ごしゅうしんのじんそうらえばせいしのうえをもってご》
指南可被成候向後《しなんなさるべくそうろうこうご》吾等《われら》鍛錬《たんれん》
仕候事候者可申候其方モ珍キ手筋モ候者《つかまつりそうろうことそうらはばもうすべくそうろうそのほうもめずらしきてすじもそうらはば》
不被置御心御申可被成候依印《おこころをおかれずおもうしなさるべくそうろうよっていん》
可状如件《かじょうくだんのごとし》

雲林院《うじい》弥四郎
光成花押
寛永元年《（一六二四）》
子十二月吉日
尾崎才兵衛殿

この尾崎才兵衛名は忠勝、隠居名六左衛門という。寛文十庚《かのえ》戌《いぬ》年（一六七〇）宇都宮にて病死す年齢不詳。法名天誉了圓居士。その略歴を見ると満更《まんざら》水野勝成とも繋《つなが》りは無いとも云えないので家譜を追ってみる。

一、勢州亀山に於て、松平下総守忠《ただ》明《あきら》公に召出され、御知行弐百石下し置かる。（忠明の伊勢国亀山時代は、慶長十五《（一六一〇）》～十九年《（一六一四）》まで）
一、大坂御陣前、御弓頭仰せ付けられ、両御陣御供相勤む。
一、大坂に於て五拾石御加増下し置かる。
一、大坂居城の節、御堀浚《おほりざらい》の惣奉《そうぶ》行《ぎょう》勤む。（大坂時代は、元和元年《（一六一五）》～同五年《（一六一九）》まで）
一、和州郡山に於て七拾石御加増下し置かる。（郡山は元和五年《（一六一九）》～寛永十六年《（一六三九）》まで）

水野勝成が備後福山へ転封の跡へ、松平忠明が大坂城代より移る。ちなみに伊賀越仇討で有名な荒木又右衛門が仕えたのはこの松平下総守忠明である。（筆者註）

一、播州姫路に於て惣並二割御加増六十四石下し置かる。都合三百八十四石。（姫路は寛永十六年《（一六三九）》～正保四年《（一六四七）》まで）本多政勝が大和郡山へ転封の跡へ移る。（筆者註）

一、万治三年（一六六〇）羽州《うしゅう》山形に於て隠居願い奉り、則ち仰せ付けられ御扶持方五人分下し置かる。忠明《ただあきら》の子下総守忠弘は、慶安元戊子《つちのえね》年（一六四八）六月十四日、松平大和守直基と入れ替り、姫路より山形へ転じ直基は姫路へ移る。寛文八戊申《つちのえさる》年（一六六八）八月三日、松平直基は奥平大膳昌能と入れ替り、下野《しもつけ》宇都宮に転じ、昌能は山形に入った。（筆者補記）

一、寛文十年（一六七〇）八月二十六日、野州宇都宮に於て病死す。（伊勢亀山に於て召出の年齢は不明ながら、慶長十五年（一六一〇）より寛文十年（一六七〇）まで六十年、隠居の間十年を考えると年齢不明ながら相当の高齢であったと思われる。墓所も不明。）

一、射芸は竹林派瓦林与次右衛門成直門弟印可書物等伝之《これをつたう》。

一、槍術新当流雲林院彌四郎門弟印可書物有之《これあり》（他流仕合之咄伝承有之）。

一、馬術大坪流川口平左衛門弟子免状書物有之。

忠勝妻、　法名松樹院（正受院信誉了誓大姉トモ）心誉立清大禅定尼。

寛文四年（一六六四甲辰）八月二十日、山形常念寺に葬る。

忠勝子

次郎大輔（大夫）　法名、岳誉光山禅定門

慶安三年（一六五〇庚寅）八月十三日葬常念寺

早世に付、忠勝の娘聟黒澤八左衛門の子を養子とし二代目とする。

忠勝子

女子　黒澤八左衛門の妻

法名、□（茗カ）室智正禅定尼

元和九年（一六二三癸亥）八月十二日没

二代養子黒澤八左衛門の子、勝友、市之助、治部左衛門、才兵衛、隠居名五六左衛門

元和八壬戌《みずのえいぬ》年（一六二二）和州郡山にて出生。

慶安四辛卯《かのとう》年（一六五一）三十歳、羽州山形にて忠勝相続の養子となる。

元禄十一戊寅《つちのえとら》年（一六九八）六月九日病死。葬山形常念寺、七十七歳。法名、誓誉弘安居士。

射芸竹林派忠勝より相伝、蟇目《ひきめ》小笠原家より相伝す。

以下筆者補記。

松平下総守忠弘時代に奥の大御小姓仰せ付けらる。藩主忠弘は天和元辛酉《かのととり》年（一六八一）七月二十七日、宇都宮を本多下野守忠平と入れ替り、奥州白河へ転じ、忠平は宇都宮へ移る。忠弘の白河藩は、元禄五壬申《みずのえさる》年（一六九二）七月二十一日、家中騒動し逐電《ちくでん》するもの多数あり、家政の乱れを責められ、白河より五万石を削り閉門、八月十六日、山形城十万石を賜わる。嫡子主税清照病者たるにより嫡子を辞退し、松平和泉守乗久の嫡男忠尚《ただなお》を養子とし、清照の男忠雅が忠弘の嗣となる。そして祖父忠弘は同年十二月二十日、致仕して忠雅が封を継いだが、この時十歳である。

一方備後福山の水野勝成の後は、勝俊―勝貞―勝種―勝岑と続いたが、勝岑は元禄十一戊寅《つちのえとら》年（一六九八）五月五日、僅か二歳にして死亡し、嗣子なく一時廃絶し、福山は天領となっていたが、元禄十三庚辰《かのえたつ》年（一七〇〇）正月十一日、十八歳にして山形から福山に移ったのが、この松平下総守忠雅である。そして忠雅は宝永七庚寅《かのえとら》

年（一七一〇）閏八月十五日、伊勢桑名へ移り、その跡へ宇都宮より転封して来たのが、阿部対馬守正邦で、以後代々福山を相続して明治維新に至るのである。

一方水野家は、一時城地を没収されたが、先祖の勲功により、一族の水野備前守勝直の長男二十歳の数馬勝長に名跡を継がせられ、能登国鹿島《かしま》、鳳至《ふけし》、羽咋《はくい》、珠洲《すず》四郡のうちに於て一万石を賜り断絶の憂き目《うめ》を免《まぬが》れた。この勝長が、元禄十三庚辰《かのえたつ》年（一七〇〇）能登国羽咋郡西谷一万石より下総《しもうさ》国結城《ゆうき》郡結城に一万八千石で移り、同十六癸未《みずのとひつじ》年（一七〇三）築城し、以後、勝政―勝庸《かつのぶ》―勝前《かつちか》―勝起―勝剛《かつかた》―勝愛《かつさね》―勝進《かつゆき》―勝任《かつとう》―勝知―勝寛と続き、結局勝長が水野結城藩の元祖となったのである。

閑話休題。平成十四年八月十三日付、かねて資料を照会していた雲林院光成のご子孫洋氏の兄に当る木岡徹氏よりお手紙を頂いた。それによると筆者が探求している雲林院家譜や剣道伝書類は災害により失ったが熊本市横手一-九-六所在曹洞宗禅定寺に光成の墓石が現存しており、位牌は禅定寺にあったが寺改築の際に家に引取られた由、なお大正五年に建てられた雲林院奕世《えきせい》之墓が現在し、その碑文を一部分写して頂いた。それによると、鯉魚《りぎょ》を描《えが》けば天下一品と称せられた雲林院蘇山（大正三年一月三十一日没、七十八歳）は光成の子孫であるという。またこの碑文により光成は郡山城主松平下総守に仕えていたこともわかり、寛永元甲子《きのえね》年（一六二四）雲林院弥四郎光成から尾崎才兵衛宛の新当流伝書も、その頃のものと確認された。父の松軒については記録不明であるが、幸いに熊本日日新聞夕刊（昭和六十三年七月十五日）連載の「熊本意外史」に、正統派の剣客として、宮本武蔵と試合した雲林院光成や、父の松軒の記載があるとのことで、要約転載させて頂くことにした。要約左の通り。

松軒は、はじめ工藤出羽守光秀といい、のち雲林院弥四郎と改め、ついで剃髪して松軒と称した。この光秀は、天文二十三年（一五五四）二月、三十一歳のとき、塚原卜伝（土佐守高幹）に剣の極意を授けられた。この流派は天眞正伝神道流といい、単に新當流ともいった。光秀の館は（筆者註、伊勢国雲林院城）その後、織田信長の弟信包に攻められ落城したため、子の弥四郎光成とともに柳生又右衛門宗矩（のちの但馬守）のもとに身を寄せていたが、（筆者註、雲林院城落城は天正八（一五八〇）庚辰《かのえたつ》年で、その頃柳生宗矩は僅か十歳の子供であるから、父の宗厳と思われる）織田信長の招きにより彼のもとに移った。しかし信長の懇ろな誘いにも拘らず仕官を断り、ひたすら剣の道に生きた。その後、豊後の国主で北九州の北半の殆どを領していた大友宗麟（義鎮）の招きにより九州に下り、彼に剣を教え、天正三年（一五七五）には、その子義統に兵法を伝授した。（筆者註、年代的には雲林院落城前のことになる）その後また信長のもとに帰り、同六年三月には信長の三男信孝に秘伝を授けた。（筆者註、これも落城以前のことになる）信長が天正十年（一五八二）本能寺において志なかばて没したのちは、望郷の念にかられてか、先祖代々の地に帰り、同地の菩提所長徳寺で慶長五年（一六〇〇）四月、七十七歳で没した。

弥四郎光成は、父松軒に新當流の奥儀を受け、のち新陰流を柳生宗厳の高弟村田弥三久次に受けた。なお細川忠利、光尚、綱利の三代にわたって仕えた新陰流の梅原九兵衛政親とは同門である。（筆者註、梅原九兵衛は細川綱利襲封に際し、老中酒井雅楽頭忠世に幼少の藩主襲封を懇願する為、熱意のあまり老中忠世の袖を引き決死の覚悟を示したので袖引梅原と異名を取った。後狂気した三男源左衛門を籠《ろう》に取り込めておいた所、不意に籠を破り、長刀を執って斬りかかる。九兵衛中脇差で抜き合わせ斗《たたか》ったが両人共に相討ちとなり死す。寛文十三（一六七三）癸丑《みずのとうし》年三月八日の出来事という。享年不詳。墓は阿弥陀寺にありと、『肥後先哲偉蹟』に見える。）

雲林院光成は、父松軒と共に流浪したが、やがて大和郡山の城主松平下総守の招きによって、同地において三ケ年間、家中に剣を教えた。その後、細川忠利の重臣であった清田石見守ならびに、一尾伊織（哲斉）は光成と縁故によって、忠利は二人に命じ京都に浪々の身であった光成を小倉に招き、光成は忠利の打太刀の相手をつとめ、家中にも剣を教えた。忠利の肥後入国にも供をして熊本に下ったが、再三にわたる仕官の勧めを断り、城下の新一丁目に住み、名利を追求めず、市井の間において剣の道一筋に生きた。（筆者註、雲林院奕世之墓には、細川忠利公に仕え五百石を領すとある）細川三斉は弥四郎をたびたび八代に招き、その兵法を家臣に見学させ、清談に時間のたつのを忘れるほどであったという。（中略）その子の又四郎、又五郎も父の剣の道を継いだが、生涯浪人として市井の間にあって柳生宗矩らと交友を続けた。子孫は商人となり、藩の財政に大いに寄与して知行二百五十石を拝領した。（熊本日日新聞夕刊、昭和六十三年七月十五日所収）

雲林院氏については、『姓氏家系大辞典』『系図纂要』『戦国人名事典』『戦国人名辞典』『織田信長家臣人名辞典』等にも、雲林院出羽守として見える。雲林院村は、現三重県安芸《あげ》郡芸濃《げいのう》町雲林院《うじい》である。歴代十一世の邑であるという。先祖は工藤祐経の二男祐長が地頭耺に補せられ、伊勢国安濃郡長野にその子祐廣が延応元己亥《つちのとい》年（一二三九）初めて入り、その子祐藤が文永十一甲戌《きのえいぬ》年（一二七四）長野城を築く。祐藤の四男祐高が（南朝）元弘元辛未《かのとひつじ》年（一三三一）三月二十八日初めて雲林院城に入る。（北朝）貞和元乙酉《きのととり》年（一三四五）四月十三日卒、六十九歳と、『系図纂要』に見える。

次に木岡徹氏より寄せられた資料を掲載させて頂く。

雲林院奕世之墓

是爲雲林院氏奕世之墓其先出於伊勢國長野城主長野植藤植藤子曰祐基築城于
雲林院村因取村名爲氏居焉天正八年其地爲長野信包所奪祐基父子逃依女婿矢
部善七郎仕織田信長爲安土城番嗣後其累代墳墓在雲林院村浦谷長徳寺者碑石
概没於土中文字缺蝕不能復讀而村民今猶往往掘地出骨傳稱雲林院菩提所址云
（此処迄左側面以下裏面へ）
祐基之裔諱光成通稱彌四郎精於兵法以武技名年壯仕郡山城主松平下總守有故
而去放遊於豊前小倉寛永十八年以劔技更仕細川忠利公領五百石一日與宮本武
蔵校技於君前公之賜佩刀賞之爲人剛直重義日誦聖經所言必行以寛文九年九月
歿于熊本蓋爲雲林院氏中興之祖矣
後經七代至我蘇山先生（以下三百四字略）
大正五年丙辰七月　鶴庭阪井虎撰并書

雲林院奕世之墓
木岡徹氏提供

碑文

（読み下し）

雲林院《うじい》奕世《えきせい》之墓《のはか》

是雲林院氏奕世の墓為《た》り、其の先き伊勢国長野城主長野植藤に出ず、植藤子祐基と曰《い》う、雲林院村《うじいむら》に築城す、因《よ》って村名を取り氏と為し、焉《ここ》に居る、天正八年其の地長野信包奪う所と為《な》る、祐基父子逃《のが》れて女婿《むすめむこ》矢部善七郎に依り、織田信長に仕え安土城番と為る。嗣ぎて後其の累代墳墓《るいだいふんぼ》雲林院村浦谷長徳寺に在る者、碑石概《おおむ》ね土中に没し文字欠蝕《けっしょく》し復《また》読むこと能《あた》わず、而して村民今猶往往《なおおうおう》地を掘れは骨が出ると伝う、雲林院菩提所址《ぼだいじょあと》と云う、祐基の裔諱《えいいみな》光成通称《つうしょう》彌四郎兵法に精《くわ》しく、武技を以て名あり、年壮《そう》にして郡山《こおりやま》城主松平下総守《しもうさのかみ》に仕え、故有《あ》って去り放れて豊前小倉に遊ぶ、寛永十八年剱技を以て更《あらた》めて細川忠利公に仕え五百石を領す、一日宮本武蔵と技を君前に於て校《くら》べ、公の佩刀《はいとう》を賜り之を賞す、為人剛直《ひととなりごうちょく》義を重んじ、日に聖經《せいきょう》を誦《じゅ》す、言う所は必ず行う、寛文九年九月熊本に歿す、蓋《けだ》し雲林院氏中興の祖と為す、後七代を經《へ》て我が蘇山先生に至る、

（以下三百四字略）

大正五年丙辰《ひのえたつ》七月　鶴庭《かくてい》阪井虎撰并書《せんならびにしょ》

次に菩提寺禅定寺（熊本市横手一-九-六）の墓石を記す。

雲林院弥四郎墓石（墓正面右）

寛文九己酉《つちのととり》年九月念（二十）四日

爲固室道堅居士菩提

俗名勢州住雲林院弥四郎光成

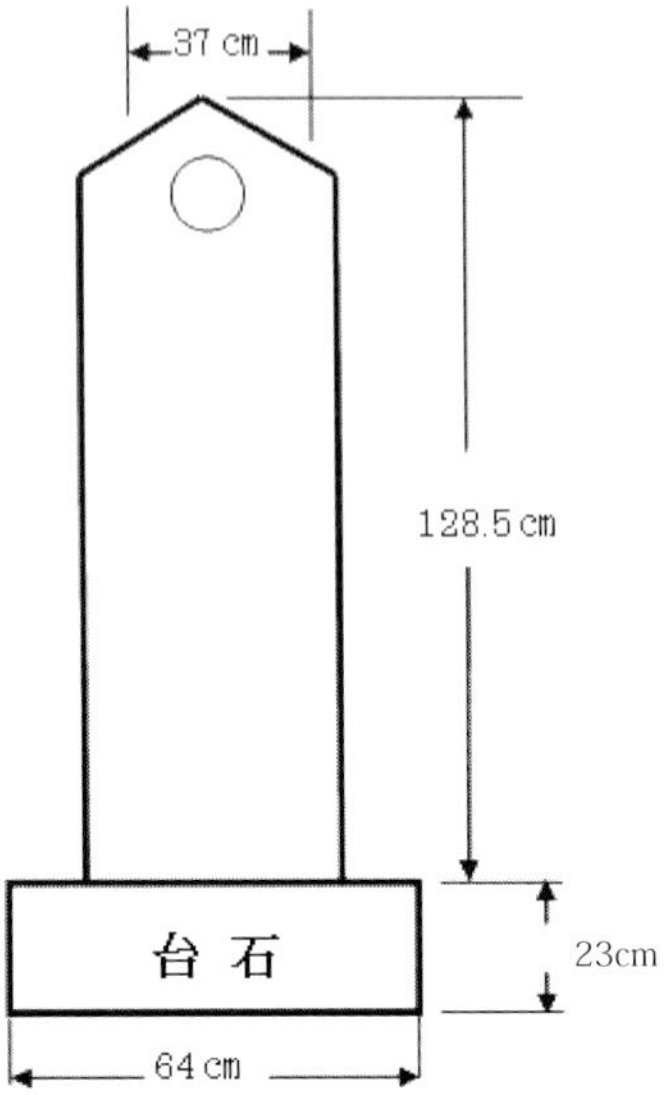

墓石 128.5 cm　台石 23 cm

縦 37 cm　　64 cm

横 23.5 cm　　64 cm

（墓地敷地約 6 坪）

雲林院蘇山墓石（墓正面左）
大正三年一月三十一日歿
雲林院蘇山居士
俗名雲林院弥四郎
享年七十八歳
左側面
大正二年一月十三日歿
梅月院壽喜信女
弥四郎妻雲林院壽喜
享年七十歳
雲林院家の位牌（もと禅定寺にあったが寺改築の際引取られたという）
雲林道貞信士
表
固室道堅居士之霊
松軒道清信士
寛文九己《つちのと》酉《とり》九月廿四日
裏
俗名雲林院弥四郎光成

位牌図

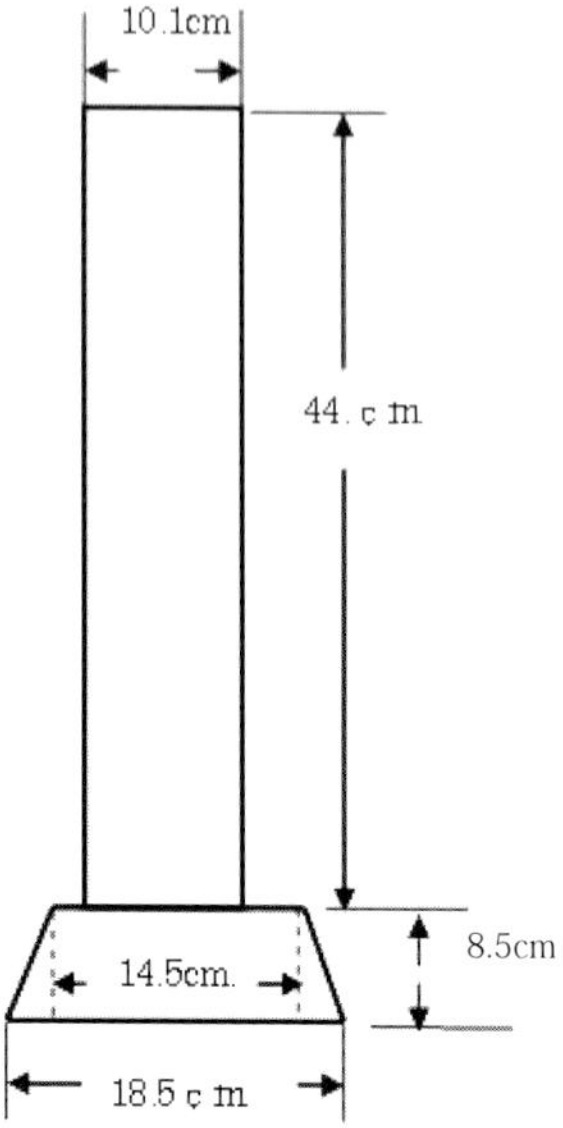

位牌厚１㎝
濃茶色の堅木
台幅　26.5㎝

以上で雲林院弥四郎光成に関する記録を終る。

荒木権右衛門宛「兵法序論」

（寛永十七年付記の続き）

これまで筆者は、水野勝成と宮本武蔵と題し、両者の関係を対比しつゝ筆を進めてきたのだが、島原の乱に両者が出陣したのを最後に、以後余り接触の機会がなく思えたので、氏井彌四郎こと、雲林院彌四郎光成と、細川忠利公の御前試合を機に、水野家の勝成以後の展望を記してみた次第です。しかし、武蔵が細川忠利の知遇を得た寛永十七年こそ、長年の放浪生活を続けた武蔵がやっと終《つい》の住処《すみか》を得た画期的な年であったに違いなく、流浪の垢を落とし、心機一転知己《ちき》の人、忠利公に己の後半生を捧げたいと決意したことは察せられる。

そしてそれを裏付けするのが、玄信と改名していることである。

それはこの年三月、荒木権右衛門に授けた兵法序論に、宮本武蔵守玄信と署名していることが判明したからである。次に掲ぐ。

兵法之為タルレ道偶敵
相撃ノ利得ルトキハ二于己一則
三軍之場又可シレ移ス
何ゾ有ラン二町-畦一而シテ非二面マノアタリ
決スルニレ戦勝慮前ニ定マル有レ
所レ待哉其道可レ廸

（読みくだし）
【※1】兵法の道たる、偶敵《ぐうてき》
相撃《そうげき》の利、己《おのれ》【※2】に得るときは
【※3】三軍の場にも又移すべし
【※4】何ぞ町畦《ていけい》有らん、而《しこう》して面《まのあたり》
戦を決するに非ず、勝慮前《しょうりょさき》に定まる、
【※5】待つ所有らん哉《や》、其の道を廸《ふ》むべし、

而不レ可レ離其法可クレ
準フ而不レ可レ膠也秘シテ
而不レ藏辨シテ而屢明カナリ
攻ムルレ堅後ニレ節ヲ洪鐘有リレ撞ニ
唯入テ二堂奥ニ一獲
本朝中古渉リレ藝ニ唱ル二
此法ヲ一者有二數十家一
為二其道一恃レ強ヲ而擅二ニシ
疎暴一守レ柔而嗜二細

而《しこう》して離るべからず【※6】其の法に
準《なぞら》うべし、而して膠《こう(にかわ)》すべからざる也、【※7】秘して
藏《かく》さず辨《べん》じて屢《しばしば》明かなり
【※8】堅を攻むるに節《ふし》を後《あと》にす、【※9】洪鐘《こうしょう》撞に有り、
唯堂奥に入《いり》て獲《う》る、
【※10】本朝中古藝に渉《わた》り
此の法を唱《とな》うる者数十家あり、
其の道為《た》る強を恃《たの》みて
疎暴《そぼう》を擅《ほしいまま》にし、柔を守って細《さい》

利ヲ一或偏ニ二于長ニ一好二于
短ヲ一也搆ルノレ刀ヲ法託シテ出シ二
數種ヲ一為シレ表ト為レ奥ト鳴
呼道無二二致一何ゾ脆
謬ナル哉鬻レ邪貪ルレ名儔
舞シレ法ヲ衒ヒレ術ヲ眩-二曜シ世
人ヲ一勝トキハ二其狭少ニ一則所レ
謂有ルハレ術勝レ無レ術片
善ハ勝ツレ無ニレ善足ランレ云レ道ヲ

利《り》を嗜《たしな》む、或は長に偏《ながきへん（かたより）》【※11】に、短を好む
也、【※12】刀を搆ゆるの法、託《たく》して
数種を出《いだ》し、表と為し奥と為す
嗚呼《ああ》【※13】二致《にち》無し、何ぞ脆《し》【※11】
謬《びゅう（あやまりをかさねる）》なる哉、邪《よこしま》を鬻《ひさ》ぎ、名を貪《むさぼ》る儔《ともがら（たぐい）》
法を舞《ぶ》し術を衒《てら》い世人を眩曜《げんよう》し、
其の狭少【※15】に勝つときは
謂《い》う所の術有るは術無きに勝ち
【※16】片善は善無きに勝つ、道を云うに足らんや（邪）、

邪無レ所二一ツモ取一吾儕
潜メレ精ヲ鋭メレ思ヲ陳ジテ二于茲一
而初テ融會ス矣夫武
夫行坐常ニ佩ビ二二刀ヲ一
願二其用之便利ヲ一故道
根サス二二刀ニ一二曜麗ツクレ天ニ法
樹タツ二五用ヲ一五緯拱フレ極ニ
所下以幹-二轉シ乎歳運ヲ一
衝-中拒スル突起ヲ上也為レ

一つも取る所無し、吾儕《わなみ（われら）》
【※17】精を潜《ひそ》め思を鋭《するど》め茲に陳《ちん》じ
而《しこう》して初て融會《ゆうかい》す、夫れ武《ぶ》
夫《ふ》は行坐《ぎょうざ》常に二刀を佩《お》び
其の用の便利を願う、故に道【※19】
二刀に根ざす、【※20】二曜天に麗《つ》く、【※21】法
五用を樹《た》つ、【※22】五緯《ごい》極に拱《むか》う
以て歳運《さいうん》を幹轉《あってん》し
突起《とっき》を衝拒《しょうきょ》する所也、

搆ヲ要有二五法一時ニ措ク
有レ義必非レ有ニ三操テレ刀
為スコト二表奥ヲ一若夫一旦
有ルトキハレ故則長短并ヒ挺ク
短非二必長クスルニ一短而
往テ敵ス而シテ短モ必亡トキハ則
徒手ニシテ搏レ之勝利無二
往トシテ不一レ在レ吾ニ也至乃《シカノミナラズ》
尋モ不レ足寸モ有リレ餘強キモ

搆を為す要【※23】五法有り、【※24】時に措《お》く
義有り、必ず刀を操って
表奥を為すこと有るに非ず、若《も》し夫れ一旦《いったん》
故《こと》有るときは長短并《なら》び挺《ぬ》く、
【※25】短必ず長くするに非ず短にて
往きて敵す、而《しこう》して【※26】短も必ず亡《なき》ときは、
徒手にして之を搏《ばく》す、勝利
往くとして吾に在らざる無き也、【※27】至乃《しかのみならず》
尋《じん(ひろ)》も足らず、寸も餘る有り、強きも

可クレ施而弱キモ有リレ設皆
欲下不二偏好セ一時執ント中其
中ヲ上而シテ中者天下之
正道也我ガ道斯ニ規トル
焉或有レ間曰ハン詎ソ庸
有二知ト與二一レ否乎趙括
蹶キレ秦ニ留侯佐クレ漢ヲ有レ
智無レ智相較トキハ則何ゾ
有三ラン魚目之唐二突スルコト隋

施《ほどこ》すべく而して弱きも設《もう》くる有り、【※28】皆
偏好《へんこう》せず時に其の中を執《と》らんと欲《ほっ》す、
而して中《ちゅう》者《は》天下の
正道也、我が道斯《これ》に規《のっ》とる
或いは間ありて曰ん《(ある人、しばらくありて曰うとも読める)》、「詎庸」【※29】《なんぞ》、「庸、」《もちいる》詎庸《なんぞもち》いるに
知と否《ひ(しからず)とも》與に有らん乎、【※30】趙括
秦に蹶《つまず》き、留侯《りゅうこう》漢を佐《たす》く、
【※31】智有り智無き相較ぶるときは何ぞ、
魚目《ぎょもく》の隋珠《ずいしゅ》に唐突《とうとつ》すること有らん

珠ニ一抑古ノ将有リレ曰ヘルコト剱ハ
一人ノ敵而学ハントレ撃コトヲレ萬ヲ
又隘局也達シテレ已ニ目ミレハレ
之ヲ萬陣ノ勝北完城
陥潰顯然相形ハル猶レ
示ガニ其掌ニ一咨嚋カ其為シニ
小又大一也凡習者ニハ
諄諄然トシテ誘カハ能有ランニ旁
達スルコト一非ニ易トシテ而詰ルニ一其求ルレ

抑古《そもそもいにしえ》の将曰《いえ》ること有り、【※32】剱は
一人の敵、而して萬を撃つことを学ばんと、
又隘局《あいきょく》也、已《すで》に達して之を目《み》れば、
萬陣の勝北《しょうはい》完城の
陥潰顯然相形《かんかいけんぜんあいあらわ》る、猶《なお》
其の掌《たなごころ》に示すがごとし、【※33】咨嚋《ああたれ》か其れを
小又大と為《なし》し也、凡そ習う者には、
【※34】諄諄然《じゅんじゅんぜん》として誘《みちみ》かば、能く旁達《ぼうたつ》すること有らん、
【※35】易として詰《なじ》るに非ず、其の之を求むるに

之ヲ釋テレ曲ヲ趨ムキレ正日《ヒビニ》練
月《ツキヅキニ》鍛厲マシレ己ヲ積トキハレ功ヲ則
神而符會シ目撃可レ
存ス周旋形トリレ道服テレ闇ニ
不レ愆他ノ期無シレ有コトレ噬ムコトレ
臍ヲ而後能得黨《モシ》有ラン下
手技卓絶騁スル二百巧
之變ニ一者上其技惟レ谷《キハマリ》
傳レ人則猶レ拾レ藩也

【※36】曲を釋《と》きて正に趨《おもむ》き、日々に練り、
月々に鍛え、己を厲《はげ》(勵)まし功を積むときは、
神に符會し目撃存すべし、
【※38】周 旋道に形《のっと》り、闇に服して
愆《あやま》らず他の期臍《ほぞ》を噬《か》むこと有ること無し、
而して後能く得、【※39】黨《もし》
手技卓絶百巧
の變に騁《は》する者有らん、其の技惟谷《これきわ》まり
人に傳うるときは、猶《なお》【※40】藩を拾うがごとき也、

獨我カ道得テレ心應スレ手ニ
而シテ必有レ為コト二百世ノ師一
亜レ此ニ之後有ラハレ言レ道ヲ
必従ハン二吾道一也道ハ同
一軌何多ナラン哉縦タトヒ夫
厭ヒレ舊ヲ吐クハレ新ヲ舍テ二夷路ヲ一
踰二曲徑ヲ一也天鑑非二
誇而大スルニ一此道可コトレ言
如シレ茲誰（唯）有三誠心ト與二

獨り我が道心に得て手に應ず、
而して必ず【※41】百世の師為《た》ること有り、
此れに亜《つ》ぐの後、道を言う有らば、
必ず吾が道に従わん也、道は同《どう》
一軌《いっき》、何《た》ぞ多ならん哉、縦《たとい》夫れ
舊を厭《いと》い新《あたらしき》を吐くは、【※42】夷路を舍《すて》て
曲徑を踰《こ》ゆる也、【※43】天鑑
誇りて大するに非ず、此の道言うべきこと
茲《かく》の如し、誰（唯の誤り）誠心と

直道一耳因テ為二之カ序ヲ一

宮本武蔵守

朱印玄信判

寛永十七年（一六四〇）

三月吉日

荒木権右衛門尉殿

直道《じきどう》有る耳《のみ》、因《よ》って之が序を為す

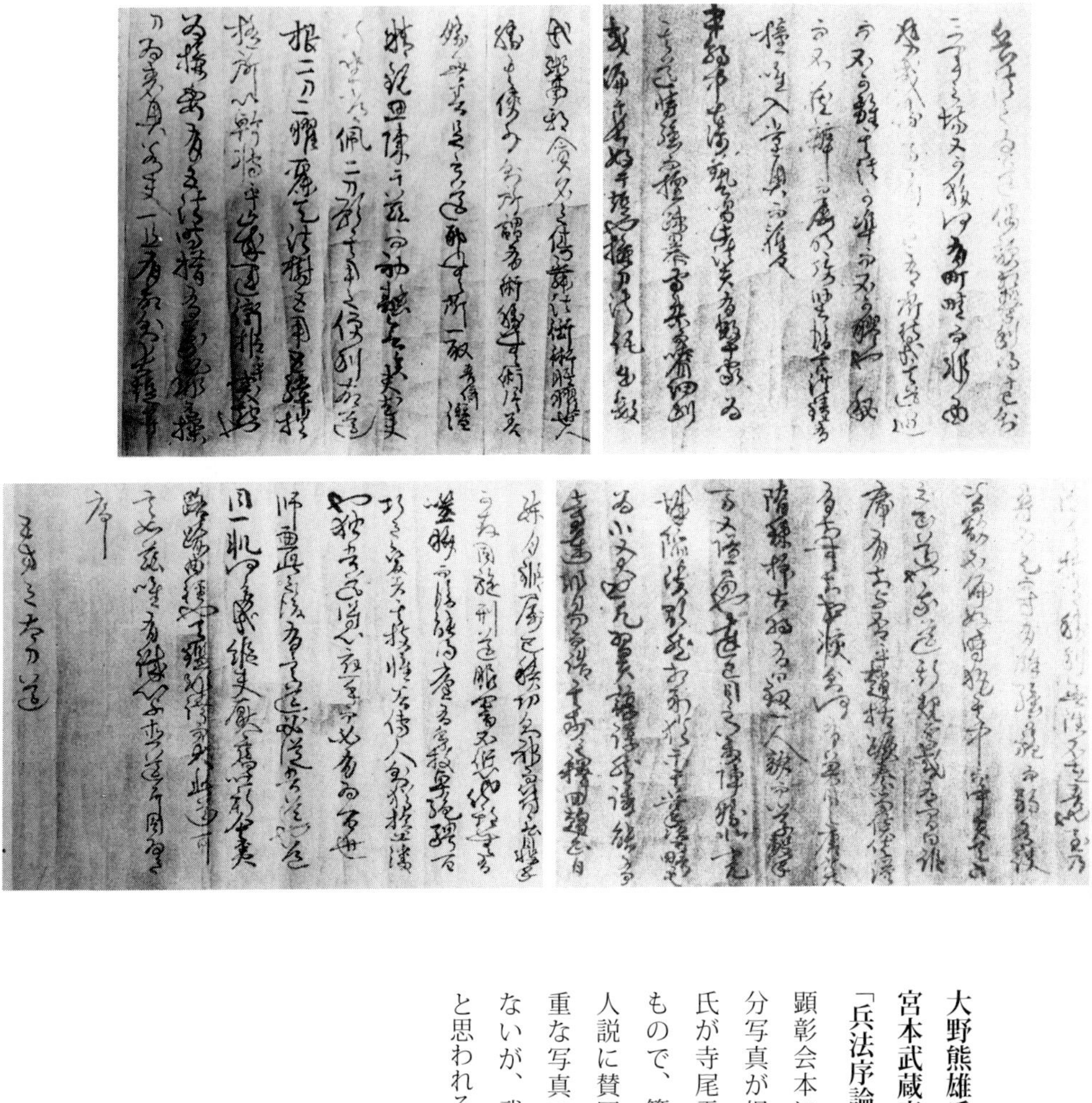

大野熊雄氏提供
宮本武蔵真筆
「兵法序論」写真
顕彰会本に寺尾氏蔵として一部分写真が掲載されている。大野氏が寺尾雲起氏より購入されたもので、筆者の武蔵義軽玄信同人説に賛同し提供いただいた貴重な写真である。年号の記載はないが、武蔵熊本移住後の執筆と思われる。

【註】武蔵の読書範囲を探る興味もあり、引用原典の探求を試みました。

※1、「兵法の道たる」というこの冒頭《ぼうとう》の言葉は武蔵の剣の理念を明示したもので、剣術の理は、大の兵法にも推し拡げることができると述べている。『五輪書』地の巻に於ても、武士は只死ぬるという道を嗜《たしな》む事と思っているが、義理を知り恥を思い死する所を思いきる事は、百姓町人でも差別がない。武士が兵法を行う道は、何事に於てもひとにすぐるゝ所を本とし、或は一身の切合に勝ち、或は数人に勝ち、主君のため、我身のため名をあげ身を立てんと思う。これ兵法の徳を以て成就《じょうじゅ》するのであり、何時にても役に立つように稽古し、万事に役立つように教えるのが兵法の実の道であり、兵法の道を大工の棟梁にたとえ、師は針、弟子は糸となって、たえず稽古あるべきなりと説いている。これが武蔵の根本理念である。

※2、「己に得る」顕彰会本は「已《すでに》」とある。原文写真は「己《おのれ》」と読めるが、草書体では、「己」「已」の見きわめは困難であるが、ここでは、自然と、おのずと、という解釈で、己と読んでおいた。文意はどちらでも通じる。顕彰会本は、この他二ヶ所、「達巳」「勵巳」と誤った箇所がある。

※3、「三軍」中国周の軍制で、諸侯の大国の持つ三万七千五百人の軍隊。一軍は一万二千五百人、天子は六軍、諸侯の大きいものは三軍、次が二軍、小さいものは一軍を持つと、『周礼《しゅらい》』大司馬《だいしば》に見える。また軍隊の前鋒中堅後拒、左翼中軍右翼、全体の軍隊をいうが、ここでは単に大軍の意味。武蔵は小の兵法剣術の理を大の兵法にうつし、三軍の場に活用せんとし、さらに推し進めて兵法の徳を以て、治国平天下の道に役立てんと志し、

或は幕府に、或は尾州はじめ仕官の道を求めたが望みを果たせず諸国遍歴の浪々のまま修行を重ね、漸く晩年に至り、肥後熊本藩主細川忠利の知遇を得て、鬱懐《うつかい》を吐露《とろ》せんと思いしに、恨むべし、僅か年余にして知己《ちき》の主の逝去《せいきょ》にあい、大《たい》の兵法は遂に活用の場を失ったが、小《しょう》の兵法は、寺尾求馬助という万人に超越したる相伝者を得て、二天一流は百世に伝えられ特に熊本に於ては盛んである。

※4、「町畦」ちょうけい、ていけい。町も畦も田のくぎり。田のあぜ、転じて物のけじめくぎりをいう。『荘子』(人間世編第四)「彼且為町畦、亦與之為无町畦《かれかつちょうけいをなさばまたこれとともにむちょうけいをなせ》」

※5、「待つ所」頼みとする所。『荘子』(斉物論篇《せいぶつろんへん》)「吾有待而然者邪《われはまつありてしかるものか》、吾所待《わがまつところ》、又有待而然者邪《またまつありてしかるものか》」

※6、「其法可準而不可膠也」何事も規則法度《はっと》を遵守《じゅんしゅ》し、基本に忠実なる事は大切なれど、余りに拘泥《こうでい》するときは、心身の自由を失うものなり。法に入りて法を出《い》ず。格を学びて格を破るともいう。碁将棋《ごしょうぎ》も定石《じょうせき》は学ぶべく、定石のみにては勝てざるが如し。「膠」は、にかわ、ねばりつく。膠を謬と誤った写本もある。

※7、「秘而不蔵辨而屢明」極秘は秘密であって秘密でなく、それは日常の稽古の中に屢《しばしば》説き明かしている所であり、奥は奥にあらず、口《くち》は口にあらず直道《じきどう》の心魂なき太刀は死に太刀であると、平常稽古の心得を説いている。

※8、「攻堅後節」節はふしめ。『礼記《らいき》学記』に、「善問者如攻堅木《よくとうものはけんぼくをせむるごとく》、先其易者《そのやすきものをさきにし》、後其節目《そのふしめをあとにす》」武蔵は、『五輪書』風之巻、他流に奥表という事の項で、「我兵法の教え様は、初めて道を学ぶ人には、其わざのなりよき所をさせならわせ、合点《がてん》のはやくゆく理を先におしえ、心の及びがたき事をば、其人の心をほどくる所を見わけて、次第々々に深き所の理を後におしゆる也」と説いている。堅固な城を攻めるにも、節目（要害堅固な所）を後回しにして、攻め易い所から攻める。木を挽《ひ》くにも節目の堅い所を避《さ》けるが如し。

※9、「洪鐘有撞唯入堂奥獲」洪鐘《こうしょう》は大きなつりがね。道は一歩より、学ぶにも順序あり。易《やす》きより入り堅に至る。鐘を撞《つ》かんと思えば堂奥に入れば獲られるが、堂奥に入るには、先ず門戸より敷居を越えて初めて堂に登る。而して堂より室に入り、さらに室の奥に至る。即ち入り易い所が口《くち》であり、進んで高明正大の境に至り、さらに進んで秘奥精微の境に達するのである。『礼記《らいき》学記』に、「善待問者《よくといをまつものは》、如撞鐘《かねをつくがごとし》、叩之以小者《これをたたくにしょうなるものをもってすれば》則小鳴《すなわちちいさくなり》、叩之以大者《これをたたくにだいなるものをもってすれば》、則大鳴《すなわちおおいになる》、待其従容《そのしょうようをまち》、然後盡其声《しかるのちそのこえをつくす》、不善答問者反此《よくといにこたえざるものはこれにはんす》」師匠は鐘の如く学ぶ者の撞く力に応じて小さく鳴り、また大きくなる。即ち大きな響きを得ん（深く道理をとらえ質問をくりかえす）と思えば、それだけ堂奥深く入らなければならぬ。師匠は常に大きく鐘を撞く者を待っているのである。

※10、「本朝中古」中世、なかむかし、封建《ほうけん》時代。一般に鎌倉時代から室町幕府滅亡頃まで。（十二世紀末から十六世紀末頃まで）

※11、「偏于長好短」武蔵は『五輪書』風之巻、他流に短き太刀を用ゆる事の項で、短き太刀計《ばかり》にて勝んと思うこと実の道にあらず、短い太刀を以て相手の振る太刀の透間《すきま》を切らん、飛び入らん、捉えんなど思う心は万事後手になりまた短い刀は大敵の中にては役立たず、強力の者は大きな太刀をも軽々と振るものなれば、無理に短き太刀を好むべきにあらずと説き、他流に大なる太刀を持つ事の項では、我兵法よりして是を弱き流と見たつるなり、兵法の理を知らずして太刀の長きを得《とく》とし、敵相遠き所より勝ちたく思うが故に、長き太刀を好む心あり、それは心弱き故なるにより、弱き流と見たつるなりと説いている。即ち武具の大小長短は、一長一短あり、時と所に随い、手に叶い身に応じたるを用うべく、長短偏好の狭い心を嫌っている。

※12、「搆刀法託出數種為表為奥」搆は構に同じで、古文は概ね手編で、現代は木編の構を使用している。託の字は顕彰会本では訖とある、訖は、おわる。とまる。いたる。ことごとく。ついに。という意味があるが、原本武蔵真筆は託である。
武蔵は『五輪書』風の巻「他流に太刀の搆を用ゆる事」の項で、太刀の搆を専らにする所はひが事也、世の中に搆あらん事は敵のなきときの事なるべしと、構えるという後手《ごて》の心を最も嫌っている。しかし二天一流にも五方の構あり、五方、三先とて旦夕《たんせき》習わす所なるも、有構無構とて、これはみな人を切らん為にして、構えると思わず切る事なりと思うべしと説いている。また、他流に奥表という項で、兵法の事に於て、何れを表と云い、何れを奥と云ん、藝によりことにふれて極意秘伝などと云て、奥口あれ共、敵と打合時の理に於ては、表にて戦い、奥をもって切ると云事に非ず、兵法実の道に於ては、中々に人里近くなりにけり、余りに山の奥を尋ねて、の歌の心の如く、奥おくにあらず、口くちにあらず転変肝要なりと説いている。

※13、「道無二致」二致は二つの旨趣。武蔵は生死の道たる兵法を渡世《とせい》の手段に心得て、なるべく技をみばえよくこしらえ、或は表とし奥と称し、いろいろ実のない技を構え、目録伝授の段階を複雑にして売物にしつらい、富貴権門に阿諛迎合《あゆげいごう》して、利を以て免許印可を授けたりする俗流を極端に嫌ったのである。

※14、「貤謬」あやまりをかさねる。貤は「イ・シ」貤に同じ。順序次第を立てて重ねる意味。貤を施と誤った写本もある。

※15、「狭少」武蔵真筆写真は「侠少」とある。荒木権右衛門宛伝書をはじめ顕彰会本も殆ど「狭少」とある。侠は男伊達、おとこぎ、侠少は男気のある少年の意味である。狭少は狭く小さいという意味である。狭少は写本の誤写であろうと思う。

※16、「片善勝無善」片善は少しの善行であるが、ここでは、少しばかりよくする者。無善はその反語。「多是《おおくはこれ》以小術《しょうじゅつをもって》而勝無術《むじゅつにかち》、以片善《へんぜんをもって》勝無善《むぜんにかつ》」（『李衛公問対上《りえいこうもんたいじょう》』）李靖《りせい》、衛国公《えいこくこう》に封ぜられたので、李衛公《りえいこう》という。李靖が太宗《たいそう》と兵法を論じた語を集めたものという。孫子・呉子・六韜《りくとう》。司馬法《しばほう》・三略・尉繚子《うつりょうし》と共に武経七書の一つという。李衛公問対は三巻あり。実は宋の阮逸《げんいつ》の偽撰ともいう。武蔵の読書の一端が窺われる。

※17、「潜精鋭思《せんせいえいし》」とも読める。潜精は、精神を潜めこらすこと。専心に研究すること。鋭思は、注意を集中すること。一生懸命に。一心に。

※18、「融会」ゆうかい。とけさとる。自然に了解する。

※19、「道根二刀」どうこんの二刀とも、根は、ね、もと、根本。武蔵は、武士は常に二刀を帯するものであるから、この二つの利を知らしめん為に、太刀刀《たちかたな》を両手に持って道を仕習う事が実の所であり、一命を捨てる時は、道具を残さず役に立てたきものなり、道具を役に立てず、腰に納めて死する事、本意にあるべからず、然《さ》れども、両手に物を持つ事、左右共に自由には叶いがたし、太刀を片手にてとりならわせんが為なりと、『五輪書』地之巻、此一流二刀と名付る事で説いている。何事も初めは成りがたし、太刀も振りつければ道の力を得、振りよくなるものなりと、教えている。

※20、「二曜麗天」にようれいてんとも二曜は、太陽（日）と月、曜は燿《よう》（かがやく・ひかり）に同じ。武蔵は二刀の一流を二曜に象《かたど》り二天と号したが、二天の意は、人は常に天恩を蒙っているが、天の外にさらに一天あり、それは恩人を云う意味もある。（後漢書《ごかんじょ》、蘇章伝）武蔵は天体の円満自然のまま支障なき運行に象り法を五用に樹つと説いている。麗天は、天につく。『易経』離に、「日月麗乎天《にちげつてんにつき》、百穀草木麗乎土《ひゃくこくそうもくつちにつく》」とある。

※21、「法樹五用」顕彰会本は五用を五角と誤記している。武蔵は構を五方に樹て、五行（万物を生ずる火木金水土の五元素）に象り、上段を火となし、左構を木となし、右構を金となし、下段を水となし、中段を土となし、これを中央の位とす。『五輪書』水之巻、五方の構五つの表次第の事。顕彰会本所収写真、鎮山居士原田氏筆写の中段指掌図解に、「以㆓掌臂肩足心㆒象㆓之北極五星㆒、而拳臂肩足為㆓四輔星㆒、心為㆓紐星《ちゅうせい》㆒、道根二刀以象㆓

之烏兎二曜一、法樹二五用一以象二之五行一、而上段為レ火左搆為レ木右搆為レ金下段為レ水中段為レ土位二中央一、蓋《けだし》木火金水之四者所三‐以出二中央一也、故以二中段一為レ本且夫氣如二陰陽之運動一以無レ止、技如二風雲変旋一以無レ盡レ爾」とある。（訓点筆者）

※22、「五緯拱極《ごいきょうきょく》」「所下‐以斡二‐轉乎歳運一衡中‐拒乎突起上也」五緯は五星。金木水火土の五つの星。二十八宿は左に転じて経となり、五星は右に旋《めぐ》って緯《い》となる。五星聚、五星連珠の語あり。「何謂五星、東方木也、南方火也、中央土也、西方金也、北方水也」（『漢書五行志』）拱極は、星拱と同意にして北極星に向うこと。転じて四方の民が天子の徳化に帰すること。「子曰《しいわく》、為政《まつりごとをなすに》以徳《とくをもってすれば》、譬如北辰居其所而衆星共之《たとえばほくしんのそのところにいてしゅうせいのこれにむかうがごとし》」（『論語』為政）

北辰は北極星にして天の枢《すう》なり。その所に居て動かざるなり。共は拱に作り向うなり。衆星四面を旋繞《せんぎょう》して帰《き》向《こう》するなり。政を為すに徳を以てすれば、天下これに帰向す。武蔵は二天一流の徳を五緯拱極《ごいきょうきょく》をもって表現す。かくなればこそ、天の運行は障碍するものなく、歳月はとどこおりなくめぐりかわってゆくわけで、二天一流は天の実相を仰いで創意工夫した円満の兵法であるから、その前を立ち塞《ふさ》ぐことはできない。したがって二天一流は逝去不絶の兵法で永遠に存続するものである。世俗兵法の世渡りのために見栄《みば》えよく表を飾り、奥をしつらえ、幾段も伝授段階を設けるような兵法でないことを強調している。

※23、「五法」武蔵は基本として五法（上中下左脇右脇構）、三先（懸の先、たいの先、たいたいの先）を反復教習させた。肥後熊本藩水足屏山《みずたりへいざん》も次の如く、その特長を述べている。

「其術五法三先、旦夕《たんせき》所レ習是而已《のみ》、学レ之之法以二誠心一為レ要、以二直道一為レ極、若至レ静而不レ偏不レ倚動而無二過不及一者乃所レ謂中也、百戦百勝之道於レ是而存矣」

※24、「時措有義」「必非有操刀為表奥」 措は、おく。はからう。「時宜之宜也。吾得二其時一而用也。」 措は用のごときなり。五法の構は、それぞれ時と場合時宜《じぎ》に応じて用うのであり、決して刀を操って表奥をなし人に見せびらかすものではない。

顕彰会本に、「操刀」が「操力」となっているのは誤植であろう。

※25、「短非必長短而往敵」 短はみじかい刀、長は長い刀であるが、長は①長ずる。すぐれる。まさる。たくみになる。という意味と、②長さ寸法を意味する場合と両様あり、①の解釈によれば、短い刀が得手《えて》でないのに短い刀で敵に向ってゆくとなり、②の解釈では、短い刀は不得手であるのに、寸法の長い刀を用いずに短い刀のまま敵に向うというように、二通《ふたとお》りの解釈ができる。

※26、「而短必亡則徒手搏之勝利無往不在吾也」 上記のように不得手の短い刀で敵に向えば負けることは必《ひつ》定《じょう》であり、こんな相手なら素手《すで》でもこれを搏《う》つ(または捕える)ことができ、勝利は往くとして吾にあらざるなし。

※27、「至乃尋不足寸有餘強可施而弱有設」が、荒木権右衛門の写本では、「至乃」の処をしかのみならずと読ませている。昔はそのように書いたのか知らぬが、今は「加之《しかのみならず》」と書く。右の意味は、長さに余分があれ

ば適当に短かくし、短　かすぎれば適当に長くする。

『三略（上略）』に、「軍讖曰《ぐんしんにいわく》、柔有設所《じゅうはもうくるところあり》、剛有所施《ごうはほどこすところあり》、弱有所用《じゃくはもちいるところあり》、強有所加《きょうはくわうるところあり》、兼此四者《このししゃをかね》、而《しこうして》、制其宜《そのよろしきをせいす》」とあり、何事も極端に走らず、『論語（雍也《ようや》）』にも「子曰《しいわく》、中庸之為徳也《ちゅうようのとくたるや》、其至矣乎《それいたれるかな》」とある。顕彰会本は、可施が可弛と誤記している。

※28、「皆欲不偏好時執其中而中者天下之正道我道斯規焉」
右の註27に述べるように、皆好みに偏らず、その中を執《と》らんとす。中は天下の正道であり、二天一流は、ここに規《のっと》るのである。武蔵は、他流の長きにかたづき（偏好）、つよき、よわきとかたづき、あらき、こまかなるという事も、みなへん（偏）なる道として嫌い、我が一流においては、太刀に奥口《おくくち》なし、構に極りなし、唯心を以て其徳を辨ふる事是兵法の肝心也と、『五輪書』風の巻に述べている。中《ちゅう》は孔子のいう徳の至高とする所で、武蔵も中段を中央の位とし構の本位なりと中墨《なかずみ》の重要性を説き、大の兵法では中段を大将の位としている。敵を打つにも必ず眉の中間を打たざれば勝ちを得ずと、小倉の碑文にも見える。

顕彰会本は「時執其中而中而中者天下之正道也」と・印の個処が重複している。校正ミスと思われる。

※29、「詎庸有知與否乎《なんぞもちいるにちろひともにあらんや》」詎庸《なんぞもちいるに》とも読めるし、詎、庸一字でも何ぞと読む。庸詎もまた、なんぞと読む。なんぞを庸詎と書いた例が『荘子』（斉物論篇）に見える。「庸詎《なんぞ》知吾所謂知之非不知邪《われのいうところのちのふちにあらざるをしらん》、庸詎《なんぞ》知吾所謂不知之非知邪《われのいうところのふちのちにあらざるをしらん》」
自分が知っていると言った事が、本当は分かっていない事であるかも知れないし、自分が知らないと言った事

が、本当はわかっている事かも知れない。荘子独得の言いまわしで、人の判断は突き詰めてゆけば、いかに当てにならないものであるかと言っているのであろう。荘子流に云えば、賢《かしこ》いと思っている人が馬鹿な事をしたり、愚か者と思っている人が立派な事をしたりする、賢愚無差別、万物斉同《ばんぶつせいどう》ということになる。武蔵は『荘子』を読んでいたことが窺える一節でもある。武蔵は皮肉ったのかも知れぬ。

※30、「趙括蹶秦留侯佐漢」趙括《ちょうかつ》は中国戦国時代の趙の将軍。父の趙奢《ちょうしゃ》もすぐれた将軍であった。趙括は少時より兵法を学び軍事を論じては、父の趙奢も一歩を譲る程であったが、趙奢は子の趙括を誉めなかった。趙奢の妻が、その故《ゆえ(わけ)》を問うと、「戦いは生死の際《きわ》である。しかるに括《かつ》は無雑作《むぞうさ》にこれを言う。もし将来趙国が悴の括を大将にさせるようなことがあれば、趙の軍を破滅させるのは必ず括であろう」と。果たせるかな、秦将白起《はっき》と長平《ちょうへい》に戦い、まんまと白起の策略に陥《おちい》り大敗し、降卒《こうそつ》四十万を坑殺《こうさつ》され、趙括自身も射殺されたという。
(前二六〇)白起坑降《はつきこうこう》の故事。

長平の戦いを前にし、趙国の名将趙奢は既に死亡し、藺相如《りんしょうじょ》も病床にあり、趙王（孝成王）は廉頗《れんぱ》を将軍に起用した所、守備を固める態勢を整えるばかりで、敵を攻めようとはしなかった。一方趙を攻めあぐんだ秦は間者を放ち、秦が恐れるのは趙括だと越王に吹きこんだ。趙王も成る程と思い、埒《らち》のあかぬ廉頗《れんぱ》を解任し趙括を起用せんとした時、藺相如《りんしょうじょ》が、趙王を諫めて、「括は父の書伝を読むのみで、合戦の経験がなく、いわば琴柱《ことじ》に膠《にかわ》して瑟《しつ》を鼓《こ》す（琴を弾《ひ》くのに琴柱を膠で固定して音調を一定したようなもので、応変がきかぬ）如きである」と止めたが、趙王は聴《き》かずして趙括を起用した。はたして老練の秦の白起に翻弄《ほんろう》されて大敗したのである。

ちなみに、藺相如と廉頗は、刎頸《ふんけい》の交わりの諺を生んでいる。武蔵はこの趙 括を不知の代表者として選んだ。

『史記列伝』の引用である。留侯は張良《ちょうりゅう》のことである。父祖ともに韓の宰相《さいしょう》をつとめた。韓を滅した秦の始皇帝暗殺に失敗、下邳《かひ》に潜伏していた時、老翁黄石公から太公望の兵書を授かり、のち沛公劉邦《はいこうりゅうほう》の帷幄《いあく》の臣となり、戦略を駆使《くし》して項羽《こうう》打倒に大功を立てた。ことに鴻門《こうもん》の会では劉邦の危難を救い、遂に項羽を平らげ、漢の統一後、留侯に封じられた。字《あざな》は子房《しぼう》といい後世名参謀の代名詞となった。武蔵はこの子房を知の代表として趙括と、有智無智を較べてみせたわけである。

※３１、「有智無智相較則何有魚目之唐突隋珠」荒木権右衛門宛写本は、智、武蔵真筆は、知とあるも同意。有智無智相較三十里の故事《こじ》あり。武蔵はこの形式に倣《なら》ったものであろう。故事は、魏《ぎ》の武帝、嘗《かつ》て曹娥碑《そうがひ》下を過ぐ。楊修《ようしゅう》従う。碑の背上に、黄絹幼婦外孫《こうけんようふがいそん》韲臼《せいきゅう》の八文字を見る。楊修すでに解するも武帝解さず。共に行くこと三十里にして始めて意味を悟る。すなわち黄絹は色糸にして絶の隠語、幼婦は少女にして妙、外孫は女《むすめ》の子にして好、韲臼《せいきゅう》は辛味《からみ》の食物の容器にして辞、よってこの八字は、「絶妙好辞」の隠語となる。娥は、後漢《ごかん》の孝女、上虞《じょうぐ》の人、父が江に溺死して屍を得ず。娥年十四、江に沿って号哭《ごうこく》し昼夜声を絶たず、十七日して江に投じて死す。五日にして父の屍を抱きて浮かび出るという。（『世説新語』捷悟）魚目は魚の目、魚目混珠《ぎょもくこんしゅ》とか魚目燕石《ぎょもくえんせき》、珠《たま》に似て非なるもの、贋物が本物を乱すたとえ。隋珠は隋侯に助けられた大蛇が報恩のため献じたという玉。天下の至宝のたとえ。（『淮南子《えなんじ》』）唐突はつきあたる。ふれ犯す。抵触《ていしょく》。一見表面上は紛らわしくても、贋物《にせもの》（魚目）と本物（隋珠）の見分けは明らかである。

※３２、「剱一人敵而学撃萬又隘局也」
剣術は一人対一人の勝負であり、そんなものは学ぶに足らぬ。それよりも一人で万人に当る兵法を学ぶ方がよい。と言った少年時代の項羽の言葉、『史記』（項羽本紀）に、「項籍少時、学レ書不レ成、去学レ剣、又不レ成。項梁怒レ之。籍曰、書足三以記二姓名一而已。剣一人敵、不レ足レ学。学二万人敵一。於レ是項梁乃教二籍兵法一。籍大喜、略知二其意一、又不二肯竟一レ学」項羽名は籍、羽は字である。楚の人で伯父項梁と共に挙兵し、漢の高祖劉邦と共に秦を滅して楚王となったがのち劉邦と覇権《はけん》を争い、垓下《がいか》に囲まれて烏江《うこう》で自刎《じふん》した。鴻門《こうもん》の会、四面楚歌《しめんそか》などでも知られる（前二三二～前二〇二）
武蔵は、剣術を単に一人の敵に勝つ技術と見るのは、剣の心を知らぬもので、兵法の理に於て、一人と一人の勝負は、万人と万人の合戦にも見立つべきで、一心以て万法に応ずとも云い、『五輪書』地之巻に、剣術一通り理定かに見分け、一人の敵に自由に勝つ時は、世界の人に皆勝つ所なり。一人に勝つという心は、千万の敵にも同意なり。将たるものの兵法小さきを大になすこと、尺のカネを以て大仏を建てるに同じ。また一人にして十人に勝つなれば百人にして千人に勝ち、千人にして万人に勝つと説いている。
武蔵は項羽の言葉を取りあげて、隘局《あいきょく》（考えのせまいこと）なりと反論しているのだが、これは項羽の少年時代の話で、その頃の項羽は、剣も成らず、習字も自分の名前さえ書ければそれで充分だと自棄《やけ》っぱちに言い放ったまでで、不覊奔放《ふきほんぽう》の野生児であった武蔵自身は少年時代を思い較《くら》べて感ずる所があったのではなかろうか。

※３３、「咨疇」　ああたれか。
咨は、はかる。とう。ああ。なげく。ああと感嘆の舌打ちをあらわす擬声語。例えば、『論語』尭曰《ぎょうえつ》に「天の暦数《れきすう》（ま

わりあわせ）爾《なんじ》が躬《み》に在り。允《まこと》に其の中を執れ。四海困窮せば、天禄《てんろく》（天の下し与えるさいわい）永く終《お》えんと。

疇《ちゅう》は、うね。さきに。たぐい。ともに。たれ。（誰。孰と同じく不定のものをさす言葉）

※34、「諄諄然誘能有旁達」
諄諄は、ていねいにくりかえし教えいましめるさま。

誘は、さそう。いざなう。引きだす。才能を引きだすこと。みちびく。

旁達は、あまねく達する。広くゆきわたること。『論語』子罕《しかん》に、「夫子循循然善誘人博我以文《ふうしじゅんじゅんぜんとしてよくひとをいざなうわれひろむるにぶんをもってし》約我以禮《われやくするにれいをもってす》」とある。武蔵はこれに倣《なら》ったと思う。

※35、「非易而誥」 易は、容易《ようい》に。たやすく。古訓に、あなずる。かろがろしく。
誥《こう》は、上位の者から下位の者に告げ知らせる。また教えさとす。いましめ。古伝書を見ると、殆ど誥を詰と書いてある。例えば 前後詰とか三人詰とか見える。詰をなじると読む方がよいかも知れぬが、侮って教えるにあらずと解しておく。

※36、「釋曲」 武蔵真筆は、「釋囬」とあり、囬は回の異体字である。回は古訓に、たがう。まがる。よこしまとあるから釋曲も釋回も意味は通じる。
顕彰会本も、荒木権右衛門宛伝書と同じく釋曲とある。釋回は『礼記』に、「礼釋回増美質《れいはかいをときびしつをます》」とあり釋回は邪辟《じゃへき》をすてさること。邪辟は、よこしまでかたよる。ひがみ。ねじけることで、釋はこれを取り去ることであるから、

回も曲も意味は同じである。

※３７、「目撃可存」　目の前にあるべし。『荘子』（田子方《でんしほう》篇）「仲尼曰《ちゅうにいわく》、若夫人者《かのひとのごときは》　亦不可以容聲矣《またもってこえをいるべからず》」と見え、武蔵はこれに倣ったのかも知れない。

※３８、「周旋形道服闇不愆」　荒木権右衛門宛写本は、形道とあるが、武蔵真筆は、刑道とある。しかし形も刑も、のっとるとよむ。顕彰会本は、刑道とある。

服闇不愆《あんにふくしてあやまらず》は、暗《くら》い所で居るときも過《あやま》ちを犯さない。暗い所は、人目《ひとめ》の無い所。他人が見ていないからとて悪事をせぬこと。転じて、他人の見ていぬ所でも修行を怠らぬこと。闇夜の独学。闇夜の独り舞いの例《たとえ》と同じ意味である。『中庸』の君子の道に、「闇然而日章《あんぜんとしてひにあきらかなり》」で、人目につかぬように行っても、結果は日ごとに明らかになるものである。

※３９、「黨有手技卓絶騁百巧之變」

黨は、とう。たぐい。ともがら。もしとよむ。顕彰会本は、儻とある。儻は、もし。こいねがわくは。の意味があり、黨に通じて用いると辞書にあるから、儻の字の方が適当かも知れぬが、武蔵真筆は黨となっている。

卓絶《たくぜつ》は、すぐれて比べるものがない。すぐれひいでる。百巧は、種々のたくみ。多くの技術。変は、変化。百巧の変は、千変万化の意。騁《てい》は、はせる。きわむ。顕彰会本は、駛《しう》の字に誤っている。駛は、もとめる。さがすの意味である。意味は通じるが、武蔵真筆は騁《てい》である。

※40、「其技惟谷傳人則猶拾藩也」顕彰会本には、拾藩とあり、諸書も顕彰会本を引いたためか、拾藩としたものが多い。昭和四十九年に筆者が発刊した『日本剣道史』十一号において、武蔵真筆写真を掲載し、拾藩とあることを知りながら、拾瀋、または拾瀋という言葉があり、瀋《しん》も潘《はん》も汁《しる》の意味で、拾瀋拾潘共に準備がなくては事が成らない喩《たと》えとされている。これまで考察してきた通り、武蔵は中国古典類を巧みに引用したり、その形式に倣ったりして、この五方の太刀道序を作成しているので、もしかして拾瀋か拾潘と書くべき所を、うっかりして拾藩と書き誤ったのではないかと思い、原文拾藩とあるは、潘または瀋を書き誤ったものかと、記述したが、今改めて読み返してみると、これは筆者の考えすぎで、武蔵真筆のとおり拾藩と読めば、二天一流の剣技にすぐれた弟子が出来、千変万化に応じ、その技を極めて又人に伝えるときは、それらの弟子たちは、全国各藩の師範として招かれ、それぞれまた弟子を指導し取り立てれば、二天一流は全国に弘まり、その数は指折り数えきれなくなるであろう。たとえ自分一人の生命は死んでも、二天一流の兵法は脈々と継続し百世の師として不絶の生命を保つことが出来るのであるという、このように解釈すれば、案外武蔵は真筆通り拾藩と書いたもので、顕彰会本の拾藩は、学者の学の深さからくる深読みかも知れない。

※41、「百世の師」百代の後まで人の師と仰がれる人。『孟子』（盡心下）「聖人百世之師」『蘇軾《そしょく》の韓文公廟碑』「匹夫而為百世師」などの例がある。

※42、「舎夷路蹄曲徑也」夷路は、平垣な道。曲徑は、まがりくねった道。

真っ直な道をすてて、遠回りするようなものだ。顕彰会本は、曲徑が回徑とある。

※43、「天鑑《てんかん》」天帝の照覧。

この兵法序論は、明治四十二年刊行された宮本武蔵の遺蹟顕彰会編纂の『宮本武蔵』の九三頁〜九四頁にかけて掲載されている。当時寺尾雲起氏所蔵のもので、宮本武蔵直筆として誰もが認める所で、顕彰会本の写真の頁に、寺尾氏所蔵として、兵法三十五條の一部分と同頁に兵法論序、寺尾氏蔵として、最初の部分五行程の写真が載せられている。その当時は寺尾雲起氏所蔵のものであったが、のち大野久磨夫氏が譲り受けられ、筆者が昭和四十九年に研究誌『日本剣道史』十一号に編纂すべくお願いし、写真を提供していただいたもので、全文掲載することができた。今となっては、この十一号に掲載の写真のみが武蔵真筆を立証する根拠となった貴重なものである。ただし、これには年号もなく執筆の年月がわからなかったが、その後、寛永十七年三月吉日、宮本武蔵守玄信から荒木権右衛門尉に授けた同文の兵法序論のコピイを入手した。幸いにもこれには訓点が施されてあり、今回はそれによって読み下し、研究誌十一号に掲載したものは、解説も不充分の点が認められるので、解り易く、難解な字句の引用原典を探求し、武蔵の読書の範囲を考察する興味もあり、全文を概ね意味が通じるようにと、細かく注解を加え、読者にも納得していただけるように配慮した次第である。しかしこれで万全という意味ではなく、その作成年月も不明であるし、研究はこれからが本番となるであろう。それと云うのは、筆者はこれまで、研究誌九号と十一号に於て武蔵が義軽と名乗って、処女傳書兵道鏡を紀州藩士落合忠右衛門に授けたのが、慶長十年極月、翌十一年四月に圓明流印可を授けており、筆者が武蔵真筆と主張しても義輕という名前を疑い綿谷雪氏や先生方が偽物扱いをし、筆者の義輕＝玄信同人説を否定されたが、今回、小田原市立図書館に、義輕が水野日向守に授けた慶長十三年十二月付の兵道鏡伝書の発見もあり、元和元年の大坂夏の陣には、大和口先鋒を命じられたこの水野日向守勝成に従って勝成の一子勝重の守護を命ぜられ、黒門口より大坂城へ入った記録もあり、伝書の筆蹟筆癖から見ても同一人に間違い無い点、もう一度公明正大な判断をお願いする次第である。なおこの荒木権右衛門宛の兵法序論の署名に、初めて武蔵玄信と署名していることである。伝授の年号、寛永十七年三月、これが恐らく初めて玄信と改名した伝書であろうと思う。何故ならば、藩主細川忠利の命により兵法三十五箇条を奉ったという年号は、寛永拾八年二月吉日となっており、これも新免武蔵玄信と署名しているが、荒木権右衛門宛の方が一年早いからである。恐らく武蔵は長年の放浪生活から知己の藩公細川忠利の知遇を得て、心機一転、生涯を忠利公に捧げんと決意し、修行放浪時代の義輕から玄信と改名したのは、この荒木権右衛門に授けた寛永十七年三月より一ケ月前、即ち忠利公に招かれた二月より玄信と改名したのではなかろうかと思われる。細川忠利公という誰よりも諸国浪々の一介の武芸者である自分を認めてくれた嬉しさである。士は己を知る者の為に死すと史記に云うように、武蔵も知己の主君忠利公の情誼に報《むく》いんと心を決し、心気一転の意味を込めて、名乗りも玄信と改めたとも想像される。しかし運命の神は呆気《あっけ》なくこの両者を引き離してしまったのである。それは次の寛永十八年辛巳《かのとみ》年の項に述べる。

「兵法序論が義輕＝玄信を立証する」

さきに掲載した兵法序論は写本であるので武蔵の真筆兵法序論は、十一号に掲載した大野久磨夫氏提供のものを写真掲載する。これは明治四十四年四月、宮本武蔵遺蹟顕彰會より刊行された「宮本武蔵」の写真の頁に、兵法論序（寺尾氏蔵）として、最初の「兵法の為道より六行目迄」掲載されている。また別の頁に、武蔵自筆として、「戦氣寒流帯月澄如鏡」に二天道楽の署名がある。これは松井男爵蔵とある。これが何故に義輕と玄信を同一人を証明しているかというと、兵法論序には、道の字が十六ヶ所に記載され、そのくずし字は「」となっている。戦氣の署名二天道楽の道のくずしも「」と同じ癖字である。これが武蔵の筆癖である。では武蔵義輕と署名した慶長十年・十二年の落合忠右衛門に授けた兵道鏡の道のくずしも玄信筆と同様「」慶長十三年の水野日向守宛の伝書でも「兵道鏡」の道の字は「」このように全く玄信と同じくずし方をしているのである。武蔵顕彰会本が、兵法論序や戦氣の書を武蔵自筆としている限り、道のくずし字の一致は偶然義輕玄信同一人を証明していることになる。なお昭和四十七年九月廿日付、大野熊雄氏より頂いた写真入り葉書にも、「獨吾道得心應手而必有為百世師」と「」のくずしが前記と同じである。字癖というものは老年になっても変わらないものと初めて知った次第である。義輕という名前がおかしいからと、真実を知らず、ただそれだけで偽者と断定する先生方の反省を促すものである。誤説を世に広めてはならない。武蔵ではないが百世までも誤らせてしまうのである。撃剣叢談がその例で、今だに先生方を惑わしているではないか。

義輕と　玄信同じ　証拠には　道のくずし字　見れば瞭然
道の字の　くずしを見れば　すぐわかる　義輕玄信　同じ筆くせ
道の字の　くずしを見れば　誰も皆　同じ人だと　納得がゆく
真実を　極めもせずに　附和雷同《ふわらいどう》　史実《しじつ》蠹毒《とどく》の　罪を知るべし

多言の必要はあるまい。若年時代の義輕と晩年の玄信の筆蹟が「」の一字に於て全くピッタリ一致しているのである。それでも先生方は義輕を玄信の偽者と断言することができますか。反論があればお聞かせ下さい。

義輕を偽者とする根拠をば列挙して下さい反論を俟つ。

第六章　「三十五箇条」そして「五輪書」

「三十五箇条」を細川忠利に呈上

寛永十八辛巳《かのとみ》年（一六四一）（勝成78歳、勝俊44歳、武蔵58歳）

○付記

二月、細川越中守忠利の命により、武蔵兵法の書三十五箇條の覚書を呈上す。

三月十七日、細川忠利公病死す。五十六歳。顕彰会本は五十四歳とあるが、これは忠利の没後尼となり保壽院と号し、慶安二年十一月二十四日没した忠利の室と取り違えたものか。室保壽院は小笠原秀政の女《むすめ》で徳川秀忠が養女として忠利に嫁せしめた人である。『寛政重修諸家譜』第二（三二〇頁参照。）

この主君《きみ》に仕えて二天一流を　百世までも永久《とわ》に伝えん　と思いしに、無情の風時を選ばずで武蔵の落胆の程は察するに余りあるが、そう落胆してばかりもしておられぬ。この三十五箇條は同時に寺尾求馬助信行にも相伝している。この信行こそ、あの気難し屋の武蔵が珍しく絶賛する弟子で、「千君万民卒に此道を指南するといえども、一人も真の道に移らず、真の道を得ざれば真の伝授現すことなし、信行兵法の智賢《ちかしこ》く一を以て十を覚《さと》る、其器万人に超えたるが故に兵法の通利自在を得ること妙なる哉」と心底からよき弟子を得たことを喜んでいる。この時信行二十一歳である。すでに終《つい》の栖《すみか》と覚悟をきわめ、小倉を辞して熊本に来た武蔵の心中を察するに、幸いにも生涯の知己《ちき》ともいうべき藩主忠利公に巡りあい、しかも天稟《てんぴん》の兵法好きの素質を認め、ゆくゆくは修行上達を見きわめ、心技熟すれば、二天一流の神髄を相伝し、藩主自ら宗師とし嫡々相伝を累《かさ》ねて行けば、二天一流は永久に絶ゆることなしと、藩主忠利公に寄せる期待は絶大なるものがあったに違いない。会《え》者定離《しゃじょうり》とはいえ、それはあまりにも儚く無惨にも武蔵の夢を打ち砕いてしまった忠利公の死であった。武蔵自身も忍び寄る病を思い、自己の余命を自覚した時に、武蔵の脳裏に、吉岡はじめ巖流等々、これまで撃ち倒してきた強敵たちの姿が、次々と浮かんでは消えた。その他幾十人の命が、己が二天一流完成の犠牲となって無念の死を遂げたことであろう。この犠牲の上に完成した二天一流を後世に伝えずにこのまま自分一代で埋没させてしまっては、無駄に人の命を奪ったことになり、天罰を蒙ることになる。亡魂を供養するためにも、二天一流は死後不滅の流儀として後世に伝えねばならない。武蔵のこの真摯な天の祈りを見事に受け継いでくれる若者が出現したのである。その人こそ寺尾信行であった。「如何なる宿縁《しゅくえん》にてか、先生の志、他と異にして因縁深かりければ、此道を稽古し先生の心源を移し得て道を得たり」と、信行自身も述懐しているとおり、武蔵の心魂は若き信行自身に染みこんで行ったのである。

熊本藩は江戸で嫡子肥後守光尚《みつなお》（23歳）が、三月二十三日父忠利が国元で病むの報を得て帰国の暇を賜い、二十五日遠江国浜松に至るとき、すでに父死亡せるを知り、直ちに江戸へ引き返し、五月五日遺領を継ぐ。そして翌十九壬午《みずのえうま》年（一六四二）五月朔日、はじめて入国の暇を賜ったのである。

「五輪書」執筆に入る

正保二乙酉《きのととり》年（一六四五）（勝成82歳、勝俊48歳、武蔵62歳）

○付記

寛永二十癸未《みずのとひつじ》年（一六四三）十月上旬、武蔵巖殿山に上り、霊巖洞で五輪書の執筆を始めてより一年半、病を押して著述も完成に近づきつゝある四月、再起不能を自覚して家老衆に贈った一書を、『二天記』は次の如く載せている。この書は、五年前に武蔵が寛永十七庚辰《かのえたつ》年（一六四〇）二月、坂崎内膳に提出した口上書と共に、研究上逸すべからざる文書である。（ふりがな傍点筆者）

「態《わざ》と各《おのおの》様まで以書附御理申候《かきつけをもっておことわりもうしそうろう》、兼て病者に御座候處、殊に當春煩《わずらい》申候て以来、別て手足難立罷成《たちがたくまかりなり》候、此前拙者年久敷《としひさしく》病気故、御知行之望抔不仕罷在《などつかまつらずまかりあり》候、先越中（さきの忠利）様御兵法御數寄《おすき》被成《なされ》候故、一流之見立申分度存、粗《あらあら》兵道之手筋被成御合點候時分《ごがってんなされそうろうじぶん》、無是非仕合《ぜひなきしあわ》せ失本意《ほんいをうしない》候、兵法之利とも書附上可申旨御意《もうすべきむねぎょい》候へども、書付迄に御合點如何敷存下書斗調《いかがわしくぞんじしたがきばかりととのえ》差上、兵道新敷見立《あたらしくみたて》候事、儒者佛者之古語、軍法之古沙汰をも不用《もちいず》只一流を心得、利方の思を以、諸藝諸能の道とも存、大形於世界之理《せかいにおいてのり》明らかに得道《とくどう》候へども、世に逢不申體《もうさざるてい》無念に存候、今迄世間兵法にて身過《みすぎ》候様に存候、右様之事は眞の兵法の病に成申候事に御座候、世に拙者一人之儀古今之名人に候へば、奥意御傳へ可申《もうすべく》候處、手足少も叶不申《かないもうさず》候、當年斗《ばかり》之命も難斗《はかりがたく》候へば、一日成とも山居仕、死期之體、世上へ對し蟄居《ちっきょ》候事被仰付《おおせつけられ》候様に、御取成可被下《おとりなしくださるべく》候、以上。

四月十三日　宮本武蔵
玄信判
式部殿
監物殿
宇右衛門殿
参」

上記文中に筆者が圏点を付した個処をご覧下さい。武蔵は憚ることなく、「拙者一人之儀は古今の名人に候へば」と、自分で自分のことを古今の名人と断言しているのである。この他にも伝書中の文言を拾ってみても、

「仕合して負けたる事なければ、他流の奇特いらぬものなり」

「兵法大智《ひょうほうだいち》の我なれば、尋ねさぐるに奇特《きどく》なし。我にまさりて積む者、前々後々にあるべからず」

「天上天下《てんじょうてんげ》唯我獨《ただわれひとり》我兵法之智識也《わがひょうほうのちしきなり》」

「兵法の心法は何れの流によらず、至誠の道は我なす所に随わざれば、真の道に非ず」

「たとえ旧を厭い新を吐くは、夷路《いろ》を舎《す》て曲径を踰《こ》ゆるなり」

「天鑑誇りて大するに非ず、唯誠心と直道《じきどう》とあるのみ」

現代の私達の常識では傲慢不遜《ごうまんふそん》、鼻持ちならぬ自信過剰の断言である。成る程武蔵は十三歳にして新當流の有馬喜兵衛をうち殺してより、天下一の兵法者を目指し、自己鍛錬切磋琢磨工夫の二刀剣術を以て圓明流と名付け、闘争本能をむきだしにして、つぎつぎと天下に名ある兵法者に挑戦しては打ち負かし、仕合を挑む者に

対しては一蹴し、遂に六十余度の勝負に一度も敗れることなく、見事に天下一の兵法者たることを実証して見せたわけである。

しかし誰もがその実力を疑わなかったかというと、そうでもなく、直木三十五氏の武蔵非名人論があり、それに反駁《はんばく》する菊池寛氏の武蔵名人論等々毀誉褒貶《きよほうへん》、評価は十人十色である。傲慢無礼《ぶれい》、高慢天狗《こうまんてんぐ》、不羈奔放《ふきほんぽう》、覇気満満《はきまんまん》、自画自賛《じがじさん》、狷介不遜《けんかい》、孤高独歩《ここうどっぽ》、秋霜烈日《しゅうそうれつじつ》、唯我独尊《ゆいがどくそん》、武蔵を評する四文字熟語はこの他事欠《ことか》かない。

武蔵も『五輪書』に述懐しているように、闘争本能に明け暮れたのは、十三歳より二十八、九歳までの事で、「三十を越えて跡を思ひみるに兵法至極して勝つにはあらず、おのづから道の器用ありて天理を離れざる故か、又は他流の兵法不足なる所にや、その後猶も深き道理を得んと朝鍛夕錬してみれば、おのづから兵法の道に合ふ事我れ五十歳の比《ころ》也、それより以来は尋ね入るべき道なくして光陰を送る、兵法の理にまかせて諸芸諸能の道となせば、万事において我に師匠なし」と、五十歳以後の武蔵、殊に先述したように、熊本に来て細川忠利公の死に直面して以後の武蔵は脱俗、いわば色即是空の禅境に没入していたように思われる。であるからこそ『五輪書』の最終巻に「空之巻」を設け、「武士は兵法の道を慥《たしか》に覚え、其外武芸をよく努《つと》め、武士の行ふ道少しも暗からず、心の迷ふ所なく、朝々時々に怠らず、心意二つの心を磨き、観見二つの眼をとぎ、少しも曇りなく迷ひの雲の晴れたる所こそ実の空と知るべき也」と、武士たる者の実の空を述べ、次の語句で結んでいる。

「空有善無悪　智ハ有也利ハ有也　道ハ有也心ハ空也」と。

北海道の多田家より提供された資料の中に左の如き空に関する記録がある。作者は不明であるが、これまで、空を論じた記事を見ないので掲載しておく。

空有善無悪蓋有也《くうはぜんありあくなしけだしうなり》、理者有也《りはうなり》、道者有也《みちはうなり》、此専ラ天道ヲ語ル也、空《くう》ハ虚空也《こくうなり》、天ノ称也、無声無臭《こえもなくかもなきもの》ナル故ニ空ト云、コレ天心ノ霊妙ニシテ見聞スベカラザル所ノ名也、本ヨリソノ本体ハ善悪ノ名ヅクベキモノナシ、有善無悪ト云ハ、ソノ空ノ用所《ようしょ》ニ就テ説《とく》也、空ハ本体ナレドモ、ソノ動キ働ク所ニ就テ云ヘハ、萬　物ヲ生々スルノ外ナシ、万物ヲ生々スルハ、即《すなわち》善也、秋ノ落葉モ下ニ生ズル故、上ニ枯ルルナレバ、天心ハ、モト物ヲ害スルノ意アルニ非ズ、コレ善アリ、悪ナキ也、空ニ有無《うむ》ノ論ハ付ケラレネドモ、ソノ用所《はたらき》ニ就テミレバ、無トハ云ベカラズ、畢竟ハ有ト云ノ外ナシ、故ニ盖《けだし》有也ト云也、ソノ自然ニ萬物ニ筋《すじめ》ノ具《そな》ハルモノヲ理ト云リ、理ノママニ萬物ノ形ヲ以蹈《ふ》ミ循《したがう》ヲ道ト云、故ニ皆有ト云也。

本文ノ主意ハ、天ハ本ト空ニシテ無心ナル故ニ、ソノ用モ善ナリニ行ハレテ、理モ道モ皆悪ナクシテ實有ナルトニコトヲ語リテ人モ亦如此《かくのごとく》ナルベキヲ示サントナリ。

心者空也《こころはくうなり》、空天ノ本体ニ付云　善悪無《ぜんあくなし》、理有善悪道者有也《りぜんあくありみちはうなり》、心者空也《こころはくうなり》、

道ト心トノ分別ヲシラス為ニ、重ネテ道者有也心者空也ト云也、道ノ有ナルハ、心ノ空ナルニ本ヅクベキ意ヲ示セルナルベシ。

此専人道《これもっぱらじんどう》ヲ語ル也、上文《じょうぶん》天道ノナリヲ脩行スル工夫《くふう》ノアル所也、人ノ心形迹《かたちあと》ナキモノナル故、即空也天ノ本体ト同ジ　ソノ空ナル所ハ、イマダ業形《わざかたち》ニアラハレヌ所故、明鏡止水《めいきょうしすい》ノゴトクナル、本体ニテ無念無想ナレバ、左トモ右トモ動カヌ所故、善悪ノ名ノ付ラレヌ場合ナリ、故ニ無善悪《ぜんあくなし》ト云、少《すこし》ニテモ動ケバ、善悪トナル、本心ノママに動ケバ即上文ノ有善無悪ナリニテ、空ノママ也、内心ノママニ動ケバ、悪也、空ノママニ非ズ、天ニ背ク也、故ニ本心ノ本体ヲ無善悪《ぜんあくなし》ト語ル也、

理有善悪《りぜんあくあり》トハ、専ラ業ノ上ニ付テ云也、ソノ業ニ理不理《すじふすじ》アリ、コレ善悪也、心ノ本体善悪ナク、空ナルモノナ

レドモ、ソノ動キヤウニヨリテ、業《わざ》ノ善悪ノ筋分ル、ヨツテ人ノソノ業ヲ脩行スル道モ亦《また》善悪雲泥《うんでい》ノカハリトナル、然レバ無善悪《ぜんあくなき》心ノ本体ヲ磨キ立ルヲ脩行ノ根本トスルナリ、本文ノ主意ハ人ソノ本心ノ本体ヲ失ヘバ、即《すなわち》天道ニ背《そむ》クナレバ、理モ道モ皆悪ニ流ルルコトヲ語リテ、脩行ノ根本ヲ示セリ、

○前ニ空ニ有善無悪《ぜんありあくなし》ト云ハ、天ヲ空ト云ヘバ、空ノ一字ニ善悪ナキ天ノ本体ハコモルユヘ、ソノ動キ働ク所ニ付、有善無悪《ぜんありあくなし》ト云、天ハ無心ナル故、悪ノ動キナシ、後ニ空無善悪《くうぜんあくなし》ト云ハ、人ハ有心《うしん》ナルモノナレバ、動キ働ク所、悪ニ流レヤスキ故、本心ノ本体ニ付テ、無善悪《ぜんあくなし》ト云也、心ハト云ヘバ、ソノ動クノ有心ナルコトミルベシ、有心ナル人ハ無心《むしん》ニ返ルベク、無心ナル天ハ無心ナリニ行ハルルノ意ヲ示セルナラン、空ノ説前後辞《ことば》ハ異ナレドモ、ソノ指ス所ノ、カハルマデニテ、意ハ一ツナリ、以上。（筆者不明。ふりがなは筆者付す）

—・—

五月十二日、武蔵は遺言として独行道二十一箇条と『五輪書』を寺尾孫之丞（33歳）に与えた。孫之丞は、求馬助の兄である。そして、五月十九日、武蔵は千葉城　の邸に於て死亡す。「遺言に任せ、甲冑を帯し六具を固めて入棺し、飽田郡五丁手水弓削村の地に葬る、兼約により泰勝寺春山和尚引導す、國君代拜、諸士會葬、尤も厳重なり、この時一天晴れたるに、俄に曇りて雷一聲あり、葬場大に騒動せりといふ」と、顕彰会本に見える。年齢は六十二歳とも六十四歳ともいう。（実は土葬ではなく、火葬したのが事実らしいともいう。）

『五輪書』は、寺尾孫之丞より承応二癸巳《みずのとみ》年（一六五三）十月二日、柴任三左衛門に相伝されたが、その奥書に、寺尾孫之丞は空之巻について次のように述べている。

「神（新）免玄信公、予に相伝之所うつし進之《これをすすめ》候、就中《なかんずく》空之巻は、玄信公永々の病気に付て、所存之程あらはされず候、然ども四冊之書の理、あきらかに得道にて、道理をはなれ候へは、おのづから空の道にかなひ候、我等数年工夫いたし候所も、道利を得ては道利をはなれ、我と無為の所に至候、只兵法はおのづからの道にまかせ、しづかなる所、うごかざる所に、自然とおこなひなし、豁達《かったつ》して空也、實相圓満兵法逝去不絶、是は玄信公碑名にあらはしおかるるもの也、能々《よくよく》兵の法を可有鍛錬《たんれんあるべき》也、以上。」

現在『五輪書』として知られているのは、細川家蔵本という寛文七丁未《ひのとひつじ》年（一六六七）二月五日、寺尾夢世勝延から山本源介に授けたものである。言うまでもなくこれは武蔵の自筆ではない。この伝書は柴任三左衛門が寺尾孫之丞から伝授した時から十四年も後のものである。武蔵直筆の原本は美濃紙の草稿のまま寺尾孫之丞に相伝されたというから、武蔵の難解な独得の癖字《くせじ》に加えて、病気を押してのふるえる手で最期《さいご》の気力を振い起しての執筆であるから、ずいぶん寺尾も写し取るのに苦労したと察せられる。そして伝書を冊子仕立てに作成し、柴任三左衛門に授与したのである。

それより十四年後、寺尾孫之丞（夢世勝延と改名）は山本源介に『五輪書』を授けたが、これを祐筆の古橋惣左衛門が藩主細川光尚の命を受けて書写して献上したものが、現在五巻の巻物仕立てとして、細川家に伝わる『五輪書』という。柴任はこの時、別に一巻を筆写して所持したともいう。柴任三左衛門美矩は、肥後熊本に於て寺尾孫之丞信正より二天一流を相伝し、後筑前にて黒田光之に仕え采地を賜り、扈従を命じられた。この間に、吉田太郎右衛門實連は柴任に学び、延宝八庚申《かのえさる》年（一六八〇）四月二十二日、五輪書を相伝された。その奥書に、「武州（武蔵）一流至極之兵書五巻寺尾信正に伝《つたう》我是を請《うけ》て三代之兵法を次《つぐ》といえども、いまだ武州之心を得ず、然共《しかれども》貴殿此道に志有て二十六年之間、執行不絶《しゅぎょうたえず》、いやしくも我請る所一流一通令伝授《でんじゅせしめ》、今五巻之書不残《のこらず》相渡也、於兵法《ひょうほうにおいて》ろくと云は中立之位、しづかなる事、岩尾《（巌）》のごとく成て、敵に発事、直道也、敵につく事なかれ、敵を爰《ここ》に取て剱を蹈《ふむ》者也」と記している。柴任は後故あって黒田家を致仕し、播州明石の浦に幽居し、薙髪して道随と号した。生没年月日、年齢共に不明。

広島藩に円水流を伝えた多田源左衛門は、円明流を龍野円光寺の住職で宮本武蔵直伝の多田祐甫の弟子三浦源七延貞より相伝し、また柴任三左衛門にも学び、かつ水野柳滴の弟子大矢木又左衛門に水野流居合をも学び、師の柴任、三浦両師に相議し、両流を合併して円水流という居合剣術を創立し、後広島藩の師範となり、代々相伝して維新に及んだ。昭和三十八年の頃、筆者に、宮本武蔵義輕と署名のある武蔵直筆の伝書をはじめ、円水流の諸資料を全面的に提供していただいた北海道在住の多田登一氏は、この広島藩師範多田家のご子孫である。当時の筆者は三十八歳、会社勤めの傍ら日本剣道史編纂を志し、研究誌の発行を企画し、全く夜を日に継ぐ無理が祟って身体を毀《こわ》し、生活のピンチの中で、多田伝書に取り組み、難解な古文書解読に悪戦苦闘していた。もちろん古文書に素人《しろうと》の筆者は、くずし字の入門書を頼りに昭和四十七年、九年目に漸く研究誌「日本剣道史」九号を刊行し、宮本武蔵守義軽と兵道鏡と題し、（この一字のために）と副題を添えた。この一字というのは、義軽の軽のくずし字で、従来の写本では、義恒とあったり義経と書かれたり、ある書では義□と伏せ字になっていたりする問題の一字なのです。折角提供して下さった多田氏にも、この儘では申し訳なく、必死の思いで武蔵独得のくねくね難解な癖《くせ》のある文字に取り組み苦心の末に漸く完読し、これこそ玄信武蔵の処女作伝書であると確信したのです。こんな貴重な発見伝書を埋没することはできぬと、編纂誌九号に発表したという次第です。

結果は無惨《むざん》でした。義を軽んずるという名前を武蔵が名乗る筈はなく、常識外れの見解だと嗤われ、『丹治峰均筆記』を引いて、「先師（武蔵）若き時、我武勇源義経に比すと云れしが、直に義経と号せられしと云伝う。彼の世間にある巻物を見れば、是は偽説ならずと聞く」とあり、義経という署名を義軽と見誤っているのではないかと、筆者とは全く逆の見解で、一蹴されてしまったのです。しかし武蔵から相伝を受けた多田祐甫の伝書等は楷書で明確に義輕と書かれており、逆に私は義經と楷書で書かれた伝書は見たことはないのです。それに写本伝書の場合は、筆写する者が、武蔵が義経を尊敬していたという事実を知っていた場合、無意識に義経のくずしと判読することもあると思うのです。ですから写本の軽・経を問題にするのは無意味です。筆者は武蔵自筆の処女作伝書に明確に義輕と、くずし字ではあるが、糸へんのくずしではなく明らかに車へんのくずしで書かれているからこそ自信を持って義輕を主張しているので、名前として不審だとか、義経か義恒の誤りだろうという諸先生の意見には納得できないのです。人の名乗りなど、その人自身の自由で他人の差図は受けないのです。況んや不羈奔放《ふきほんぽう》の武蔵のことです。敢《あ》えて奇《き》を衒《てら》うことが無いともいえません。

どうしても納得のゆかない筆者は、二年後昭和四十九年に「日本剣道史」九号の増補改訂版として、十一号を圓明流宮本武蔵守藤原義軽と兵道鏡と題し、義軽と署名のある武蔵直筆の伝書写真と念の為、楷書で義軽と明記された伝書を掲載し、顕彰会本に武蔵真筆として掲載されている「兵法三十五箇條」「兵法論序」の部分写真と、筆蹟比較を期待し、義軽玄信同一人であることを納得してほしかったのですが、頭から偽者扱いされている先生方の眼から鱗を落としては頂けませんでした。

それから四十年経った現在においても、何の進展もなく旧態依然義恒とか義経とか読んでおられるのです。見直し剣道史を標榜《ひょうぼう》し剣道史編纂を続けてきた筆者にとって真実を否定された侭見すごすことはできず、その後の研究を加え、三度目の正直、伝書等は写真を掲げ、読み下し、解説文を添え、武蔵の真筆か否かの判断に、武蔵の筆癖の最も顕著な「道＝辶」のくずし字を採りあげてみたという次第です。読者の皆様も、この道のくずし字に集注して、武蔵の真筆と定評のある「兵法序論」の（兵法之為道）「戦気寒流帯月澄如鏡」の二天道楽の署名、「兵道鏡」等の道のくずし字を比較していただければ、真偽鑑定を待つまでもなく、真偽は一目瞭然と思うのです。

慶安元 戊子《つちのえね》年（一六四八）（勝成85歳、勝俊51歳）

十月、前大徳江雪叟宗立撰の水野日向守勝成の寿碑銘《じゅひめい》が『水野記』巻十五に掲載されている。漢文で非常に長文であるので省略し、銘文のみ掲載して水野勝成年譜の結びとする。

銘曰

大丈夫漢　家世姓源　功蓋聖代　勇甲武門
婢（※1）視樊酈　奴（※2）呼黝貴　南山猛虎　北（※3）溟巨鯤
巌威風烈　雄辯潮奔　胸秘韜略　口譚孟論
機越格外　名聞黎（※4）元　輔仁良弼　逆耳忠言
義厚朋友　情睦弟（※5）昆　庶民懐恵　群臣渥恩
智謀淵深　笑語春温　経霜松栢　秀叢蘭（※6）蓀
保寿耆（※7）臷　垂福児孫　倍佗老（※8）榜　長汝命根

求真捨妄　楽寂厭喧　観水中月　吟野外村
於古亦罕　如今猶存　預立方石　高擁梵園
雁(※9)横紫塞　鴉翻黄昏　僅認事迹　叩(※10)落筆痕
箇碑不朽　配乾配坤
旹慶安元年戊子《つちのえね》年十月　日
前大徳江雪叟宗立撰

銘《めい》にいわく
大丈夫《だいじょうぶ》の　漢《かん(おとこ)》　家世《かせい(家柄)》姓《せい》は源《みなもと》
功《こう》は聖代《せいだい》を蓋《おお》い　勇《ゆう》は武門《ぶもん》に　甲《こう(すぐれ)》　たり
樊酈《はんれき》を婢視《ひし》し　黝賁《ゆうほん》を奴呼《ぬこ》す
南山《なんざん》の猛虎《もうこ》　北溟《ほくめい》の巨鯤《きょこん》
威風厳《げん》に烈《はげ》しく　雄辯潮奔《ゆうべんちょうほん》す
胸《むね》に韜略《とうりゃく》を秘し　口に孟論《もうろん》を譚《たん》ず
機《き》は格外《かくがい》を越《こ》え　名《な》は黎元《れいげん》に聞《きこ》ゆ
仁《じん》を輔《たす》くるの良弼《りょうひつ》　耳《みみ》に逆《さか》らうの忠言《ちゅうげん》
義《ぎ》は朋友《ほうゆう》に厚《あつ》く　情《じょう》は弟昆《ていこん》に睦《むつ》まじ
庶民《しょみん》は恵《めぐ》みに懐《なつ》き　群臣《ぐんしん》は恩《おん》に渥《うるお》う

智謀《ちぼう》は深《ふか》き淵《ふち》の如《ごと》く　笑語《しょうご》は温《あたた》く春《はる》の如《ごと》し
霜《しも》を経《ふ》るの松栢《しょうはく》　叢《くさむら》に秀《ひい》ずるの蘭蓀《らんそん》
寿《じゅ》を耆耋《きてつ》に保《たも》ち　福《ふく》を児孫《じそん》に垂《た》る
佗の老榜《ろうぼう》に倍《ばい》して　汝《なんじ》の命根《めいこん》を長《ちょう》ず
真《しん》を求《もと》めて妄《もう》を捨《す》て　寂《じゃく(せき)》を楽《たの》しみて喧《けん》を厭《いと》う
水中《すいちゅう》の月《つき》を観《かん》じ　野外《やがい》の村《むら》に吟《ぎん》ず
古《いにしえ》に於《おい》ても亦罕《またまれ》なり　今猶存《いまなおそん》すが如《ごと》し
預《あらかじ》め方石《ほうせき》を立《た》て　高《たか》く梵園を擁す
雁《がん》は紫塞《しさい》に横《よこ》たわり　鴉《からす》は黄昏《たそがれ》に翻《ひるがえ》る
僅《わず》かに事迹《じせき》を認《したた》め　叩《ぬかずい》て筆痕《ひっこん》を落《お》ろす
箇《こ》の碑《ひ》朽《く》ちず　乾《けん》に配《はい》し坤《こん》に配《はい》す

（註）

※1　婢視樊鄺《はんれき》(樊鄺をはしための如くみる)婢は、はしため、下女のこと。婢視は、卑《いや》しめ見下すこと。樊《はん》は、樊噲のこと。樊噲《はんかい》は漢の高祖劉邦の武将、沛（今の江蘇省沛県）の人、秦代末期、陳勝が挙兵した時、蕭何《しょうか》らと劉邦を迎えて公として立て、紀元前二〇六年楚《そ》王項羽《こうう》と漢の高祖劉邦が秦都《しんと》咸陽郊外《かんようこうがい》の鴻門《こうもん》に会し、項羽は范増《はんぞう》の勧《すす》めで劉邦を殺そうとした時、劉邦は張良《ちょうりょう》の計《はかりごと》に従って樊噲に助けられて、窮地《きゅうち》から脱出したことは有名である。戦功多く舞陽侯《ぶようこう》に封じられ武侯と諡《おくりな》す。（前一八九）

酈《れき》は、酈商《れきしょう》のこと。漢の陳留高陽の人、酈食其《れきいき》の弟、沛公劉邦が陳留に至るや四千人を率いて沛公に属し、項羽の軍と戦い、燕王臧荼《えんおうぞうと》、陳豨《ちんき》、黥布《げいふ》を撃つ。曲周侯《きょくしゅうこう》に封じられた。官は右丞相《うじょうしょう》。兄の食其は、沛公に謁し陳留を降すの策を定め、広野君と称せらる。常に説客となり、軾《しょく》に馮《よ》りて斉《せい》の七十余城を降す。淮陰侯韓信《わいいんこうかんしん》が斉を襲うに及び、斉王田広《でんこう》は食其に欺かれたと思い、食其を煮殺した。「軾《しょく》によりて」とは、軾は馬車の車台の前にある横木のことで、馬車に乗ったまま、口先一つでという意味である。「両雄は並び立たず」の名言を残している。両雄はもちろん楚の項羽と漢の劉邦である。『史記列伝』には、（樊《はん》・酈《れき》・滕《とう》・灌《かん》 列伝第三十五）と記述されているから、碑銘の樊酈は、樊噲と酈商のことと思われる。

※2　奴呼黝賁《ぬこゆうほん》（黝賁をやつこよばわりする）奴は、やっこ、しもべ、召使いのこと。人を卑しめて云う語。黝賁は、北宮黝《ほくきゅうゆう》と孟賁《もうほん》のこと。ともに戦国時代の勇士、『孟子』公孫丑上に見える。孟賁は、水を行けば蛟龍《こうりゅう》を避けず、陸を行けば虎兕《こじ》を避けず、怒りを発すれば声天を響動《きょうどう》すという。また生きている牛の角を引きぬいたという力の持主要するに水野勝成の勇猛さを称揚するための誇張した讃辞である。

※3　北溟巨鯤《ほくめいきょこん》『荘子』逍遥遊《しょうようゆう》篇第一に見える。「北冥有魚、其名為鯤、鯤之大、不知其幾千里也、化而為鳥、其名鵬（以下略）」北溟は北の果て、巨鯤は鯤という大魚、架空の物語りである。そもそも逍遥遊とは、心を俗世間の外に遊ばせること、何事にもとらわれない自由な境地に、のびのびと心を遊ばせることであるから、水野勝成の偉大さを南山の猛虎とか、北溟の巨鯤に例えるのも自由ながら、白髪三千丈の類《たぐい》顕彰碑の通例とは云いながら誇張《こちょう》がすぎると却って空《むな》しい。

※4　黎元《れいげん》　あさぐろく日焼けした顔の人民、庶民のこと。元は頭のこと。黎民、黎庶と同じ。

※5　弟昆《ていこん》　昆は兄、なかま、弟昆は弟と兄、兄弟のこと。

※6　蘭孫《らんそん》　香草。転じて美質あるもののたとえ。

※7　耆耋《きてつ》耆は年寄り、耋は非常に老いる。この上ない年齢までいった年寄り。耋と同じ。「説文」に年八十曰耋《てつという》、亦作耋《またてつにつくる》とある。

※8　老榜《ろうぼう》　年老いて科挙の試験に及第《きゅうだい》すること。唐の曹松等五人が七十余歳で及第したのを称した語。優秀な老人という意味に解しておく。

※9　雁横紫塞《がんしさいによこたわる》　紫塞は、万里の長城の別名で、その土の色が紫色であったからいう。鮑照蕪城賦《ほうしょうぶじょうふ》に、「南馳蒼梧漲海、北走紫塞雁門」からの発想か、いずれにしても、『荘子』の逍遥遊の世界で解釈が及ばない。鮑照は南朝宋の詩人。鮑参軍ともいう(四〇五～四六六)。南北朝時代の代表詩人として、謝霊運と並び称せらる。『鮑参軍集』がある。字は明遠。

※10　叩　たたく、ひかえる、ぬかずくの意味がある。叩頭《こうとう》は、ひれ伏して頭を地につけておじぎをする。

叩々は、くりかえしたたく。また誠心誠意を尽くすさま。懇切なさま。叩くの卩の解字は、人のひざまずいた姿を示すとあり、水野勝成の偉大な事績に敬意を表した意味に解しておく。

※11　前大徳江雪叟宗立は、臨済宗《りんざいしゅう》、山城紫野大徳寺第百八十一代、宗立《しゅうりゅう》、字《あざな》は江雪、和泉の人、不如子、枯體子、破鞋子《はあいし》と号す、江月の法を嗣ぐ、初め和泉旭《きょく》蓮社に入り剃髪《ていはつ》、ついで澤庵宗彭《たくあんそうほう》に随い、遂に法を江月に嗣ぎて龍光院の第一頭となる、正保元年（一六四四●甲申）十二月十五日出世し、正保三年（一六四六丙戌）九月廿日開堂し、勅使門に入る、同三十日退院の儀式あり、黒田氏筑前に古心寺を創し、師を請じて開山始祖とす、慶安四年（一六五一辛卯）九月江戸品川東海寺の輪番となる、京都大原村に即心東向の二菴を建て、東海寺内に松泉菴を創す、寛文六年（一六六六●丙午）六月十九日寂《じゃく》す、寿七十二、看松菴に塔す、勅諡《ちょくし》大綱智海禅師という。天和二年（一六八二●壬戌）五月十九日祖堂に入牌す。（紫巌略譜、大徳寺世譜）

宗玩は、臨済宗、山城紫野大徳寺第百五十六代、宗玩字は江月、和泉堺の人、俗姓津田氏、欠伸子、懵袋子《ぼうたいし》、赫々子と号す、春屋の法を嗣ぐ、天正二年（一五七四●甲戌）八月十八日生まる、慶長十五年（一六一〇●庚戌）十一月十五日出世し、後水尾天皇勅して大梁興宗禅師の号を賜う。師龍光院に住す、国主の請により筑前の崇福寺を董す、後本山に瑞源院を建て、師其祖となる、孤蓬菴、寸松菴を建つ、寛永廿年（一六四三●癸未）十月朔日寂す、寿七十、頌に曰く、喝々喝々、と、龍光院に塔す、正保三年（一六四六●丙戌）七月祖堂に安牌す。（紫叢譜略、大徳寺世譜）

以上『増訂日本佛家人名辞書』鷲尾順敬氏編纂、東京美術、昭和六十二年刊によったが、平凡社刊『大人名事典』（昭和二十八年）にも『平戸郷土誌』を引いて、江月宗玩《こうげつそうがん》、小字道丸、春松、宗丸、七歳父に従って京都紫野大徳寺春屋に謁し、九歳同寺に入り、ついで春屋とともに堺南宗寺に転じ、更にまた大徳寺より近江瑞岩寺に入り、黒田長政先考如水のために龍光寺を創設するや、春屋を第一祖とし、その歿後を宗玩に附した。のち第百五十六世の大徳寺住職となり、また筑前崇福寺第七十九世となり、ついで南宗寺第十三世ともなった。後水尾天皇特に大梁興宗禅師の勅号を賜い、高松宮好仁親王をはじめ貴紳の帰依するもの多く、世に澤庵、玉室禅師とともに三神足と併称された。寛永七年（一六三〇●庚午）平戸城主松浦肥前守隆信の請に応じ、はじめて平戸に下り、鏡川小川庵に寓居し、大いに布教につとめた。たまたま幕府平戸藩主に対して切支丹信徒の疑惑を招くに際し、百方奔走するところあり、ついに事なきを得せしめた。爰において松浦家は宗玩を徳とし、伽藍を創建して興国山正宗寺と称し、彼をもって開山第一世となした。かくて平戸に住すること前後七年、のち京都に移った。また宗玩幼より茶湯を父宗及に学び、小堀遠州について蘊奥を究めた。後世茶道を学ぶもの、彼の筆に成るところの書畫を渇仰する所以である。寛永二十年十一月（十月カ）一日京都紫野龍光院において歿す。年七十。（平戸郷士誌）

勝成の師でもあった。

慶安四辛卯《かのとう》年（一六五一）三月十五日

水野勝成この日、福山に於て卒す。

享年八十八。法号徳勝院殿前四品日州太守参康宗久大居士という。寺町の賢忠寺に葬る。賢忠寺は勝成が父忠重の菩提寺として建立したもので、瑞源院殿賢忠勇心大居士からとったもので、曹洞宗始号南陽山、後号護国寺。『新訂寛政重修諸家譜』第六（四十三頁）に、「男勝俊がとき、神道の礼をもって福山の城外八幡の社地に祭り、徳勝霊社と号《なづ》く。勝政がとき、吉田家よりゆるして聰敏霊社とあらため、勝起がとき明和元年（一七六四●甲申）十月二十五日宣下ありて、聰敏明神と号し、年ごと三月二十一日より二十五日まで祭祀することを勅許せらる。室は三村紀伊守家親が女。」とある。室は勝成が流浪中、毛利が家人備中国成羽城主三村越前守の嫡子紀伊守の家に掛人になっていた時には乗之助と変名し、十八石にて仕うと『姓氏家系大辞典』に見える。藤井道齋（もと美作と備中の国境の城主で、小坂信濃守利直と称したが落城して当時浪人、三村を頼り藤井道齋と改む）の女《むすめ》を召し使ったが、この女が慶長三戊戌《つちのえいぬ》年（一五九八）勝成（35歳）との間に生んだのが、長吉勝重、後の美作守勝俊で、女は人質として江戸へ下向《げこう》、諸大名人質相止《や》め、江戸より京都に暫く逗留、それより摂州大坂に下り、正保四丁亥《ひのとい》年（一六四七）十月二十一日大坂に於て病死した。香源院殿誓誉栄寿大禅定尼という。福山城下浄土宗無量山定福寺に納骨す。『寛政重脩諸家譜』に、室は三村紀伊守家親が女、とあるが前妻は藤井道齋の女於登久で勝俊の生母である。

以上をもって年譜を終る。

第七章　巖流について考察

岩流伝書

前に慶長十七年壬子《みずのえね》年（一六一二）の項で後述をお約束した、四月十三日、舟島に於ける宮本武蔵と佐々木小次郎との試合であるが、顕彰会本始め諸書に詳しく新発見もないので省略し、小次郎について少し気になる記事があり、且つ筆者所蔵の岩流伝書があるのでそれを紹介させて頂くことにする。岩流伝書はこれまで発表されたことがなく、筆者もこの伝書は初見のもので、丹後宮津藩のものかどうか判らない。水をくぐったような汚れた伝書で、「岩流目録第二」から第五まで、惜しくも第一が紛失されている。それに「岩流許状之事」と「岩流法度之條々」が添えてある。

岩流は鳥取藩に伝承され、同県出身の武道家で武道史研究の大家亡山根幸恵氏の『鳥取藩剣道史』の著書に詳細に研究されている。

『文禄の頃、伊豆の住人伊藤左近祐久[※1]によってはじめられた。代々中条流を伝えていたが、左近のとき諸流をひろく稽古し、新陰流、新当流、武蔵流など十八流の奥儀を極めたが、どれ一つとして心より納得できるものはなく、いろいろ工夫をかさねていた。あるときふと考えるところがあって、「風車」、「虎切」、「献追」と名付ける三つの技を会得した。そして、「春風になびく柳の糸ゆふも　岩を潰さばくづれぬるべし」として岩流と名付けた。諸流では敵の斬りつける太刀をうけとめ、うけ流して技をほどこすとか、二刀をもって対するとかするが、これは剣道の技としては弱いものである。また「柳の枝に雪折れはなし」という教えが世に広く行われるが、これはものごとの根本をいったものではない。やはり剣術の根本は岩のごとく頑強な技を考えるべきであるというのである。よく戦国の気風をあらわしたものといえよう。左近には多田三左衛門正藤[※2]（丹後国京極高次の家臣）、井上左兵衛、多田善左衛門（三左衛門の子、一[※3]至斎有閑という）の弟子があった。

善左衛門は戦国の世にあっては大太刀の技も当を得たものではあるが、次第に太平の世となり、体力にも強弱いろいろあってみれば同様に大太刀を使うことも困難である。何とかならぬものかと日夜工夫を重ねていた。そして、ついに氏神に参籠して七日間の断食をし、心を砕いていたところ、満願の日に白紙に筆太に一文字のかかれたものを得、心の雲はたちまちはれて、二尺の剣を八相に構えて行う、三ッノ金という技を得ることが出来た。これらの伝を多田氏より受けた加賀信濃重常はまた大太刀をよく使ったというが、年若くして世を去った。

香河重信（加賀ともかく）は幼名を兵七、あるいは半七といい、後に信濃と称した。重常の第三子で元和四年（一六一八）岡山に生れ、移封とともに鳥取に移った人である。外見は非常に柔和であるが、内には剛強の気を秘めており、武術を好んだ。父重常のなくなったときは年僅かに九[※4]歳であった。そのため岩流をうけ継ぐことが出来なかったので、家来松[※5]田六郎右衛門を丹後の多田方へ稽古に出した。数年修行して奥儀をきわめて帰国した六郎右衛門について稽古に励み、精妙の域に達した重信は、承応三年（一六五四）印可をえた。重信は常に「岩流は強きをもって弱きに勝つのみ」であり、「柔能く剛を制すを知らず」といって日夜工夫をかさね、ついに古歌の

深く入り神路の奥を尋ぬれば　また上もなき峯の松風

より「峯の松」という一拍子の技を会得した。また彼は「勝負は時の縁であって、技は自然であるがよく、

無我無敵の境地に入る」ことが大切であり、「十に満つれば一に帰る」ごとく初心に帰ることが最も大切であると説いている。』

以上同書二十三行にわたって写させて頂いたのだが、筆者が註※印を付した理由は次のとおりである。

※註1、伊藤左近祐久　筆者所持の岩流伝書は、右近とある。西山則休七十翁紅山著「武芸伝統録」は、左近とある。昭和三十四年十月、山根幸恵氏が、鈴木源太郎氏の稿本「鳥取藩武芸志」を子息鈴木卓郎氏の許可を得て、謄与された三十二頁の研究誌も勿論、左近とある。「増補大改訂武芸流派大事典」（昭和五十三年刊）、山根氏の著を引いたらしく、左近とある。鳥取系では、左近とあり筆者所持伝書には右近とある。

※註2、多田三左衛門正藤　筆者所持伝書は正勝とある。

※註3、山根幸恵氏は、多田善左衛門を一至斎有閑というと書かれておられ、前掲の「武芸流派大事典」も、多田善右衛門一至斎有閑としているが、善左衛門を善右衛門と誤っている。「武芸伝統録」には多田三左衛門正藤丹後国之人、後為入道號有閑又称一至斉とあり、入道して有閑又一至斎と称したのは、この善右衛門でなく、父の三左衛門が正しいのではないか。『武芸流派大事典』は、山根氏の著に従ったと思われる。それに同書二〇九頁の系図では、伊藤左近祐次となっており、これも山根氏著『鳥取藩剣道史』一二三頁の系図を鵜呑みにした結果と思われる。祐次は祐久の誤記であろう。

※註4、父重常のなくなったとき、年僅かに九歳。この記事が正しければ、父の香河信濃重常の没年は、寛永三丙寅《ひのえとら》年(一六二六)となるが、重常没年は正保二(一六四五)乙酉《きのととり》年ともある。『鳥取藩史』は「元和四(一六一八)戊午《つちのえうま》岡山に生る。(中略)重常死するや重信年纔に九才未だ之を学ぶに及ばず、乃家臣杉田某を宮津に遣し」と書きながら、「寛永十一(一六三四)年甲戌《きのえいぬ》部屋住料として二百苞十五口粮を賜ふ。正保二(一六四五)年乙酉《きのととり》父重常歿す。是より先き二兄弟皆早世す。故を以って重信乃ち家を嗣ぎ八百四十石を領す。」矛盾も甚だしい記事である。父重常が重信九歳の時に死すと書きながら、後半に、正保二(一六四五)乙酉年父重常没すと書いている。初めに重信は元和四(一六一八)年戊午《つちのえうま》生、父重常死亡の時、九歳とすれば、寛永三丙寅《ひのえとら》年(一六二六)父死亡という計算になる。ところが後半の記述では、正保二(一六四五)年乙酉父重常没すと記している。

※註5、杉田某を宮津に遣し、とあるのは、松田の誤記かと思われる。

以上の通り、岩流(巖流)が鳥取藩に伝えられた様子がわかりやすく述べられているので、引用させて頂いたが、筆者所蔵の伝書と相違する点も見受けられ、また記述に疑問も生じた。しかし註記に関しては、他に校合する資料もなく後考を俟つことにする。

またこの流儀に伝わる話として、多田善左衛門の弟に、市郎という者があり、岩流剣術をよく遣ったが、素《そ》行《こう》悪く親兄弟に疎《うと》まれ勘当《かんどう》の身となって武者修行に出掛け、下関辺りで足を留め剣術教授をしていたが、ある時宮本武蔵に試合を申し込まれ、負ければ互に弟子となる約束のもとに立ち合った所、武蔵は市郎の風車という技に敗れて、約束通り弟子となり岩流を学んだというのである。その後武蔵は市郎と表面上は親しく交わっていたが、ある日舟遊びに誘い、酒乱の市郎を切り殺して行方《ゆくえ》をくらましてしまったという。

とかく伝承というものは伝達ゲームのように、どこか真実を匂わすような点があり、追求しようとしても焦点がぼやけてしまう。

舟遊びと舟島、勘当された多田市郎が佐々木小次郎と変名し、下関辺り（舟島のある）で剣術教授をしたというのも匂わすし、風車という技は、虎切が右より振り左より振り返す太刀技とは反対に、左より振り右から返す太刀で小次郎の燕返しと同様である。それに加えて云うならば、岩流の祖伊藤祐久の家も、代々中条流を伝えたと云う。小次郎も中条流小太刀の冨田勢源に大太刀で打ち太刀をつとめたというし、勢源門下の鐘巻自齋にも学んだという説もあり、市郎の家も同じ岩流の家であり、多田家と佐々木小次郎は同じ岩流でもある。岩流の秘剣「風車」「虎切」および逆に振り返し片手で右の股を切る「峯の松」という技を会得し、所謂「燕返しの太刀」と称したのではなかろうかと、想像をめぐらしてゆくと、出自不明の岸流佐々木小次郎の正体こそ、親元から勘当された多田市郎ではあるまいかという説も無下に否定しきれない気持ちがする。

岩流は巖流とも書かれ、虎切、風車の技名は、目録第二に見える。目録第一が失われたのは大変残念で、どんな技名が記されていたか不明である。因みに武蔵は何故か小次郎の試合には一切触れていない。勘繰れば武蔵にとって思い出したくない試合だったのかも知れない。

（目録第一欠）

岩流目録巻之第二
○車《シャ》同捨《シャ》之位《クライ》（筆者註）振り仮名原書のまま。以下同じ
○雄釼《ユウケン》
○虎切《トラキリ》
○闘刀切《トウトウキリ》
○一味《ミ》
○二味《ミ》
○遊《ユウ》月
○長短《タン》之一味《ミ》
○風車《シャ》
○獅子《シシ》之巻《マキ》
○籠《ロウ》之巻
○建待《ケンジ》之一味　（註）懸待《けんたい》の誤記か。
○虎《トラ》之巻
○樊會労《ハンカイロウ》之太刀
○同陰釼《インケン》
○小車《シャ》
○相《アイ》之位

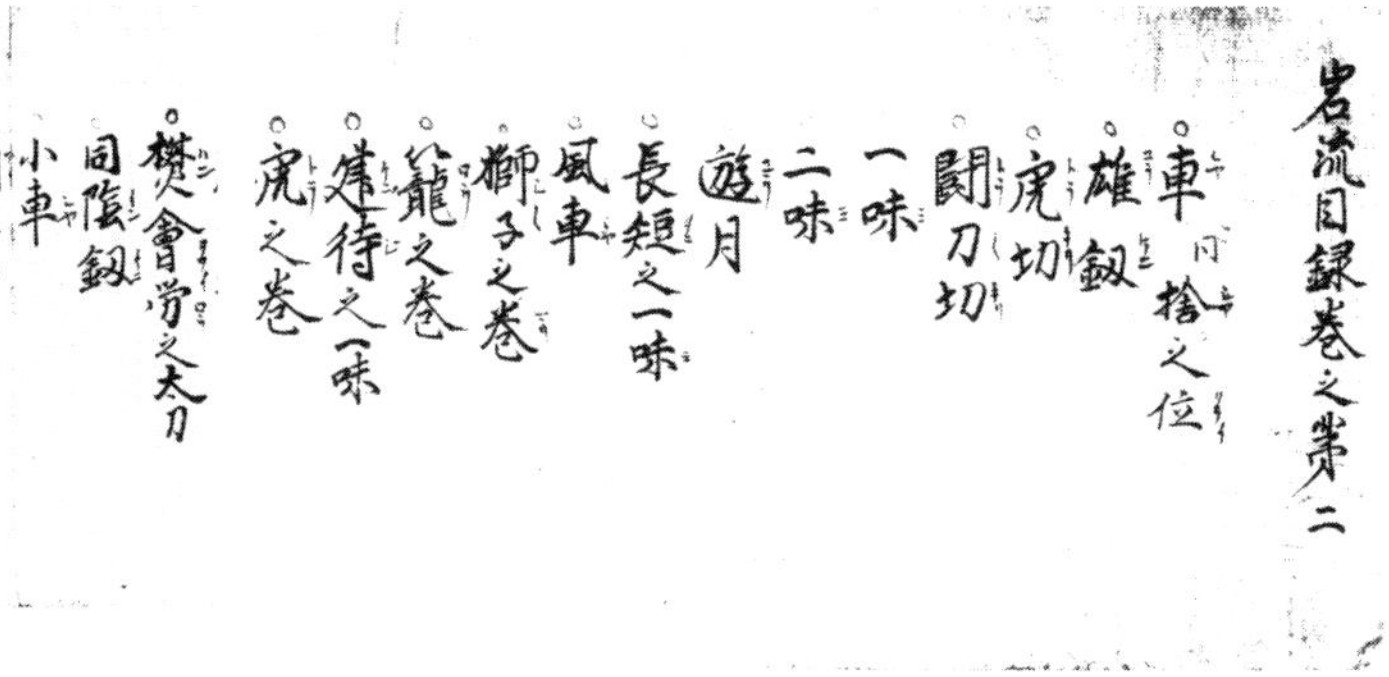
岩流目録巻之第二
○車同捨之位
○雄釼
○虎切
○闘刀切
一味
二味
遊月
○長短之一味
○風車
○獅子之巻
○籠之巻
○建待之一味
○虎之巻
○樊會労之太刀
○同陰釼
○小車
○相之位

○八天

○必

○相之位

右能鍛錬《ヨクタンレン》工夫スヘシ

○南無愛岩（宕）山大權現

伊藤右近祐久

多田三左衛門正勝

國友儀左衛門元政

宮部善九郎重定

吉野武左衛門清次

山中十右衛門勝吉

徳田吉太夫宗清

中嶌左内親郷

福嶋傳介重次

花押

元禄七年（一六九四甲戌）

戌五月吉祥日

安武杢之助殿

与

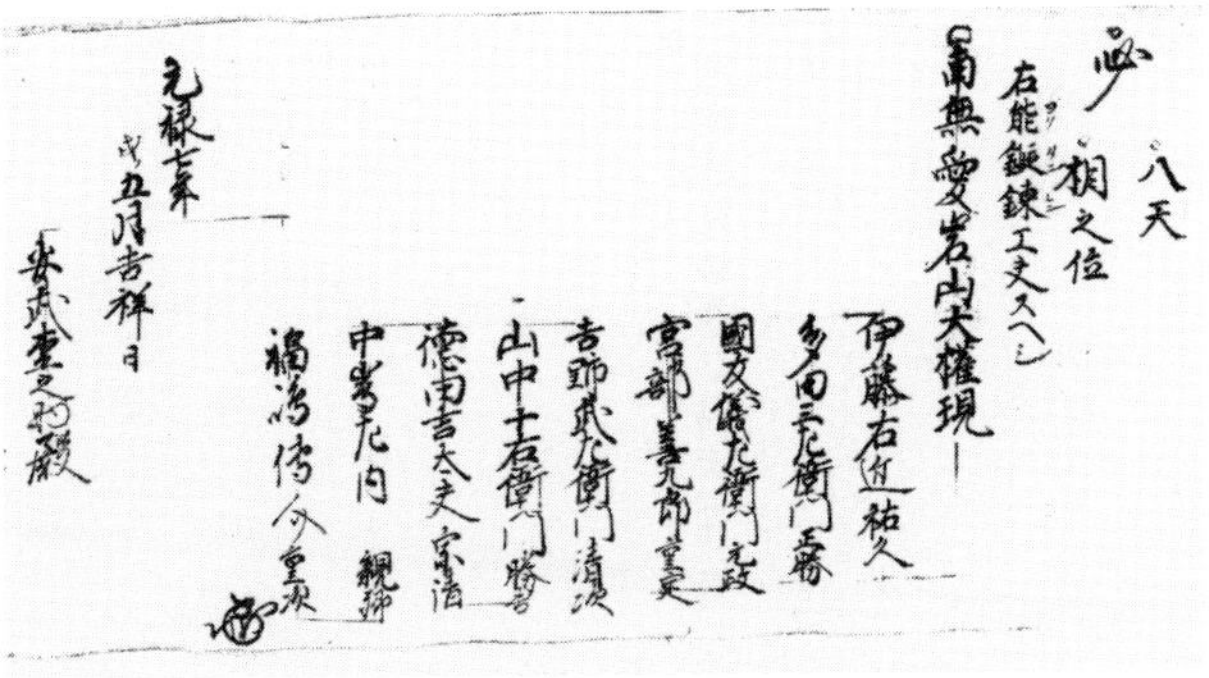

岩流目録巻之第三

一、外《ホカ》之物《モノ》之事

一、寒《カン》月

一、前後詰《センコカタル》　（筆者註）詰を語と間違えているが昔は詰を語と慣用した。

一、述劔《ジュケン》

一、馬《バ》上之太刀

一、電光《デンクワウ》

一、松《シャウ》風

一、浦《ウラ》之波《ハ》

一、夜《ヨル》之太刀ノ事

此外他流之極意當流ニアミ入置候事深有二心持一此太刀ニテ非レ可レ得レ理（りをうるべきにあらず編者訓）他流之極意ヲ識（しり）テ可レ爲二心持一也

一、卜傳一之太刀之心持

一、有馬弁《ベン》二劔

一、新陰終字手《シンイントシノテ》

一、裏見《リケン》之事

一、同心玅劔《オナジクシンミョウケン》之事

一、岡□左拂之事　（筆者註）□読めず。以下同じ。

一、一波玉泊《ハギョクトマリ》之事

一、天流相捲《ソウケン》之事
一、新真流留手《トメテ》
一、念流留手《トメテ》心持之事
一、待捨之心持之事
一、真手直通之持是極一刀《シンテゴトウタモチコレコクイットウ》　（筆者註）直のくずしを五と誤っている。ジキツウが正しい。
一、有无（無）之二剱之事
一、丹石諸近尖留《タンセキショキンエイトメ》之事
必
○南无（無）諸天々々
伊藤右近祐久
多田三左衛門正勝
國友儀左衛門元政
宮部善九郎重定
吉野武左衛門清次
山中十右衛門勝吉
徳田吉太夫宗清
中嶌左内親郷
（以下切レ）

この伝書文字に暗き人の作と見え、理解しがたい訓を付している。

岩流目録巻之第四

・諸道具相之事

・強シ兵法ニ相心持之事

・早キ兵法ニ逢心持之事

・細道之事

・□相之事　(筆者註)□読めず。以下同じ。

・組討《タンスン》之事　(筆者註)くみうち

・取手《トリデ》之事

・戸入《トイリ》之事

・戸出《トイデ》之事

・立相《リウソウ》之事

・棒ニ相《アウ》事

・手《テ》嗃劔留《ハナレケントム》ル事　(筆者註)嗃は離の異体字

・手《テ》嗃劔五《ハナレケンコ》者事

・おひ身の叓

・未後《ミゴ》之劔之事

・書抜《ショハツ》太刀等之事

・乱足《ランソク》之事

・相押《アイコウ》之事

・楯相《シュウソウ(タテアイ)》之事

右千金莫傳可秘能鍛錬工夫専一也

・必

△南无愛宕山大權現

伊藤右近祐久

多田三左衛門正勝

國友儀左衛門元政

宮部善九郎重定

吉野武左衛門清次

山中十右衛門勝吉

徳田吉太夫宗清

中嶋左内親郷

福島傳助重次

花押

元禄七年

戌五月吉祥日

安武杢之助殿

此巻者紫ノ巻ト云事色々有二心持一也紫五色外《ホカ》ニシテ有レ位也故《カルカユヘ》夢想巻紫ノ巻ト云々

夫謂二兵法一者為《タメ》二兵心一法也為レ意《ココロ》以二鍛錬一勝建《タツテ》為二器《キ》用一念《オモヒ》至二佛心一捨二一身一則至二一勝一惜ヲ為レ邪平《タイラカナル》ヲ為二正道一云云

▲又古歌ニ云

一、アレヲ見ヨ満ツレハ頓テカク月ノ
　　十六夜ノ空ヤ人ノ世中

一、人ハ皆太刀ニテ人ヲ切ルト云
　　心ノ勝ツヲ兵法トソ云

▲此歌ニテ能々可為分別《ふんべつなすべし》

一、唯《ユイ》心ノ位

一、唯意《ユイイ》ノ位

一、唯心ヤ唯意ノサタニ至リテハ
　　心ノヤミハ晴レハ《(ワ)》タルヘシ

∧心上　∧心中　∧心下

心
心一心ス
心シ

一、源旦物語《ゲンタンモノガタリ》とや見ニ人の心ヲ種《タネ》トシテ萬《ヨロツ》の言《コト》ノ葉《ハ》トソナレル目集《メアツム》モ有ルよし（原文のまま）

去人之侍《ハベ》ルヲ聞ニ

アマリニヲク入ヲモセスシテヲカルルコト心トシテ心トシテタラン人也トヤランアルヨシナリ加様ノタトヘ何トヤラン似合ヌ事ナレトモイツレモ道ハヲナシキナレハ書侍《ハヘ》ルト也

△心持位ノ事

一、建ノ中ノ就《ツイテ》之事

一、就《コレニ》レ之《ツイテ》中之待之叓

一、有无《（無）》之目付之叓

一、一尺二寸ノ叓

一、四寸ノ事

一、我拍子ヲステ敵ノ拍子ヲ候《（うかがう）》事（括弧内ルビ筆者　以下同じ）

一、足ヲ本トスル事

一、稲妻之事

一、有无《（無）》ノ拍子ノ叓

一、其色ヲ見ル事

一、六尺ノ事

一、敵味方六寸ノ事

一、天道慈悲之事

一、風波之事
一、遠《エン》山ノ事
一、遠近表裏之事
一、水鳥ノ事
一、酉ノ夜之目ノ事
一、両目□ノ事　（筆者註）□読めず。以下同じ。
一、□□ヲ不レ用五六ヲ本トスル事　前に同じ。
一、前足極楽後足无間《ムケン》ノ事
一、侍（待）ノ中中ノ侍（待）之事
一、中ハ上ヲ以テ留《トメ》下ハ上ヲ以可レ留《トム》事
一、敵ヲおし籠《コモル》（こむ）へキ事
一、手之裏（うち）ノ事
・柳岩《リウガン》ノ事
・紅葉重《コウヨウカサヌル》ノ事
・一葉《ヨウ》ノ事
・強弱二位事
・めて花之事
・必

・南无（無）愛宕大權現

伊藤右近祐久
多田三左衛門正勝
國友儀左衛門元政
宮部善九郎重定
吉野武左衛門清次
山中十右衛門勝定
德田吉太夫宗清
中嶋左内親郷
福嶋傳介重次
花押

元禄七年（一六九四）
甲戌《きのえいぬ》五月吉祥日
安武杢之助殿

岩流許状之事

一、多年之執心依不浅岩流一流令相傳之處尽粉骨盡ロ(因)被相極則添許状附与之卆向後一流於相望之輩者可被相傳者也最於斯一流者于朝于暮不可无工夫仍許状如件

元禄七年(一六九四)

甲戌五月吉祥日

福嶌傳助次重

花押

安武杢之助殿

(読み下し)

一、多年の執心浅からずに依《よ》り岩流一流之を相傳せしむる處、粉骨《ふんこつ》を尽《つく》し盡《ことごと》く相極められるに因《よっ》て則《すなわ》ち許状《ゆるしじょう》に添《そ》え之を附与《ふよ》し卆《おわん》ぬ向後《こうご》一流相望むの輩《ともがら》に於ては相傳さるべきものなり。最も斯の一流に於ては朝《あさ》に暮《くれ》に工夫《くふう》なかるべからず。仍て許状如件《くだんのごとし》。

岩流法度之條々

一、起請ハタシテ兵法相傳之事
一、无㆓他事㆒知音《チイン》トテ不鍛錬ナル兵法ニ極意ヲ見スル事
一、私之建立ノ事
一、年ヲ不㆑越シテ兵法ニ印可書シ事
一、仕物替之事
一、他流ニ无㆑筋叓ニ仕合ヲカル事

右ノ條々分別専用也

元禄七年（一六九四）

戌五月吉日　徳田吉太夫宗清

福嶌傳助重次

花押

安武杢之助殿

以上、著者所蔵の岩流伝書の紹介をしたが、熊本県立図書館より巌流目録のコピーをお送りいただいたので、そちらも掲載する。こちらは目録一巻もそろっており、さらに二巻以降においては著者所蔵のものとは内容も異なっている。なお、巻之一に関しては、漢字ばかりで読者の方もお困りになるであろうと思い、読み下し文を添えておいた。

巖流目録巻之一

夫兵法之根本ト謂者張良橋下之揭履三度取奉進神翁依陰徳授此兵法給也項羽高祖戦事七十余度高祖已負給時張良一人以術法勝軍提三尺劔治四海給モ此兵法之威徳也和朝ニ而神功皇后辛巳年履陶公ト云人此傳秘法来奉應神天皇進依其陰徳發天下其名後國下之武門ニ相傳畢軍家之一大事是也雖然當家之一流ト謂者伊藤ト云

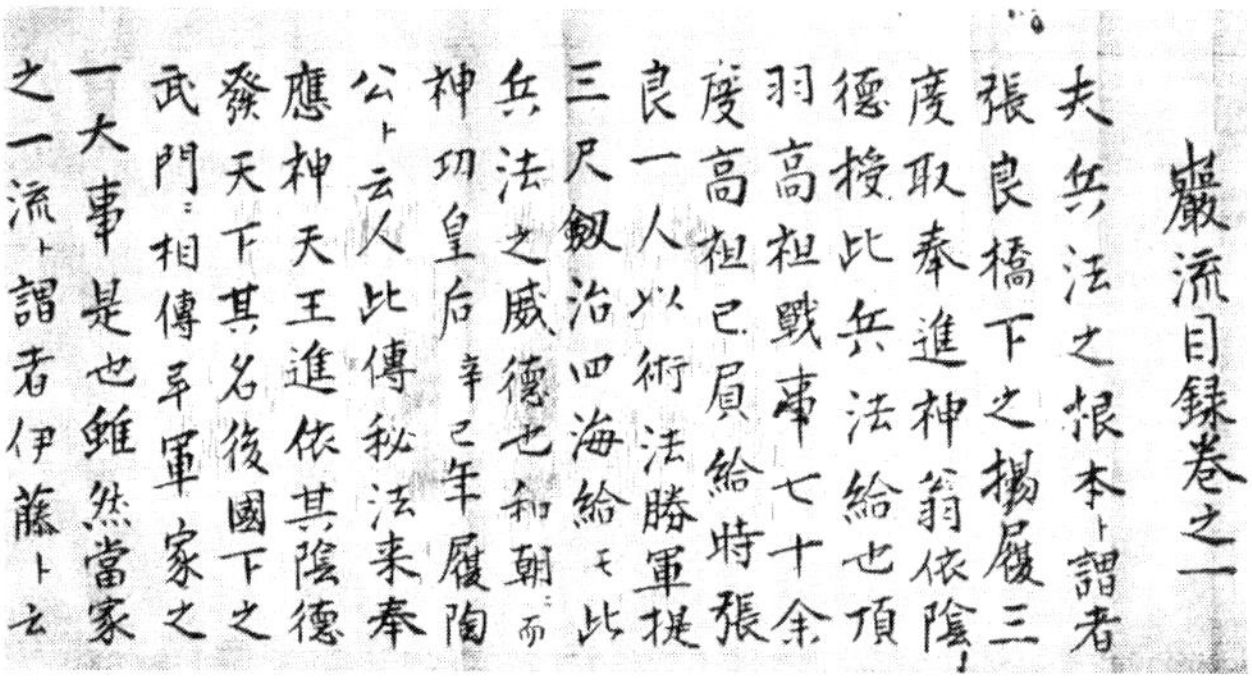

人深此道執心シテ五流之
新當流中條流影新陰流
新真當流新真流天
流初待捨流十八之流
兵術不残雖相極或此
道不器用成故歟或此
道不縁成故歟可勝不
得味其後此道一年計
打捨空送數日処猶難
捨思頼神力百日為火
断見レハ誠不了不傳之
儀全非人間之心意非
上非中非下唯如風波
爰傳師之教言秘意

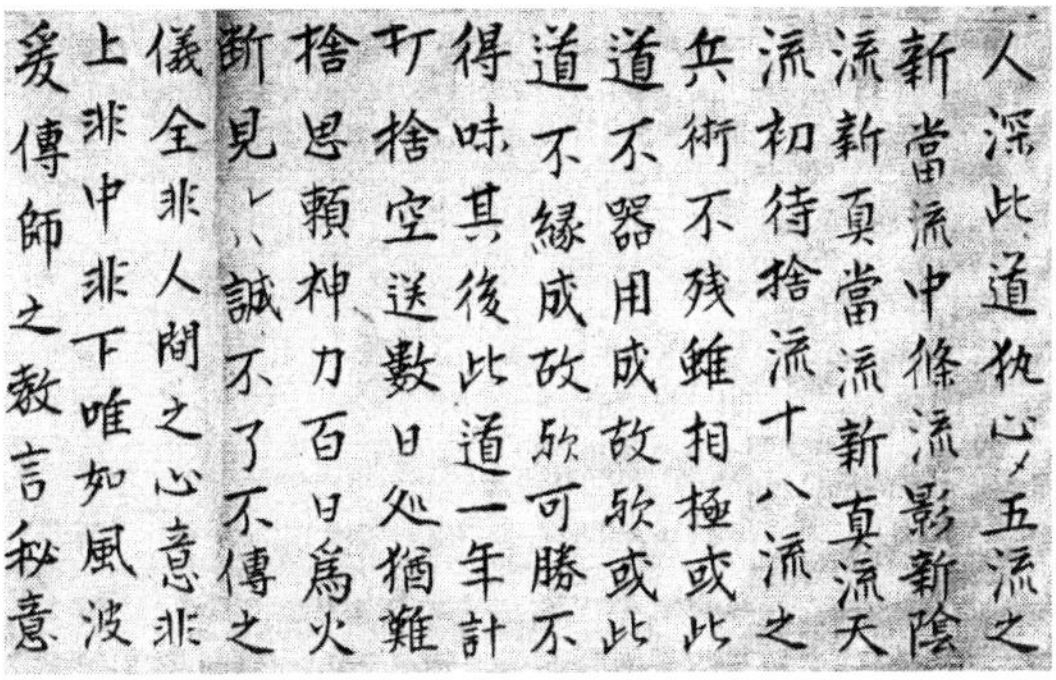
人深此道執心〆五流之
新當流中條流影新陰
流新真當流新真流天
流初待捨流十八流之
兵術不残雖相極或此
道不器用成故歟或此
道不縁成故歟可勝不
得味其後此道一年計
打捨空送數日処猶難
捨思頼神力百日為火
断見レハ誠不了不傳之
儀全非人間之心意非
上非中非下唯如風波
爰傳師之教言秘意

有之
一同一丈之水二五尺之
身言一心二心三心四強味
五眼六足七拍子事又云
佛念神祈天道慈悲之
事誠是玉言也余有神
力之旨其名ヲ岩流与
云々々凡巌流者除闇
打出抜飛劔日域無双
之兵法也
文禄二年六月中旬移
岩流二

なかなかになお里ちかく
なりにけり
あまりに山の奥をたつねて
春風になひく柳の糸ゆふも
岩をくつさはうつもれぬべし
時と日と味方よければ敵もよし

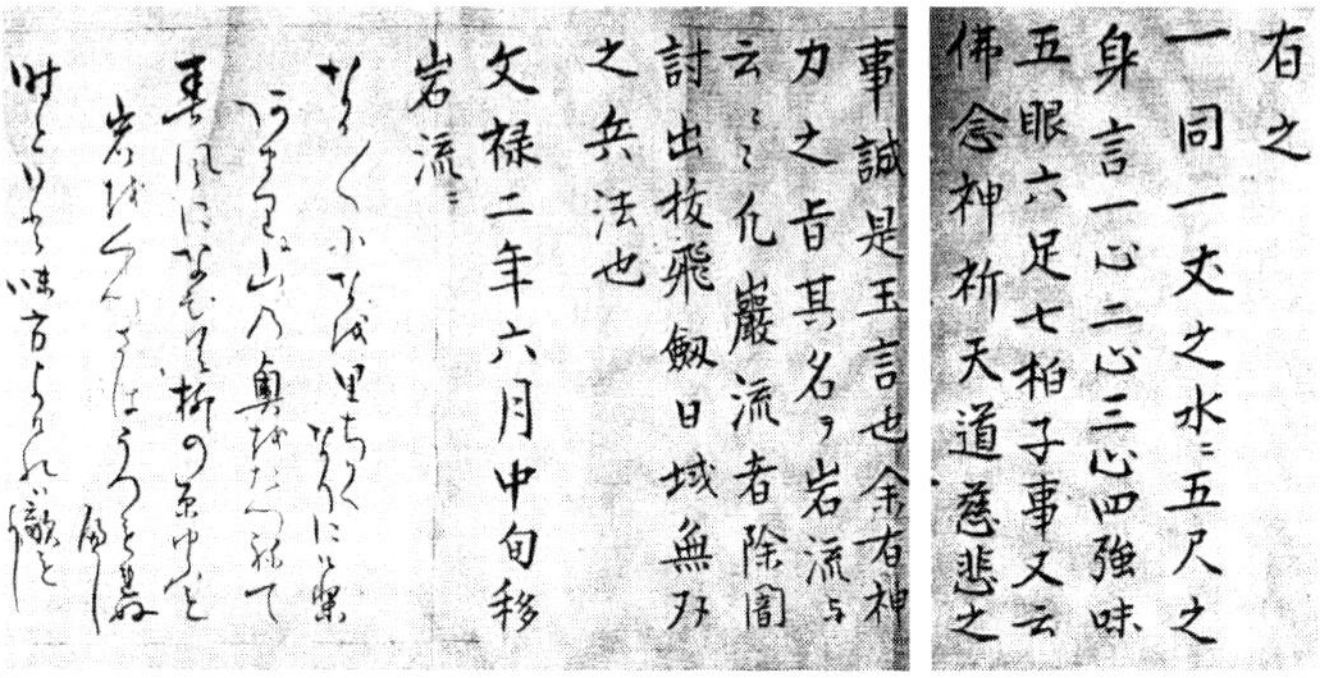

た、方よきを専一にせよ

必

南無愛岩（宕）山大権現

伊藤右近佐

祐久

多田三左衛門

源正勝

井上左兵衛尉

源正重

諏訪太兵衛尉

寛秋

藤竹甚太夫入道不傳

信貞花押印

元文四未（一七三九己未）六月

高濱勝平殿

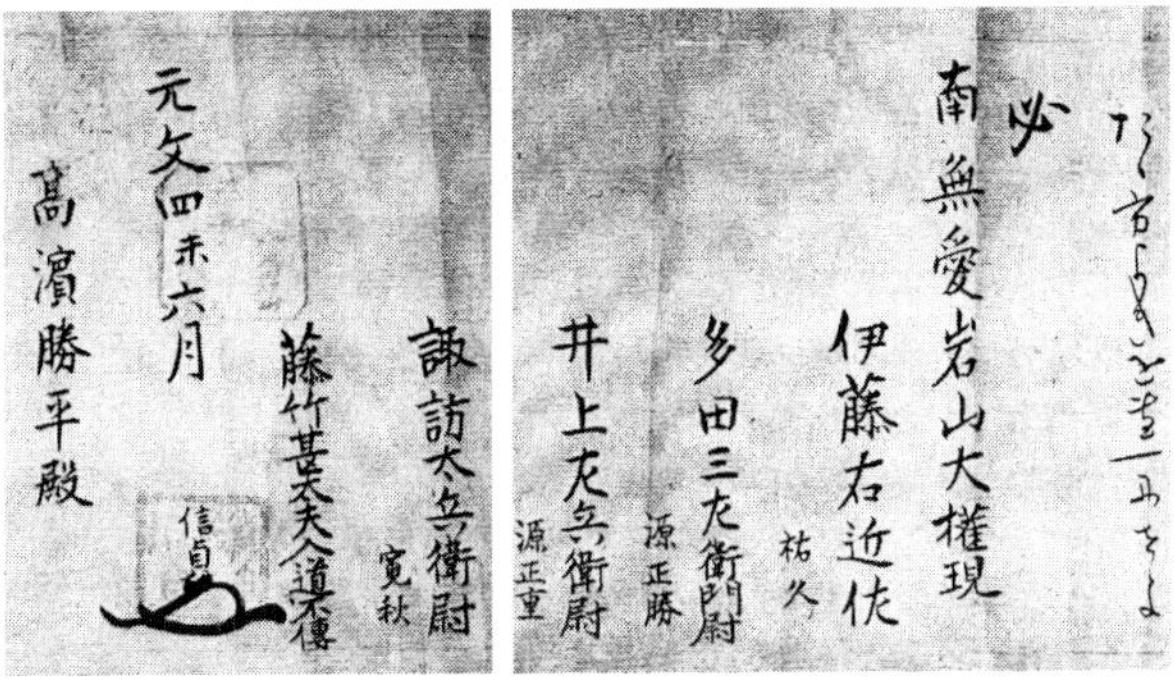

巖流目録巻之二

天道慈悲之大刀

捨　同車之位

雄　劔

虎　切

鬪刀切

一　味

二　味

遊　月

長短之一味

風車

師子之巻

籠之巻

懸待之一味

虎之巻

樊噲労之大刀

同陰劔

小車

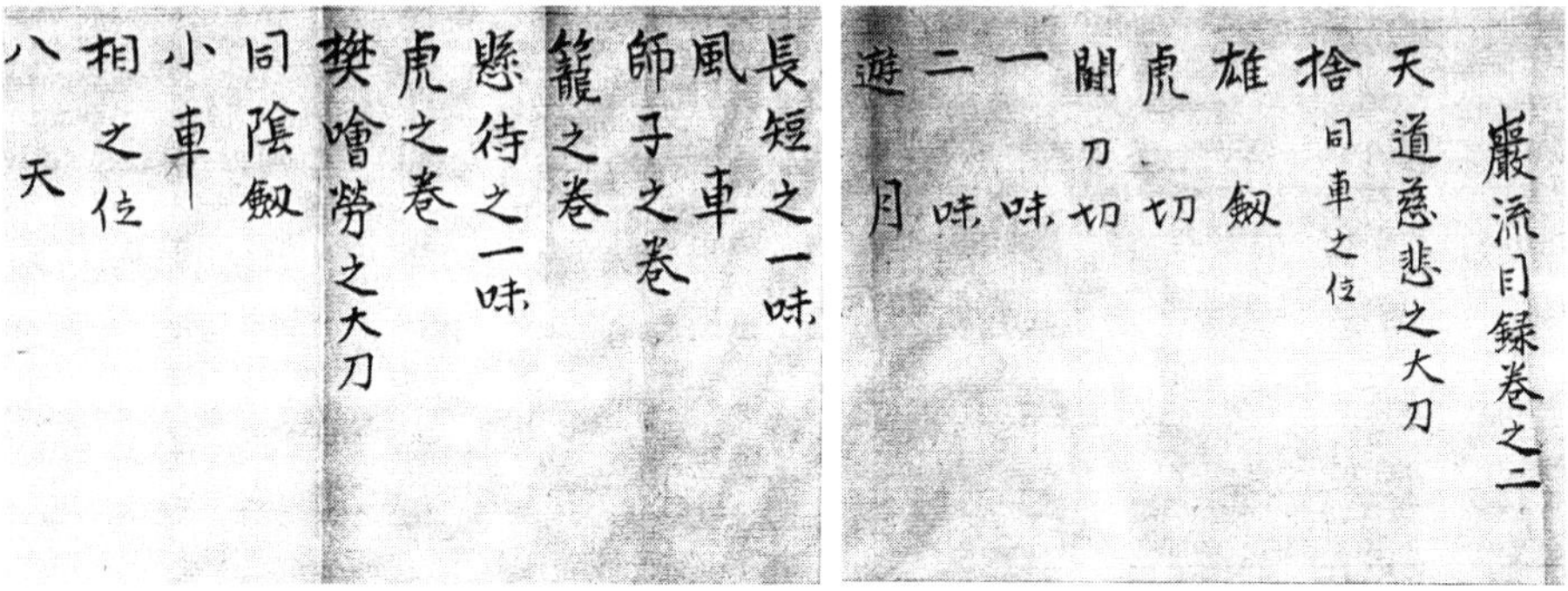

巖流目録巻之二

天道慈悲之大刀

捨　同車之位

雄　劔

虎　切

鬪　刀切

一　味

二　味

遊　月

長短之一味

風車

師子之巻

籠之巻

懸待之一味

虎之巻

樊噲労之大刀

同陰劔

小車

相之位

八天

相之位
八天
相之位
必
南無愛岩(宕)山大権現

巖流目録巻之三
岩流法度之條々
一年越不越兵法に印可
出候事同不鍛錬成人
赦候叓
一志もの替え事
一白紙起請之事
一君子之仰とても為無
起請兵法相傳之事
一かりそめの仕合之事
一しないうちのの事
一私之建立之事
一或ハ無他事知音或ハ

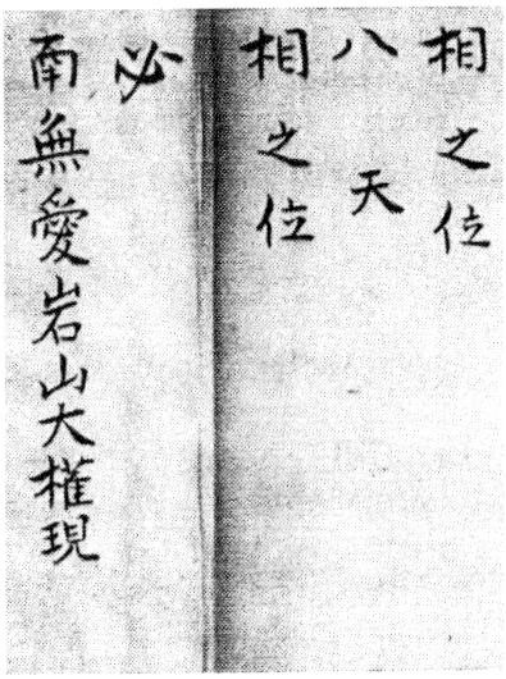
相之位
八天
相之位
必
南無愛岩山大権現

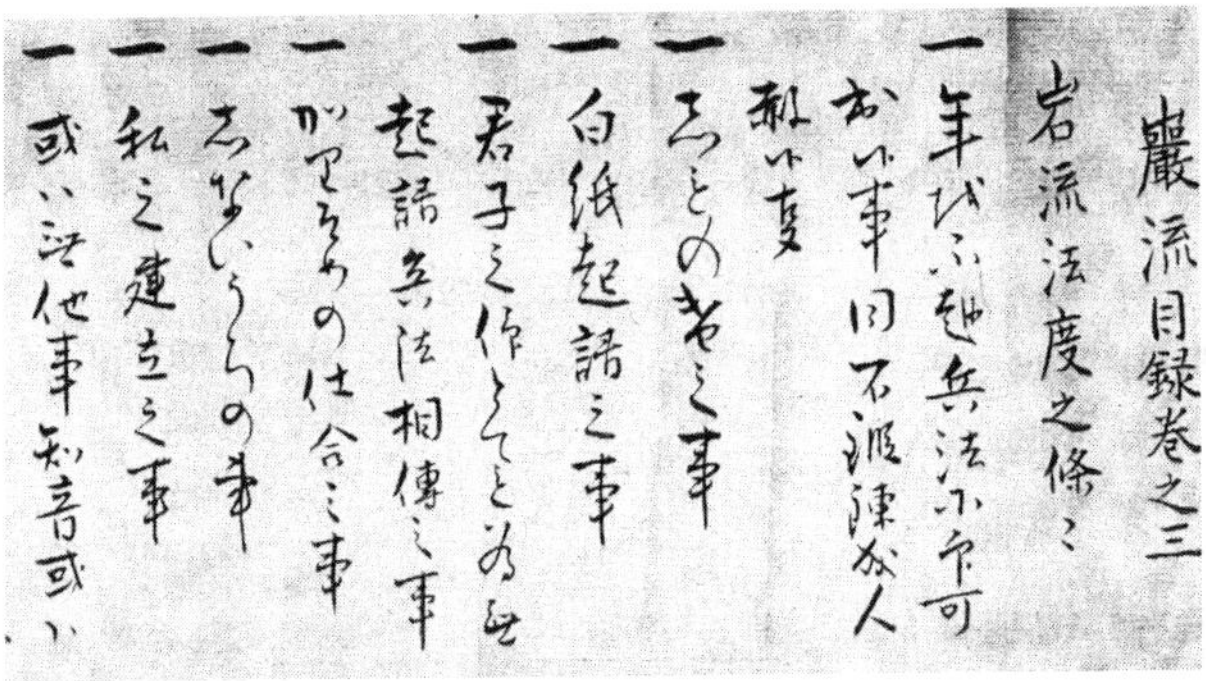
巖流目録巻之三
岩流法度之條々
一年越不越兵法に印可
出候事同不鍛錬成人
赦候叓
一志もの替え事
一白紙起請之事
一君子之仰とても為無
起請兵法相傳之事
一かりそめの仕合之事
一しないうちのの事
一私之建立之事
一或ハ無他事知音或ハ

禮義なとに不こり不鍛
錬成兵法に印可出同
極意見する事
一まはらなる所にてむさと
兵法稽古の支同く
他流の弟子に成事

右條々堅禁制也

必

南無愛岩（宕）山大権現

巖流目録巻之四

一貴殿岩流兵法執心
被存多年無懈怠被
致稽古候ニ付無残處相
傳乎然上者執心之面々
於有之者無遠慮弟子

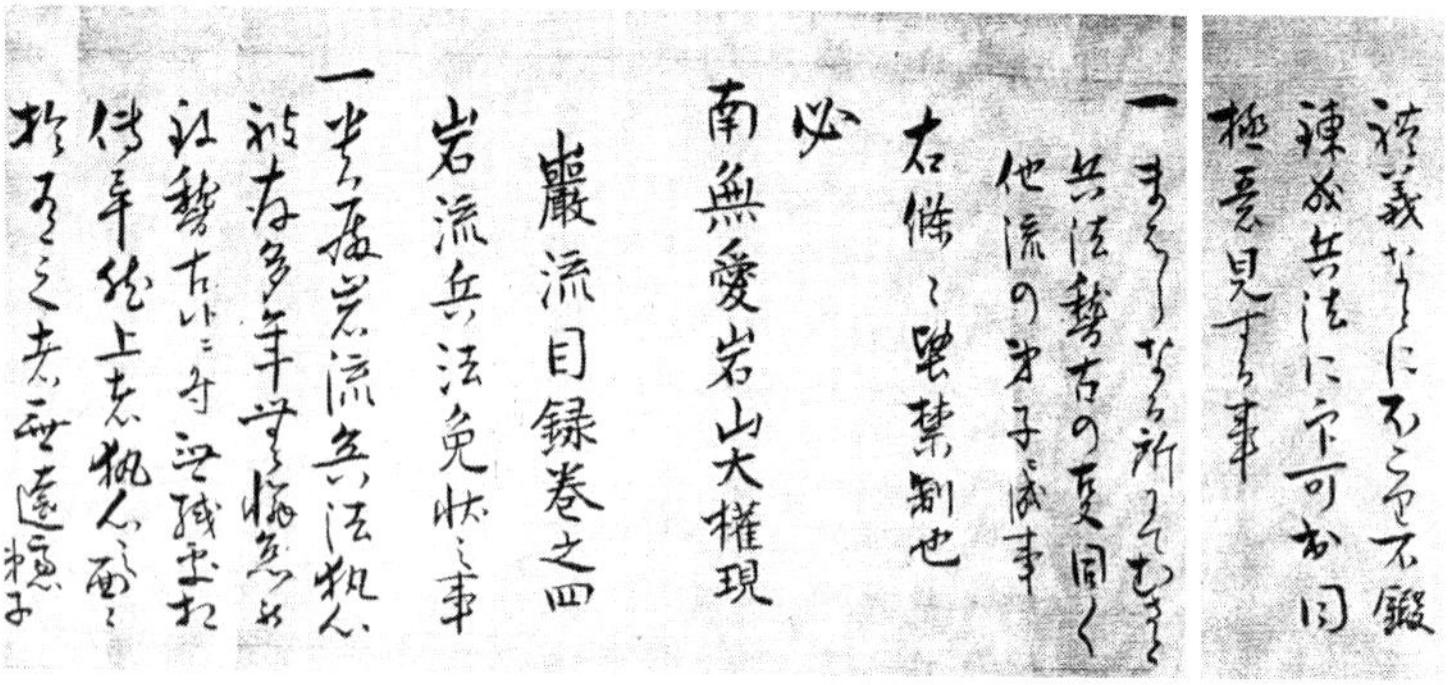
禮義なとに不こり不鍛
錬成兵法に印可出同
極意見する事
一まはらなる所にてむさと
兵法稽古の支同く
他流の弟子に成事
右條々堅禁制也
必
南無愛岩山大権現
巖流目録巻之四
岩流兵法免状之事
一貴殿岩流兵法執心
被存多年無懈怠被
致稽古候ニ付無残處相
傳乎然上者執心之面々
於有之者無遠慮弟子

を取可被致指南候仍而
免状如件

右岩流兵法一事茂《モ》不残
相傳申候若一色二而茂《テモ》於相
残者
忝茂《モ》
梵天帝釋四大天王
惣而日本國中之大
小之神祇之可蒙御
罰者也仍誓紙如件
藤竹甚太夫入道不傳
信貞（花押）
元文（一七三九己未）四未六月
高濱勝平殿

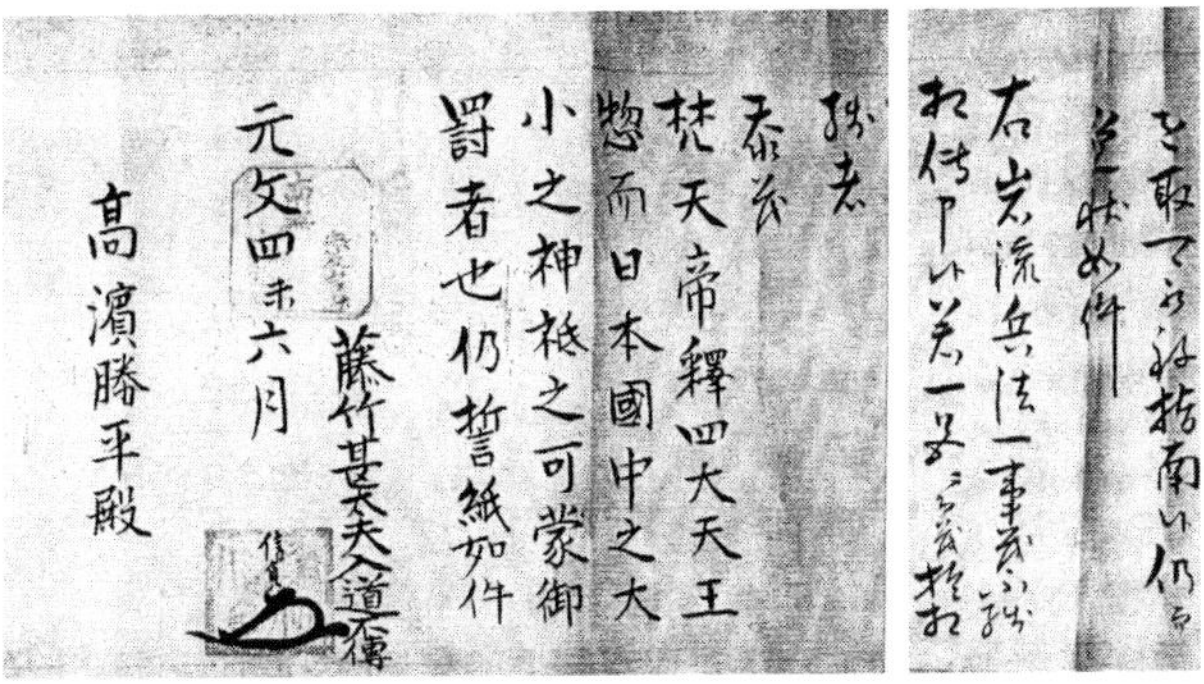

巌流目録巻之五

凡此巻名夢想之巻
紫之守之事色々有
意持夢想ハ夢相也
紫ト云事紫ハ青黄赤
白黒ニハツレテ位高シ諸
流之意持ニ替テ有位也
故ニ紫之守ト名付夫兵法
者兵ヲ為心法ヲ為意建
成ヲ器用ト云以鍛錬勝也
平成ヲ為正満ヲ為邪
人ヲ以テ太刀ヲ殺ヲ太刀ト云
心之勝ヲ名兵法或巻云
満者損之月ニモ有蝕日
ニモ蝕アリ舌語ニ云念一
念至佛心捨一身則至
一勝
除満可用平古歌云

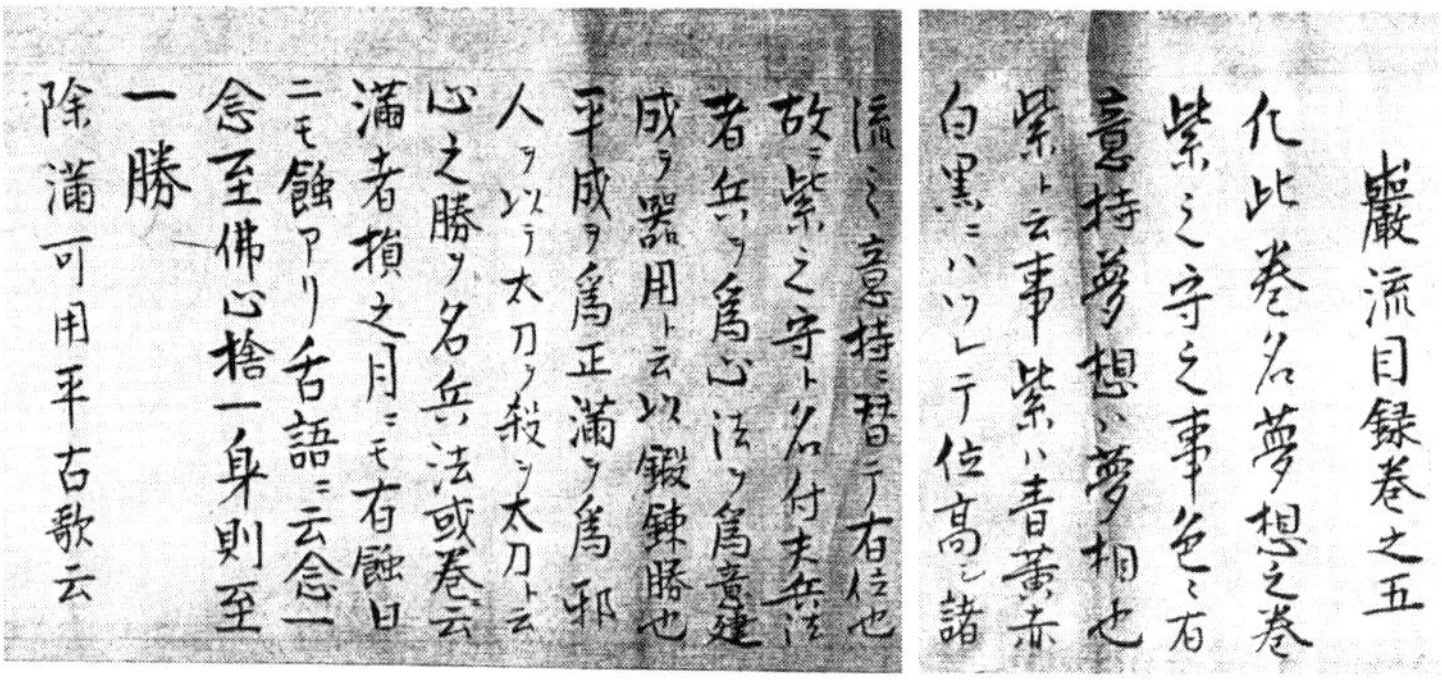
巌流目録巻之五
凡此巻名夢想之巻
紫之守之事色々有
意持夢想ハ夢相也
紫ト云事紫ハ青黄赤
白黒ニハツレテ位高シ諸
流之意持ニ替テ有位也
故ニ紫之守ト名付夫兵法
者兵ヲ為心法ヲ為意建
成ヲ器用ト云以鍛錬勝也
平成ヲ為正満ヲ為邪
人ヲ以テ太刀ヲ殺ヲ太刀ト云
心之勝ヲ名兵法或巻云
満者損之月ニモ有蝕日
ニモ蝕アリ舌語ニ云念一
念至佛心捨一身則至
一勝
除満可用平古歌云

あれをみよ満つれは
　　やがてかく月の
十六夜の空や人の
　　　　　世の中

心一心
心　　心
　上　上
　人
　中　中
　　人
　　下心
　下

唯心之位
唯意之位

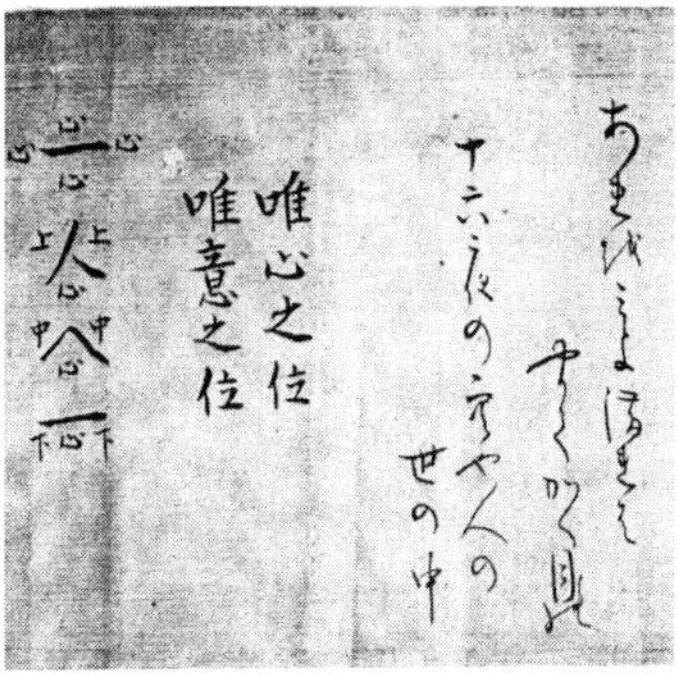

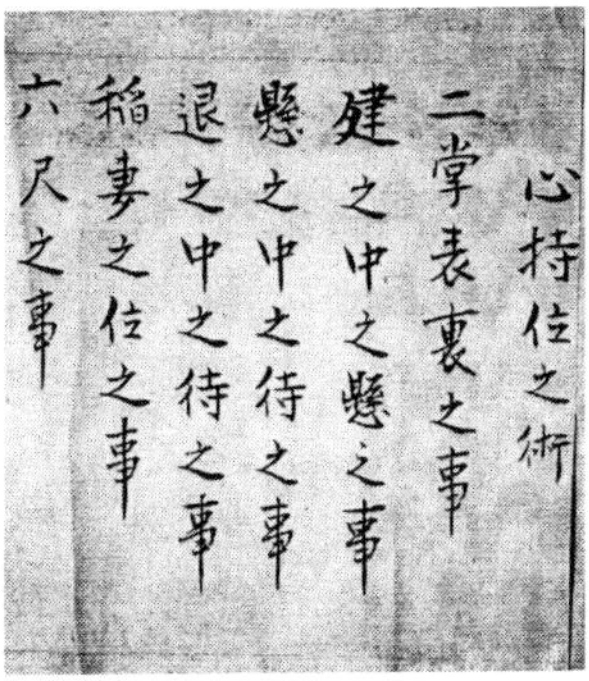

心持位之術

二掌表裏之事
建之中之懸之事
懸之中之待之事
退之中之待之事
稲妻之位之事
六尺之事

三寸二位之事
遠山谷峯之叓
遠近拍子之事
我拍子ヲ捨テ敵之拍子ヲ用イル事
風波之事
両星之事
水鳥之事
二拍子之事
一拍子之事
扇之かねの事
両心之位事
亂拍子之事
雨夜之月之事
息相之事
十文字之事
風月之位ノ事
手之裏之事
柳巌之事

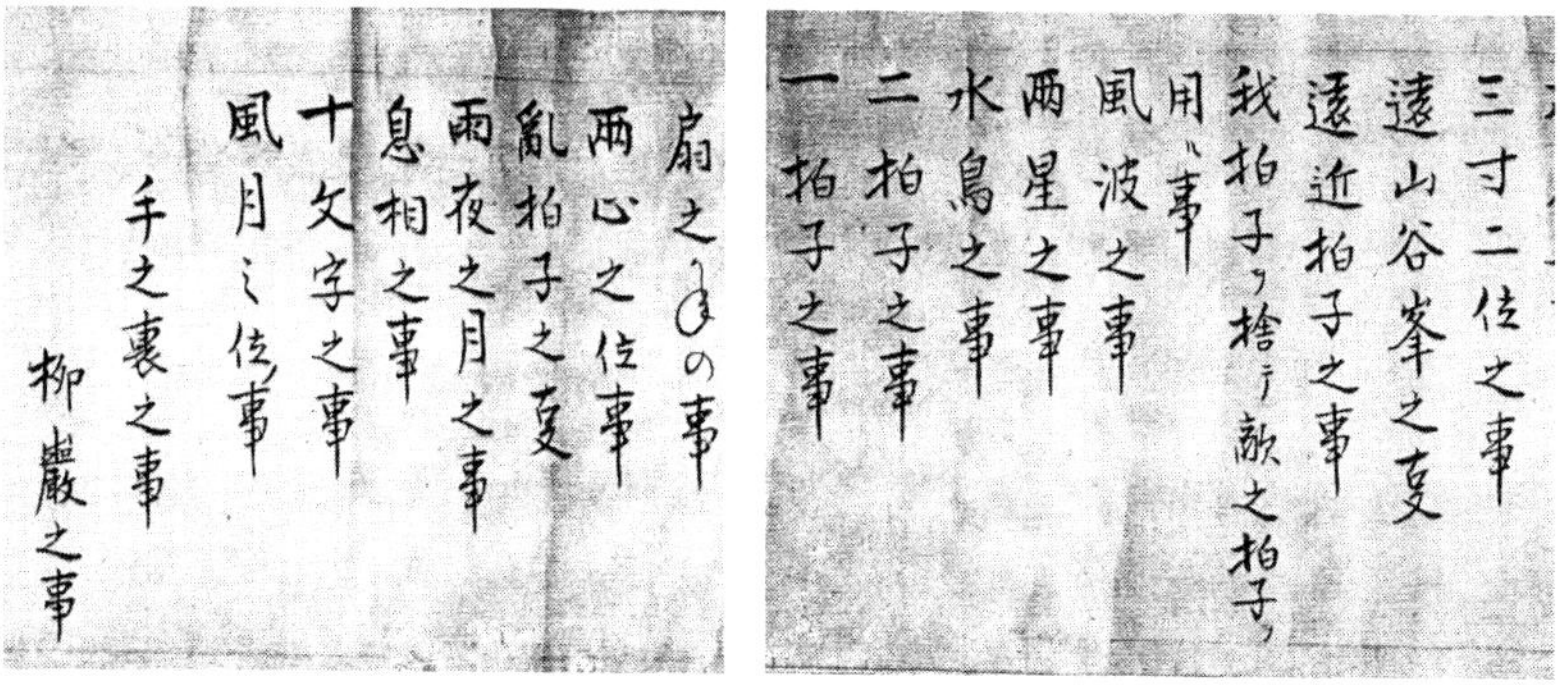

一葉之事
紅葉重之事
強弱之事
女郎花之事
必
南無愛岩（宕）山大明神
伊藤右近佐
祐久
多田三左衛門尉
源正勝
井上左兵衛尉
源正重
諏訪太兵衛尉
寛秋
藤竹甚太夫入道不傳
信貞（花押）
元文四未（一七三九己未）六月
高濱勝平殿

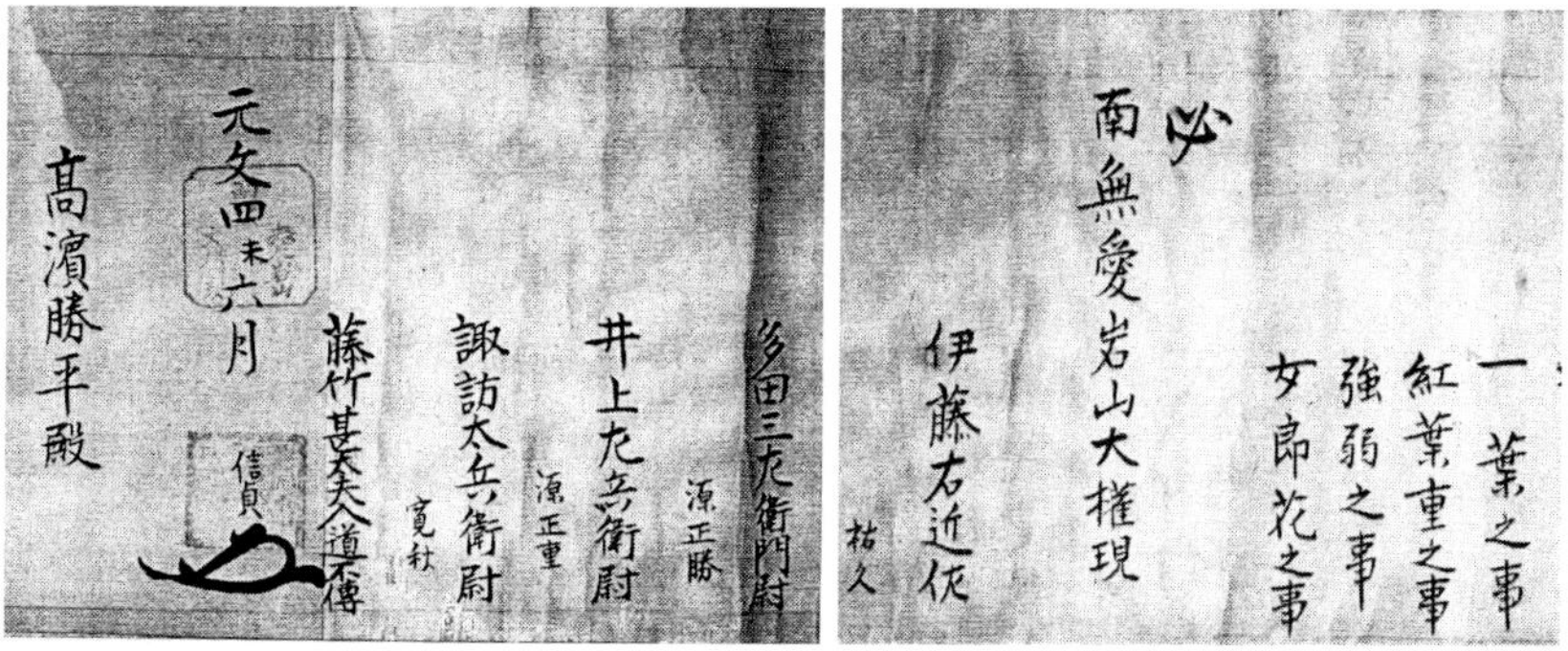
一葉之事
紅葉重之事
強弱之事
女郎花之事
必
南無愛岩山大権現
伊藤右近佐
祐久
多田三左衛門尉
源正勝
井上左兵衛尉
源正重
諏訪太兵衛尉
寛秋
藤竹甚太夫入道不傳
信貞
元文四未六月
高濱勝平殿

巌流目録巻之一（読み下し）

夫レ兵法ノ根本ト謂ウハ張良橋下ノ履ヲ掲ゲルコト三度取リ、神翁ニ進メ奉ル、陰徳ニ依ッテ此ノ兵法ヲ給ウ也、項羽《ウ》、高祖戦ウ事、七十余《ヨ》度、高祖已《スデ》ニ負ケ給ウ時、張良一人、術法ヲ以テ軍《イクサ》ニ勝ツ三尺ノ剱ヲ提ゲ、四海《シカイ》ヲ治メ給ウモ、此ノ兵法ノ威徳也、和朝《ワチョウ(日本)》ニテ神功皇后《ジングウコウゴウ》、辛巳年履陶《リトウ》公ト云ウ人、此ノ傳秘法ヲ来リ應神天王《(皇)》ニ進メ奉ル、其ノ陰徳ニ依リ天下ニ其ノ名ヲ發ス、後國下之武門ニ相傳シ畢《オワン》ヌ、軍家ノ一大事是也、然リト雖《イエド》モ、當家之一流ト謂者《イウハ》伊藤ト云人、深ク此ノ道ニ執心シテ五流之

新當流、中條流、影新陰
流、新真當流、新真流、天
流、初《ハジメ》待捨流十八流之
兵術残ラズ相極ムト雖《イエド》モ、或ハ此ノ
道不器用成ル故歟、或ハ此ノ
道不縁成ル故歟、勝ツ可キ
味ヲ得ズ、其ノ後、此ノ道ヲ一年計《バカ》リ
打チ捨テ、空《ムナ》シク数日ヲ送ル処、猶
捨テ難ク思イ、神力ニ頼リ不了不傳之
儀、全ク人間ノ心意ニ非《アラ》ズ
上に非ズ、中ニ非ズ、下ニ非ズ、只風波ノ如
ク、爰ニ師ノ教言秘意ヲ傳ウコト
之レ有リ
　一同一丈之水ニ、五尺之
　身言一心二心三心四強味
　五眼六足七拍子事又云
　佛念神祈天道慈悲之
　事誠ニ是レ玉言也、余右神

力之旨有リ、其ノ名ヲ岩流ト
云々々、凡ソ巌流ハ闇
討ヲ除キ、出シ抜ク飛剱、日域無双
之兵法也
文禄二年（一五九三癸巳）六月中旬
岩流ニ移ル

なかなかに、なお里ちかく
　なりにけり
あまりに山の奥をたづねて

春風になびく柳の糸ゆふも
　岩をくづさはうつもれぬべし

時と日と味方よけれは敵もよし
　ただ方よきを専一にせよ

必

南無愛岩（宕）山大権現
伊藤右近佐
祐久
多田三左衛門尉
源正勝
井上左兵衛尉
源正重
諏訪太兵衛
寛秋
藤竹甚太夫入道不傳
信貞花押印
元文四未六月
高濱勝平殿

（熊本県立図書館所蔵）

鳥取藩伝岩流伝系図（武芸伝統録参考に作る左近は伝書により右近とした。）

伊藤右近祐久●—多田三左衛門正勝—多田善左衛門
（武芸伝統録には正藤とある）

多田市郎　善左衛門の弟

香川信濃重常

松田六郎右衛門—香川信濃重信—香川新七《初内膳》政信
兵法名人の称あり。記録不明

小川理兵衛吉信
正徳二壬辰（一七一二）九月没
法名秋月院道語信士

小川市太夫信春
宝暦三癸酉年（一七五三）九月十六日没
法名圓月院曙雲日照信士

小川理兵衛信名
文化元年甲子年（一八〇四）七月十八日没
法名是法院信翁日梁居士87歳

小川常右衛門信之
文化十癸酉年（一八一三）十月五日没
法名不敏院風塵信翁日意居士77歳

香河弥学信庸
享保十四己酉年（一七二九）二月廿九日没
法名實相院摂然義山居士83歳

香河喜六伸衛
寛延三庚午年（一七五〇）六月廿三日没
法名岩窓院香河伸衛居士

香河弥学伸富
天明八戊申年（一七八八）六月二日没
法名得心軒兵道伸富居士79歳

香河治郎右衛門伸英
文政八乙酉年（一八二五）十二月五日没
72歳　法名徳淳院儀翁伸英居士

香河治郎右衛門伸親
天保十二辛丑年（一八四一）
閏正月二日没
法名圓静院忠嶽伸親居士59歳

各務弘人
弘化四丁未年（一八四七）五月
伸親弟、兄死後門人取立
書上出精門弟二十一人

香河岩次郎伸久

菅権右衛門道清
弓術、匹田流槍・岩流

武田鉄平
弘化四丁未年（一八四七）
出精門弟書上二十五人

小谷十左衛門成福
安永五丙申年（一七七六）十一月十三日没
法名成福院清山一入善士
匹田流槍、岩流、後、武蔵円明流を岡本勘兵衛に学ぶ

鈴木孫三郎喬房
文化八辛未年（一八一一）三月七日没
法名廓聖院不識勇道居士

小谷十左衛門成雄　初新右衛門
天明八戊申年（一七八八）十月晦日没
法名成雄院寂誉義湛居士
岩流、匹田流槍術二流師範

山住平兵衛年延　鈴木喬房免状師範
文政八乙酉年（一八二五）八月十日没70歳
法名浄光院釈空達年延居士
岩流、家次流居合、匹田流槍術三術師範

小谷治右衛門成美
文化六年己巳年（一八〇九）十月十七日没
法名成巌院徳誉有隣信士

山住平治右衛門本至
年延嫡子
弘化三丙午年（一八四六）八月八日御覧の時、門弟二十七人内御断五人

第八章　宮本武蔵関連流派の諸史料（その1）

宮本武蔵の処女作伝書　兵道鏡

これは多田家提供資料で、宮本武蔵玄信の処女作伝書である。それも写本でなく、武蔵の直筆である。署名が義軽とあるところから玄信の偽物視されたが、道のくずし字によって説明した通り、武蔵真筆であることは事実である。否定する者こそ似非者《えせもの》である。

兵道鏡　武蔵は「ひゃうどうけい」と訓じている。

一、心持之事　　付座之次第
二、目付之事
三、太刀取様之事
四、積太刀合之事
五、足遣之事
六、身懸之事
　　太刀之名　表
七、指合切之事
八、転変之位之事

九、同打落さるゝ位之事
十、陰位之事
十一、陽位之事
十二、同位はる積乃事
十三、定可當之事

勝味位

十四、先懸位之事
十五、切先返之事
十六、足打位之事
十七、手打位之事
十八、切先はつす位之事
十九、乗位之事
廿　、すり足之事

奥

廿一、真位之事
廿二、有無二剱之事
廿三、同手離剱打様之事
廿四、多敵位之事

廿五、實手取之事
廿六、太刀々貫合様之事
廿七、是極一刀之事
廿八、直通位之事

(註)文章に濁点なく、句読点もなし。読み易くするために適当に漢字を宛て括弧を付し、また濁点ルビを付した。

一、心持之事

一、心の持様とは云は、まづ《（先ず）》しあいせんと思時《おもうとき》平生《へいぜい》の心よりは、なをしづか《（静）》になって、敵の心のうちを引見《ひきみ》るべし、敵俄《にわか》に聲高く成《なり》、目大に顔あかくすぢぼね《（筋骨）》立て、すさまぢ《（凄）》けなるは、ちうち《（地打）》をねろふへた《（下手）》なるべし、左様のものには、なをしづ《（静）》かに心をなして、敵の顔をうかうかと見て、敵のきにさからわざる様に見せて、太刀を取て笑て、上段の下に太刀を構て、敵打所をゆるゆるとはつすべし、さて、敵の気色《きしょく》い《（異）》な心なると疑様なる時、うつべき也、又人により仕合に望《（臨）》時、言《ことば》静に目ほそ《（細）》く、すちほね《（筋骨）》も出ず、太刀取力なき様に見《みえ》て、太刀にぎり《（握）》たるゆび《（指）》、うき《（浮）》てもたば、上手成《なり》と思《おもい》、あたりへよせず先《せん》をかけ、つる〱と懸《かかり》、追はらい、はやく打べし、上手にゆるくすれば、しちやう《(征)》に懸物《かかるもの》なるべし、見合肝要也。

又、座の次第の事、座はひろくても、せば《(狭)》くても同事《おなじこと》也、両へ振廻太刀のうしろへあたらざる程に出て居、太刀およそ構、つる〳〵と懸、太刀あいを積べき也、太刀うしろにあたりぬれば、きちがいして、しちやう《(征)》にかかる物也、、うえ《(上)》つまりたる時には、我が太刀先にて程をくらべて、心得て、いづれの太刀にて成共《とも》、つかへ《(支)》ざる太刀にてすべし、あかき《(明)》所をうしろ《(後)》になしてすべし、平生《へいぜい》稽古の時よりは心やすく、自在にしたき事をして、いかほどもゆる〳〵としたる心にて、大事にかくる事肝要也、転変肝要《てんぺんかんよう》也。

(編者註)しちよう【征】は囲碁《いご》で、相手の石を斜めに当り当りと追い詰めて逃げなくする取り方。「翅鳥」「止長」「四丁」「四張」などとも書く。(広辞苑)

二、目付之事

一、目の付所と云は、顔也、面《かお》をのけ、よ《(他)》の所に目を付る事なかれ、心は面《かお》にあらわるる物なれば、顔にまさりたる目の付所《つけどころ》なし、敵の顔見様之事、たとへば、一里斗《ばかり》もある遠き嶋に、うすかすみ《（薄霞）》のかかりたるうちの岩木を見るがごとし、又雪雨などのしきりにふる間より、一町斗もさきにあるやたい《（屋台）》などのうへに、鳥などのとまりたるを、いづれ《（何）》の鳥と見わくる様なる目つきなるべし、やたい《（屋台）》の破風懸魚《はふげぎょ》かわら《（瓦）》など見るにもおなじ、いかにもしづまりて、目をつくべき也、うち《（打）》所を見る事悪《あし》、わきは《（脇場）》を首をふる事なかれ、うか〱と見れば、五躰一度に見ゆる心あり、顔の持様、まゆあい《（眉間）》にしわ《（皺）》をよすべし、ひたい《（額）》にしわをよする事なかれ、教外別伝《きょうげべつでん》たり。

三、太刀取様《たちとりよう》之事

一、太刀之取様は、人さしを浮《うけ》て、大指《おおゆび》、たけたか中、くすしゆび、小ゆびをしめて持也、持様は右も左も同事《おなじこと》也、太刀組合たる構、太刀のつば《（鍔）》ぎわ六寸さきに、刀の切先五寸かけて構候也、ひぢ《（臂）》はかがみたるがあし《（悪）》く候、されども餘《あまり》すぐにては、すくみて見にくく候、右のひぢ二寸五分、左のひぢ三寸五分かがみてよく候也、手くびは、そり《（反）》たるもくつし《（屈）》たるも見《みに》くく候、すぢほね《（筋骨）》たたざる様にすべし、太刀をよく取候へば、敵も自在《じざい》にうたるる心候間、如此取《かくのごとくとる》を本とし候也、口伝在之《くでんこれあり》。

四、積太刀合之事《つもるたちあい》

一、太刀合を積と云は、切先五寸斗《ばかり》を過去と云、物打《ものうち》を現在と見、當所《あてどころ》を未来と云也、太刀追取《おっとる》と、つる〳〵と懸《かかり》、先過去《まずかこ》にて先をかけ、我が太刀の切先《きっさき》敵の現在へかからば、はやうつべき也、過去より現在へよる迄の、はづす事、ぬく事、乗《のる》事也、現にかかり待事努々無之《ゆめゆめこれなく》、過よりうてば打はずす物也、又、現よりかかりすぐれば、ちうち《（地打）》に成物《なるもの》也、されども、それより近くば請《うく》べき也、同《おなじく》はとむる事あし《（悪）》く、とをあた《（遠当）》りのする事肝要《かんよう》也、猶口伝在之《なおくでんこれあり》。

五、足遣之事《あしつかいのこと》

一、足つかいは、太刀追取やいなや、少もよどみなく、つる〳〵とかかり、敵の現に乗時、足をつき合て打也、若《もし》太刀追取と懸にくき事有ば、我が右のかた《（方）》へまわりよるべき也、左様《ひだりざま》にまわりよれば、結句《けっく》まわりすぎて、我が方つまる物也、敵太刀位を見て、ひだり《（左）》へまわる時、又我も左へまわりもどり、俄《にわか》に先《せん》をかけぬれば、敵せ《（勢）》をすりて、其儘しちやう《（征）》にかかり、うち所たしかに見ゆるもの也、そこにて油断《ゆだん》する事悪《わる》し、ふかくいらず、ひし〱と打べし、転変肝要《てんぺんかんよう》也。

六、身之懸之事

一、身のかかりは、顔は少《すこ》しうつぶきたる様にして、いくび《（猪首）》になき様に、かた《（肩）》を両へひらきてむね《（胸）》出さず、はら《（腹）》いだ《（出）》ししり《（尻）》をいだ《（出）》さず、腰をすゑてひざ《（膝）》を少おり《（折）》て、くびす《（踵）》をつよ《（強）》くふみ、つまさき《（爪先）》をかろくして、少両へひらきて懸《かかる》也、又うつ《（打）》時の身の懸《かかり》、顔は同、頸《くび》をいくび《（猪首）》に、むね《（胸）》出し、しり《（尻）》を出し、ひざをのばして、くびす《（踵）》を浮て、つまさき《（爪先）》をつよく、左足を前へ上て打也、打て油断せず、にら《（睨）》みつけて、敵首を上ば、ひた《（直）》と打べし、口伝在之。

太刀之名

七、指合《さしあい》きりの事

一、指合切《あいきり》、敵の右の目に、我が太刀先をさして、過《か》と過《か》に付て、敵の打所をかたにてぬきて、ひぢ《（臂）》手くびかがまざる様に、いかほども大にぬくべき也、足をば、太刀上ると一度に右足を

出して、さて《(扨)》左足をつき、又右足を大に出して、太刀を
ひざ《(膝)》につけ、敵打太刀のはばきぎわ《(鎺際)》を、我が太刀の物打
の少下《すこしした》にて請《うけ》、左足を敵のまた《(股)》へふみ入る程にして、敵の頸《くび》
を太刀共にはさみ《(挟)》付る様にうけ候也、敵をいかほどものら《(乗)》
せたるがよく候也、若又《もしまた》敵我が太刀に取付様なる事ある
べし、左足にてむねをふむべし、転変肝要也。

八、転変《てんぺん》はつす位之事

一、転変の位構は、指合切と同《おなじ》、過と過に付て、敵打と
其儘《そのまま》一度に乗て、現にして足をつき合、いかほどもつき
出して、敵の【※1】血のとをりに、うか〳〵と構見る時、敵力に任《まかせ》て
打をとさむと思時、我が太刀さきをはやくはづして、
左の手のうごかざる様に、右の手をかたまでつよく引、右足
をふみ出し、左足を前へ高く上て、又引たる筋を、敵の二
のうで《(腕)》をよこに打べし、口伝在之《くでんこれあり》。

【※1】判読しがたい。廻とも血とも見える。血は乳のことか。すなわち中段のくらいにつけることか。

九、同打落さるる位之事

一、打落さるる位構も乗《のる》も前に同《おなじ》、足は構の時、足をふみそろへ、乗時右足を出し、【※2】血のとをりつき出して構時、敵力にまかせて打落す時、太刀にかまわず自然に下て、首を少もうごかさず手をのべ《(伸)》て、左の前に構て、敵手をねらい打時、我が手を右のかたへかえてはる也、太刀をひ《(平)》らにてはる事あし、、下よりてをすぢかへ《(筋違)》にはら《(払)》ふ心なるべし、転変肝要也。

【※2】前文同様判読しがたい。

十、陰位之事《かげのくらいのこと》　付《つけたり》、喝咄《かっとつ》

一、陰の位は、身の懸まむき《(真向)》になして、少《すこし》左足を出して、左の手をのばして、刀のさきを敵の左の目に付て、ま《(前)》へせば《(狭)》に太刀を立《たて》に上段に構て、刀の上よりおしのべて、敵の手を打べし、敵の太刀先我が刀のさきにあたるほどなれば、定りて太刀敵の手にあたる物也、又喝咄の位、左足を出して、太刀の切先を敵の方へなして、太刀のみねを敵に見せて、敵打時、手をのばして、切先よりはやく《(早)》

上て打べし、いかほどもはやく《(早)》つよき《(強)》ほどよく候也、うつ《(打)》
時は、右の足を出す也、喝咄をつづけてする時、敵合遠
き時は、足を引て喝咄すべし、又敵合よき程ならば、
足を立かへてすべし、敵合近き時は、右足を引て同所
にて喝咄すべし、我が太刀短時《みじかきとき》は、うけながし《(受流)》てうつべき也、
喝咄近くて悪物《わるきもの》也、近ければむねにあたる心あるべし、
転変肝要也。

十一、陽位之事《ようのくらいのこと》　付、貫心持《ぬくこころもち》

一、陽の位は、刀は敵の構に応《おうじ》て十文字に宛《あ》て、太刀は手をのばして左の脇にゆるりと構て、敵の手をすぢかへ《(筋違)》にうつべき也、此太刀上段に逢てよき太刀也、はりざまに右足をすこしづつ出して、手をみぎへかわしてはるべし、又貫心持は、手をはる時、其はる太刀を勢《せい》に入、打落さんとする時、同拍子にはると見せて、下をすぢかえにはらふ也、敵勢いをいれずば、ぬく事しかるべからず、我が手をかわして、敵の手をねらふ事肝要也、口伝在之。

十二、同位《おなじくらい》はる積之事《つもりのこと》

一、はる積は、我が太刀の切先、敵の現在にあたる程の積の時、手をのばし太刀を少左の脇にをきて、右の身をすこし出し、下より手をすぢかえてはりあぐる也、如何《いか》にも構をばゆるゆると構候也、敵せいに入、打落時は、猶《なお》つよくはりて、敵せい力を出し打落を、足と身とは、はる心に拍子をちがへずして、太刀斗《ばかり》おしみ、誠に打出すと見せて、敵打落太刀の其跡を頓而《とんで(すみやかに)》きり候也、敵相近き候事あしく、同《おなじく》はつる〱と懸《かかり》、一度に下よりはりあつる様《よう》に、よくねらいてうつべき也、口伝多し。

十三、定《じょう》可《か》當《とう》之事《のこと》

一、定可當は、少左の足身を出して、刀の切先と敵の太刀、我が刀の過《か》と過《か》に逢程《あうほど》の時、定て振出すべき也、太刀の構は、切先前のかた《(方)》へ出して、いかにも身のうちひろ《(広)》き様になして、両のひぢ《(臂)》をかがめて、手くびかがまざる様に、むねをいかにも入て、大なる木をいだきたる様に、身の懸《かかり》をはらいなして、かかるべき也、下よりすぢかへに、敵の手をはらい上《あげ》て、もどり《（戻）》の太刀にて直に首を打べき也、下よりの太刀《（行太刀カ）》、したたか《（強）》にのばしたるがよき也、はりざまに右足を上て打時、ふみこみて打べき也、転変肝要也。

勝味位

十四、先《せん》を懸位之事《かけるくらいのこと》

一、先の懸様あまた有、敵中段下段の時は、陰の位に構、其儘飛かかり、うた《（打）》むと思ふ気色をして太刀を少うごかして、はしりかかりて過と過に逢時、足を少ならせば、敵かならずしちやう《（征）》にかかる物也、敵のにぐる《（逃）》程我身もつき《（付）》てよるべき也、敵上段の構の時は、組合て下段に構て、左足をふみ出してはしり《（走）》かからんと見せて、首をかかれば、敵しちやう《（征）》に懸物《かかるもの》也、平生は指合切《さしあいきり》に構て過と過にあふ時、跡足《あとあし》を浮《うけ》てふつとのび《（伸）》かかり、打身の懸に成て、太刀を一尺斗上《あげ》て、首を少懸て追拂べき也、いづれの太刀にも先はあり、敵の思ひもよらざる事して拍子ちがひにして先をかくべし、敵の思ひよる事は、少々相太刀にても悪し、口伝在之《くでんこれあり》。

十五、切先かへしの事

一、切先をかへす様は、我が太刀さき敵の現在へ乗る時、足をつきあわせて、ほし《（星）》をよく見あててかへ《（返）》す物也、ほし《（星）》明《あきらか》に見えて敵合近き時は、ちひさく一廉早《ひとかどはや》くかへすべき也、又云《またいう》、敵合少遠き時は、手をはやくかへすやうにしていき《（息）》をぬき、足身はかかりて手斗《ばかり》おしみて、手のおさまり所をきるべき也、敵打かくる時かへす様、敵の太刀と一度に我が右の方へ手をぬき、大《おおい》に太刀をのばして右足をふみかかり、左足をう《（浮）》けて首をかかりて、敵のはなすぢを立にわる様に返也、うちはづしたる時は、身をのきて陽の位にかまゆべき也、はる心持は前におなじ、教外別伝《きょうげべつでん》なり。

十六、足を打位之事

一、足をうつ様三色有、敵右のうしろへ下段にかまゆる時、我が太刀下段の上に構て、左のかたへ廻様に、太刀先敵の現在につきかけて、足をふみとめず、つる〳〵と少かかりすぐる程に行、のき足に敵を打べし、打所足を見る事努々《ゆめゆめ》なかれ、敵打次第に切先返《きっさきがえ》をいかにもはや《(早)》くすべし、ちか《(近)》くばうくべし、請様《うけよう》前に同、又敵高上に構たる時、組合《くみあわせ》上段に構、うつむきたる身の懸にて、つるつると現《げん》の積《つもり》に懸、足を打やいなやのきてすわ《(居)》り、陽位に構べき也、又敵中段の上《じょう》にて我が太刀の上へかかる時は、我が身の懸をのりて、太刀のは《(刃)》を上へなして、ひ《(臂)》ぢをおりて右のかたに構て、さ《(扱)》て切先返するよしして足をうち、刀上の敵太刀をはる心して打のき、上段の中に構て足を引うつ時、切先かへしの心すべき也、。

十七、手を打位之事

一、敵中段の下につき出して構時、我が身ど《(通)》をりより右へはづれば、太刀先をさげて過《か》にて現へつけ、其太刀一尺ともはなれずして、いかにもはや《(早)》く、手のうちに力を入て手本《てもと》をさげて両の手をかけて切先かへしすべし、ちい《(小)》さくつよ《(強)》き程よく候也、又我身とをりより左のか《(方)》たにあらば、手本《てもと》をさげ、敵の太刀に十文字にあてて、太刀少もまわる心なく、一尺斗上て、右の手の爪を打べし、又敵太刀一廉《ひとかど》はやき時は、切先返の心なる二の越《こし》をもつて、おさまる所を打べし、はやく透《すき》なき事肝要也、口伝在之。

十八、切先はづす位之事

一、太刀をはづすこころは、かた《（肩）》と手のうち斗《ばかり》也、されども手のうちを、おおく《（多）》うごかす事あし《（悪）》し。左へはづす時はすぐ《（直）》に、右へはづす時は、少《すこし》くり上て、もとの構に又なる様にすべし、左へはづす時、右足を出し又右へはづす時は、左の足を出すべき也、はづして後には前のて《（手）》を打位のごとく、はや《（早）》く敵太刀振おさめざるうちに打べき也、このうち《（打）》もまわる事は悪し、口伝在之。

十九、乗位《のるくらい》之《の》事《こと》

一、乗心持は、太刀にてものら《（乗）》ず、手のうち、ひぢ《（臂）》かた《（肩）》こし《（腰）》あし《（足）》にてものらず、敵太刀をうち出すを、五躰一度ににぢがた《（虹形）》に太刀さきより足さき迄、やわらかにのり候也、敵太刀のうごくとはや《（早）》あぐる様にすべし、くらぶる時は、現在迄太刀行ちがへども、上にてはづるるゆへ、ひかづ共のる心候也、足つかいは、地あしよりは少はやく、乗時《のるとき》もよどみなくのりつむると、ひしとと《（止）》まり手をうち候也、猶口伝在之《なおくでんこれあり》。

廿、すり足之事

一、すりあしは、敵うか〴〵として、中段などに両の手にてもちたる時、太刀追取《おっとる》と左足を少出《すこしだ》し、手と手を重《かさね》てくみ、いかにもゆる〴〵と持て、腰をすえて、敵をまむきに見て、敵打出さむとする所を、又左足を少ふみ出して、右足をとっととびこ《（飛込）》みて、左足を折りて下より手をはらいうくる也、いかにもつよくすべし、すこしもおくるる心なかれ、教外別伝たり。

奥

廿一、真位之事《しんのくらいのこと》

一、敵二刀のときは、過と過に合切《あいきり》、左足を出し、右ひざをおりて定可當《じょうかとう》をふりてふみかかり、足をたてかへて、陽位のかまへに又はらい出し、又喝咄に構て左足を出し喝咄すべし、少もあいのなき様に、つよくすべき也、先をかくる事肝要《かんよう》也、敵の小太刀をすて《（捨）》に見る事肝要也、少もおくるる心なかれ、又脇せば《（狭）》き時は、其儘《そのまま》喝咄にして左足を出して、数多《あまた》太刀をいかほどものばしてうつべき也、口伝多し。

廿二、有無二剱之事《うむにけんのこと》

一、有無の二剱は、刀を高く切っ先をてきのかたへなして、太刀をば我が左のひざのうへにおきて、敵切懸《きりかかれ》ば太刀にて下より手をはりて、又うへ《（上）》の刀を打懸《うちかく》心すべし、さる時、敵上にかまわず下の太刀の手をうたんとせば、刀を打て敵気ちがひし、よは《（弱）》りたる時、下の太刀を両の手にてかすみて請上《うけあげ》て、すじかへ《（筋違）》にきるべき也、又刀をおぢ《（怖）》て上に心付ば、下にて教のごとく手をはるべき也、敵に近く事あしく、構の足は左足を出し、右足七八寸ほど、わきにをきて、切籠《きりこむ》時左足をば其儘おき、右足を出して刀に※任《まか》せて切るべき也、転変肝要也。

※刀に任せて、原文「刀」とあり、刀と読んでおいたが、力のくずしとも読める。次項「勢刀《せいりょく》」参照。武蔵の癖字には閉口する。

廿三、手離剱《しゅりけん》打様《うちよう》之事《のこと》

一、手離剱の打様は、人さし《（指）》を刀のみねにおきて、敵をきる様に打べし、打たて《（立）》てんと思ふゆへにたた《（立）》ざる也、手くびすくませて、かた《(肩)》をしなやかに、目付所のほし《(星)》をこぶし《(拳)》にてつく様にすべし、はじめにはちかくやはらかに、切先あがりに立様にすべし、間を積事《つもること》、敵合一間《いっけん》の時は、五寸太刀さきを上《あげ》て打べし、一間半の時は、一尺立、二間の時は一尺五寸立て打べし、ほし《(星)》より高く立事はくるし《(苦)》からず、下る事あしし、※勢力入程ほし《(星)》よりさがり、切先うつぶきてあたる物也、き《(気)》をはる事あしし、うつ時の身の懸《かかり》、あを《(仰)》のきてむね《(胸)》を出し、足を出し、うしろへのる事いかほどものる程よし、いき《(息)》はゑいゑいとそらうち《(空打)》一つ二つして、のり上る時、引いき《(息)》長くして、はなるる時、とつと云《いう》いき《(息)》にてはなすべし、ゑいと打出《(放)》すいきあしし、工夫肝要也《くふうかんようなり》。

廿四、多敵位之事《たてきのくらいのこと》

一、敵おほき時は、身をまむき《(真向)》にして左足を少《すこし》出して、一度に惣敵《そうてき》を見る目遣《めづかい》にて、敵のつよく《(強)》つる〳〵と懸《かか》るかた《(方)》へ、我はしり《(走)》よりて打べし、構様は、刀を左のうしろにかまへ、太刀を右のうしろへ両の手ながらとつとのば《(伸)》してかまへ、むね《(胸)》足を出し、太刀刀のさき、うしろにてゆきあふ程に構、敵にかならずあたらむと思時、右足を出して敵の目のとをりを、太刀刀一度にふり出し、太刀の手上に成様《なるよう》にふり、其儘《そのまま》振返し、又左足をふみ出し、本《もと》の構のごとくすべし、振時むねを、いかほどもかかりのばす様にすべし、我が左のかた《（方）》の者に能々《よくよく》あたる物也、転変肝要也《てんぺんかんようなり》、太刀数多く振事あしく、先をかくる事肝要也、口伝おおし。

廿五、実手取之事《じってとりのこと》

一、たて籠るものとる《（捕）》様、先戸口《まずとぐち》はいる様、立かわりて両の戸わきを、鑓《やり》にてせぐらせ、二刀は中の下に構て、かたな《（刀）》のさや《（鞘）》にきる《（着）》物をかけて、小太刀に持添て、左足を出して構候也、さて《（扱）》、内へいる時、鑓を我が左のかた《（方）》にもた《（持）》させて鑓にて敵の顔をはらふべし、敵顔をふり気ちがいする時、二刀の構の中段の上に構て、さて請てきる物斗すてて、刀にしらは《（白刃）》を取添て、手を太刀のむねにてうちはなし、太刀を心本にさし付て、わきざしを我がわきざしに取添ぬき、二つながらすて《（捨）》て、敵の右の手を左の手にて、くつろがさざる様手くびを取て、太刀を敵の右のわきの下より入て、むね《(胸)》とかいな《(腕)》をせかして、うつぶきにたを《(倒)》し、手くびと太刀のつか《(柄)》を足にふみて、いづれ成共はやなわ《(早縄)》をかくべし、取しむる迄は、鑓《やり》にて顔をはらふべき也、口伝在之《くでんこれあり》。

廿六、太刀刀ぬき合様之事　付《つけたり》、あい太刀あわざる太刀之事

一、太刀かたな抜合様は、間半、一間の間にては、わきざしにて其儘きるべし、あい遠き時、わきざしをぬくと、はや左へ取なをして太刀に手をかけ、陽の位の様に心を持、敵打出さば、ぬき合せざまに其儘手をはらふべし、敵かからざる時、ぬき合、したき事をすべし、小わきざしの時は、ぬけよき物なれば、太刀よりぬきて上段に構、敵より《(寄)》にくき物なれば、其内にゆるゆるとぬき合する也、又あい太刀之事、定可當のあい太刀、ひだり《(左)》しや、上段のとめかすみ、陰位のあい太刀、両手のつき出したる下段、中段、喝咄のあい太刀、かた手にてつき出したる中段、方《(片)》手の左に構たる上段、陽位のあい太刀、両手の上段、何《いずれ》も此ふりなる《(振風様)》構にて心得懸るべき也、又あわざる太刀の事、定可当に右のしや、かた手の上段、陰位のあわざる太刀、左しや、右しや、かた手の上段、喝咄《かっとつ》にあわざる太刀、左しや、かた手の右の高《こう》

上《じょう》、かた手の下段も少あわず、陽位にあわざる太刀、左しや、右しや、かた手の上段、かた手の下段、これらもあわず候、勝味位は敵太刀にしあわせたるもの也、切先かへしなどに、少あわざる事おおし、口伝在之。

廿七、是極一刀之事

一、是極一刀と云は、若我一刀斗ぬき合たる時の事也、敵上手にて何とも勝つべき様の見へざる時、太刀をうしろによこ《（横）》に構、手あいをひろく取、右足をふみ出し、敵太刀合に成時、一つ二つ斗振て、すさり《（退）》て敵懸内の透を見て、其足を其儘をきて、過をいかにもつよく打て、はやくわきざしをぬきて、うけこみて取をいかにも心づよく思、手を取て切べし、近くてはみじか《（短）》き程よき也、せんかた《（詮方）》なき時、勝故に極意とわする也、口伝。

廿八、直通《じきつう》之《の》位《くらい》之《の》事《こと》

一、直通之位と云は、兵法之魂也、前の太刀数共は皆是、人の躰のごとし、是よりて外にいる事なし、又のく《（除）》べき事もなし、勿論《もちろん》時によりて少も出合ざる事もあれ共、又いらでかなはざる事有、たとへば眼耳鼻舌手足などの様に作たる物なれば、此内一つのきてもかたわ《（片端）》成べし、又爰《ここ》に云太刀数皆流《りゅう》つう《（通）》自在に覚ぬれ共、直通位の心魂なければ、狂気酔人證なき者に同《おなじ》、何《いずれ》の太刀も追取先《せん》をかけ見るに、敵打所の星見ゆる物也、其時合太刀あわざる太刀を見分《みわけ》、間《ま》を積《つもり》一念に思所の星を少も違《たが》へず、縦《たとい》大地は打はづす共、此太刀努々《ゆめゆめ》はづるる事なかれと、おそろしき気をすて爰こそ直通一打の所なれば、力に任て打べし、又敵を入取も相違なし、つる〳〵と懸、はや手に取つきたると思、如何程もふかく懸べき也、直通の心なき太刀をしに《（死）》太刀と云也、よく分別して見るべし、まくる《（負）》にはすさり《（退）》てもまくる《（負）》物也、奥と云、これより奥もなし、口と云、これより口もなし、されば大師高野山、奥の院を立んと山深く分入ておもへば、いまだあ《（浅）》さし、奥の院となればなを深く尋ゆき行て見れば、又家村近く見ゆる。さて《（扨）》云へり、

中々《なかなか》に人里近くなりにけり餘《あまり》に山の奥を尋て、と也、おく奥にあらず、口くちにあらず、兵法大智の我なれば、尋さぐるにきどく《（奇特）》なし、我にまさりて積者前々後々にあるべからず、教外別伝《きょうげべつでん》なり。（圏点筆者）

右六七々八之條々慶長九年初冬頃
忽然審積的傳之秘術作明鏡之
書名兵道鏡盡傳妙術弟子弟（印の誤り）
免之者授之今古無雙之兵法後々
末々迄為不可失絶先跡無類之
秘事等書付令置也縦雖有予
直筆免状之手形無此秘巻者更
不可用必状此條々不学争決
勝負乎雖為親子兄弟依其覚悟
不授之寔抛他事執心神妙之旨
此一巻相渡者也可秘々々

壺印

圓明流天下一

宮本武蔵守

藤原義軽　花押印

落合忠右衛門殿

参

慶長十年（乙巳一六〇五）極月吉日良辰

（読み下し）

右六七々八の條々《じょうじょう》、慶長《けいちょう》九年初冬《しょとう》頃忽然《こつぜん》として審《つまび》らかに的伝《てきでん》の秘術を積《つも》り、明鏡《めいけい》の書を作り、兵道鏡《ひょうどうけい》と名づけ、盡《ことごと》く妙術を伝う、弟子《ていし（でし）》印免の者に之を授《じゅ》して、今古無雙《きんこむそう》の兵法《ひょうほう》、後々末々迄《こうこうまつまつまで》、失絶《しつぜつ》すべからざる為に、先跡《せんせき》無類《むるい》の秘事等書付置《ひじとうかきつけお》か令《し》むる也、縦《たと》い予《よ》が直筆免状《じきひつめんじょう》の手《しゅ》形《ぎょう（てがた）》有りと雖《いえど》も、此《こ》の秘巻無《ひかんな》くんば、更に必状《ひつじょう》（必定の誤りか）と用《もち》ゆべからず、此の條々、学《まな》ばずんば、争《いかで》か勝負を決《けっ》せんや、親子兄弟《しんしきょうてい》為りと雖も、其の覚悟に依って、之を授せず、寔《まこと》に他事《たじ》を抛《なげう》ち執心神妙《しゅうしんしんびょう》之旨《のむね》、此の一巻、相渡《あいわた》す者也《ものなり》、秘《ひ》すべし秘すべし。

（読み下し筆者だが概ね武蔵直筆の伝書の訓に従った。ルビ、括弧内筆者補記。）

右二十八箇条の兵道鏡は、慶長九年（一六〇四甲辰）初冬頃書き綴られたとある通り、この年こそ武蔵にとって兵法天下一を世間に知らしめた年であったのだ。即ち代々足利将軍家の兵法所として天下一を誇る吉岡兄弟を一撃に打ち倒し、報復せんとする多数の一門弟子達の挑戦をも退け、奈良では宝蔵院流槍術の名手奥蔵院を破り、また異種武器鎖鎌の達人宍戸某を小刀を手裏剣打ちにして倒し、己れこそ天下一の兵法者たることを実証した画期的な年であった。仏教に所謂有頂天に達した自信満満の時代であった。だからこそ、兵道鏡後書に、「兵法大智の我なれば」とか「我にまさりて積者前々後々にあるべからず」と豪語して憚らぬ。この真実を知らずして義軽という署名だけを見て、筆跡も見ず、武蔵玄信の偽者と断定して憚らない武道史研究家には、開いた口が塞《ふさ》がらぬ。その癖に、円明流は武蔵明石滞在時に、四智円明の枕言葉に因んで創案した流儀である。即ち玄信の三十代の中ごろから四十代のはじめごろまでかけて、明石藩小笠原家の客臣として、明石に住んでいた。そのころの彼の武術を円明流という。等々、全く見当違いの説明をしておられるのに、先生方も右へ倣《なら》えで、義軽と云う名前だけの判断で偽者と決めつけてしまう。誤説を正す事、これが筆者の剣道史編纂の目的です。何卒武蔵玄信の真筆として知られる「兵法序論」（写真掲載）などと筆跡比較して納得して頂きたい。特に、「道」のくずし癖に特長がある。例えば「兵道鏡」の道が「」このようにくずされており、この筆癖は、玄信時代も変りがない。

誤説に惑わされることなく、貴重な武蔵の処女作伝書兵道鏡を玩味されたい。

この処女作伝書が、のち増補されて、上巻と下巻になり（日本剣道史9号所載）、五法之太刀道（兵法序論）となり、兵法三十五ヶ条となり、最後に「五輪書」の完成となるのである。義軽を武蔵玄信の偽者とする先生方の反省を促すものである。

義軽を偽者と云う人たちは、己が不明に気が付かぬなり。

誤りを現世未来に伝えては、その罪いかに償うべきや。

真実は目から鱗を落とし見よ、大家の説も誤りはあり。

一　心持之事

一　心乃持様登云ハまつ志あい勢ん登思時遍いせい乃心よ里者な越志川可尓奈つ天敵乃心農う知越引見るへし敵俄聲高具成目大尓顔あ可具寸知保祢立天寿左満知け奈るハ知う知越祢ろふ遍多なるへし左様乃もの尓盤な越志川か尓心をなし天敵乃顔越うか〳〵登見天敵乃き尓左可ら王左る様尓見勢天太刀越取天笑天上段乃下尓太刀越搆天敵打所越ゆる〳〵登者つ春へし左天敵乃氣色い奈心奈ると疑様奈る時うつ遍き也又人尓よ里仕合尓望時言静に目本曽具寸知保祢毛出寸太刀取力奈起様尓見天太刀尓き里多るゆひう起天毛多者上手成と思あ多里へよせ春先越可け徒る〳〵登懸追者らい者や具打へし上手尓ゆる具（以下略す）

原文は以上の通りで、これを武蔵独得のくねくねした癖字で崩して書かれているので読みにくい。参考までに一部分掲載して読者の参考に供する次第です。

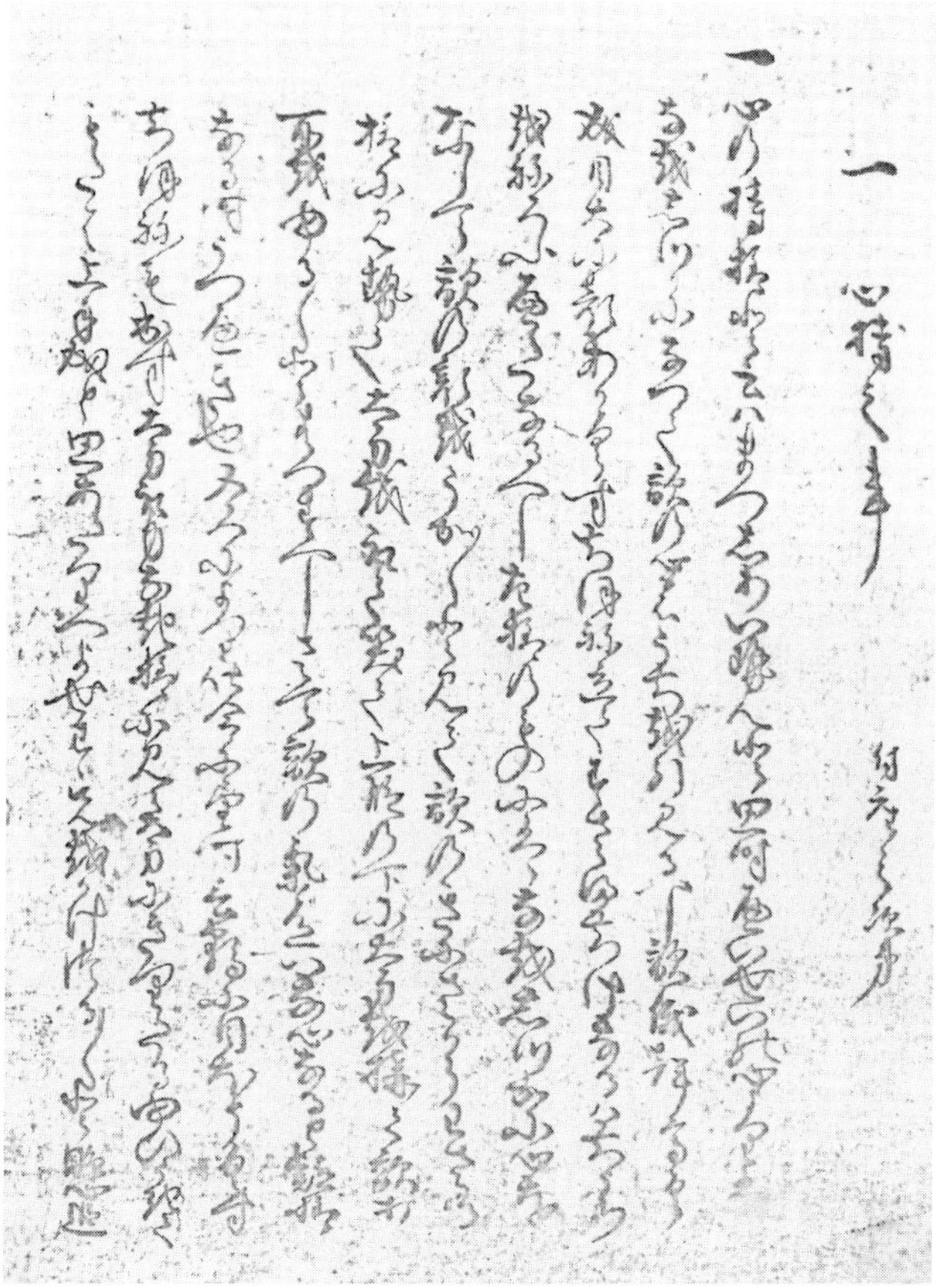

一 心持之事

圓明流印可状

圓明一流之兵法御
執心不浅依為器用
予若年以来相積奥
儀之秘術不残一手令
傳授早殊兵道鏡
者雖為一國一人一子相傳
之極秘積審授一巻相
讓者也某弟子有数多
中希有之儀候然上者
懇望之輩於在之者
御傳尤不苦候猶授所
之秘傳兵道鏡之積朝々
暮々工夫為肝要者也
仍印可状如件
天下一
宮本武蔵守

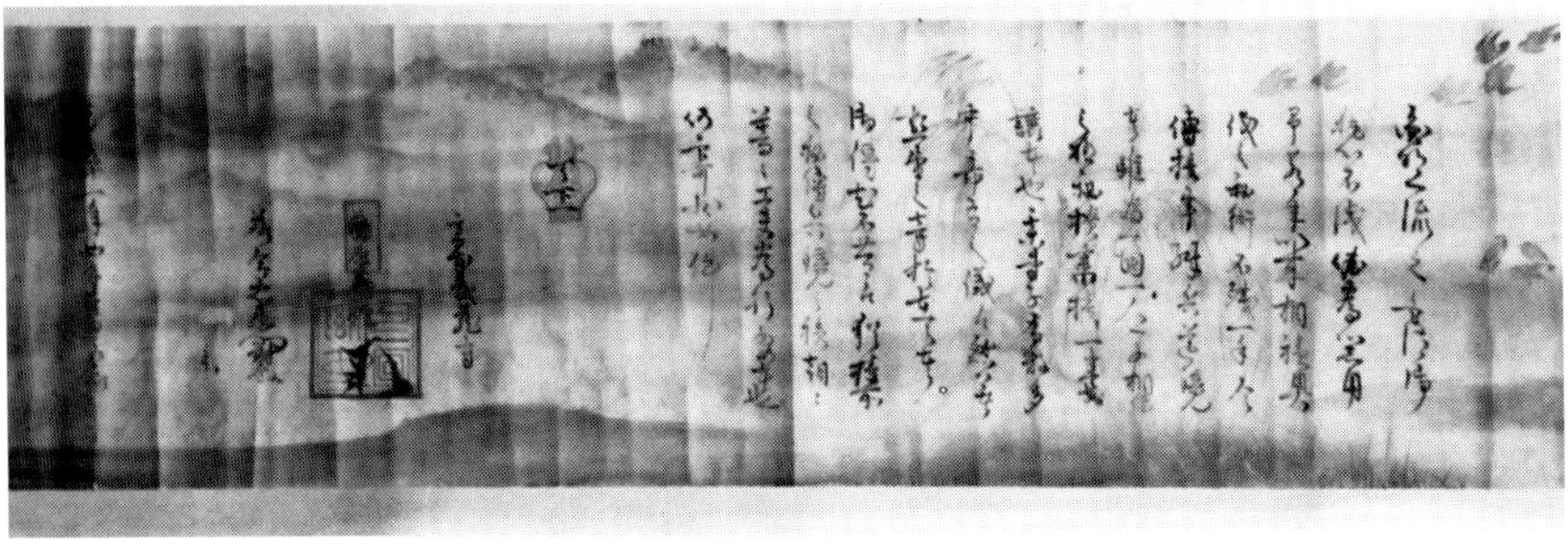

慶長十一年四月
宮本武蔵守藤原義軽より落合忠右衛門尉宛
の印可状

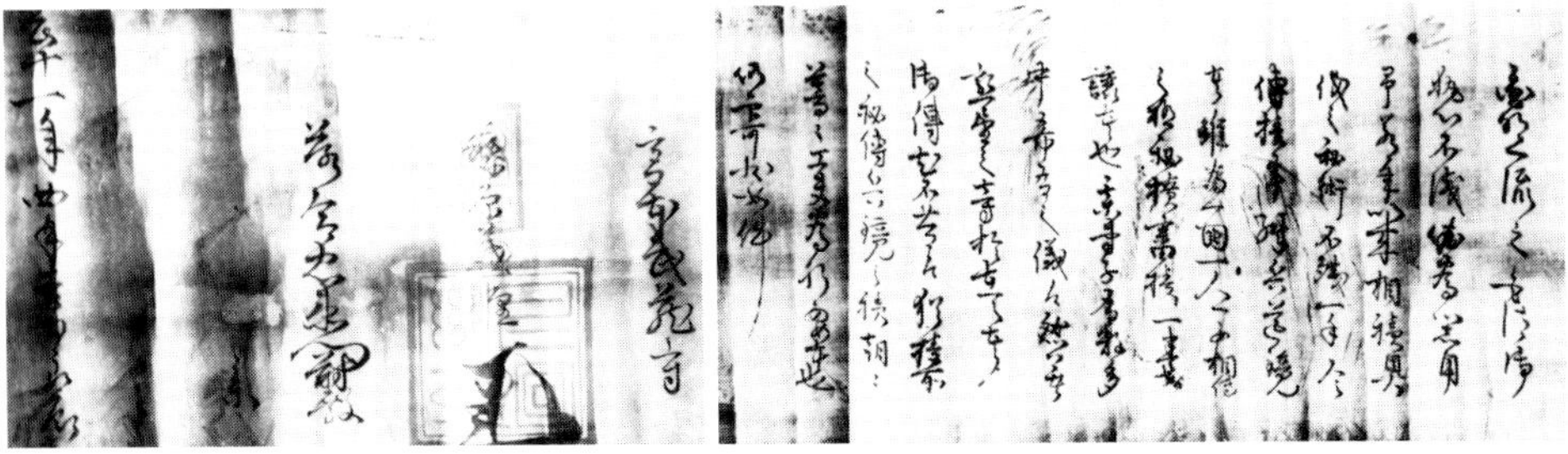

宮本武蔵守藤原義軽より
落合忠右衛門尉宛円明流印可書
多田家蔵

藤原義輕花押印
落合忠右衛門尉殿
参
慶長十一年四月吉日良辰

（読み下し）

圓明一流の兵法御
執心《しゅうしん》浅からず器用たるに依って
予若年以来相積《あいつも》る奥
儀の秘術一手残らず
傳授せしめ畢《おわ》んぬ、殊に兵道鏡《へいどうきょう》
は一国一人一子相伝
の極秘たりと雖も、審《つまび》らかに積る一巻を授け相
譲る者なり、某《それがし》弟子数多《あまた》有る
中、稀有《けう》の儀に候、然る上は、
懇望の輩《はい》これあるに於ては、
御伝え尤《もっと》も苦しからず候、猶《なお》授くる所
の秘伝兵鏡の積り、朝々

宮本武蔵画像（中井家蔵）

暮々工夫肝要《かんよう》たる者なり、
仍《よ》って印可《いんか》状件《じょうくだん》の如し、（以下略）

ここで誤解を招くといけないので断っておくが、圓明流の称は、武蔵の創始ではなく、義父の無二助一真よりの相伝であり、一真は平田武仁少輔正家より當理流という十手術を相伝していた。しかし武蔵は十手は常備の武器でなく、武士が常に腰にある二刀遣いに着眼したのであり、圓明流を称しても兵道鏡こそ武蔵の実戦が結実した処女作伝書であったのである。武蔵通説生年によれば、二十一歳の時である。

その後、写本によれば、増補され上下二巻となっている。次の如し。

兵道鏡上

一、心持之事、付座之次第
一、目付之事
一、太刀取様之事
一、積太刀之事
一、身之懸之事
一、足遣之事
太刀之名
表前八之位之事

一、指合切之事
二、転変はつす位之事
三、同打落さるゝ位之事
四、陰之位之事　付唱咄
五、陽之位之事　付ぬく心持
六、同はつす位之事
七、定可当之事
勝味位
一、先懸位之事
一、切先返之事
一、切先はつす位之事
一、乗位之事
一、春心持之事
一、足打位之事
一、すりあしの事
一、手打位之事
兵道鏡巻上終
右条々為屛他流兵術之太刀等又替余為宜直勝味知分毛頭濃々書印也猶奥儀等者当其具辨其理平生不違之者如見

先譬誅竜之剣不振蛇也可秘々々

（右条々他流兵術之太刀等を屏《しりぞ》けん為、又余に替り宜しく直勝の味を知分《しりわ》くべき為、毛頭《もうとう》も濃々《こまごま》書き印す也、猶奥儀等は、其の具に当り其の理を辧《わきま》えるがごとし、平生之に達せざる者、先ず譬《たと》えば、誅竜の剣蛇に振わざるを見るが如き也、秘すべし、秘すべし。）

兵道鏡巻下

奥

裏前六

一、眼見色現之事

二、耳聞声出之事

三、鼻入香顕之事

四、舌当味分之事

五、心思触行之事

六、意悟法学之事

一、真之位之事

二、有無二剣之事

三、手離剣打様之事

四、多敵の位之事

五、実手取之事
六、是極一刀之事
七、相太刀合あわさる太刀　付太刀ぬき合様之事
八、直道位之事

右之条々円明一代安的伝之秘術作明鏡之書名兵道鏡盡伝必第（弟）子印免者授之古今無雙之兵法後々末々迄為不失絶先跡無類之秘事等書付令置候也縦予雖有直筆免状之手形無此秘巻者受不可用必状此条々不学者争決勝負哉雖為親子兄弟依其覚悟不授也寔抛他事執心神妙之旨此一巻相渡者也可秘々々
（右の条々、円明一代的伝《てきでん》の秘術を安《あん》じ、明鏡の書を作り兵道鏡と名づけ、盡《ことごと》く必ず弟子印免の者に之を授け伝う、古今無雙の兵法後々末々迄、失絶せざる為、先跡無類《せんせきむるい》の秘事等書付置かしめ候也、縦《たと》え予が直筆免状の手形有りと雖も、此の秘巻無くんば受け用うべからず、必状《ひつじょう》（必定）此の条々学ばざる者争《いかで》か勝負を決せんや、親子兄弟たりと雖も、其の覚悟に依って授けざる也、寔《まこと》に他事を抛《なげう》って執心《しゅうしん》神妙之旨、此一巻相渡す者也、秘すべし秘すべし、）

以上個条のみ記す解説文は、筆者編「日本剣道史」九号・十一号参照されたい。

もう一度強調しておくが、義輕武蔵即ち後の改名玄信武蔵であることを知らず、偽者扱いをする先生方に虚心坦懐、真眼を見開いてほしいのです。道の崩しも両者一致です。細川忠利に呈上した「兵法三十五箇條」や、武蔵自筆の戦氣之書の署名二天道楽、「兵法序論」に十六ヶ所に見える道の文字のくずし癖と処女作伝書の見出しの兵道鏡、翌年の印可書五行目に見える兵道鏡（落合忠右衛門宛）を見くらべて下さい。二十一歳の筆ぐせ

は晩年の玄信も変っていないことに注目して下さい。一目瞭然、百の議論は必要無しです。

道の字の　くずしを見れば　すぐわかる　義輕玄信《ぎけいげんしん》同じ筆癖《ふでくせ》

圓明流伝書の数々

次も義輕と書かれた写本を記す。

「廣見廻世界之兵家位正法人未識譬不辨
之霄者似尋日月光昔前已來有兵用之法
云名号而已聞傳今勤所何皆如学猿猴之人
形爰以学覚同未学云云竊予朝鍛有錬而安
兵的當之法在前忽然而却在心闇之希明遂
斯有廣々道曽不学者誰續見天上天下唯
我獨我兵法之知識也
春風桃李花開日
秋露梧桐葉落時　宮本武蔵守藤原義輕
花押
慶長拾一年八月吉日」

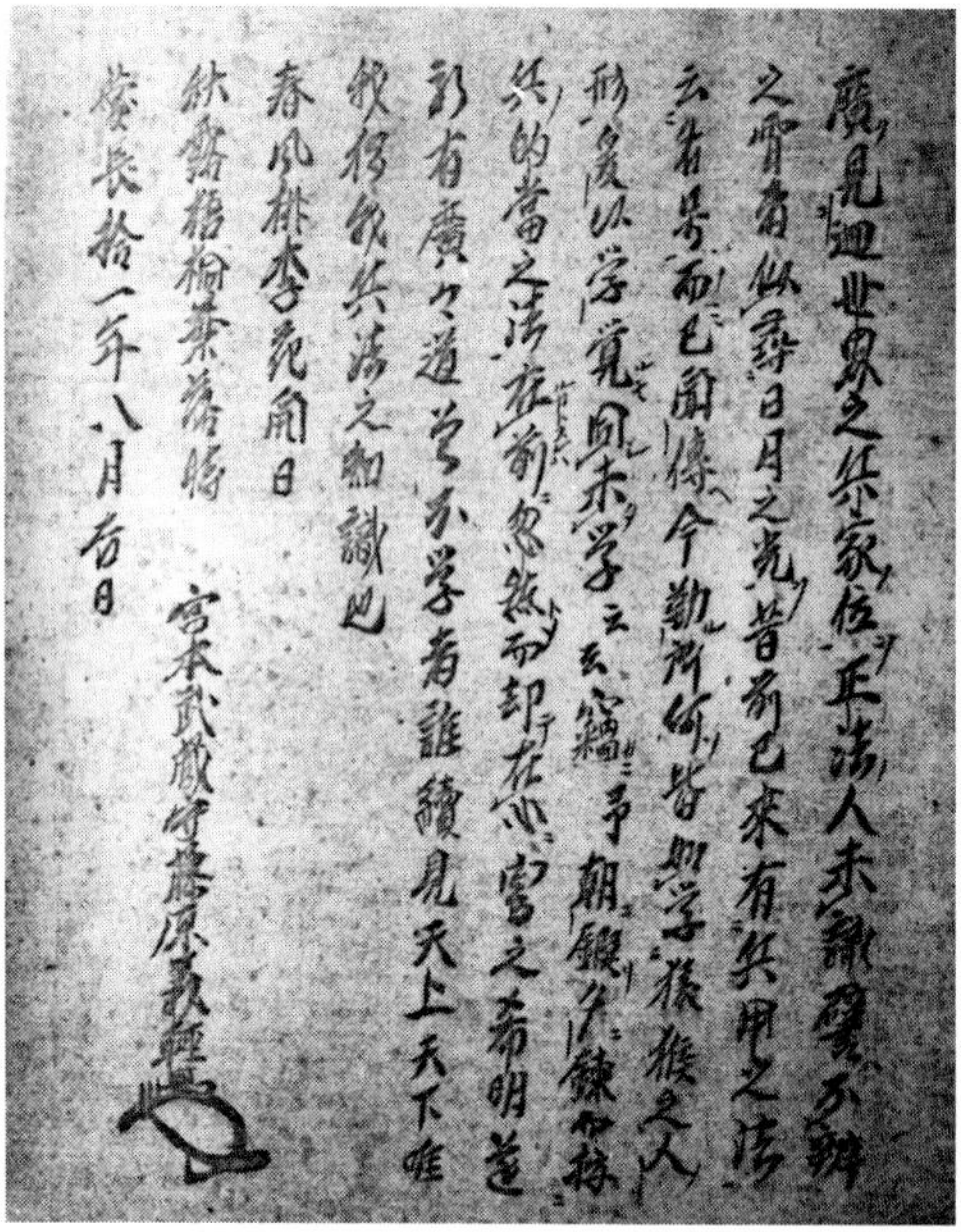

多田家蔵写本、宮本武蔵守藤原義輕
慶長 11 年 8 月吉日　花押

（読み下し）

広く世界の兵家の位を見廻すに、正法の人未だ識《し》らず、譬《たと》えば、辨《べん》せざるの宵《よい》の者、日月の光を尋ねるに似たり、昔前《せきぜん》以来兵を用うるの法有り、名号《みょうごう》を云う而已《のみ》、聞き伝え今勤める所、何ぞ皆猿猴《えんこう》の人形《ひとがた》を学ぶが如し、爰《ここ》を以て学び覚えるも、未だ学ばざるに同じ云々《うんぬん》、竊《ひそ》かに予《よ》、朝に鍛え夕べに錬りて、兵の的當《てきとう》の法を按《あん》ずるに、前に在るかとすれば忽然《こつぜん》として却《かえ》って心に在り、闇《やみ》の明《あか》りを希《こいねが》い、遂に斯《ここ》に広々《こうこう》たる道有り、曽《かつ》て学ばざる者、誰か続くを見ん、天上天下《てんじょうてんげ》唯我独り兵法《ただわれひとりひょうほう》の知識《ちしき》なり、

春風桃李花開日《しゅんぷうとうりはなひらくひ》

秋露梧桐葉落時《しゅうろごとうはおつるとき》

宮本武蔵守藤原義輕

花押

慶長拾一年八月吉日

次も写本で義輕と記す

「捕手依御執心令相傳候望之旁々於在之者
可有傳授候雖非某兵家法搦之名者見積
極奥之秘術捨悪集善居相立相脇指腰廻
三十八番令傳畢攻所数多存忘安朝々暮々工夫為肝要者也

（捕手《とりて》御執心《ごしゅうしん》に依《よ》って相伝せしめ候、望みの旁々《かたがた》これ在るに於ては、傳授あるべく候、某《それがし》が兵家の法に非ず

と雖《いえど》も、搦《からみ》の名は極奥の秘術を見積り、悪を捨て善を集め、居相《いあい》、立相、脇指、腰廻、三十八番伝えしめ畢《おわ》んぬ、攻める所数多《あまた》存す、忘れ安し、朝々暮々工夫肝要《かんよう》たるものなり。）

居相

夢のまくら《（枕）》　波のひら　たきしめ《（抱締）》

つかつめ《（柄詰）》　小尻かへし　風呂攻

さうしや《（奏者）》取　引すて　りうこ《（輪鼓）》つめ

はり捨　ひきまはし　すくみ

すみつめ　柱まはし

立相

杉たをし　ゆきつれ　行相

立ならひ　捨引　とりしめ

脇指

小手引　はり捨　小手つめ

ゆめかへり

腰廻

小手かへし　心ちかひ　首まはし

はうし《（鋩子？）》折　うて《（腕）》つめ　目くらみ

早縄三つ　引立二つ　打すて一つ

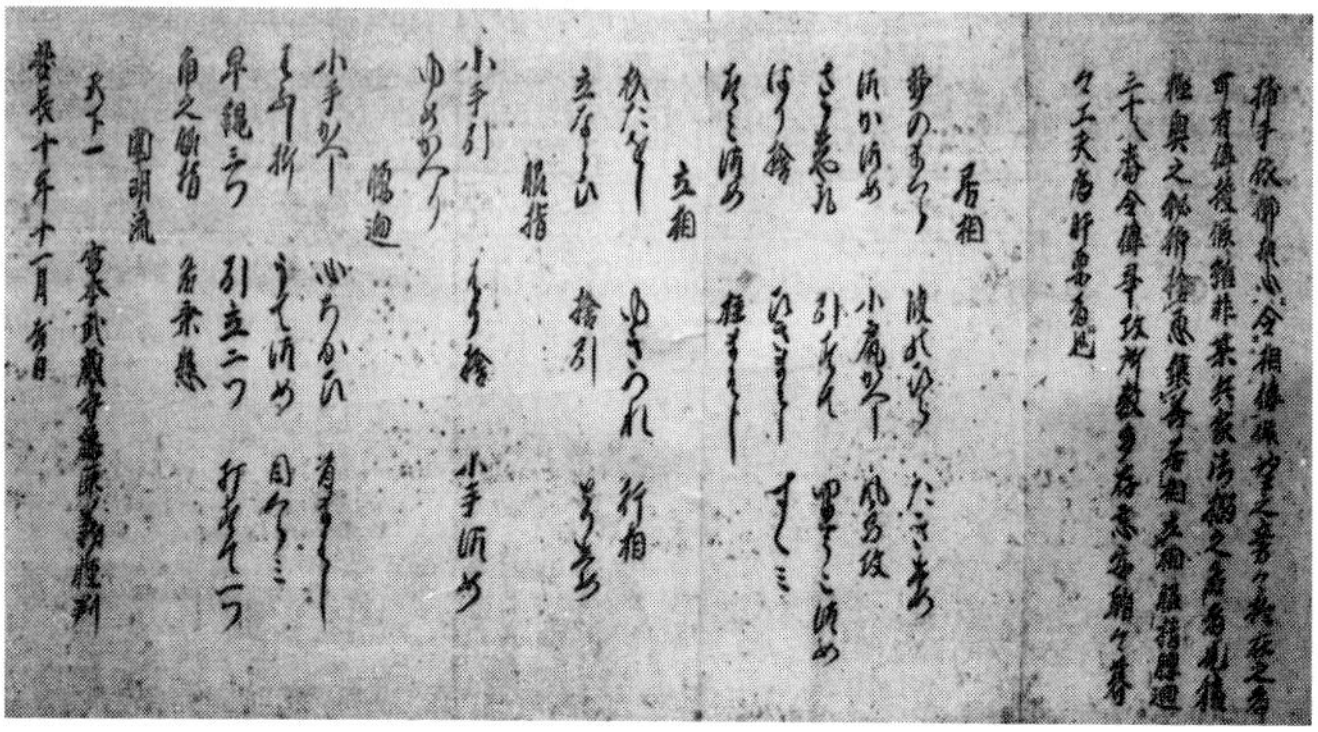

多田家捕手伝書
宮本武蔵守藤原義軽判
慶長 10 年 11 月吉日

角之脇指　名乗懸
圓明流
天下一　宮本武蔵守藤原義軽　判
慶長十年十一月吉日」

次に三浦源七より多田平之丞に授けた伝書を掲ぐ。

「宮本流二
刀者貴所之
先氏祐甫公
雖為秘密
之剱術予
懇望而令
傳受之以來
試用之得

勝利異于
他流然所
足下累年
御執心深
依被勤勵予
所傳受之
蘊奥聊不
残妙術令

相傳早自今
於有深志之
輩者可有
御相傳者也
宮本流許
容之旨趣
仍如件

三浦源七

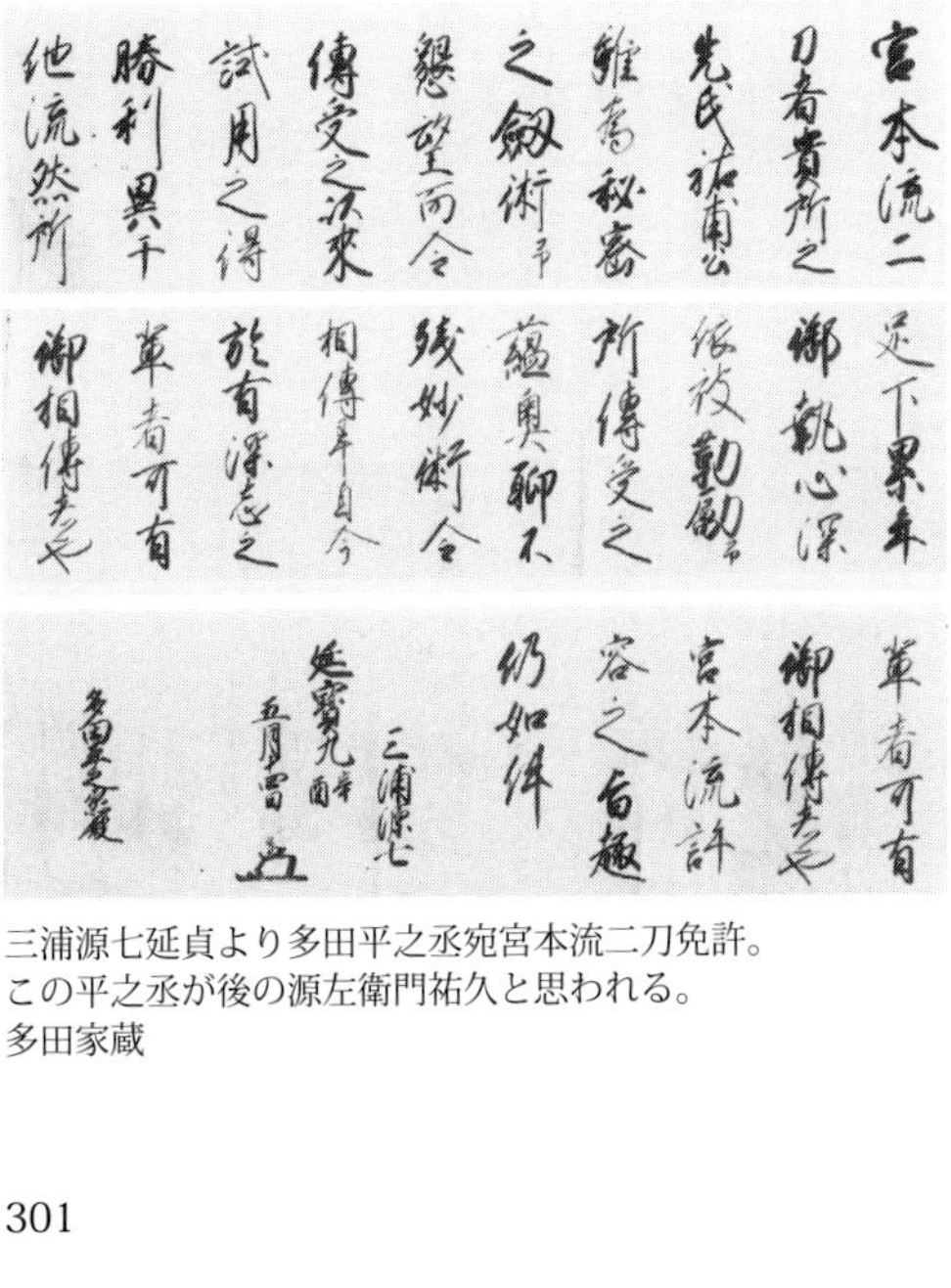

三浦源七延貞より多田平之丞宛宮本流二刀免許。
この平之丞が後の源左衛門祐久と思われる。
多田家蔵

延寶九（一六八一）年辛酉
五月十四日　花押
多田平之丞殿　」

三浦源七は、多田祐甫（俗名半三郎頼祐と称す）龍野圓光寺住職の弟子で、祐甫は宮本武蔵義輕の弟子である。多田平之丞は、祐甫の孫で、祖父の養子となり多田源左衛門祐久と改め後安芸広島藩の師範となった。祐久水野流居合を大矢木又左衛門正次に学び、免許を得て、師の三浦源七と、武蔵の高弟柴任重矩と議し、圓水流と号した。

次に、多田源左衛門祐久の伝書を掲ぐ。

「圓明流兵法序目録
夫尋兵法之水源諸流共以
奇也雖然多替頸於股肉骨
云々嗚呼愚哉譬劔去似刻舷
予秘術者積懸待表裏故
兵法之入参学見開過現未
作此妙術其随敵轉變得其

理叓是秘中之秘也

表

金剛剱　従無住本　立一切法

随時意　寒來重衣　熱來弄扇

浄満月　心華發明　照十方利

定可當　百練毒泉　躍入大淵

破三関　掉臂度関　不問関吏

裏

露刃剱　水本無声　當石有声

急流餌　金以火試　玉以石試

獅子王
不顧危亡
単刀直入

扣鐘勢
左邊不前
右邊不後

笑中刀
碍人荊棘
従無根長

奥儀

陰位
未施寸刃
横死万里

陽位
玉簾深垂
全體未露

無二剱
離鐵鎖
就金鎖

多敵位
風刀所轉
終成敗壊

是極一刀
得失是非
一時放却

真位　八角磨盤
　　　走于空裡
　　　蓦直踏着
直通　本有田地

歌

稽古をは唯ひとりして工夫せよ
　相手なしとてわすれはしすな
秘術そと此兵法をおしへても
　臆病ものはその甲斐もなし
打むかふ太刀の下こそ地こくなれ
　唯ふみかゝれさきは極らく
たゝかひの運をは天にまかすへし
　終に誰とていきとまる身の

　　　　多田源左衛門尉
宝永二酉年（一七〇五）　　　祐久印花押
　四月吉日
脇坂覚兵衛殿」

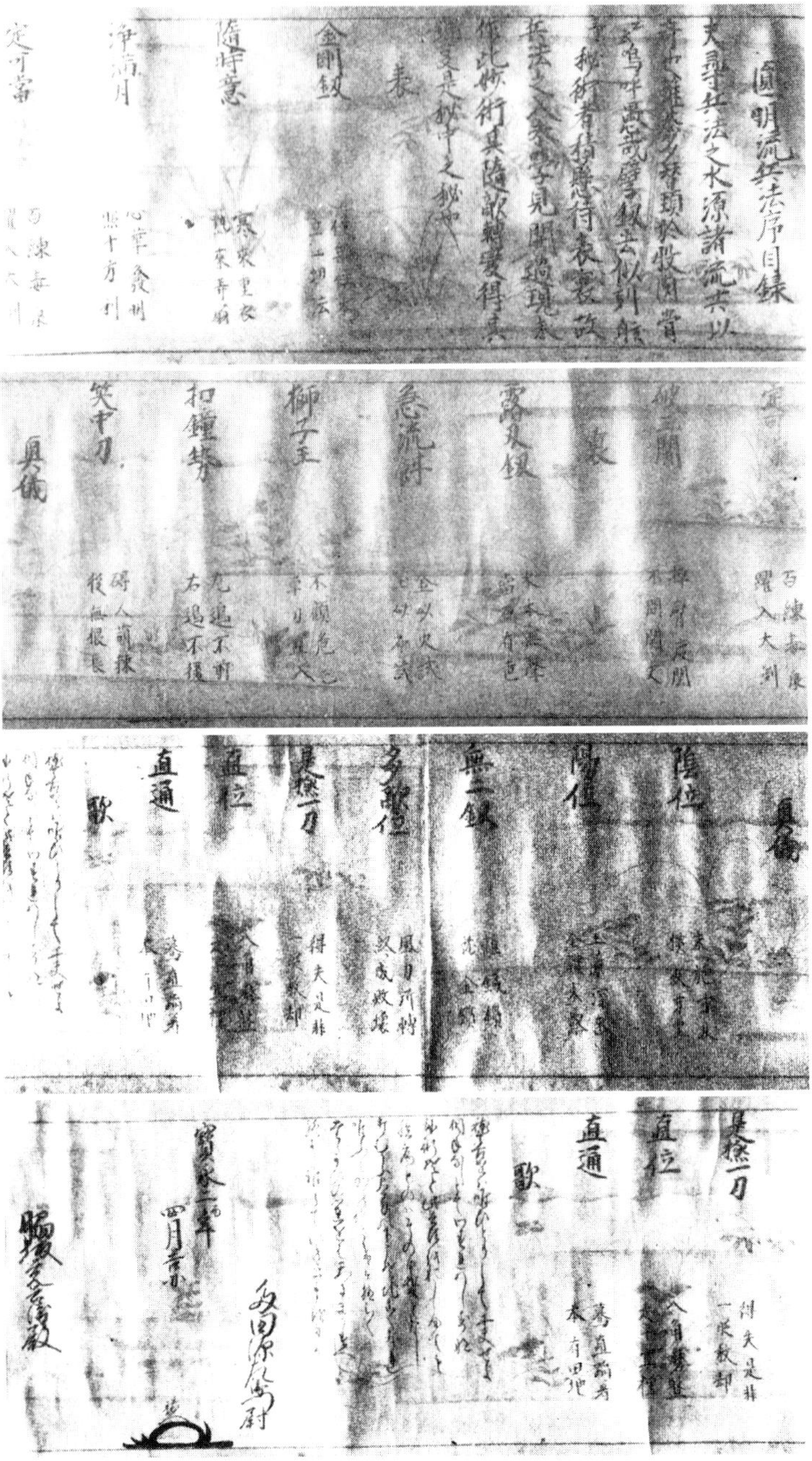

圓明流兵法序目録（1）多田源左衛門祐久より脇坂覚兵衛宛宝永二年四月　島田貞一氏提供

次に、圓明流免許（読み下し）

「圓明流弐刀者
宮本氏武州
先師参照尓修
練之妙術也
然予祖祐甫者
武先生直伝之
門葉又猶三浦
之何某伝受之
段予年尚效
之修之有日
自爾以来
試用之得勝利
然處足下累
歳御執心深
依被勤修予
所伝受之蘊
奥不残今

圓明流二刀は
宮本氏武州
先師修練の妙術に参照
するなり
然して予が祖祐甫は
武（蔵）先生直伝の
門葉又猶三浦
の何某《なにがし》伝受の
段予年尚《ひさしく》之を效《なら》い
之を修むこと日有り
爾《これ》より以来
試みに之を用い勝利を
得る然る処足下《そっか》歳を累《かさ》
ね御執心《ごしゅうしん》深く
勤修されるに依て予が
伝受する所の蘊《うん》
奥《のう》残らず今

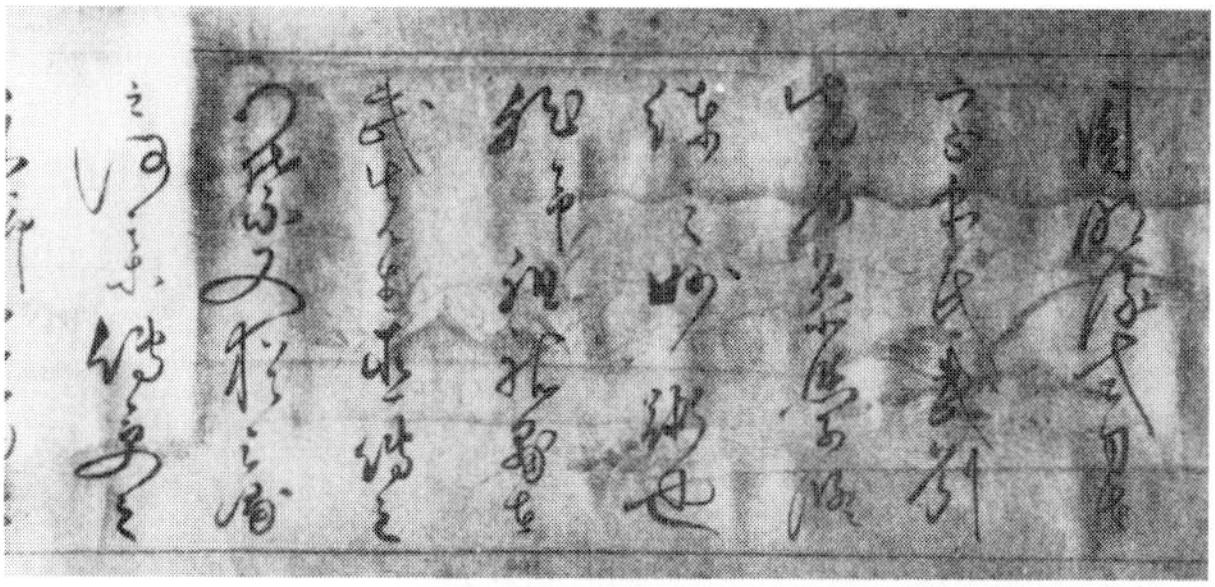

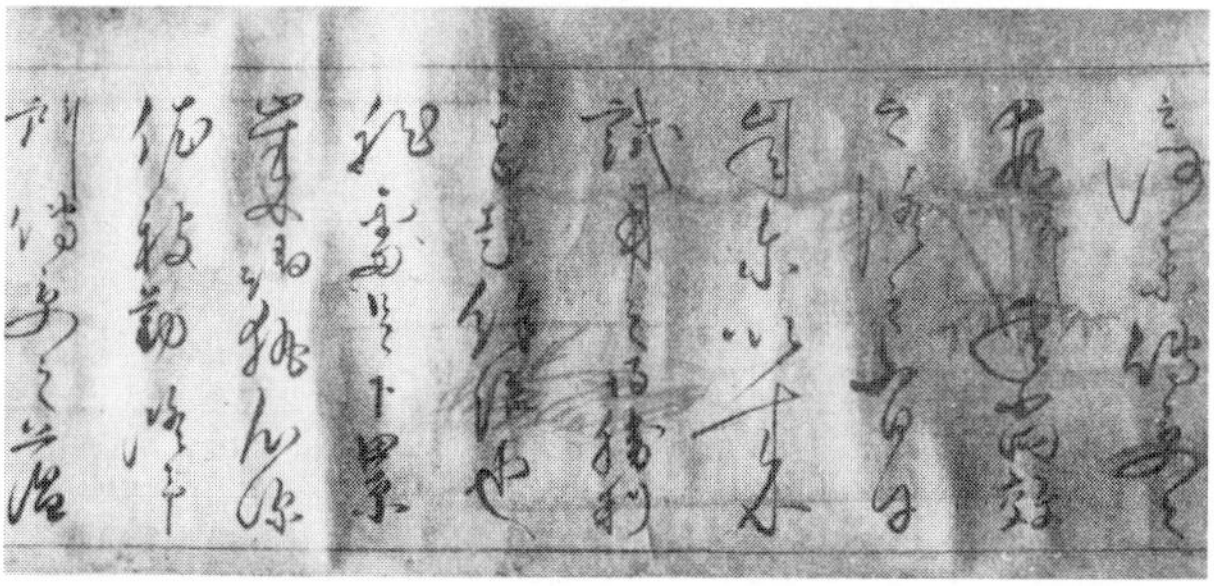

相傳早向来
於深志之輩
者以神文可有
御相伝者也
圓明流免許
之旨趣仍而
如件

宮本武蔵守
藤原義輕
多田氏
祐甫
三浦源七郎
延貞
多田源左衛門尉
祐久花押
寶永二（一七〇五）乙酉《きのととり》季

相伝し早《おわ》んぬ 向来《きょうらい（こうらい）》
深志の 輩《はい（ともがら）》に於て
は神文を以て
御相伝有るべき者也
圓明流免許
之旨《し》趣《しゅ》仍《よ》って
件《くだん》の如し

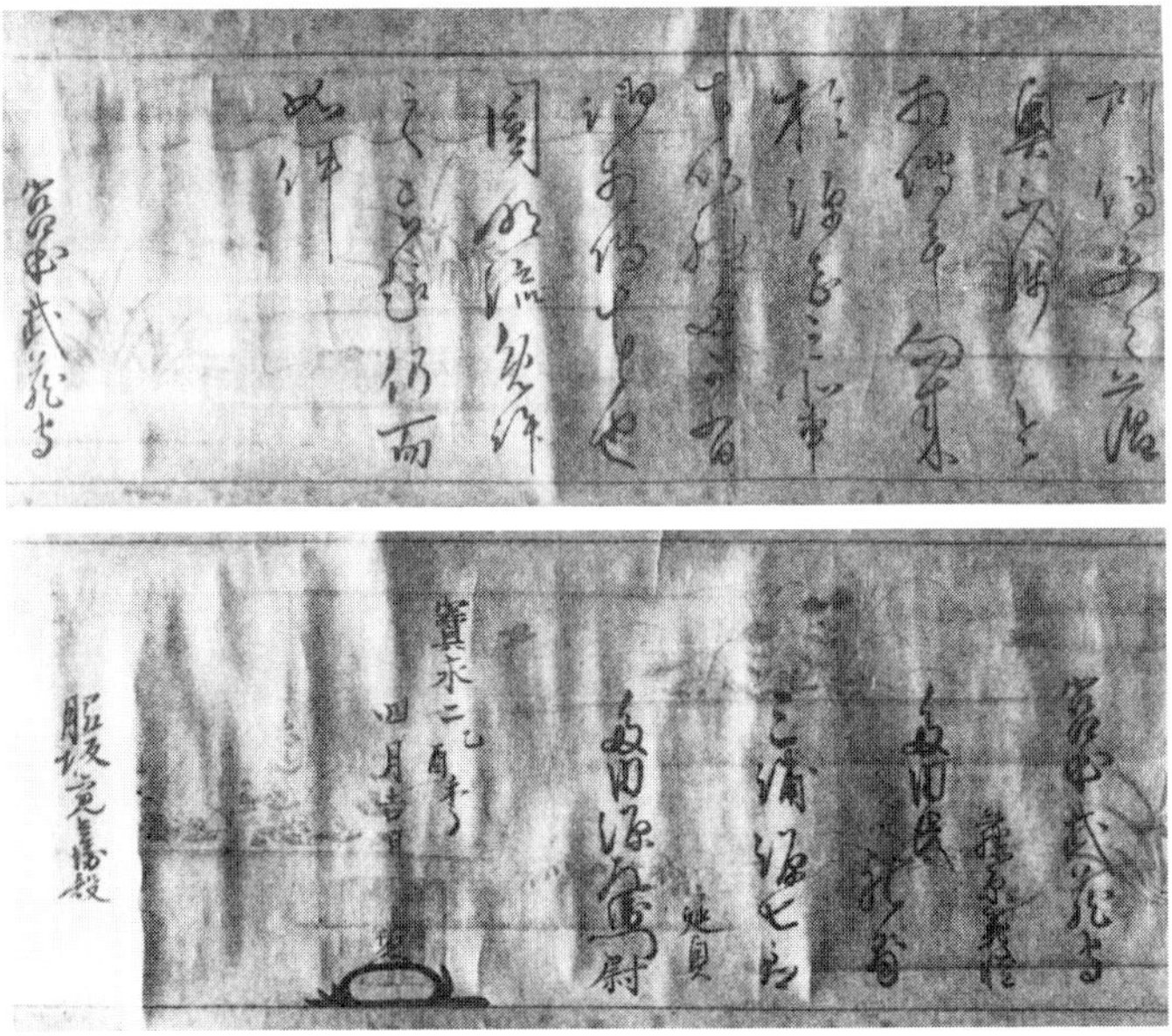

四月吉日

脇坂覚兵衛殿」

次に圓明流兵道鏡伝授書

「心持之事　付座之次第　解説文略す。以下同じ

目付之事

太刀取様之事

積太刀合之事

足遣之事

身懸之事

陰の位之事

陽之位の事

多敵の位之事

無弐剱之事

一、是極一刀之位事　項目のみで解説なし

一、眞之位之事　同上

一、直通之位事　同上

右拾七（十三ヶ条カ）箇之條圓明一流極秘也
縦雖為親子兄弟依其覚《たといおやこきょうだいといえどもそのかくごによって》
悟不授之《これをさずけず》寔抛他事御執心深妙《まことにたじをなげうってごしゅうしんしんみょう》之《の》旨此一巻相渡者也《むねこのいっかんあいわたすものなり》

多田源左衛門尉

祐久　印花押

宝永弐（一七〇五）乙酉《きのととり》年

四月吉日

脇坂覚兵衛殿」

（註）覚兵衛は襲称で、号道休の子、三治長一のことと思われる。

第九章　宮本武蔵関連流派の諸史料（その２）

圓水流剱術序

次に、三宅源左衛門宛の圓明流免許の伝系を見ると、

宮本武蔵守藤原義輕
多田祐甫
三浦源七郎延貞
多田東助祐延
脇坂彌五右衛門一成
脇坂彌五右衛門一倫
脇坂彌五右衛門一昌
脇坂彦兵衛一悳
寛政十二（一八〇〇）庚申《かのえさる》年十二月廿八日
三宅源左衛門殿

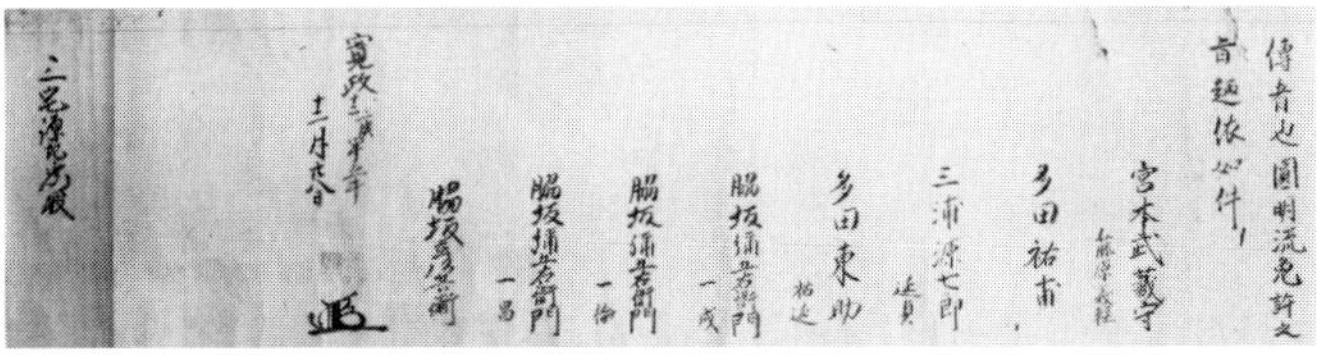

となっており、圓明流相続は多田家より伝授された脇坂彌五右衛門家が代々龍野藩の師範となっている。伝系に見える多田東助祐延と云うのは、後の多田源左衛門祐久のことと思われる。

この多田源左衛門祐久は圓明流を三浦源七郎延貞に学び相伝したが、のち柴任重矩にも学び、又水野流居合を大矢木又左衛門正次に学び両流を合し圓水流剱術と名付けた。

「圓水流剱術序
夫圓明流者宮本
武蔵夢授修煉之
妙術也予祖父多
田半三郎武州手
授之門人也予若
冠受之深玩兵術
雖入諸流窺干戈
之困域而不若圓
明之奇流粤亦有
水野柳滴得居合
之術一定諸流無
不當肯綮也呼称

圓水流剱術序
夫れ圓明流は宮本
武蔵夢に修煉の妙術を
授かる也、予が祖父多
田半三郎武州（武蔵）手授
の門人也、予《よ》若冠《じゃっかん》
之を受け深く兵術を玩《もてあそ》
び、諸流に入り干戈《かんか》の
困域《こんいき》を窺《うかが》うと雖も而《しか》も圓
明の奇流に若かず、粤《ここに》
亦《また》水野柳滴有り、居合
の術を得諸流を一つに
定め肯綮《こうけい》に當らざる無

水野流高弟大矢木
亦左衛門得之而
傳與于予年於茲
予間雖交他術決
勝負而無超水野
之妙手矣武州所
謂夫尋兵法之水
源諸流共以奇也
雖然多替頸於股
肉于骨云云嗚呼
愚哉譬剱去似刻
舷我秘術者積懸
待表裏故入兵法
参学而観闡過現
未随敵之轉変是
秘中之秘也云爾
柳滴所謂歯以堅
有欲舌以軟無損

き也、水野流と呼称す
高弟大矢木《おおやぎ》亦左衛門《またざえもん》之
を得、而して予に傳與
し、茲に年あり、予間《まま》
他術と交り勝負を決す
と雖も、而して水野の
妙手に超えること無き
なり、武州謂《い》う所の夫
れ兵法の水源を尋ねる
に、諸流共に以て奇也
、然りと雖も多くは頸《くび》に股《もも》を
替え肉《にく》に骨《こつ》と云云、
嗚呼《ああ》愚《おろか》なる哉《かな》、譬《たと》えば
剱去りて舷《ふなばた》を刻《きざ》むに似
たり、我が秘術は懸待
表裏を積る故に兵法の
参学に入り、而して過《か》
現未《げんみ》を観闡《みひら》き、敵の轉

焉即是軟者得強
剛之本乎苟以勝
負而不置于念矣
如虚谷傳響唯是
所作者心頭一致
而亦無一致之念
無一物之時得勝
利矣所作者有数
有跡心法者無数
無跡予多年苦学
兵術近来深得両
流焉共出於他流
之上也甚遠矣集
合号圓水流復不
蔵哉更非背両師
之奇術於戯天運
漸薄末弟機甚弱
而稍難到両流之

変に随《したが》う、是れ秘中の
秘也と云爾《しかいう》、柳滴謂《い》う
所、歯は堅きを以て欽《か》
くる有り、舌は軟《やわ》らか
きを以て損ずること無
し、即ち是れ軟《なん》は強剛
を得るの本か、苟《いやし》くも勝負を以
て念に置かざるなり、
虚谷に響を傳えるが如く
唯是れ所作《しょさ》は心頭一致
して、亦一致の念無く
無一物の時勝利を得る
、所作は数有り跡有り
、心法は無数にして跡
無し、予多年苦しみ兵
術を学ぶ、近来《ちかごろ》深く両
流を得、共《とも》に他流の上
に出ずる也《や》甚だ遠きな

極地歴代過時而両流之廃焉殆可知哉是予常憂之甚矣有立他兵家望所作勝負之機於予不與也何則圓水共不立機心之二而合一矣以稽古為晴以晴為稽古熟以予自得論之則假令鳥雀在野心念空虚而過則不敢飛苟欲念頭害之則飛去矣如犬狗之吠復然禽獣知人心若此禽獣常窺人心而不暇之由夫乎

り、集合し圓水流と号す、復蔵《またかく》さざらん哉、更に両師の奇術に背くにあらず、於戯《ああ》天運漸く薄く、末弟機に甚だ弱く而して稍《やや》両流の極地に到り難し、歴代時を過ぎて両流の廃《すた》れんこと殆《ほとんど》知るべき哉、是れ予常に之を憂うこと甚だしきなり、他の兵家所作を望み勝負の機を立つる有り、予に於ては與《あずか》らざる也、何ぞ則ち圓水（圓明　水野）共に機心の二つにして合一を立てざらんや、稽古を以て晴と為《な》し、晴を以て稽

為人所以不知人
則無他今日操兵
而遂思勝而已是
我慢之邪心蔽暗
明徳無大於此予
対敵不嗜勝安心
安體而察于未形
聴于無聲明鏡止
水之理如指掌是
兵之要也雖許多
之妙術不篤實修
而行住坐臥褻玩
則可謂失勝利矣
予旦夕之工夫止
于此耳勉旃勉旃

多田源左衛門尉
祐久花押

古を為し熟す、予が自得を以て之を論ずるときは、假令《たとえ》ば鳥雀野に在り、心念空虚にして過ぐるときは、敢《あ》えて飛ばず、苟《いやしく》も念頭に之を害せんと欲《ほっ》すれば則ち飛び去る、犬狗《いぬ》の吠ゆる如きも復然り、禽《きん》獣《じゅう》人心を知る此の若《ごと》し、禽獣常に人心を窺《うかが》いて暇《いとま》あらず之《これ》夫れに由《よ》る、人為《た》る所以《ゆえん》を知らず、則ち今日兵を操りて勝ちて思いを遂げんより他無き而已《のみ》、是れ我慢の邪心明徳を暗く蔽《おお》う、此より大な

印

宝永六年（一七〇九）
戊丑（己ノ誤り）《つちのとみ》三月十五日

中井孫八郎殿

」

るは無し、予《よ》敵に対し勝を嗜《たしな》まず、心を安んじ體を安んじて未形を察し、無聲を聴く、明鏡止水の理、掌《たなごころ》を指すが如し、是れ兵の要也、許多《あまた》の妙術と雖も、篤實に修せずして、行住坐臥《ぎょうじゅうざが》褻玩《せつがん》するときは勝利を失うと謂うべきなり、予旦夕《たんせき》の工夫此に止まるのみ、勉《つと》めよ勉めよ。

（以上読み下し筆者）

（編者註）

中井家は播州村上源氏赤松氏の分流別所氏を祖とし、東播三木最後の城主別所小三郎長治の末弟小八郎治定（天正六年三木合戦に討死す）の長男小太郎城を逃れ、西播中井村に住し、中井七兵衛定辰と称し中井家祖となる。二代目定意（元禄五年没八十五歳）三代目定久（宝永三年没八十六歳）四代目定通（宝永四年没）五代目が孫八郎定賢である。後久兵衛と改め、平野村に居住し、郷目付（延享元年七月より大庄屋と改称）を勤めた。享保二十乙卯《きのとう》年（一七三五）閏三月九日没、五十歳。法名釈休英。武蔵画像の提供者であり、武蔵自作と云う木刀を伝えている。伝書の宝永六年は、孫八郎二十七歳の計算となる。

圓水流劔術目録

次に同年同月同日、伝授された同流剣術目録を記す。

「圓水流劔術目録

不抜位

一段位

抜位

八段位

中段位

上段位

足遣位

目付位

組討位
格合強位
離格柔位
躰軽重位
三段息合位
不抜抜位
有合万成位

右十五ヶ條之内足下《そっか》
依御執心深被勤修《ごしゅうしんふかくごんしゅされるにより》九ヶ
條免《ゆるし》之事向来
於修練工夫被上達
者残《のこり》六ヶ條可令
相傳者也《そうでんせしむるものなり》

多田源左衛門尉
祐久花押印

宝永六年（一七〇九）

戊(己ノ誤)丑《つちのとうし》三月十五日

今度依所作之上達工夫《こんどしょさのじょうたつくふうにより》
之條数不洩令相傳就《このじょうすうもらさずそうでんせしむにつき》
向来於深志之輩有之者《こうらいしんしのはいこれあれば》
以神文可有御相傳《しんもんをもってごそうでんあるべく》重而《かさねて》
免許之状再顕印形者也《めんきょのじょうふたたびいんぎょうをあらわすものなり》

中井孫八郎殿

享保五年(一七二〇)　　印花押

庚子《かのえね》九月十五日」

水野流居合伝書

水野流居合目録

一、抜位
一、胴體之位
一、両手両肩之位
一、両足之位
一、目附之位
一、面之位
一、柄頭之位
一、抜離之位
一、冠之位
一、切附之位
一、引納之位
一、息合之位
一、心之位
一、組討之位
一、格合之位

足下累歳執心深《そっかるいさいしゅうしんふかく》
依被勤修右目録《ごんしゅされるによりみぎもくろく》
十八箇条令相傳《かじょうそうでんせしめ》
畢於向来弥以被《おわんぬこうらいいよいよもって》勤《ごん》
修上達者我得之《しゅじょうたっされるにおいてはわれうるの》
一通并免許可《ひととおりならびにめんきょ》
成也仍如件《なすべきなりよってくだんのごとし》

多田源左衛門祐久
多田源左衛門勝久
多田貞之丞種久
多田源左衛門紀久
多田嘉須馬道久
多田彦太夫悠久
多田源左衛門

久雄花押印

一、離格之位
一、不抜位
一、不抜抜位

水野流居合許容之巻
水野流居合者
水野柳滴重治
先生自得練熟
之秘術也雖然
足下累歳執心
深依被為勤修
鍛練蘊奥不残
今相傳畢自今
流儀於有懇望
之輩者早速誓詞
神文取置被為指
南猶志深修行

萬延元（一八六〇）庚申《かのえさる》歳
六月吉日

池田正之助殿

水野流居合は
水野柳滴重治《りゅうてきしげはる》
先生練熟自得
の秘術也然りと雖も
足下累歳執心深く勤修《ごんしゅ》鍛
練為《な》され蘊奥《うんのう》残らず相傳
せしめ畢んぬ、今より流
儀懇望《こんもう》の輩有るに於ては
早速誓詞《せいし》神文取置き、御
指南為《な》され、猶《なお》志深く修
行の其の器に應じ候輩え

其器應候輩江者
所傳之奥義等
迄茂可有御相
傳尤仁躰御撰
肝要也仍免許
状如件

多田源左衛門祐久
多田源左衛門勝久
多田貞之丞種久
多田源左衛門紀久
多田嘉須馬道久
多田彦太夫
悠久花押印
天保九（一八三八）戊戌《つちのえいぬ》年
九月吉日
山田清助殿

迄も御相傳有るべく、尤も仁躰《にんたい》御撰び肝要也、仍て免許状件《くだん》の如し、

（編者註）
天保八丁酉《ひのととり》歳十二月吉日、多田彦大夫悠久より山田清助宛の同文目録あり、その奥に安政四丁巳《ひのとみ》歳十二月吉日、多田源兵衛久雄から山田都津記宛一書に続けている。山田清助の名前は、弘化五年御用人並に、山田都津記は安政六年宮内少輔様御用達役に見えるが、同人か否かは確認できず。池田正之助は、納戸奉行次席、三十三石三人扶持、式部附勝手方、嘉永四年十二月父久馬家督と見える。（芸藩士名鑑）
次に掲げる伝書は、記名宛名無し。

水野流極意之巻

居合組討之為術武門之要道也平生腰間所帯之両刀不由此術則不能為用也然其所作之精妙到變技者而盡矣其蘊奥則心法也心法以柔為要故居合組討古謂之彌和羅焉能柔則大剛生故強者以柔勝之柔者又以剛勝

居合組討の術為《た》る武門の要道也、平生腰間に帯するの両刀此の術に由《よ》らざるときは用を為す能わざる也、然るに其の所作《しょさ》の精妙変技に到れば而も盡せり、其の蘊奥《うんのう》は則ち心法也、心法は柔を以て要と為す故に居合組討ちを古《いにしえ》之を彌和羅《やわら》と謂《い》えり能く柔なるときは大剛生ずる故、強きは柔を以て之に勝つ、柔は又剛を以て此に勝つ

之見於無形聞於無聲
而變化生譬諸物唯水
可以寓其意
夫水之為物至柔而大
剛存焉能随方圓之器
者是其至柔也懐山襄
陵者則能随物而變化
也故人無心則能柔能
柔則不挟勝負於心而
如空谷之傳響物来而
順應焉鑑之能照姸媸
以其空也衡之能計輕
重以其平也鑑空衡平
之體謂之無心柔之所
由而生也是以其所作
心頭一致而又無一致
之念無一物而又不存
無一物之思如此則不

形ち無きを見、聲無きを聞きて
變化を生ず、譬えば諸物唯水
を以て其の意を寓すべし、
夫れ水の物為る至柔にして大
剛を存せり、焉《これ》能く方圓の器に随えば、
是れ其の至柔也、懐山襄
陵は則ち能く物に随って變化する
也、故に人無心なるときは能柔なり、
能く柔なるときは、勝負を心に挟《さしはさ》まずして、
空谷の響《ひびき》を傳え物来りて
焉《これ》に順応す、鑑の能く姸媸《けんし》を照らす、
其の空を以て也、衡《はかり》の能《よ》く軽
重を計る、其の平を以て也、鑑《かがみ》の空、衡の
の體、之を無心と謂《い》う、柔の
由って生ずる所也、是を以て其の所作《しょさ》
心頭一致して又一致
の念無く、無一物にして又
一物無きの思いを存せず此《かく》の如きときは、

期勝而不能不勝謂之
眞勝矣所作者有数有
跡心法則無数無跡縦
令於所作有練熟之功
不得心法之要則其心
先敗矣夫酔者之墜車
而不毀傷者以其無心
也海鴎之察機心而不
肯下者亦以其無心也
人能無心猶止水之明
則敵之機心不能逃於
一目故曰万法唯心所
生唯行住坐臥用其工
夫然後可見其功可不
勉哉

居合大亊　多々口傳有之

勝ちを期せずして勝たざる能《あた》わず、
之を眞勝と謂う、所作は数有り跡有り、
心法は則ち無数にして跡無し、縦《たと》
令《え》所作に於て練熟の功有るとも
心法の要を得ざるときは、其の心
先に敗る、夫れ酔者の車を墜ち
て毀傷せざるは、其の無心を以て也、
海鴎の機心を察して
肯《あ》えて下らざるは、亦其の無心を以て也、
人能く無心にして猶止水の明のごとくなるときは
敵の機心一目に逃《のが》す能わず、
故に万法唯心生ずる所と曰《い》う
唯行住坐臥其の工
夫を用い然る後、其の功を見るべし、
勉めざるべき哉《かな》、

（編者註）
懐山襄陵　洪水が
山をつつみ陵に
のぼる。かさが
ふえて、わくを
のりこえること。以上

圓明流捕手伝書…武蔵の体術

圓明流捕手

序

無極也謂之圓　無極《むきょく》や之を圓《えん》と謂《い》う

不昧也謂之明　不昧《ふまい》や之を明と謂う

是先徳之所　是先徳の呼ぶ所の

呼名也　名なり

臨敵応時千変　敵に臨み千変万化に応ずる

万化猶水之器　時猶水の器のごときか、

乎自弱至強　弱より強に至り

自柔至剛也　柔より剛に至るなり、

柔剣鎗弓炮《ホウ》者　柔剣鎗弓炮は、

実軍陣之雖要　実に軍陣《ぐんじん》の要《かなめ》と雖《いえど》も

或者生捕使番　或は使番を生け捕る

等之要和則　等之れ和を要す則《すなわ》ち

不知柔術者　柔術を知らざれば

以不能遂其職　以て其の職を遂《と》げる能《あた》わざ

者也為男　るものなり、男と為《し》て
無此術者　此の術無きは
所謂傏夫　所謂《いわゆる》傏夫
蒭人之類　蒭人《すうじん》の類（註・芻人《すうじん》とも、葬具の一、ひとがた、藁人形のこと）
是也且茲　是《これ》なり且つ茲
円明流之兵法　円明流の兵法
不欠柔術　柔術を欠かせず
乱世之樞機　乱世の樞機
治世之耳目　治世《ちせい》の耳目《じもく》
男子之爪牙也　男子の爪牙《そうが》や
此術也乎　此の術なるか、

一、奏者留
一、一刀留
一、二刀留
一、突胸留
一、引胸留

一、引込

一、腕留

一、小袖留

一、行違

一、ろく

一、肩取

一、□　袴ハカマ？

一、追掛取

一、陰之索《なわ》　口伝

一、十手八ヶ條

一、短刀五ヶ條

右圓明流捕手
依御執心《ごしゅうしんによって》口伝等迄不残《のこらず》
相伝申者也

元祖兵法天下無雙
新免武蔵守藤原玄信
　寺尾正信
　柴田秀正
　寺田重次
　榊　親弘
　桂　清忠
　吉岡親率
　平田乗房
　岸田光定
　岸田丈《じょう》右衛門
　　　　　　光考
天保三《（一八三二）》壬《みずのえ》辰《たつ》歳八月吉日
枩《（松）》屋伊兵衛殿

百問答

一、武者押之時、具足を着し六具たるべし、但六具数有事

一、働の時可置《おくべき》道具之事
一、軍陣江可持《もつべき》弓の事
一、具足独着《ひとりぎ》之事
一、甲忍《かぶとしのび》の緒留様《おとめよう》之事
一、同寸法之事
一、甲立緒の留様之事
一、甲高紐《たかひも》に掛様之事
一、母袋《ほろ》掛たる敵討取事
一、敵の母袋指物切取付様之事
一、大将の頸《くび》付所之事
一、母衣武者《ほろむしゃ》之頸付所之事
一、は（端）武者の頸付様之事
一、歩行にて頸付様之事
一、志保で名所（四方手・鞖・四緒手）之事
一、母衣進る時之事
一、同掛様之事
一、討死の時縨付様之事
一、同馬上の時、印付様之事

一、討死定たる武士とゝめ様之事
一、出陣之時、願書の事
一、軍陣にて主人江口上《こうじょう》申上様の事
一、馬上にて道具遣手綱の事
一、鞦《しりがい》之紐留様《ひもとめよう》之事
一、騎馬添之事
一、先打の事
一、敵生捕縄のかけ様の事
一、同主人の前へ召連出様之事
一、味方の手負《ておい》主人の前へ出し様之叓
一、切腹の時敷皮之事
一、馬上へ弓渡様之事
一、同鑓《やり》渡之事
一、軍陣手綱《たづな》取様之事
一、同手綱寸法之事
一、同腹帯寸法之事
一、上帯《うわおび》寸法之事
一、箙上帯《えびらうわおび》寸法之事

一、箙の緒《お》引様之事
一、弓袋之事
一、敵射候時唱る文之事
一、旗竿寸法之事
一、箙負様《おいよう》之事
一、矢働之事
一、母袋掛る時方角の㕝
一、母袋納のきやうの事
一、馬上組討の事
一、同太刀付様之事
一、歩行武者馬上江引付様之事
一、敵の首戦場に掛様之事
一、頸居《くびすえ》る台之事
一、頸帳付《くびちょうつけ》様之事
一、かけ乗の事
一、残り手綱の事
一、左飛之事
一、右飛之事

一、一三之事
一、打切之事
一、鞭《むち》の寸法之事
一、旌《はた》寸法之事
一、同取様之事
一、旌團《はたうちわ》にて敵を積る㕝
一、同味方を積る事
一、貝の声聞様之事
一、太鼓《たいこ》の音聞様之事
一、敵味方雲気《うんき》見様之事
一、幕打様之事
一、軍陣にて物見の事
一、頸《くび》かきやうの事
一、多念無双の事
一、軍陣へ的矢可持《もつべき》事
一、矢文の事
一、伏武者見様之事
一、軍陣にて弓弦《ゆみづる》打の事

一、出陣の時道具出様の事
一、帰陣の時道具入様之事
一、縨袋《ほろぶくろ》寸法之事
一、足軽働を見て軍の勝負知事
一、出陣に笠掛を射て出る事
一、鞦拵様《しりがいこしらえよう》之事
一、同付所之事
一、出陣引渡之事
一、盃之事
一、帰陣引渡之事
一、首桶仕様之事
一、生捕之者敵江渡ス事
一、頸付様の事
一、法師の首付様之事
一、凱歌《がいか》上様《あげよう》之事
一、大将はく（佩）へき太刀の事
一、實検の時諸勢居様之事
一、實検の首拵《こしらえ》之事

一、揚技之事
一、團取《うちわとり》旌取《はたとり》並居様之事
一、實検之役人居所之事
一、太刀はき長刀持居様之事
一、首持出様之事
一、母衣掛《ほろかける》武者《むしゃ》之首実検ニ入様之事
一、大将之首実検之事
一、大将御実検被成様《なされよう》之事
一、實検窓之事

右百ヶ條総《すべ》て當家《とうけ》之雖
為秘事《ひじたりといえども》依懇望《こんもうにより》令相《そう》
傳畢努々他見有之間鋪者也《でんせしめおわんぬゆめゆめたけんこれあるまじきものなり》

小笠原靭負尉
嶋岡次郎衛門

天和三（一六八三）癸亥《みずのとい》年五月吉日

多田平之丞殿

（編者註） 訓は筆者
多田平之丞は後の源左衛門祐久と思われるが、系図から検証できぬ。悠久と仮定すれば当時三十三歳である。

大和流半弓許目録

元　一、つよみの事
初　一、格にはなるゝ事
格　一、格にあふ事
弽《ゆがけ》　一、中格にあふ事
弦　一、中格にはなるゝ事
智虫　一、目當の事
起心　一、曲尺の事
清月　一、的ひらきの事
柳乱　一、合相の箭の事
曲　一、はなれひらきの事
中車　一、弽の事
骨二心　一、清月の事
曲尺　一、中車中和の事
中之事　一、箭束の事

藥之事　一、的の事
四方曲之事一、　必中と云事
遠矢之事　　十六ヶ條
以上

右大和流近藤氏《みぎやまとりゅうこんどうし(より)》
某傳受之《それがしこれをでんじゅす》然所《しかるところ》
足下累歳御《そっかるいさいご》
執心深依被勤《しゅうしんふかくごんしゅされるにより》
修予所傳授之《よでんじゅするところの》
弓術不残令《きゅうじゅつのこらず》
相傳畢向来《そうでんせしめおわんぬきょうらい》
於有深志之《しんしのはいあるにおいては》
輩者以誓約《せいやくをもって》
可有御傳者也《おつたえあるべきものなり》
免許仍如件《めんきょよってくだんのごとし》

近藤加太夫
森安

元禄七歳（一六九四）

甲戌《きのえいぬ》
其五月六日
多田東助
祐久　花押

南部太郎衛門尉殿

誓約之條々

一、大和流反求御相傳之所《やまとりゅうはんきゅうごそうでんのところ》
無御免許《ごめんきょなく》雖為親子兄弟《おやこきょうだい》
相弟子《あいでしたりといえども》御相傳之趣《ごそうでんのおもむき》致他見《たけん》
他言間敷事《たごんいたすまじきこと》

一、縦雖為同門《たといどうもんたりともいえども》御内傳之趣《ごないでんのおもむき》
堅申合間鋪候《かたくもうしあいまじくそうろう》、尤射形之儀《もっともいがたのぎ》ハ
不及申道具等迄《もうすにおよばずどうぐなどまで》
可致秘事事《ひじいたすべきこと》

一、不顧手前無執心相弟子之内《てまえをかえりみずしゅうしんなきあいでしのうち》
御指南之儀《ごしなんのぎ》ニ付いか様之事御座候共

少茂御恨存間鋪候尤致御望間鋪事《すこしもおうらみにぞんじまじくそうろうもっともおのぞみいたすまじきこと》

右之趣於相背《あいそむくにおいては》者
日本国中大小之神祇八幡
大菩薩軍神摩利支尊
天別而《べっして》氏神可蒙御罰《おんばつをこうむるべき》
者也仍而《ものなりよって》誓約　如　件《くだんのごとし》

多田源兵衛殿

天保十一（一八四〇）庚子《かのえね》年
四月七日　西川民人
盛徳花押（以下花押の文字省略す）

同年
四月七日　野田新次郎
正則

同年

九月七日　植村彦太郎

元善

天保十二（一八四一）辛丑《かのとうし》年

正月廿六日

足立千之丞

信親

同年

三月廿六日

高間権兵衛（一四五石）

正陳

天保十三（一八四二）壬寅《みずのえとら》年

二月七日　朽田捨次郎

養正

同年

四月七日　山田熊之助

直諒

同年

九月五日　山田数馬

直温

天保十四（一八四三）癸卯《みずのとう》年

二月廿六日

大久保数人

忠立

同年

四月十六日

横地代太郎

成器

同年

四月十六日　湊　兵馬

親方

同年

十二月十日　勝田　蔀

義質

誓紙は、義の一字のみ、勝田家七代、初百蔵又善介、五代貢義治の庶子、六代猪右衛門の養子となる。文政三年（一八二〇・庚辰《かのえたつ》）百五十石御奥小姓、御持弓頭、本禄百八十石、役禄百二十石、次で細川越中守御前様御傅役に差遣わされ弘化四年（一八四七・丁未《ひのとひつじ》）江戸表病死す。

同月同日　寺尾佐一郎

由豫

天保十五（一八四四）年甲辰《きのえたつ》年

九月十六日　西山宇門

昌言

同年

十月七日　西村保五郎

正倫

（天保十一年四月、父大右衛門家督累進して御用人、本禄三百石役禄二百石、号翠盧維新後藩庁権大参事、明治十二年六月二十一日没、六十一歳）

弘化三（一八四六）丙午《ひのえうま》年

五月十六日　寺西善三郎

正通

嘉永三（一八五〇）庚戌《かのえいぬ》年

三月廿六日　得能保允

通徳

安政六（一八五九）己未《つちのとひつじ》年

十一月三日　太田彦三郎

重成

同年
同月同日　関　徳三郎
清武

嘉永五年（一八五二・壬子《みずのえね》）十月父彦四郎清茂家督、初源太郎又寿登、関家十代、多田家の隣に住した。二十六石三人扶持、御中小姓、十二月江戸御供、後御側詰、御膳番兼役在職中百石高、明治元年（一八六八・戊辰《つちのえたつ》）御中小姓頭取、明治三十七年（一九〇四・甲辰《きのえたつ》）一月病没。

同年
同月同日　服部亀太郎
直養

同年
同月同日　野田徳之進
正春

同年
同月同日　植村啓次郎
嚴

同年
同月同日　藤川千之丞

同年
信祐

十一月廿五日

小笠原棄三郎
芳烈

明治元年（一八六八・戊辰《つちのえたつ》）五月の役人帖に目付、使番兼役三百石高百七十石、弘化四年（一八四七・丁未《ひのとひつじ》）八月父完八家督と見ゆ。

同年

同月同日　佐々木　登
高張

同役人帖に奥小姓百五十石、紀伊守様附安政四年（一八五八・丁巳《ひのとみ》・）七月父太仲家督と見える。後惺軒号林處瓶城主人、明治十年（一八七七・丁丑《ひのとうし》）広島新聞主筆、明治十九年（一八六六・丙戌《ひのえいぬ》）五月没（三月十一日か）、五十二歳。

同月同日　神尾尚太郎
義昌

（同役人帖に馬廻組二五〇石と見える）

同月同日　八島　昭登
昭政

安政七（一八六〇）庚申《かのえさる》年

正月廿五日　寺川　兵馬
行
同年
三月十五日　佐藤徳之丞
尹恕
同役人帖に、新組頭三百石高、百三十石安政四年十二月（一八五七・丁巳《ひのとみ》）父権六家督と見える。
同年
同月同日　千々石徳磨
朝隣
（同役人帖に馬廻組一八五石と見える）
同年
三月十五日　磯部徳二郎
正信
萬延元年（一八六〇）庚申《かのえさる》
十一月五日　家所熊之進
由駿
萬延二年（一八六一）（辛酉《かのととり》）
正月八日　近藤他馬吉

一教

同年
二月廿日　梶川保之丞
正邦

文久元年（一八六二）（壬戌《みずのえいぬ》）
四月五日　高野猪三郎
盛實

（家系録に高野家八代、慶応元年五月、父勇助跡目百石）

同年
六月五日　野村半外
春熙

同年
六月五日　吉田豊太郎
忠篤

同役人帖に大筒奉行三百石高、二五五石嘉永四年（一八五一・辛亥《かのとい》）十二月、父矢柄家督と見える。

同年
六月五日　薬師寺九郎
義質

同役人帖に先手物頭次席三百石高、一三五石、細川越中守殿にて顕光院様傅役、嘉永四年（一八五一・辛亥《かのとい》）父九郎家督と見える。

同年
六月五日　木村傳吉
尚寛

同役人帖に目付、使番兼役、三百石高、二八五石、安政二年（一八五五・乙卯《きのとう》）六月父幾三郎家督と見える。

同年
六月五日　近木清三郎
正忠

同役人帖に、武具奉行鉄砲改兼役百八十石、弘化二年（一八四五・乙巳《きのとみ》）四月父静人家督と見える。実は杉田新兵衛の弟である。家系録には養父佐登見正応天保十四年（一八四三・癸卯《みずのとう》）御用人並四百石高とある。祖父清三郎正陳〔三好助一郎弟〕宝暦十一年（一七六一・辛巳《かのとみ》）十五歳で召出御切米二十石三人扶持御奥小姓御小納戸御奥詰等勤め最も剣道に達せりという。

同年
六月廿一日　相庭加津見
承清

同役人帖に、吟味役、四十四石三人扶持船役所出勤、嘉永三年（一八五〇・庚戌《かのえいぬ》）五月父外之介家督と見える。

同年

六月廿一日　早水一平
直一

同年
六月廿二日　戸田廣衛
良克

同役人帖に、奥小姓次席側方、百八十石安政五年（一八五八・戊午《つちのえうま》）十月父保太夫家督と見える。

同年
六月廿五日　上野主馬
徳昌

同役人帖に、側者頭添役次席百五十石、嘉永六年（一八五三・癸丑《みずのとうし》）九月父貞五郎家督と見える。家系録には九代主馬、初源之進、実は石田能登の庶子、後御供頭三百石高、八代貞五郎忠明は天保十三年（一八四二・壬寅《みずのえとら》）印西派弓術印可、伴兵衛門江戸詰の留守中弟子に指南仰付らる。

同年
六月廿五日　浅野新太郎
忠進

同年
六月廿五日　湯川熊之助
正盛

同役人帖に、目付使番兼役、百八十石、嘉永五年（一八五二・壬子《みずのえね》）十二月父市允家督と見える。

同年
六月廿五日　観興寺幾登
正篤

同役人帖に、吟味役、四十一石三人扶持船役所出勤、安政二年（一八五五・乙卯《きのとう》）十月父栄助家督と見える。

同年
七月五日　今北求馬
盛名

同役人帖に、目付使番兼役、二百八十石嘉永二年（一八四九・己酉《つちのととり》）十二月父求馬家督と見える。

同年
七月五日　長谷川吉之助
要應

同役人帖に、目付使番兼役百六十石、天保十四年（一八四三・癸卯《みずのとう》）十一月廿一日召出と見える。

以上

第十章　宮本武蔵関連流派の諸史料（その３）

圓明流系統之巻

多田家提供資料で、享保六辛丑《かのとうし》年（一七二一）五月十三日、多田源左衛門が作成したもので、人物解説は筆者が別記した。この源左衛門は祐久と花押が異なるから、その子の源左衛門勝久と思われる。

この系図で注目すべきは、圓明流宮本武蔵玄信と明記されていることである。そして細川越中守様に仕え、浪人分にて知行千石下され肥後国熊本にて卒すとある。即ちこの系図作成の時点で、義輕は玄信と改名した事実を多田源左衛門は承知していたことになる。今から数えれば二九〇年も以前に圓明流師範家等は周知の事実であったのである。それを武道史研究家が事実の調査もせず、義輕という名前だけの判断で、玄信武蔵の偽者説を恰も正説の如く展開して読者をミスリードをするのは、見直し剣道史を目標に剣道史編纂を続けている筆者にとっては我慢ならないのである。

大家でも思い違いはあるものよ　もっと眞摯《しんし》に聞く耳を持て

この時（享保六年）に義輕玄信《ぎけいげんしん》同人と　わかっていたに何を今更　と云いたくもなる

圓明流系統之巻

圓明流　宮本武蔵

玄信

二刀元祖也、細川越中守二而浪人分
知行千石被下於肥後国熊本卒

印可

光經　落合忠右衛門

印可

頼祐　多田半三郎

某　山田淤泥入
松平讃岐守様仕
免許

某　石川主税
本田(多)出雲守様仕
免許

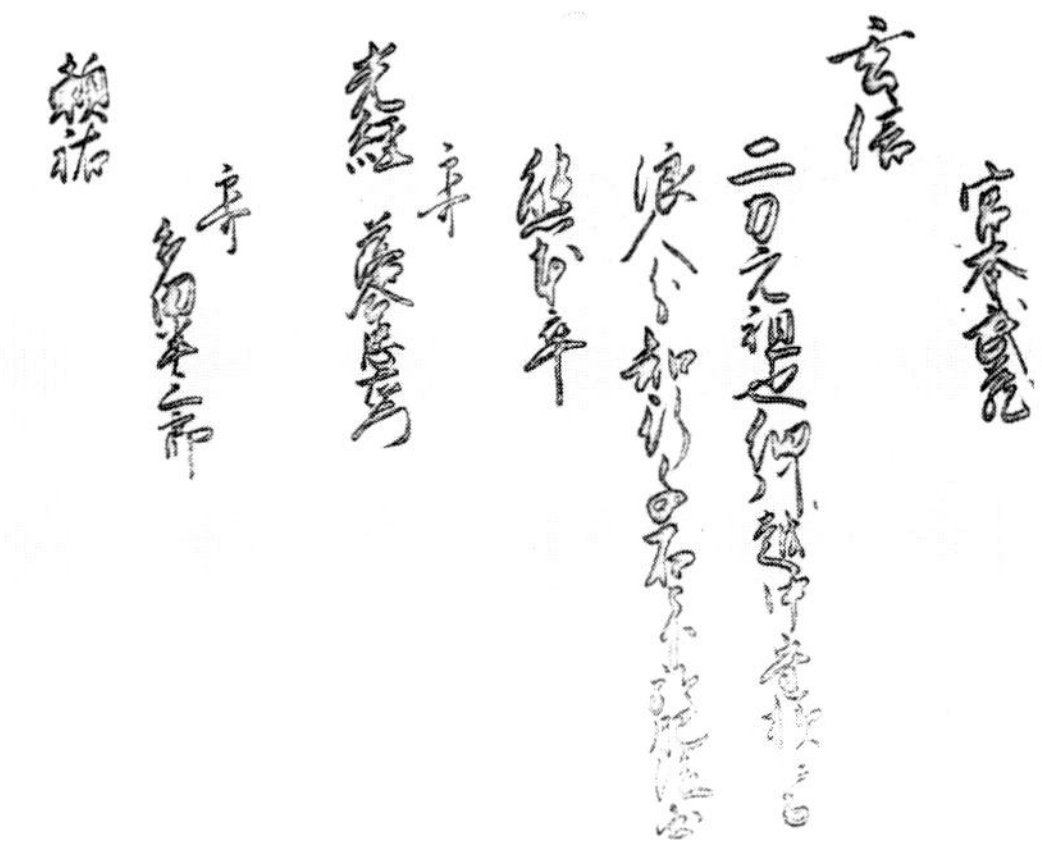

某　市川江左衛門
本田(多)甲斐守様仕
印可

某　寺尾孫之丞
細川越中守様仕
印可柴任道随

重矩　本田(多)中務大輔様仕
已後浪人播州明石
住卒

某　寺尾求馬
免許
上二同

某　吉田太郎右衛門
松平伯耆守様仕
免許

某　立花専太夫
免許
同断

某　河村弥兵衛殿
免許
御籏本

延貞　免許　三浦源七

松平伯耆守様仕江戸住居卒

祐久
免許　多田源左衛門
古流之得免許後柴任重矩ニ随テ
當流傳受重矩（二）丹談シテ水野流居合ヲ
交今号圓水流

頼恒
免許　多田源八

一成
免許脇坂弥五右衛門
目録
脇坂淡路守様仕

一倫　脇坂杉右衛門
上ニ同

古流免許
目録

正貞　垣屋太郎左衛門
同断

某　井上与三右エ門
同断

古流免許

成重　中村小左衛門

同断

古流免許

長武　池田郷右衛門

同断

古流免許

某　柴田引入

同断

古流免許

満盛　大藤権兵衛

同断

古流免許

親信　大藤弥左衛門

同断

古流免許

定嘉　木全惣右衛門

古流目録

某　嶋田清左衛門
織田肥前守様仕
免許

清房　泉　傳蔵
阿部伊勢守様仕
免許

某　中井孫八
郷士播州平野住
目録

宗典　小池軍八
目録

正職　古川友之丞
免許

安任　脇坂玄蕃
脇坂淡路守様仕
免許

長一　脇坂覚兵衛

同断
享保六年五月十三日　多田源左衛門（花押）
以上

●解説

落合忠衛門光經　印可

芸州藩始祖三世浅野長晟に紀州藩時代に仕え、宮本武蔵守藤原義輕（後の玄信）に圓明流を学び、慶長十乙巳《きのとみ》年（一六〇五）十二月吉日、圓明流兵道鏡の免状（この兵道鏡こそ後の武蔵玄信の処女作傳書である）。慶長十一丙午《ひのえうま》年（一六〇六）四月吉日、印可状を授けられている。恐らく武蔵最初の兵道鏡印可の弟子と思わる。浅野長晟の芸州移封は、元和五己未《つちのとひつじ》年（一六一九）七月十八日にして、八月八日に広島入城、『芸藩輯要』の藩士名鑑に、此家断絶と見える。ただし同姓に文化四年頃に健次郎あり。又、明治元年戊辰《つちのえたつ》年（一八六八）五月改役人帖に、馬廻組片岡大記当分支配二四〇石、落合守衛の名が見えるが、光經の子孫かどうかは不明である。

多田半三郎頼祐　印可

浪人にて竜野に住し、元和五己未《つちのとひつじ》年（一六一九）二十歳にて出家し祐甫と号し、龍野圓光寺七代の住職となる。寛文六丙午《ひのえうま》年（一六六六）四月三日卒す。六十七歳。

詳細多田家譜参照。

山田淤泥入某　印可

松平讃岐守様に仕うとあるので、高松市立図書館に照会したが不明との返事。松平頼重は所謂生駒騒動で、藩主生駒高俊が除封となり堪忍料一万石で出羽矢島へ流された後へ、常陸下館五万石より十二万石、寛永十九壬午《みずのえうま》年（一六四二）二月二十八日移封、六月一日高松入部。武蔵印可とあるから相当な人物であったに違いないが、詳細を得ず残念である。

石川主税　免許

主税清宣。後江戸へ出て滞在中の武蔵に学んだらしく、武蔵が江戸を離れるに際し、武蔵の肖像を画かせ林羅山に賛をして貰った。由比正雪は、この人の門人だと云う。本多出雲守は忠朝のことか、忠朝の子政勝の臣ともいわれるが、政勝は入道丸、内記といい出雲守を称していないように思う。忠朝は上総国大多喜五万石、元和元乙卯《きのとう》年（一六一五）五月七日大坂夏の陣で戦死、三十四歳。

市川江左衛門某　免許

本多甲斐守政朝は叔父忠朝を継ぐ。元和三丁巳《ひのとみ》年（一六一七）九月十八日、上総国大多喜より播州龍野に移る。寛永八辛未《かのとひつじ》年（一六三一）閏十月十八日、父忠政を継ぎ姫路十五万石、『尾参宝鑑』吉川英治氏の『随筆宮本武蔵』に、三宅軍大夫（軍兵衛）矢野弥平治等と武蔵に試合を申し込んだ話が出ている。

寺尾孫之丞某　印可

勝延、勝信、号夢世、正保二乙酉《きのととり》年（一六四五）五月十二日、即ち武蔵死亡の七日前に五輪書相伝、肥後における一番弟子、知行二百石、求馬助の兄である。寛文十二壬子《みずのえね》年（一六七二）九月十九日死、六十歳。寛文七丁未《ひのとひつじ》年（一六六七）二月五日、山本源介宛の伝書五輪書が残されている。又、圓明流捕手伝書も武蔵より相伝されている。（読み下しは先掲伝書参照）。

「圓明流捕手　序

無極也謂之圓不昧也謂之明是先徳之所呼名也臨敵応時千変万化猶水之器乎自弱至強自柔至剛也素剣鎗弓炮者実軍陳之雖要或者生捕使番等之要和則不知柔術者以不能遂其職者也為男無此術者所謂傖夫蒭人之類是也且茲圓明流之兵法不欠柔乱世之樞機治世之耳目男子之爪牙也此術也乎不可勿爾云

一、奏者留　一、一刀留　一、二刀留　一、突胸留　一、引胸留　一、引込

一、腕留　一、小袖留　一、行違　一、ろく　一、肩取　一、□（不明）

一、追掛取　一、陰之索口伝　一、十手八ヶ條　一、短刀五ヶ條

右圓明流捕手依御執心口傳等迄不残相伝申者也」

寺尾求馬　免許

求馬助信行、又藤兵衛、表遣萬器用あり。知行五百石、島原覚有り、元禄元戊辰《つちのえたつ》年（一六八八）六月十二日死、六十八歳。

柴任道随重矩

重矩の仕えた本多中務大輔忠刻は、甲斐守政朝の兄で、千姫の夫である。忠刻は父美濃守忠政の居城姫路に住し、寛永三丙寅《ひのえとら》年（一六二六）五月七日卒、三十一歳。柴任道随は諸書に、三左衛門美矩ともある。寺尾孫之丞信正より承応二癸巳《みずのとみ》年（一六五三）十月二日、相伝す。このとき吉田実連は柴任より伝授した。柴任はのち故あって致仕し播州明石の浦へ幽居し、薙髪して道随と号した。

吉田太郎右衛門某

松平伯耆守様に仕う。

実連、延宝八庚申《かのえさる》年（一六八〇）相伝、実連の父太郎右衛門利貞は吉田六郎左衛門利昌の三男で、利昌の父は、播州飾東郡八代六郎左衛門（法名道慶）という。道慶の長男は黒田二十五騎の一人、吉田壱岐長利で、はじめ八代六郎大夫という。実連の祖父利昌はこの長利の弟である。すなわち八代道慶の六男である。利貞は寛永十五戊寅《つちのえとら》年（一六三八）二月二十二日、島原の原城に戦死す。実連は同年二月十七日生まる。故に父の禄は実連の姉に賜う。この姉は後、利昌の嫡男吉田五兵衛利高の長男吉田太郎右衛門貞成の妻となり、利貞の家を継がしむ。実連は初名忠左衛門利翁《としはる》という。十三歳にして東蓮寺（直方）の黒田市正之勝に仕え、之勝没後本藩福岡の黒田光之に召し出され二百石、のち加増四百石となる。宝永六己丑《つちのとうし》年（一七〇九）十一月三日没。七十三歳。二天一流を柴任三左衛門より延宝八庚申《かのえさる》年（一六八〇）四月二十二日相伝す。実連五輪書のほかに「月影之巻」を作成し相伝す。相伝者伝系は左の如し。

早川瀬兵衛実寛（吉田貞成の三男で、早川与左衛門昌行の養子）—月成八郎左衛門実久—大塚作太夫重寧—月成彦之進実誠—大塚初平藤実—大塚可生重庸—大塚助左衛門

立花専太夫某　免許

松平伯耆守様に仕う。峰均入道廓巌という。元禄十六癸未《みずのとひつじ》年（一七〇三）相伝す。柴任、吉田の話を享保十二丁未《ひのとひつじ》年（一七二七）纂記し、兵法太祖武州玄信公伝という。又、丹治峯均筆記とも云う。福岡博多の曹洞宗東林寺報によれば、過去帳に、延享二乙丑《きのとうし》年（一七四五）十二月十九日とあるが、年齢の記載なく、墓碑も無しという。法名は、無華齋廓巌宗僕居士と記す。七十三歳没とする説もあるが確認できぬ。

河村弥兵衛某　免許

御旗本とあるが、旗本で河村弥兵衛といえば、有名な河村瑞軒（義通、平太夫）元禄十二己卯《つちのとう》年（一六九九）六月十六日没、八十三歳の子の通顕《みちあき》のことであろうか。新五兵衛、弥兵衛『寛政重修譜』によれば、元禄十二年（一六九九・己卯《つちのとう》）三月十五日はじめて常憲院殿（綱吉）にまみえたてまつり、七月九日遺跡を継、小普請となり、十三年（一七〇〇・庚辰《かのえたつ》）六月二十五日大番に列し、十二月二十二日廩米五十俵を加賜せらる。十五年（一七〇二・壬午《みずのえうま》）九月二日新番に転じ、十二月二十二日新恩五十俵をたまわる。宝永四年（一七〇四・甲申《きのえさる》）五月

二十五日小普請にうつり、十二月二十六日百俵を加へられ、すべて三百五十俵の禄となる。正徳四年（一七一四・甲午《きのえうま》）三月二十二日務を辞し、享保五年（一七二〇・庚子《かのえね》）六月十日御代官となる。六年（一七二一・辛丑《かのとうし》）八月二十二日死す。年五十七。法名良雄。葬地鎌倉の建長寺。弟の義篤（吉兵衛、関吉）家督を継ぐ。今後の研究の為に以上写す。

脇坂弥五右衛門一成　免許
脇坂淡路守様に仕う。長柄頭百五十石。父は弥五右衛門一房。大目付二百石。一成妻井上弥五兵衛女。養子一倫を女婿として迎え家を継がしむ。一倫実父は宇野藤左衛門俊英である。一倫奉行百九十石。以下一昌―一悳と続く。

垣屋太郎左衛門正貞　古流免許
同断。家譜に正貞の名見えず。垣屋氏代々太郎左衛門と称す。初代豊政号慮憲、旗奉行、二百石。二代政勝号休節、旗奉行三百五十石。この人が該当するか。三代久豊号良快、鉄砲頭二百七十石。四代豊矩掃部、号退翁、大年寄四百五十石。皆太郎左衛門と称している。

中村小左衛門成重
同断。佐左衛門の子、後佐左衛門、隠居号閑当、長柄頭百八十石、妻片岡覚大夫運長女、家督百五十石、加三十石勤大目付。

池田郷右衛門長武　古流免許　同断
城代五百石、号退入、家老千石池田外記号睡菴の子、妻は脇坂玄蕃暁雲女。

柴田引入某　古流免許
同断。治左衛門寛道、実父布施隼人、その二男。柴田治左衛門寛慶号友眠養子、友眠東陽公（安政）御代町奉行と為り知行二百五十石、引入の跡友眠二男治左衛門つぎ、更に友眠三男治左衛門寛敬其跡をつぐ。

大藤権兵衛満盛（盛満カ）　古流免許
同断。満盛の名系譜になし。大藤四代盛満とあり。号謙也、弓頭二百石、妻は真鍋久馬允貞辰女。盛満父は持筒頭三百石、権兵衛盛秀、妻は脇坂源助元真女。盛秀父は權兵衛某、鉄砲頭、妻西洞院宰相某の姪。この姪嘗て臨松公の妾と為り、蔵人安成公を生む。後命じられ権兵衛娶る。権兵衛某の父は五左衛門という。初め生駒讃岐守殿に仕え、朝鮮の役に傍輩を討って退き、臨松公の船に来り、直ちに之に奉仕す。関ヶ原の役に佐和山城を攻め、鉄砲に中《あた》り手負、故郷高嶋に於て死す。子権兵衛幼少なるを以て命じて弟長左衛門を呼び知行倶に之を預けらる。権兵衛十六歳に至り、新知二百五十石を賜り、本知二百五十石を直ちに長左衛門に賜る。長左衛門家吉、城代二百五十石、妻不詳、後妻は玄昌院殿（西洞院宰相某女、寛永十六己《つちのと》卯年〔一六三九〕四月十七日死）の姪也。臨松公（安治）の命により二歳男子を携えて来り嫁す。二代七郎右衛門家親、城代三百石、妻藤堂和泉守殿臣杉野清大夫女、三代長左衛門親誠、隠居号亦親誠、江戸留守居三百石、実父柳生長兵衛広清、妻垣屋太郎左衛門豊政女。四代は弥左衛門親信である。

大藤弥左衛門親信　古流免許
同断。大藤長左衛門親誠の子で、号再喜。物頭二百六十石。妻柳生長兵衛広長女、後妻は井口源右衛門女、又妻横田十兵衛久乗女、又津軽越中守殿臣鵜川氏を娶る。初留守居を勤め後物頭となる。

木全惣右衛門定嘉　古流免許
父宗右衛門嘉道《すえみち》、本国尾張生国安芸。友田新左衛門嘉英二男の分家、明暦元乙未《きのとひつじ》年（一六五五）備後三次《みよし》領主浅野因幡守長治公に召出され新知二百石、御馬廻役、御目付、御先手頭、御郡代歴任、知行三百石。二代定嘉貞享四丁卯《ひのとう》年（一六八七）八月、父跡目相続御馬廻、御目付、御持筒頭、御勘定奉行、御小姓頭格、御郡代、御留守居頭等歴任、知行三百石、享保十五庚戌《かのえいぬ》年（一七三〇）七月九日死、法名凌霄院義雲宗勇居士、三次鳳源寺に葬る。同年九月三代惣右衛門跡目相続。

泉　伝蔵清房　免許
阿部伊勢守様に仕う。水野流居合免許。

中井孫八某　免許
郷士播州平野住。中井家先祖は三木合戦の別所小八郎治定の長男小太郎城を逃れて西播中井村に住し、中井七兵衛定辰と称し中井家の祖となる。中井孫八は孫八郎定賢といい、後、久兵衛と改む。武蔵の肖像画を伝う。圓水流剣術伝書二巻あり。享保二十乙卯《きのとう》年（一七三五）閏三月九日死、五十歳。釈休英。妻岩、釈尼貞玄、享

保七壬寅年《みずのえとら》（一七二二）十二月四日没、二十九歳。後妻、佐野。釈尼知宗、寛保元辛酉年《かのととり》（一七四一）八月十一日没。

小池軍八宗典　目録　水野流居合目録。

古川友之丞正職　目録　水野流居合目録。

脇坂玄蕃安任　免許　水野流居合免許。
脇坂淡路守様に仕う。父は玄蕃安勝（初内記）号暁雲の子、初外一郎、号廓然、室は京都処士小寺十右衛門女、安任の姉は池田郷右衛門長武の妻。

脇坂覚兵衛長一　免許　水野流居合免許。
同断。

多田家祖　圓光寺開基　祐全
多田満仲の末孫にして摂州多田に住す。父は刑部少輔景吉と云い足利義教公の幕下に仕う。蓮如上人の弟子となる。文明十六甲辰年《きのえたつ》（一四八四）播州英賀《あか》の三木氏兄弟深く宗門を信仰し、一宇を建立し住持僧を山科に参り希《こいねが》う。蓮如上人常随昵懇《じょうずいじっこん》の内より法門興隆の器量ありとて祐全を撰び住持として下向せしめらる。これが英賀圓光寺の開基である。大永五乙酉《きのととり》年（一五二五）二月十五日英賀にて卒す。

二代　祐欣

祐全の弟、祐全子なく弟が二代を嗣ぐ。延徳二庚戌《かのえいぬ》年（一四九〇）實如上人（九代光兼）の弟子となる。此時蓮如上人直弟の現住三十九ヶ寺、是を後世初中後の僧と称す。即ち其の列となる。享禄三庚寅《かのえとら》年（一五三〇）正《（イ五）》月十九日、英賀に卒す。

三代　祐妙

祐欣の子、實如上人の剃刀得度、證如上人（十代光教）、顕如上人（十一代光佐）の代までに及ぶ。天文十九年庚戌《かのえいぬ》年（一五五〇）三月四日、英賀に卒す。

四代　祐恵

祐妙の嫡子、顕如上人の剃刀得度、多田家は元来武門の後裔故に代々兵法剣術等の奥義を相伝す。祐恵性英豪勇悍、剣術射御の術に達す。顕如上人曽て織田信長と鉾楯《むじゅん》に及び大坂石山籠城の時、早速石山に馳せ登り、時々英賀に往来す。軍功数々あり、就中《なかんずく》難波一乱の節、上人味方の将卒敵の大勢に囲まれ必死の時、祐恵先住祐全より伝来の宝剣を以て、敵大将の首五級を得、多数の敵を切り靡《なび》け味方将卒を助く。上人祐恵を御前に召し、其の殊勲を称し朱柄の長刀を下され、お腰に付けし弁当を脱し先ず之を食すべしと賜わる。此の時の軍中長刀（左巻朱柄）食器（七ツ重、外黒内赤蒔絵）今に伝え、住持成りの日、これを用いて食すという。天正中の西国中国騒乱に秀吉大将として発向、五丁丑《ひのとうし》年（一五七七）九月、佐用上月の城攻めあり。その頃英賀の郡領命を拒みし故、秀吉の怒りにふれ、六戊寅《つちのえとら》年（一五七八）寺を揖西郡龍野に移す。末寺門徒西播に数多ある故に幸いに移住すと云い伝う。同八庚辰《かのえたつ》年（一五八〇）信長と和睦成り顕如上人は紀州退去、祐恵暇を賜り龍野に帰り、九月二十四日卒す。

五代　祐應
祐恵の嫡子、顕如上人の剃刀得度。文禄二癸巳《みずのとみ》年（一五九三）二月十七日、龍野に卒す。剣術に達すという。

弟
祐閑　多田勘左衛門頼利、福島正則に仕え後致仕し英賀に住し病死す。

六代祐仙
祐應の嫡子、教如上人（大谷派初代光壽）の剃刀得度、元和五己未《つちのとひつじ》年（一六一九）七月二十五日、病死。

次男　頼房　多田兵左衛門と称す。小笠原右近将監忠真に仕え、致仕後剪髪《せんはつ》し祐賢と称し、後龍野に住し、寛文五乙巳《きのとみ》年（一六六五）十二月八日卒す。子孫無く断絶す。

三男
祐甫　七代
多田半三郎頼祐と称し、浪人にて龍野に住す。元和五己未年（一六一九）二十歳の時出家し、祐甫と号し、圓光寺の住持となり寛文六丙午《ひのえうま》（一六六六）四月三日卒す。六十七歳。この祐甫が宮本武蔵義軽より圓明流の免許を直伝し、寺内に道場を設けて教授したという。武蔵も圓光寺に滞留教授すること屡《しばしば》なりしと伝承す。圓明流は祐甫の免許を得た三浦源七延貞より、多田源左衛門祐久へと相伝され、祐久は水野流居合を水野柳滴の弟子大矢木又左衛門正次に学び両流を交えて圓水流と号した。祐久は後に広島へ移住し城下で教授し、藩侯に認められて指南役となり子孫維新に及んだ。

祐甫一女、因州船岡光源寺（賢？）某の室。

二女、おつる　龍野市中垣内村　八瀬新右衛門室、元禄九丙子《ひのえね》年（一六九六）九月三日没。釈妙因信女。子孫正秋氏報。

三女、おふじ　作州津山妙願寺四代順教室。この寺の初代住職は、織田信長の臣、森三左衛門可成の長女が家臣関小十郎右衛門成政の室となり、成武・成次の二子を生む。成武が妙願寺初代住職となり、成次（民部少輔）は、本家森武蔵守長可が天正十二甲辰《きのえたつ》年（一五八四）四月、長久手の合戦に討死の後をついだ蘭丸末弟の忠政の女を室とし、その子の長継が後忠政の養子となって忠政の後をつぎ津山城二代目城主となった。なお忠政の長子重政の女が妙願寺二代住職紹向の室となる。三代目順恵を経て四代目順教の室として龍野圓光寺より祐甫の女を迎え、五代目順応の妹が圓光寺祐顕の室となっている。（妙願寺十四代森康正氏報）

八代祐山

慶長十九甲寅《きのえとら》年（一六一四）生。幼名傳次郎。父祐仙卒する時僅か六歳、よって叔父半三郎頼祐が圓光寺七代住職となり、養父となった。准如上人（本願寺派十二代光昭）の剃刀得度、寛文八戊申《つちのえさる》年（一六六八）　四月十六日卒。五十五歳。（没年異説あるも龍野多田本譜に従う。）

妹　おくり　赤穂加里屋　橋本玄朝室。

―女　おつる　本多肥後守臣満田才庵室

女　おさわ　浅野土佐守臣忍平右衛門正成室

祐榮　九代

寛永十六己卯《つちのとう》年（一六三九）生。幼名申松、十三歳にして良如上人（十三代光圓）の剃刀得度。延宝六戊午《つちのえうま》年（一六七八）四十歳の時、住持を養子祐顕に譲り隠居し柳藤庵と号す。元禄四辛未《かのとひつじ》年（一六九一）五十三歳の時、故あり祐顕　退寺するにより再び住持となる。同六癸酉《みずのととり》年（一六九三）六月、祐顕帰寺、嫡祐欽住持、宝永四丁亥《ひのとい》年（一七〇七）故あり祐欽京師留学、祐榮三度住持、同五戊子《つちのえね》年（一七〇八）三月、祐欽帰住、同六己丑《つちのとうし》年（一七〇九）十一月二十九日、夢想の歌に、おりおりの時にしたがへ藤の花　咲く時はさき散時はちれ

同七庚寅《かのえとら》年（一七一〇）四月二十七日卒す。七十二歳。

女　こりう

女　おやな　浅野因幡守臣木全惣右衛門嘉道室。その子惣右衛門定嘉は多田源左衛門祐久より圓明流免許。（系統之巻解説参照）

女は忍平左衛門正武室。

女　おるい　浅野因幡守臣石寺治部左衛門盛定室。石寺家初代は太郎兵衛金光、二代仁左衛門盛之という。寛永六己巳《つちのとみ》年（一六二九）跡目百五十石を賜い、同九壬申《みずのえさる》年（一六三二）三次支封因幡守附となる。この二代盛之、実は宮本武蔵義軽の圓明流兵道鏡印可の弟子落合忠右衛門の男という。太郎兵衛実子早世に付、養子として末女と娶《めとら》せたのである。御代官御普請奉行を歴任し、加増五十石、三代盛定三次《みよし》に生まる。寛文七丁未《ひのとひつじ》年（一六六七）父宮津在番中に卒し、跡目二百石、大坂御蔵屋敷御

留守居、その後長柄の者、又大番足軽御預けあり、長照・長澄三代に仕え、元禄十一戊寅《つちのととら》年（一六九八）
隠居、子孫存続す。

某　玄察　医を学び江戸に赴き、宗悦法印に師事し村尾宗旦と称す。延宝八庚申《かのえさる》年（一六八〇）十月
二十六日、江戸に卒す。芝安楽寺境内に葬る。

祐久　広島に移住し芸藩圓水流師範。
多田源左衛門　系図別記す。

祐顕　圓光寺十代住持。
瑞應という。祐栄の（養子？）後を継ぎ十代住職となる。元禄十一戊寅《つちのえとら》年（一六九八）八月五日卒す。
以後圓光寺歴代を列記しておく。

十一代　祐欽号退荘院
寛延三庚午《かのえうま》年（一七五〇）七月七日卒。

十二代　祐明号金地院
安永七戊戌《つちのえいぬ》年（一七七八）六月十九日卒。

十三代　祐慶
寛政三辛亥《かのとい》年（一七九一）九月六日卒。

十四代　祐周

寛政三辛亥《かのとい》年（一七九一）八月十八日卒。
十五代　界梁
文政十二己丑《つちのとうし》年（一八二九）三月三日卒。
十六代　界恵
文政元戊寅《つちのえとら》年（一八一八）八月六日卒。
十七代　界津
安政五戊午《つちのえうま》年（一八五八）五月四日卒。
十八代　達護
本徳寺次男、安政四丁巳《ひのとみ》年（一八五七）閏五月七日卒。
十九代　厳清《ごんせい》
真宗寺次男　没年不明。
二十代　祐賢
大正二癸丑《みずのとうし》年（一九一三）三月六日卒。
二十一代　祐之
没年不明
二十二代　祐州
昭和六〇乙丑《きのとうし》年（一九八五）一月二十九日卒（多田信子氏報）

広島初代

多田源左衛門祐久

播州龍野圓光寺八代住持祐山の三男、母は松平相模守殿内、隠岐善兵衛清政の女。家紋丸の内牡丹御葉牡丹

延宝元癸丑《みずのとうし》年（一六七三）龍野城主脇坂中務少輔殿（東陽院公安政）に召出され目付役を務めたが、病身にて暇を願い浪人し、其の儘龍野に居住す。

宝永二乙酉《きのととり》年（一七〇五）七月、芸州広島に来り、兵法指南を以て業となす。祐久曽て宮本武蔵義軽より多田半三郎頼祐（圓光寺七代住持祐甫）へ相伝された圓明流を祐甫相伝の弟子三浦源七郎延貞に学び、其の蘊《うん》奥《のう》を究め、水野流居合を流祖水野柳滴の高弟大矢木又左衛門正次に学び免許を得、のち師三浦源七や、もと武蔵の免許伝授の高弟柴任道随重矩と相談し、圓明流と水野流居合の術を交え、圓水流と号して教授した。

宝永七庚寅《かのえとら》年（一七一〇）三月四日、剣術居合柔《やわら》指南仕候処、浅野綱長公（六世）御聴に達し小姓組に召出され三十人扶持下し置かる。

享保六辛丑《かのとうし》年（一七二一）六月十二日、病死す。七十一歳。広島塩屋町専勝寺に葬る。法名常性院釋英翁信士。

二代

勝久

源左衛門、幼名源八

正徳五乙未《きのとひつじ》年（一七一五）十一月四日、切米三拾石三人扶持被下《くだされ》中小姓被召出《めしだされ》、享保六辛丑《かのとうし》年（一七二一）七月五日、亡父源左衛門祐久跡目知行高弐百石被下《くだされ》、大小姓被仰付《おおせつけらる》、享保十三戊申《つちのえさる》年（一七二八）正

月二十一日、吉長公より御判物を賜う。

覚

一、高四拾八石七斗五升八合

安芸国高田郡桂村之内

一、高四拾石

同国高宮郡綾ヶ谷村之内

一、高五十四石九斗九升弐合

同国賀茂郡原村之内

一、高五拾六石二斗五升

同国同郡桧山村之内

高合弐百石

右為支配遣之《みぎしはいのためこれをつかわす》全可令領知之重而出折紙可取替此墨付者也《すべてこれをりょうちすべしかさねておりがみをだしこのすみつきとりかえるべきものなり》

享保十三年正月二十一日　御墨印

多田源左衛門とのへ

元文五庚申《かのえさる》年（一七四〇）十二月二十一日没。法名常輝院釋芳雲信士。専勝寺過去帳による。

女　高間半平之供の室

高間家四代。馬廻百五十石、子孫十一代高間完、昭和六年海軍中佐、大湊要港参謀。九代多須衛正寛の長男省三正忠は明治元年戊辰《つちのえたつ》の役に芸藩砲隊長として東奥海道に向い、勇猛果敢、八月一日浪江駅口の戦に死す。二十一歳、瑞川寺境内に高間壮士之碑あり。阪谷素撰による長文のものである。大正十年刊の芸備碑文集に載す。

女　早世

女　早世

某　槌之進　早世

女　早世

女　早世

三代

種久

貞之丞、母は小足源太兵衛女《むすめ》

元文六辛酉《かのととり》年（一七四一）二月十五日、亡父源左衛門勝久跡目無相違《そういなく》知行高弐百石被下《くだされ》、大小姓被仰付《おおせつけらる》、寛延四辛未《かのとひつじ》年（一七五一）四月七日病死、悴無之《せがれこれなき》に付、弟源八紀久養子に仕度段病中相願置。法名常泰院釋洞雲居士。

四代
紀久

源左衛門、初源八

勝久二男、兄貞之丞種久の末期養子《まつごようし》となる。

寛延四辛未《かのとひつじ》年（一七五一）七月二十二日、義父貞之丞跡目無相違《そういなく》知行高二百石下され大小姓仰せ付けらる。

宝暦七丁丑《ひのとうし》年（一七五七）六月二十一日、宗恆公（八世）より御判物を賜う。

明和三丙戌《ひのえいぬ》年（一七六六）正月二十八日、重晟公（九世）より御判物を賜う。

安永八己亥《つちのとい》年（一七七九）十二月二十一日、家芸年来出精仕候に付、銀若干御褒美として下さる。

天明元辛丑《かのとうし》年（一七八一）十二月二十二日、家芸年来志し出精仕候に付、加増三十石拝領す。

天明四甲辰《きのえたつ》年（一七八四）正月十九日、重晨公より加増拝領の御判物を賜う。

天明五乙《きのと》巳年（一七八五）十月八日、奥詰仰せ付けらる。

寛政四壬子《みずのえね》年（一七九二）正月十五日、側詰次席仰せ付けらる。

寛政五癸丑《みずのとうし》年（一七九三）十月二十一日、病死、七十歳。法名常獄院義翁玄忠居士。専勝寺に葬る。

多田先生源紀久君墓誌

姓多田諱紀久始稱源八後稱源左衛門所傳撃剣之術最極其精先世本以善反求興家而中廢焉明和四丁亥《ひのとい》奉
君侯之命重修其術乃因家書講之日夜不懈遂又極其精以為君侯之師反求者所謂半弓也稱之反求者家流耳
寛延四辛未《かのとひつじ》受家安永八年己亥《つちのとい》賜賞白銀天明元年辛丑《かのとうし》増秩五年乙巳《きのとみ》為奥詰寛政四年壬子《みずのえね》遷側詰翌

五年癸丑《みずのとうし》冬十月二十一日卒于家年七十矣梵謚曰常嶽院義翁玄忠居士。

読み下し

多田先生源紀久君墓誌

姓は多田、諱《いみな》は紀久《のりひさ》、始め源八と稱し、後源左衛門と稱す。傳える所の撃剣の術、最も其の精を極む。先世本反求《もとはんきゅう》を善《よ》くするを以て家を興《おこ》す。而《しこう》して中《なか》ごろ廃せり。明和四丁亥《ひのとい》（一七六七）君侯の命《めい》を奉じ其の術を重ね修《おさ》む。乃《すなわ》ち家書に因《よ》り之を講じ、日夜懈《おこた》らず。遂に又其の精を極め、以て君侯の師と為《な》る。反求《はんきゅう》は所謂《いわゆる》半弓なり。之を反求と稱するは家流耳《のみ》。寛延四辛未《かのとひつじ》（一七五一）家を受く。安永八年己亥《つちのとい》（一七七九）賞として白銀を賜う。天明元年辛丑《かのとうし》（一七八一）秩を増す。五年乙巳《きのとみ》（一七八五）奥詰と為る。寛政四年壬子《みずのえね》（一七九二）側詰に遷《うつ》る。翌五年癸丑《みずのとうし》（一七九三）冬十月二十一日家に卒す。年七十。梵謚《ぼんし》曰《いわく》常嶽院義翁玄忠居士。

五代

道久

嘉須馬、幼名源三郎

母は植木野右衛門好弘女《むすめ》（植木求馬姉）

安永二癸巳《みずのとみ》年（一七七三）八月二十二日、切米拾五石三人扶持被下《くだされ》、中小姓被召出《めしださる》、天明四甲辰《きのえたつ》年（一七八四）九月、江戸御供、寛政五癸丑《みずのとうし》年（一七九三）十二月十六日、亡父源左衛門紀久跡目知行高弐百弐拾石被下《くだされ》、大小姓被仰付《おおせつけられ》、是迄代々番外に被差置《さしおかれ》候処、番入被仰付、享和元辛酉《かのととり》年（一八〇一）

六月十日、悴無之《せがれこれなき》に付、高田文五郎保儀三男彦大夫悠久智養子《ようし》仕度段、願之通被仰付、同二壬戌《みずのえいぬ》年（一八〇二）二月十五日、斉賢公（十世）より御判物を賜う。文化二乙丑《きのとうし》年（一八〇五）六月、加増三拾石拝領、同五戊辰《つちのえたつ》年（一八〇八）十一月二十七日病死す。過去帳に五十四歳とある。法名常徳院釋勲大慧妙居士。剣法師範。

女　早世

女　母は豊永織人女《むすめ》

青木吉兵衛室。後、一場武助俊景へ再嫁す。

この一場家初代武助俊将は武田信玄の武者奉行加藤駿河守昌頼の舎弟周防守正俊より四代平右衛門正長の子、江戸浪居中、軍学師範を業とし、加藤一学と稱す。万治二己亥《つちのとい》年（一六五九）正月、四世浅野光晟公に召し出され知行五百石御馬廻、後加増を累ね千二百石、元禄三庚午《かのえうま》年（一六九〇）十二月、江戸に卒す。

六代

悠久

彦太夫、実は高田文五郎保儀三男

文化六己巳《つちのとみ》年（一八〇九）正月二十四日、父嘉須馬跡目知行高弐百弐拾石被下《くだされ》、大小姓被仰付《おおせつけられ》、天保二辛卯《かのとう》年（一八三一）十一月一日、家芸年来出精仕候に付、加増三拾石拝領、同五甲午《きのえうま》年（一八三四）五月十二日、奥詰被仰付、同九戊戌《つちのえいぬ》年（一八三八）二月二十八日、齊粛公（十一世）より御判物を賜う。

天保十己亥《つちのとい》年（一八三九）正月十五日、倅無之《せがれこれなき》に付、松宮貞五郎二男源兵衛久雄聟養子仕度段願之通被仰付。同年十一月十一日病死す。五十七歳。誓得院普行大安居士。（筆者編日本剣道史九号に、飽薇光華録より引用の天保十一年没は、専勝寺過去帳と多田家譜により誤りと認め訂正する）

女　養子彦太夫悠久室　母同断

女　早世　母同断

某　早世　〃

某　早世　千之丞　母村岡七左衛門妹

某　早世　織衛　〃

女　早世　〃

女　新保彦兵衛室

某　早世　源三郎

七代

久雄

源兵衛、源左衛門、七左衛門

実は松宮貞五郎好間二男（半五郎弟）

天保十己亥《つちのとい》年（一八三九）十二月二十四日、養父彦大夫跡目知行高百九十石被下《くだされ》、大小姓被仰付《おおせつけらる》、安政六己未《つちのとひつじ》年（一八五九）十二月二十三日、奥詰被仰付、同七庚申《かのえさる》年（一八六〇）二月二十八日、茂長公（十三世長訓）より御判物を賜う。同年七月、江戸へ被遣《つかわさる》、文久元辛酉《かのととり》年（一八六一）五月、御供にて帰着、同三癸亥《みずのとい》年（一八六三）十月倅無之《せがれこれなき》に付、辻小八郎高正二男寛之介久和を聟養子に仕度段願之通被仰付《おおせつけられ》、同年十二月二十三日、加増三拾石拝領、慶応二丙寅《ひのえとら》年（一八六六）四月十五日、茂長公より加増の判物を賜う。同四戊辰《つちのえたつ》年（一八六八）閏四月十五日、家伝の剣術取立之義に付ては、兼て被仰付《おおせつけられ》置候義も候得共、以後不及其義《そのぎにおよばず》、番方等本務之通仕候様被仰付、同年六月十六日、側者頭添役次席講武所掛被仰付、同年九月、供頭添役次席講武所掛被仰付、明治二己巳《つちのとみ》年（一八六九）六月、長勲公（十四世）芸備版籍御奉還華族被列《れっせられ》広島藩知事被為蒙《こうむらせらる》、之に依て久雄知行《ちぎょう》返上仕、

　　多田源左衛門
先般版籍御奉還《はんせきごほうかん》之儀
御願被遊《あそばされ》候付而者被下置《くだしおかれ》候
俸禄返上願出之趣全
名分を辨《わきまえ》候段
御感悦不浅《あさからず》
思召《おぼしめし》候
天裁有之《これあり》候上追而可被及御沙汰旨被仰出《おってごさたにおよばさるべきむねおおせいだされ》候事
六月十日　　印

同年十一月一日、長勲公より御書付を以て今般奉朝旨《ちょうしをほうじ》秩禄相定永世充行之《えいせいこれをあてがい》候旨被仰付《おおせつけられ》、禄米弐拾五石

被下《くだされ》此後中士に被差置《さしおかれる》
多田七左衛門
禄弐拾五石
右見米永世充行之者也《げんまいえいせいこれをあてがわれるものなり》
明治二己巳《つちのとみ》年十月
広島藩知事　印
同三庚午《かのえうま》年（一八七〇）八月、願之通隠居、同七甲戌《きのえいぬ》年（一八七四）九月七日病死、五十六歳。法名顕雄院智達精義居士。
女　おいく　養子久雄室
女
春久　熊八郎
某　三郎
女
八代
寛

寛之介久和、後寛と改む。実は辻小八郎高正二男（小八郎は浅野藩士徴士参議執政御年寄上座辻維岳の弟にして尾道奉行等を勤む）にして幼少より多田道場に入門したがその技倆優秀を見込まれて源左衛門久雄の聟養子となる。十九歳にして戊辰の役（会津征討）に錦旗護衛として従軍、凱旋後は兵部省陸軍中尉、広島警察署警部、同県下各郡の郡長等歴任、明治二十丁亥《ひのとい》年（一八八七）志を立て一家を挙げて北海道に渡り、第一代屯田兵司令官永山武四郎少将（当時51歳）を頼る。当時寛三十九歳であった。その後札幌警察岩見沢分署長兼空知郡石見沢村、仝幌向村、夕張郡登川村、仝角田村、空知郡奈井江村、滝川村戸長を歴任、晩年長男辰夫函館にて病死し、他に子なきため寛長女マスの婚家札幌郡野幌屯田兵村（現元野幌）山崎多一の二男登一方に身を寄せ、登一を養子として多田家を継がしむ。昭和九甲戌《きのえいぬ》年（一九三四）二月十一日、病死す。八十六歳。江別市対雁墓園多田家の墓に葬る。法名釋高顕位。

女　おとみ　同藩士小笠原九郎室

女　お延　聟養子寛室

女　お邦　寛後妻

女　三津　同藩士内田常吉室

女　ます　広島県人野幌屯田兵村の山崎多一に嫁ぎ四男四女を生む。二男の登一が多田家を継ぐ。

女　かつ　広島県人札幌郡広島村農業大谷貞七に嫁ぎ七女を生む。

女　お常　新潟県人札幌郡江別村北越殖民社平沢政太郎に嫁し三男四女を生む。

辰夫

寛の長男、青年期台湾総督府に勤務、帰国後石狩室蘭函館各支庁に奉職、昭和五庚午《かのえうま》年（一九三〇）四月十二日病死す。五十一歳。法名至誠院釋教道居士。此の年寛夫妻函館より野幌の登一の許に来り養子縁組す。筆者註。この登一氏が筆者の剣道史編纂の趣旨に賛同を頂き、宮本武蔵の家伝資料を全《すべ》て提供して下さったのである。昭和四十七年及び昭和四十九年編纂誌９号・１１号は、この多田家提供資料によって編纂したが、武蔵の処女作伝書兵道鏡の署名が、宮本武蔵藤原義軽とあった為に武道史家の諸先生に武蔵玄信の偽者扱いをされ、一般読者も右へ倣《なら》えで武蔵の真実が後世に誤り伝えられることを憂い今回の出版を決意した次第である。筆者に全面協力下さった多田登一氏は昭和五十二年十月十八日、八十歳で死亡された。衷心よりご冥福を祈る次第です。

女　お末　伊達藩の人石狩郡当別村農業戸田安志に嫁し四男一女を生む。

女　修子　岩手県人鈴木要吉（室蘭市室蘭毎日新聞社長）に嫁し、小原流華道室蘭支部長として活躍す。
昭和四十七年二月十日病死す、八十六歳。法名天祥院光華修道大姉。

水野流

水野新五左衛門　生国藝刕廣嶋

重治

浪人江戸住居寛永年中堀田加賀守様浅草屋鋪江
大猷院様御成被遊《あそばさるとき》刻重治居合上覧被遊、以後松平薩摩守様御招被成《なされ》浪人分ニ而知行六百石被充《あてがわる》行後
為入道《にゅうどうして》号柳滴萬治元年（一六五八・戊戌）七月十八日行年五十七歳ニ而卒（註1）

正次

印可大矢木又左衛門
松平相模守様仕已後浪人江戸住居
貞享元年五月（一六八四・甲子《きのえね》）三日卒

某

免許
初鹿野伊兵衛
松平右衛門督様仕

正晴

印可木戸重右衛門

同断

目録

就勝　安養寺甲斐

上二同

某

印可

松本傳蔵　友軒卜改

江戸芝名主

延貞

免許

三浦源七

松平伯耆守様仕

祐久

免許多田源左衛門

正次得免許已後圓明流二刀ヲ交

今号圓水流

免許横川帯刀

某

松平右衛門督様仕

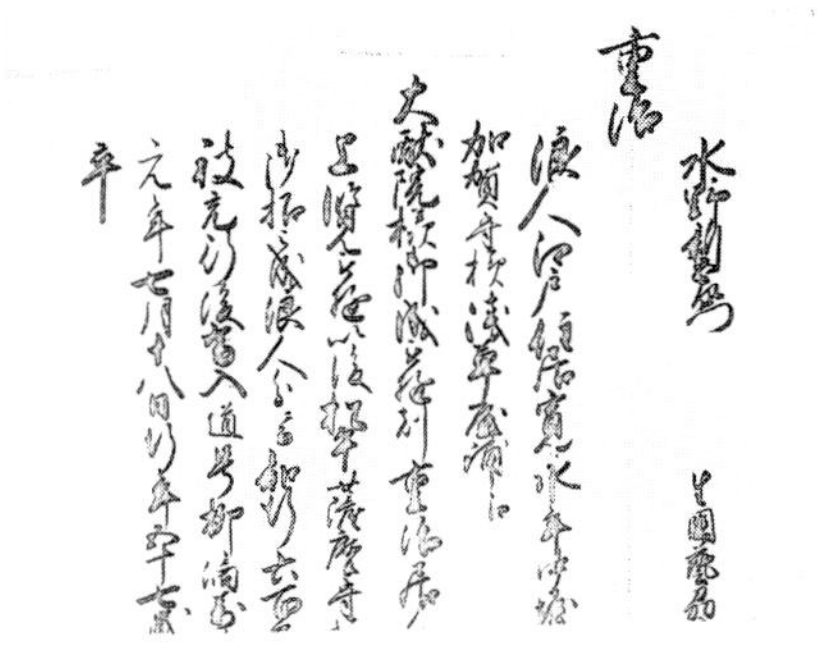

免許

頼恒　多田源八

免許

清房　泉傳蔵

阿部伊勢守様仕

目録

宗典　小池軍八

目録

正職　古川友之丞

免許

安任　脇坂玄番（蕃）

脇坂淡路守様仕

免許

長一　脇坂覚兵衛

同断

以上

享保六年（一七二一・辛丑）　丑十二月十日　多田源左衛門

【註1】水野柳滴の没年は、右系図に萬治元年とあるも、薩藩叢書漢学紀源編中に、柳滴水野先生之招魂墓の碑文を収録し、萬治二年己亥《つちのとい》年七月十八日歿于伏見、法諡秋山日孟居士とある。因藩関係の武芸伝統録には、萬治元戊戌《つちのえいぬ》年七月十八日歿と一年の相違がある。因みに『増補武芸流派大事典』七九七頁に、萬治二年死亡説を『武芸伝統録』にあると記してあるが同書の記事は萬治元年であるのは前記のとおりである。

この水野流系図は、先掲の圓明流系統之巻と同時に多田源左衛門によって作成されたものである。

追録

追録1

昭和四十七年八月筆者編纂誌日本剣道史9号に掲載したものです。

昭和十二年五月小倉郷土会発行「豊前」別巻宮本武蔵と小倉藩に口絵として掲載されたもので、宮本武蔵義軽　花押　とある

追録2

宮本武蔵真筆円明流兵道鏡伝書の一部
多田家蔵

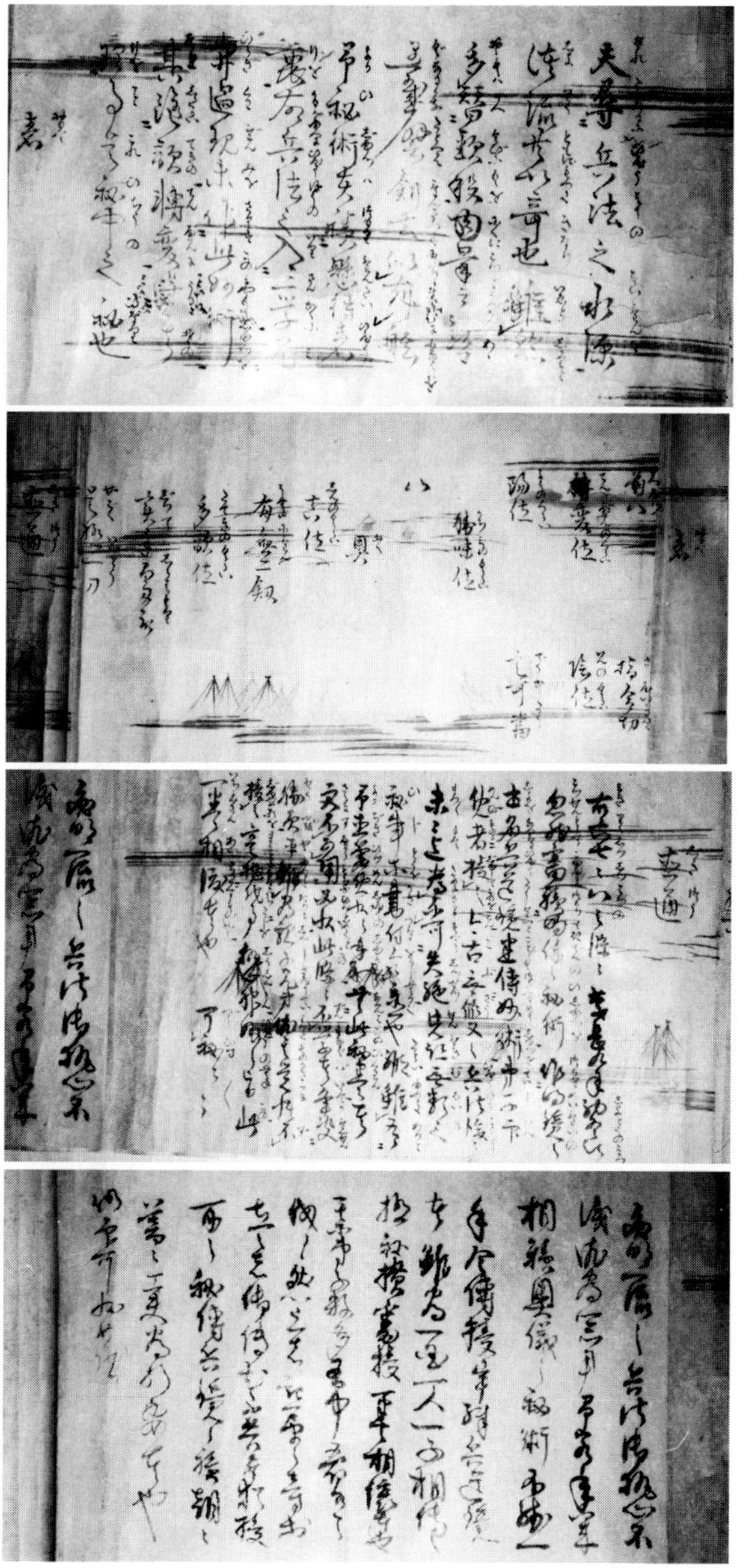

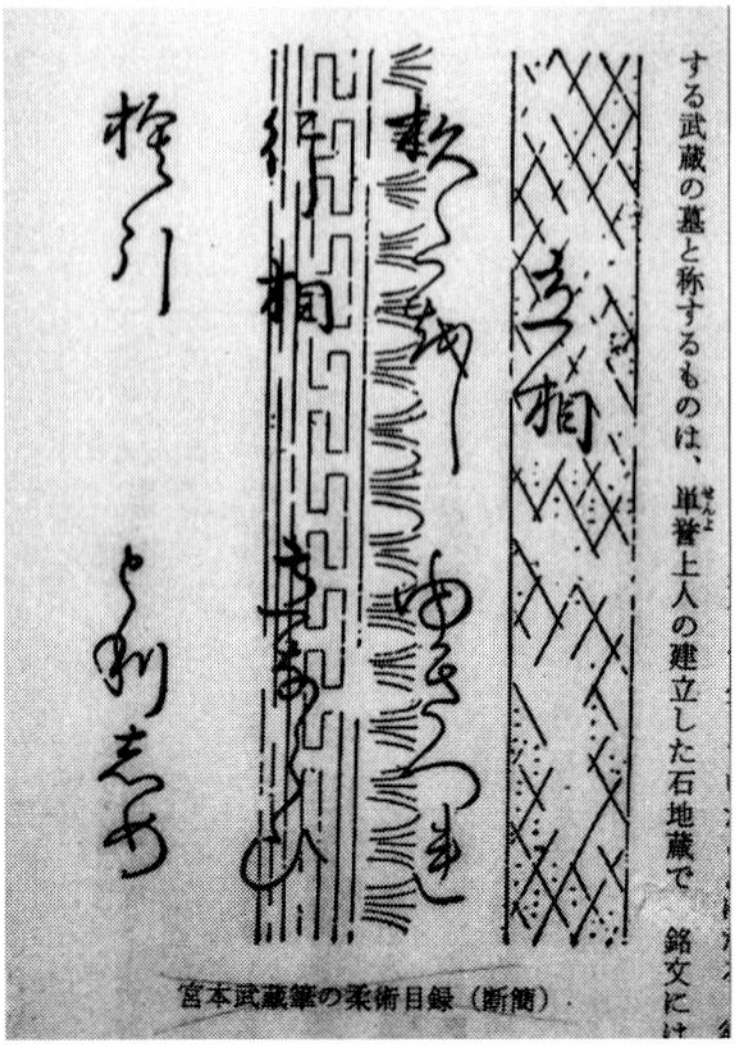
する武蔵の墓と称するものは、単誉《ぜんよ》上人の建立した石地蔵で　銘文には
宮本武蔵筆の柔術目録（断簡）

喜多村節信著「瓦礫雑考」所収の鵜飼氏所蔵武蔵真筆を模写（スキウツシ）したもの

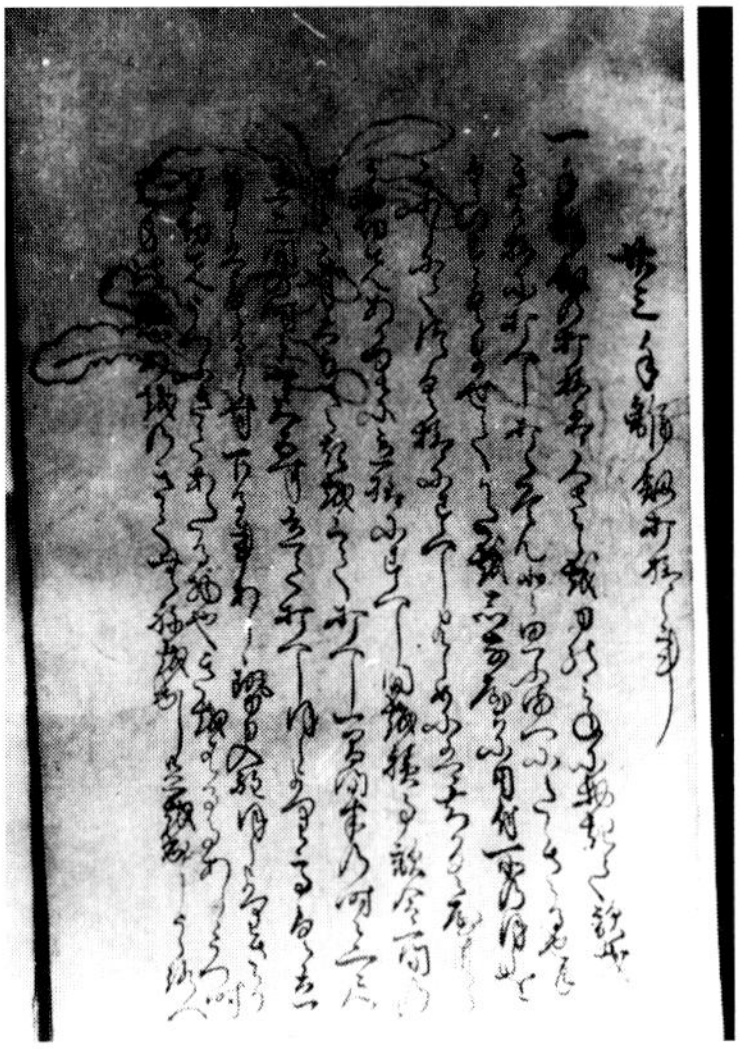

宮本武蔵守藤原義輕の落合忠右衛門尉宛処女作伝書の兵道鏡の一部。慶長10年極月吉日付のもの。多田家蔵

追録4

廿三、手離剱打様之事

一、手離剱乃《の》打様者《は》人左《さ》し越《を》刀能《の》ミ年《ね》丹《に》お越《き》天《て》放《はなつ》也
きる様尓《に》打へし打多《た》てん登《と》思ふゆへ尓《に》多《た》ゝ《た》左《さ》る也手
具《く》ひ春《す》具《く》ませ天《て》可《か》多《た》越《を》志《し》奈《な》屋《や》可《か》尓《に》目付所乃《の》保《ほ》しを
こふし尓《に》天《て》徒《つ》具《く》様尓春《す》へし者《は》しめ尓《に》盤《は》知《ち》可《か》具《く》屋《や》者《は》ら
可《か》尓《に》切先あ可《か》里《り》尓《に》立様尓《に》春《す》べし間越《を》積《つもること》 事敵合一間《いっけん》乃《の》
時者《は》五寸太刀左《さ》起《き》越《を》上《あげ》天《て》打へし一間半乃《の》時者《は》二尺
立二間の時者《は》一尺五寸立天《て》打へし保《ほ》しよ里《り》高具《く》立
事盤《は》具《く》るし可《か》ら寸《す》下る事あしく勢力入程保《ほ》しよ里《り》左《さ》可《か》
里《り》切先うつふき天《て》あ多《た》る物也き越《を》者《は》る事あしくうつ時
農《の》身能《の》懸《かかり》、あ越《を》乃《の》き天《て》無《む》祢《ね》越《を》出し足越《を》出し
うし路《ろ》へ

右は、原文のまま写してみたが、現代人には読みづらく、訓を添えた。武蔵独得の書風を知って頂きたく掲載した次第です。

戦氣　寒流帯月澄如鏡

二天道楽道のくずしは、道と一定しており義軽時代と全く変っていない。

中井家蔵武蔵肖像掛軸
木刀は武蔵より伝うという

追録6

兵道鏡　多田源左衛門祐久より脇坂覚兵衛宛①

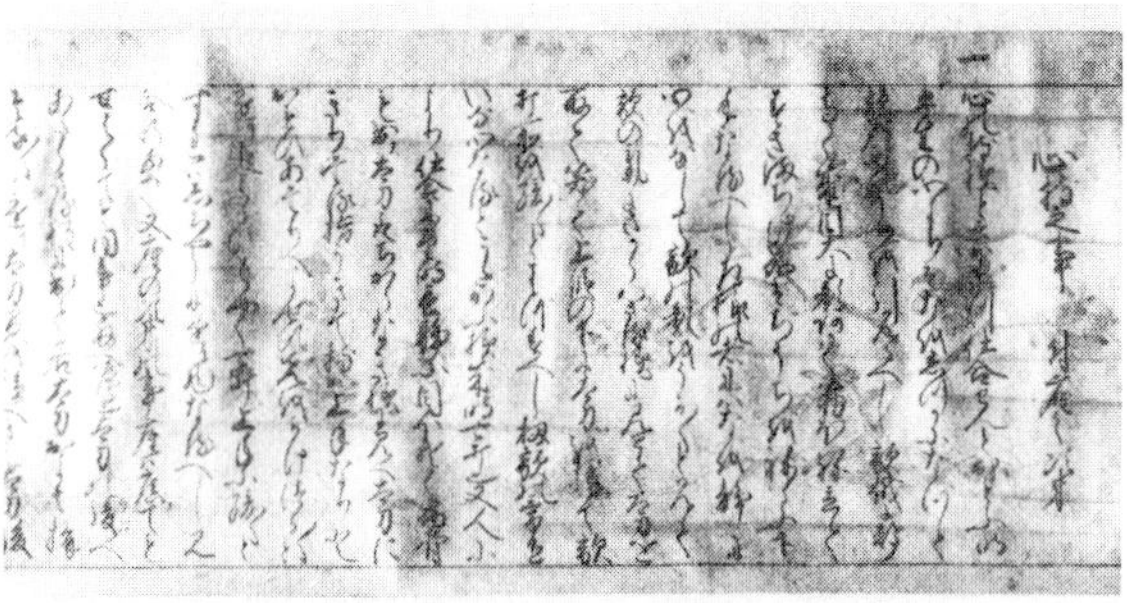

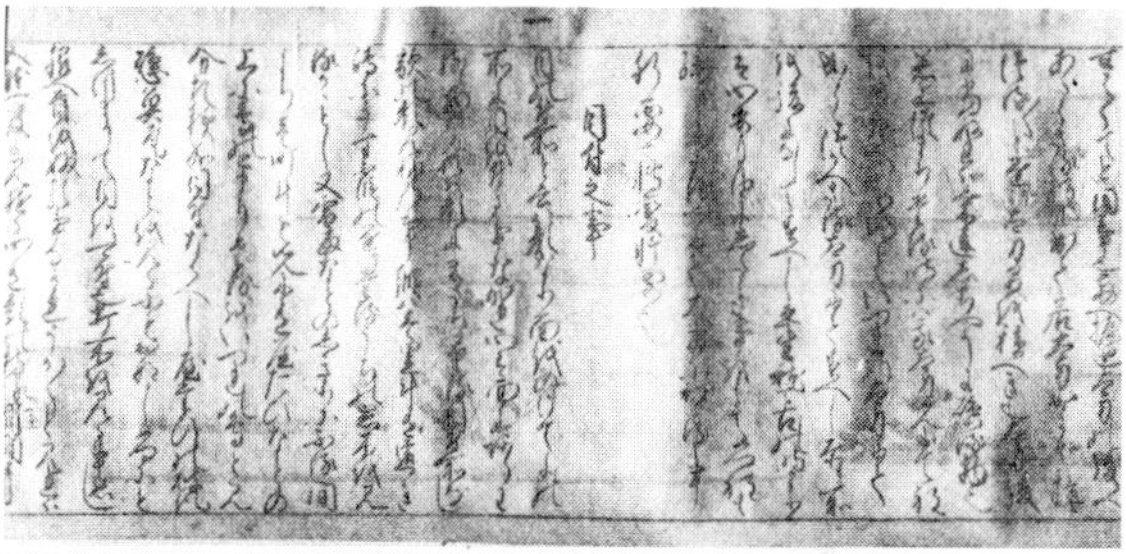

追録7
兵道鏡つづき②

追録8

多田家八代 寛 は辻将曹の弟小八郎高正の二男である。 多田家譜参照

辻将曹

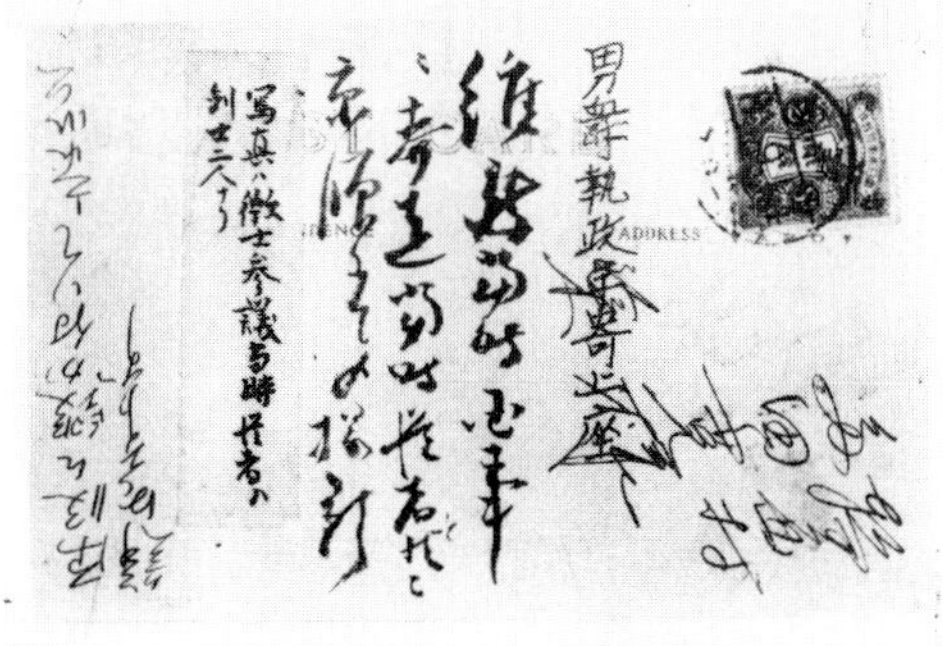

男爵執政年寄上座
維新当時国事
二奔当時拙者と共ニ
京都にての撮影
写真ハ徴士参議当時従者ハ
剣士二人ナリ

あとがき

最後までお読みいただきありがとうございます。宮本武蔵は熊本においては神様です。ある時、京都武徳会の剣道範士の先生が、熊本で講演され話題が武蔵義軽に及ぶと、忽ち喧々囂々《けんけんごうごう》講演は中止させられてしまったという話を聞いたことがあります。熊本においては、明治四十二年に宮本武蔵遺蹟顕彰会によって当時の粋を集めて調査編纂され、東京の金港堂書籍株式会社より発刊された『宮本武蔵』と題する二百数十頁の伝記書があり、平成15年に熊本日日新聞社で復刻され、今日に至るまで宮本武蔵研究の基本図書となっております。したがって熊本の人たちはこの本を読んで宮本武蔵の全貌を知得され、代々読み継がれ武蔵崇拝の念が弥増《いやま》しになり神様の域に達したものと思われます。

講演を中止させられた先生には本当に申し訳なく思いますが、後年の武蔵玄信の初めて作成した伝書が兵道鏡で、宮本武蔵守藤原義軽と署名しているのです（慶長十年伝書）筆蹟鑑定特に道（）のくずしに義軽と玄信の同じ筆癖が認められます。是は誰も否定できません。宮本武蔵は他に水野日向守勝成にも、兵道鏡を授け、これにも義軽の署名があります。顕彰会本は、大坂夏の陣で、武蔵は大坂方で戦ったような記述ですが、本文でも記したように、武蔵は水野日向守に嫡子美作守勝重の守護を託され大坂城に攻め入っているのです。このように顕彰会本と雖も記事に間違いはあるのです。研究は日々続けられているのです。誤りを引き継いではなりません。

哀しきは事実を知らず誤説をば、鵜呑みに信じ省みぬ人

熊本をはじめ全国の武蔵ファンの皆様、実《まこと》めかしい誤説に惑わされず、尊崇する武蔵の真実を後世に語り継ぎましょう。

真実を蔽う群雲吹き払い　今ぞ晴らせり真の武蔵を

日本剣道史編纂所

埋《うず》もれし　み霊《たま》慰め

後の世に

語りつぐべし

永久《とわ》にその名を

略　　歴

森　田　栄

大正十三年（一九二四）奈良市に生まる。昭和三十八年に「日本剣道史」の創刊号を刊行してより、自ら主宰する日本剣道史編纂所において、編纂誌「浅山一伝流の研究」「柳剛流の研究」「圓明流宮本武蔵守義軽と兵道鏡」「以心流兵法考」等を研究発表して今日にいたる。代表作に『東軍流兵法史』『丹石流剣法史』『源流剣法平法史考』『堤寶山流秘書』『一刀流兵法史考』等見直し剣道史を標榜する五部作がある。

追而書

筆者は慶長十三年の項に、諸橋徹次氏の「大漢和辞典」に、軽の名乗《なのり》は「トシ」とあり、手許の他の辞典類を引いてみたが、名乗は「カル」とあるのみで、「トシ」と記したものはなかったと書きましたが、松井健二様より平成24年4月26日付お手紙を頂き、「角川大字源」一九九二年、㈱角川書店発行の一七二二頁、「軽」の古訓の項に、近世は「トシ」人名の項に、「かる・とし」と記載されていることをお知らせ頂き、態態《わざわざ》その部分をコピーして送って頂きました。筆者の視野の狭さを反省させられましたが、だからといって武蔵の名乗を義《ヨシ》軽《トシ》と決定することには躊躇《ちゅうちょ》を感じます。武蔵自身が義軽を何と名乗っていたか確証を得ないからです。辞典に「トシ」と載っているからとて、直《ただ》ちに義軽《ヨシトシ》に決定するのは危険です。「義軽」武蔵自身は果して何と称していたのでしょうか、その事実が発見されるまで筆者は、「ギケイ」と音読《おんどく》して置こうと思います。

松井様は皆様も吉川英治氏の小説でご存知の通り、宮本武蔵と試合した神道夢想流杖術の祖夢想権之介勝吉の伝統を継承された杖術の先生で、今回の武蔵の本の出版に全面的に賛同頂き、お弟子の方共々ご親切なご協力を賜わり、本当に感謝の言葉にも窮する始末です。根深く全国的に浸透してしまった武蔵伝の誤説を、今回出版のこの本により、目から鱗の武蔵真伝として、長い年月の誤説の迷夢から一刻も早く目覚めてほしく切望する次第です。

最近九州福岡の古書店より、熊本三館共同企画、宮本武蔵展図録を入手した。その中に獨行道《どっこうどう》の写真が掲載されてあった。正保二乙酉《きのととり》年（一六四五）五月二十日付で、新免武蔵玄信花押印　寺尾孫之丞殿となっている。熊本県立美術館蔵で、熊本県指定重要文化財となっている。鈴木猛氏の寄贈とある。勿論武蔵死去の七日前の真筆であり、これが武蔵の絶筆である。

ここで筆者が云いたいのは、獨行道の道のくずしと、世々の道をそむく事なしと書かれている道のくずしが、義軽時代の処女作伝書兵道鏡の道のくずしと完全に一致していることである。一目瞭然これ以上の説明は不要である。義輕を玄信の偽者扱いをした先生方の反省を促すものである。またこれ迄筆者の義輕＝玄信に半信半疑の方々も、これで充分納得して頂けたと思います。

○獨行道《どっこうどう》　道のくずしは　若き頃
　義輕《ぎけい》時代と　変ることなし
○六十の　歳を越えても　くずし字は
　義輕《ぎけい》の頃と　同じ道の字

一、鞆門等
一、志のこうさく三郎に渡し候
一、見ふしのうへ三そん

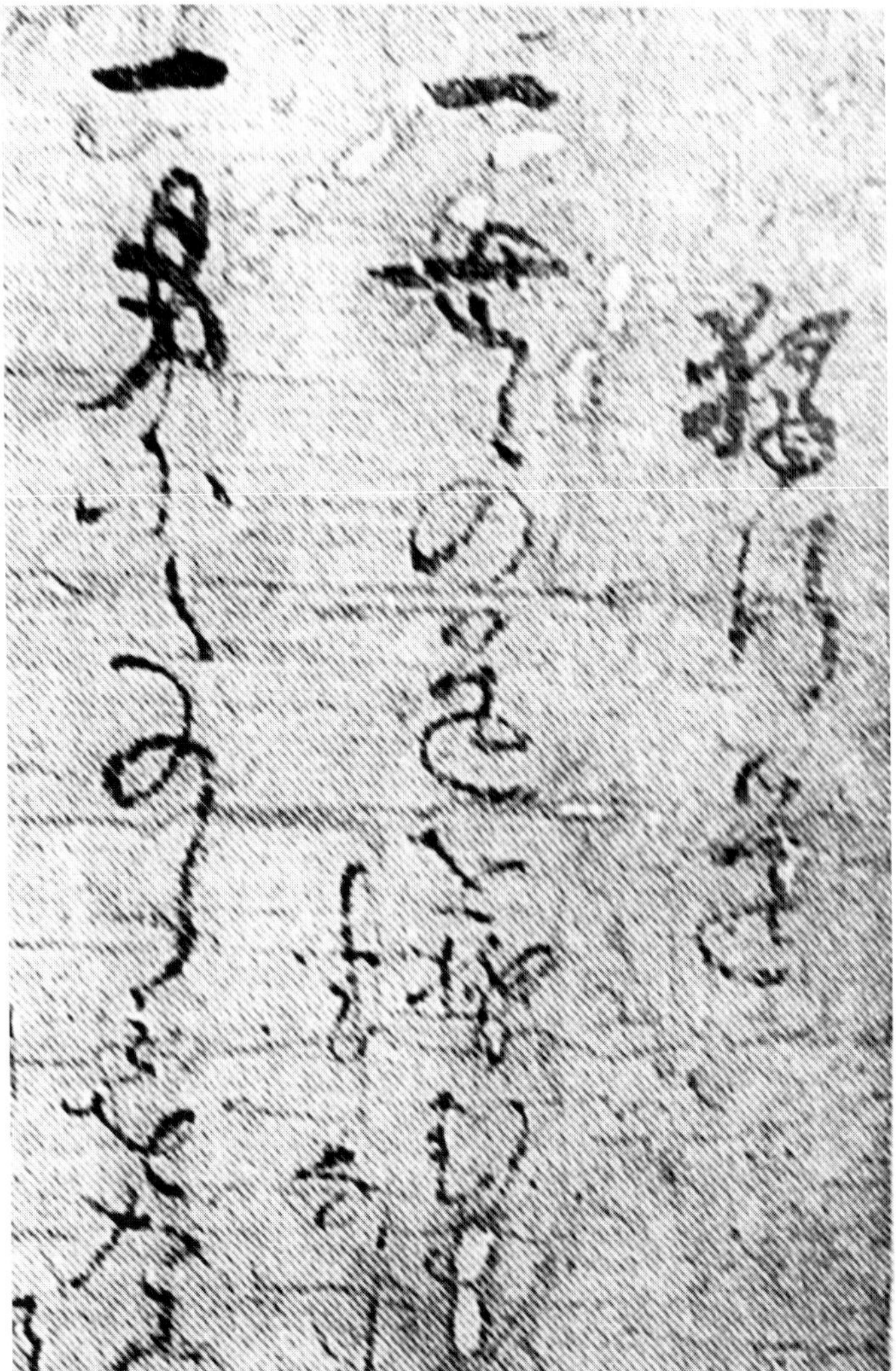

終りに

　昭和五十三年十二月十日発行、綿谷雪、山田忠史両氏編纂の『増補大改訂　武芸流派大辞典』発行所　株式会社東京コピイ出版部の一一五頁を引くと、次の記事がある。

「円明流（剣）

　宮本武蔵玄信の中年時代の流名。玄信と宮本義軽が同一人物が否か早急に決定できないが、義軽の慶長十年伝書にすでに円明流の流名があるそうだから（森田栄氏）、いずれにせよ玄信が播州明石藩の客臣であった寛永年代の初期より以前からあった流名らしい。二天一流参照」

　そこで同書二天一流の頁を引くと、六七〇頁から六七七ページにかけて詳細な説明が述べられている。その中、私に関する個所を転載させて頂くと。

「宮本武蔵玄信は、三十代の中ごろから、四十代のはじめごろまでかけて明石藩小笠原家の客臣とし明石に住んでいた。そのころの彼の武術を円明流という。後に肥前藩主松浦静山が、円明の話は仏典からの引用であると言っているけれど（『常静子剣談』）、それは無用の詮索であろう。なるほど円明の話は『成唯論』に発しているものの、武蔵は仏教理念によって流名したわけではなかった。『四智円明の明石の海』などと謡曲『源氏供養』や琴曲にうたわれる、耳馴れた成句によって地名としての明石を表現したまでのことであろう。しかも円明流の流名はすでに慶長十年の宮本武蔵守義軽の伝書はあるというから（森田栄氏）、特に武蔵玄信だけの流名とは言えない、武蔵玄信と武蔵義軽が同一人物か、どうかの決定は、むろん、これは別の問題である」中略、そして、六七三頁～四頁に、

「宮本武蔵には得体の知れない同名異人、あるいは詐称者が多い。」として、イからレまで、十七名を列挙し、「ト、広島藩多田円明流の宮本武蔵義軽‐伝書。」を挙げておられる。そしてその説明のうちに、
「思うに義恒・義軽は宮本玄信の系統かもしれないし、宮本角平は明らかに宮本武蔵守義軽の孫である。」
と書いておられるのだが、今の私なら本文で説明したように、義軽の処女作伝書である慶長十年の兵道鏡の道の崩し方と、晩年玄信時代の「兵法序論」の中に、十六箇所に見える、の崩し方、更に言えば、絶筆「独行道」の道の崩し方このように武蔵独特の道（）の崩し方が一致していることを以て証明できるのですが、当時はそこ迄知恵が廻らず綿谷氏を納得させることが出来なかったのです。「武芸流派大事典」は綿谷・山田両氏の畢世の大著である、武道家のみならず私自身も机辺を離せぬ好著であるだけに、円明流・二天一流の記事だけは、私の意見を通して訂正してほしかったのです。でないと、今回の私の武蔵伝を読まぬ方々は、大家綿谷氏の記事を鵜呑みに信じ、いつまで経っても武蔵伝は暗中模索から脱却できないでしょう。
義軽玄信同一人を立証する確証は、道の字が武蔵独特の崩し「」で一致している事。筆癖は、道のくずしてすぐわかる　義輕《ぎけい》玄信　同じの字
現在も綿谷氏説を盲信されている武蔵信奉者の方々、目から鱗を落として下さい。
唯一つ　義輕《ぎけい》玄信同人の
証《あかし》しは　のくずし癖なり
繰り返し、くどいようですが、真実は枉《ま》げられないのです。一刻も早く大家の誤導から目覚めてほしいのです。

尊信す武蔵と知らず義輕《ぎけい》をば
偽物《にせもの》という人ぞかなしき

武道史研究の大家綿谷雪氏ですら、私の主張する義軽玄信同一人を認めず偽物扱いをされるのだから、武蔵崇拝の態本人が義軽を認める筈もなく、京都の剣道範士が私の日本剣道史9号の義軽武蔵の話をされたところ、喧々囂々《けんけんごうごう》演説を中止させられてしまった、という話を聞きました。それで日本剣道史11号でより詳しく、圓明流宮本武蔵守藤原義軽と兵道鏡（芸藩多田家譜及其資料）と題し、二年後の昭和四十九年八月十三日に刊行したのですが、それでも綿谷氏は認めず「武芸流派大辞典」の、あのような記事となっているのです。しかし当時は、武蔵義軽の真筆処女作伝書兵道鏡も田舎の書家が書いたものだろうと認められなかったのですから—。真実が認められない、これほど残念なことがあるでしょうか。

そこで思案投首、苦悩の末に、ふと義軽の処女伝書兵道鏡の道のくずしと、玄信時代の「兵法序論」や絶筆「独行道」等の道のくずし方の一致に気づいたという次第です。

省《かえり》みますと、これも綿谷氏の義軽武蔵の否定に対する反証の研究から、偶然道のくずしの同一性に気付いたわけで、綿谷氏の反発が無ければ義軽武蔵は永遠に玄信偽物として抹殺されてしまったでしょう。皮肉にも綿谷氏の偽物扱いのお蔭で義軽武蔵の玄信同人が立証される結果となったのです。綿谷氏の怪我の功名として感謝しておきましょう。

哀しきは事実を知らず誤説をば
鵜呑みに信じ省みぬ人

真実を覆う群雲《むらくも》吹き払い
　今ぞ晴らせり真の武蔵を

日本剣道史編纂所

平成二十六年八月十三日
満九十歳　森田　栄

定説の誤りを正す 宮本武蔵正伝
検印省略
2014 年 9 月 30 日　初版第一刷発行

著　者　森田　栄
発行人　橋本雄一
発行所　株式会社体育とスポーツ出版社
〒 101-0054 東京都千代田区神田錦町 1-13 宝栄錦町ビル
TEL 03-3291-0911
FAX 03-3293-7750
振替口座　00100-7-25587
http://www.taiiku-sports.co.jp
印刷所　三美印刷株式会社

落丁・乱丁本はお取り替えいたします。
ISBN978-4-88458-265-4　C 1023
定価はカバーに表示してあります。